JN065877

津谷館(つやだて)航空写真（南東から）

宮城県気仙沼市本吉町を見下ろす山城，葛西氏の重臣の居城とも伝えられ，斜面部には横堀や竪堀(たてぼり)が多用されている

金山城本丸東側の高石垣

伊達氏と相馬氏の抗争の中で築城された丸森町の山城であるが，江戸時代になって仙台藩の要害とされ，近世城郭として整備された

船岡城全景

伊達氏家臣の居城として戦国期に成立した山城であるが，江戸初期には伊達騒動で著名な原田甲斐（はらだかい）の居城となり，仙台藩の要害とされた

鴫山（しぎやま）城大門（復元）付近からのぞむ

戦国期には長沼氏の山城であったが，奥羽仕置（おううしおき）以降，蒲生氏・上杉氏の支城とされ，織豊系城郭として整備され，南会津の政治拠点とされた

河股城バイパス調査区Ⅰ区全景（川俣町教育委員会提供）

16 世紀の大規模な山城で，尾根部から低地部まで，隙間なく小規模な帯状の郭が造成され，梁間の 1 〜 2 間の掘立柱建物が建つ

金山城大堰背後の山域

山形県金山町の金山集落の背後の丘陵にある山城で，最上領の最北端とされ，戦国末期に仙北小野寺氏に備えて築城された城館の一つ

慈恩寺城郭群

山形盆地を俯瞰するように立地する，古代以来の山岳寺院・慈恩寺を取り囲むように，七つの城館群があり，寺院・院坊居住者の避難場所，自力救済の場とされる

米沢城・二の丸発掘調査風景（米沢市教育委員会提供）

上杉景勝が居城として整備した輪郭式平城，「伝国の杜」建設にともない二の丸跡南東部が調査され，写真手前が障子堀で，慶長6年(1601)の二の丸普請にともない開削された

続・東北の名城を歩く 南東北編

宮城・福島・山形

飯村 均・室野秀文［編］

吉川弘文館

刊行にあたって

『東北の名城を歩く　南東北編』を刊行して一年ほど経った頃であった思うが、続編の刊行のお話をいただいた。ちょうど、編者らも前書の不備を反省していたところであったので、二つ返事でお引き受けした。前書では、地域のバランスを考えて、重要な城館を掲載できなかったことや、三〇〇〇を超えると推定される城館に対して、掲載できた城館の数が極端に少なかったことが、返す返す残念であった。したがって、本書の刊行はそれを補うものとして、編者らとしても望むところであった。

それでも本書の刊行をもって、十分に意を尽くすことができたとは考えてはいないが、少しでも多くの城館を紹介するという、所期の目的は一応達せられたと考えている。編者らのみでは、すべての城館を知りえないので、城館の選定や執筆者の選任まで、宮城県については竹井英文氏、山形県については伊藤清郎氏・落合義明氏にご指導いただいた。明記して感謝申し上げたい。

東日本大震災・原発事故から一〇年が過ぎた。その復興は道半ばではあるが、この間も、台風被害や豪雨災害、地震、さらには新型コロナウイルス感染症の感染拡大など、次々と災厄に見舞われた。感染症対策では「スティホーム」が叫ばれ、出かけることもままならなくなった。

コロナ後には、本書を契機として、地域にある城館を散策していただき、生き生きとした地域の歴史に触れて、気分転換も図っていただければ、望外の喜びである。

令和三年七月

飯村　均
室野秀文

目次

山形県——185

南東北の名城の特色と地域性

飯村　均

本書あるいは正編をご覧になっていただければおわかりの通り、城館と言っても、その立地や規模、形態、構造は多様であり、一つとして同じ城館はない。しかし、その中でも時代的な共通性や、地域的な共通性がうかがえる事例も少なくない。それは、例えば戦国時代、あるいは南北朝時代といった時間幅での共通性であり、陸奥南部・出羽南部といった広域な共通性もあり、一郡程度の狭域な共通性もある。もちろんその背景には、築城主体である戦国大名や在地領主、寺社などがあり、その築城目的や機能も異なる。そこで、本書あるいは正編で掲載した城館を主に概観して、その特色と地域性について触れてみたい。なお以下、前書とは『東北の名城を歩く　南東北編』を指す。

【二重の堀と土塁に囲まれた「舘」】　陸奥・出羽で特徴的な「舘（たち）」として、二重の堀と土塁（どるい）で不整形に囲われた館がある。陸奥南部では九条兼実（かねざね）の日記『玉葉（ぎょくよう）』に記された「藍津之城（あいづ）」と目される、一二世紀の福島県**陣が峯城**（前書一〇六頁）がある。越後に向かう主要道に面した河岸段丘に立地し、沢などの自然地形を利用して、二重の堀と土塁で三方を囲繞（いじょう）している。越後城氏との関係も指摘されている。また、全国的にも希少な事例である、『吾妻鏡（あずまかがみ）』にある福島県**阿津賀志山防塁**（前書一一六頁）は奥羽合戦で平泉藤原氏により築造され、二重の堀と土塁で構成されている。陸奥・出羽の新興武士階層の城館の特徴的な形態として注目できる。

【室町時代の「御所」】　室町時代の地域の上位権力の城館として、奥州探題大崎氏の本城である宮城県**名生城**（本書二九頁）や、留守氏の居城である宮城県**利府城**（本書五二頁）がある。名生城は大規模で、堀で区画された連郭式の城であるが、利府城は現状では、群郭式城郭とも考えられる構造であり、その権力構造を反映している可能性がある。福島県では鎌倉府の出先機関である**稲村御所**（前書一四〇頁）、**篠川御所**（前書一四八頁）があり、複郭構造ではあるが、一辺一〇〇を超える方形居館を基調としている。奥州管領畠山氏の居城とされる**二本松城**（前書一三六頁）は山城であった可能性が高い。山形県では「出羽之国御所」、あるいは羽州探題最上氏の居城とされる**山形城**（前書二一四頁）は堀で区画された方形館であったとされ、出羽留守氏の本拠とされる**新田目城**（前書二六五頁）は主郭を中心とした三重構造の平地居館である。奥羽南部の室町時代の地域上位権力の城館は、方形を基調とした平地居館であった可能性が高い。

【室町時代の平地居館】　室町時代の国人領主級の平地居館として、一五世紀前葉を下限とする福島県**会津新宮城**（前書一〇〇頁）や、戦国期を下限とする**石母田城**（本書一一二頁）、一五世紀前半の方形居館である**長沼南古館**（本書一四八頁）があり、土塁と堀で区画された方形の平地居館は、陸奥南部では、遅くとも一五世紀前半に成立していることが明らかである。山形県では酒田湊の抑えである**亀ヶ崎城**（前書二六〇頁）、砂越氏の**砂越城**（前書二七〇頁）、高擶氏の**高擶城**（本書二〇七頁）、武藤氏の**鶴ケ岡城**（本書二四九頁）などがあり、いずれも平地の方形居館を系譜としている可能性が高い。

【戦国大名の本拠】　戦国大名の本拠は陸奥南部で多く確認でき、葦名氏の福島県**黒川城**（前書八六頁）、**向羽黒山城**（前書一一〇頁）があり、黒川城は近世城郭に改変され、実像は不明であるが、平山城の居館であった可能性が指摘されている。向羽黒山城は大規模な山城であり、葦名氏の築城技術を良く知ることができる。**神指城**（前書九二頁）は関ヶ原の戦いの契機となった平城で、五大老上杉景勝の未完の居城である。総石垣の平城が推定されている。伊達氏の**桑折西山城**（前書一二二頁）は山城であるが、**梁川城**（前書一二六頁）本丸の伊達氏館は一辺一〇〇メートルを超える方形居館で、北を基調とする方郭地割の守護所の構造と考えられている。田村氏の居城である**三春城**（前書一五二頁）は山城で、相馬氏の本拠である**小高城**（前書一七九頁）、**相馬中村城**（前書一七六頁）は平山城の居館である。石川氏の本拠である**三蘆城**（本書一六六頁）は山城であり、戦国末期の形態をよく留めている。

最上氏の本拠は既述の山形城であるが、その主要な支城の一つに、山形県**長瀞城**（本書二四一頁）があり、輪郭式の平城である。上杉氏の拠点城郭としては、山形県**舘山城**（前書一九八頁）は築城途上であるが、石垣、桝形虎口、帯郭、竪堀が確認でき、織豊系城郭へ改修が目指されている。舘山城は伊達氏によっても整備されたと考えられているが、伊達氏の重臣牧野氏の山形県**小松城**（前書二〇二頁）は、土塁と堀で区画された連郭式の平城で、伊達氏の拠点城郭の一つとされている。

【在地領主の城館】　宮城県では、本吉氏の居城である**朝日館**（前書一二頁）、大崎氏の**小野城**（前書二六頁）、八谷氏の**八谷館**（前書四四頁）、熊谷氏の**赤岩城・中館・月館城**（本書一四頁）、米倉氏の**津谷館**（本書二〇頁）、一迫狩野氏の**真坂館**（本書二七頁）などがあり、山城が多く、堀切、土塁や石積虎口や桝形虎口も散見され、一五世紀には成立して、戦国末期まで機能した城館が多いほか、街道や川に面して、近接して複数の城館が分布する例もある。

福島県では、山之内氏の**鴫ヶ城**（本書一〇六頁）、川原田氏の**駒寄城・西館**（本書一一五頁）、佐藤氏の**大**

鳥城（本書一三〇頁）、伊達氏の**大森城**（本書一三四頁）、大内氏の**小浜城**（本書一三六頁）、石橋氏の**四本松城**（本書一四〇頁）、新国氏の**長沼城**（本書一四四頁）、田村氏の**小野城**（本書一六四頁）などが挙げられ、山城が多く、一五世紀には成立し、技巧的な構造の城は少ないが、戦国期まで機能した城館が多い。桜田氏の築城と伝えられる**河股城**（本書一二五頁）は、阿武隈高地の交通の要衝にある大規模な山城で、都市的な山城と評価できる。在地領主の山城であった**長沼城**は蒲生・上杉氏の支城となり、総石垣の織豊系城郭に大改修され、城下町に総構的な構造が確認できる。

山形県では、県内最大の山城とされる**天童古城**（前書二二二頁）は、多重多段の帯郭を特徴とする。東根氏の**東根城**（前書二二九頁）は平山城で、鮭延氏の**鮭延城**（前書二四六頁）は三条の堀切、四条の畝状空堀、帯郭を特徴としている。清水氏の清水城、大宝寺氏の**大浦城**（前書二八〇頁）は大規模な平山城で、交通の要衝にある。細川氏の**志茂の手楯**（本書一八六頁）は畝状空堀、横堀を特徴とし、鮭延氏の**金山城**（本書一九〇頁）は帯郭、竪堀を特徴とし、天正十六年（一五八八）の対仙北小野寺氏に備えた山城とされている。鳥越氏の**鳥越楯**（本書一九四頁）は多重帯郭を特徴とし、楯岡氏の**楯岡城**（本書一九八頁）は桝形虎口、多重帯郭を特徴とし、白鳥氏の**白鳥城**（本書二〇二頁）は大堀切、土塁、竪堀があり、軍事的な山城である。成沢氏の**成沢城**（本書二一六頁）は多重帯郭と総構えを特徴とする、山形城の支城とされている。鶴岡市の**藤沢館**（本書二五三頁）は畝状空堀、畝状竪堀、堀切を特徴とする、越後方面を抑える山城である。池田氏の**朝日山城**（本書二六一頁）は二重空堀、桝形虎口、腰郭を特徴とし、黒沢氏の**蕨岡館**（本書二六四頁）は二重土塁を特徴とし、北館氏の**狩川城**（本書二六七頁）は堀切、土塁を特徴とした丘城である。戦国期を中心に機能した城館が多い。

【群郭式城郭】　宮城県では、均質な構造の郭が並立する、群郭式城郭と思われる城館が少なくない。栗原地方最大とされる**姫松館**（前書二六頁）は、六つの主要郭が並立する山城である。葛西・大崎一揆に関わる**花山館**（前書二八頁）は土塁、横堀、腰郭、桝形虎口が確認でき、一迫氏などが一結合した山城とされている。**長命館**（前書五一頁）は五つの郭を堀・土塁で囲っている平山城で、**彫堂七館**（本書三三頁）も七館を土塁、堀で区画した平山城である。黒川氏の居館ともされる**御所館**（本書四一頁）は、多数の郭が土塁、堀で区画され、桝形虎口も確認できる。陸奥・出羽南部では、群郭式城郭が宮城県北部地域に特徴的に分布し、一五～一六世紀、戦国末期まで機能したと考えられる。

【境目の城館】　特に戦国時代は、領国の境界は常に変動し、領国の境目にはいわゆる「境目(さかいめ)の城」と呼ばれるような、戦国大名の築城技術を駆使した城館が成立する。本書および正編ではいわゆる「境目の城」と評価されるような技巧的な城館が多く掲載されている。宮城県では、伊達氏の境目の城として、北の境目として**千石城**（前書四二頁）、**松森城**（前書五四頁）、最上領との境目として**豊後館**（前書六六頁）には土塁、石積虎口などが確認されている。**前川本城**（前書七〇頁）は「北の関ヶ原」である長谷堂(はせどう)合戦での伊達氏援軍の拠点とされ、二重の横堀、土塁、石積、桝形虎口、馬出(うまだし)が確認できる。相馬氏との境目である**小斎城**（前書七四頁）では土塁、連続馬出、竪堀がある。**上楯城**（本書七三頁）では長大な二重の横堀があり、前川本城と類似する。

福島県では、**柏木城**（前書九六頁）は葦名氏の境目の山城で、小規模ではあるが、葦名氏の築城技術の到達点を示す、「総石積」の城館である。**赤館城**（前書一七二頁）は佐竹氏の境目の山城で、二重の堀と土塁がある上台地区については、関ヶ原の戦いの際に上杉氏に備えた佐竹氏の陣跡の可能性が指摘されている。**大平城**（本書一五二頁）、**木村館**（本書一六〇頁）は、伊達氏の天正十年代の境目の城とされる山城で、横堀、桝形虎口、石積が発達し、伊達系城郭の指標とする指摘もある。駒ヶ嶺城は伊達氏と相馬氏の境目で、現況で横堀と桝形虎口が確認でき、やはり天正十年代の伊達氏の境目の城と考えている。

山形県では、**鮎貝城**（前書一九〇頁）、**中山城**（前書二〇六頁）、**高楯城**（前書二一〇頁）は最上氏の境目の城とされ、土塁、堀切、二重空堀、石積桝形虎口などが確認されている。**長谷堂城**（前書二一八頁）は「北の関ヶ原」の舞台であり、一二段の帯郭や桝形虎口が特徴的である。**左沢楯山城**（前書二二六頁）は腰郭が全体を連続する大規模山城である。**畑谷城**（前書二三八頁）は二重、三重の空堀が特徴的である。羽越国境には**小国城**（前書二五〇頁）がある。伊達氏との境目にある最上氏の境目の城は、**若木館**（本書二二〇頁）、**二本堂館**（本書二一四頁）、**陣山楯**（本書二一八頁）、**屋代館**（本書二三六頁）などがあり、土塁、堀切、多重横堀や竪堀、畝状空堀、桝形虎口などの特徴的な構造が確認できる。出羽南部では多重腰郭（帯郭）や多重の堀切、横堀あるいは桝形虎口などが特徴的で、主に戦国期後半から「北の関ヶ原」の時期に大改修され、機能した山城が多い。

【多様な縄張、機能の城館】　特徴的な縄張や機能の城館もある。宮城県では、**平磯館**（本書二三頁）はいわゆる海に面した「海の城」であり、**桑折城**（前書四〇頁）は水陸交通の要衝にある平山城であり、葛西大崎一揆の激戦地の山城である**宮崎城**（本書三九頁）がある。また、長大な横堀が巡る**鶴巣館**（本書四六頁）、大土塁、堀が巡る**本郷館**（本書五七頁）、土塁、虎口、櫓台（やぐらだい）のある山城である**楯山城**（本書六三頁）、多数の帯郭と二重の堀と土塁で構成される単純な構造の平山城である**御殿館**（本書六〇頁）など、特徴的な縄張の戦国期の城館がみられる。また、山形県**慈恩寺城郭群**（本書二一一頁）は寺院を取り囲む山城で、寺院の「避難場所」とも考えられている。

【葛西大崎一揆と城館】 奥羽仕置後の葛西大崎一揆に関わる城館としては、既述の群郭式城郭とされる一迫氏の花山館があり、葛西一族富沢氏の**岩ヶ崎城**（前書二〇頁）は一五以上の郭で構成される山城である。合戦の舞台となった**佐沼城**（前書二二頁）は本丸から三の丸の輪郭式の平城で、櫓台、馬出もあり、徳川家康による改修とされている。**岩出山城**（前書三〇頁）は大崎氏執事の居城であったが、天正十九年（一五九一）に徳川家康によって改修され、伊達政宗の居城となった。

【豊臣期に大改修された城館】 陸奥南部では奥羽仕置後に、蒲生氏・上杉氏などの豊臣大名の会津入部にともない、支城とされた城館が、いわゆる織豊系城郭へ大改修された。福島県では**鶴峰城・猪苗代城**（本書一〇〇頁）は葦名膝下の猪苗代氏の石積の城から、蒲生氏の支城の石垣の城へ、大改修されている。**鴫山城**（本書一一一頁）や**久川城**（本書一一八頁）、**小浜城**（本書一三六頁）も在地領主の城館から、蒲生氏や上杉氏の支城として、大改修されている。**守山城**（本書一五六頁）では、蒲生氏の支城として、階層性、求心性の高い城として大改修され、城下町を含めて、高石垣の城が整備された。宮城県**白石城**（前書七八頁）もまた、蒲生氏・上杉氏の支城として、織豊系城郭として大改修された。

【仙台藩の要害】 仙台藩は慶長六年（一六〇一）から普請した**仙台城**（前書四六頁）を中心に、伊達政宗築城の隠居城とされる**若林城**（前書六二頁）のほか、白石城をはじめとして戦国期以来の城館が「支城」「要害」などとして、仙台藩の地域統治の拠点として利用されている。**岩出山城**（前書三〇頁）は伊達政宗が仙台城に本拠を移して以後は、岩出山（いわでやま）伊達家の要害となっている。**村田城**（前書六八頁）や、宮床（みやとこ）伊達氏の**田手岡館**（本書五〇頁）は仙台藩の「所」という統治拠点となっている。**涌谷城**（本書三五頁）は涌谷（わくや）伊達氏の要害であり、石垣と二階櫓が現存している。伊達騒動の原田甲斐で著名な**船岡城**（本書六九頁）も、仙台藩の要害として利用されている。

南東北の城館をやや巨視的に概観すると、特に戦国時代後半の城館が、地域色を良く発揮していることがわかる。陸奥南部では二重の堀切や横堀、桝形虎口、石積を特徴とする城館が多くあり、出羽南部では多重帯郭、多重堀切、桝形虎口、石積を特徴とする城館が多いことがわかる。これは、伊達氏や蘆名氏、最上氏などの戦国大名の築城技術との関連も指摘されている。これ以降は、豊臣大名の入部にともなう、支城体制の導入と、「石垣、瓦、礎石建物」に代表される、織豊系城郭の技術導入による支城の大改修により、近世化が急速に進んだ。しかし、江戸時代の幕藩体制下において、一国一城体制になったとされるが、仙台藩の「要害」のように、戦国期の城館の一部を統治拠点として利用している。

●宮城県名城マップ

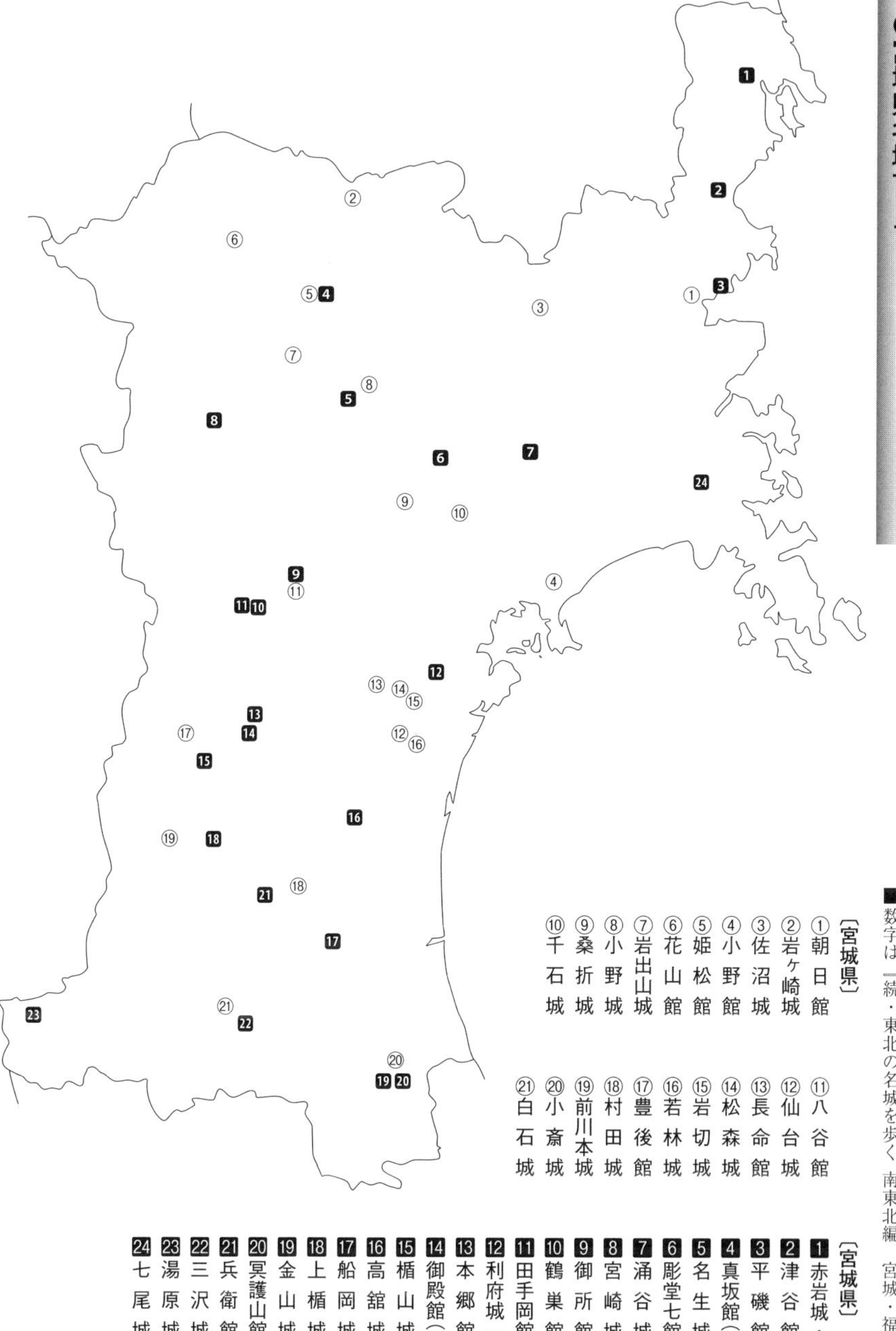

〔凡例〕○数字は『東北の名城を歩く 南東北編 宮城・福島・山形』に掲載。
■数字は『続・東北の名城を歩く 南東北編 宮城・福島・山形』で掲載。

〔宮城県〕
①朝日館
②岩ヶ崎城
③佐沼城
④小野館
⑤姫松館
⑥花山館
⑦岩出山城
⑧小野城
⑨桑折城
⑩千石城
⑪八谷館
⑫仙台城
⑬長命館
⑭松森城
⑮岩切城
⑯若林城
⑰豊後館
⑱村田城
⑲前川本城
⑳小斎城
㉑白石城

〔宮城県〕
1 赤岩城・中館・月館城
2 津谷館
3 平磯館
4 真坂館(鹿島館)
5 名生城
6 彫堂七館
7 涌谷城
8 宮崎城
9 御所館
10 鶴巣館
11 田手岡館
12 利府城 深山館
13 本郷館
14 御殿館(古天館)
15 楯山城
16 高舘城
17 船岡城
18 上楯城
19 金山城
20 冥護山館(西山館)
21 兵衛館
22 三沢城
23 湯原城
24 七尾城

●福島県名城マップ

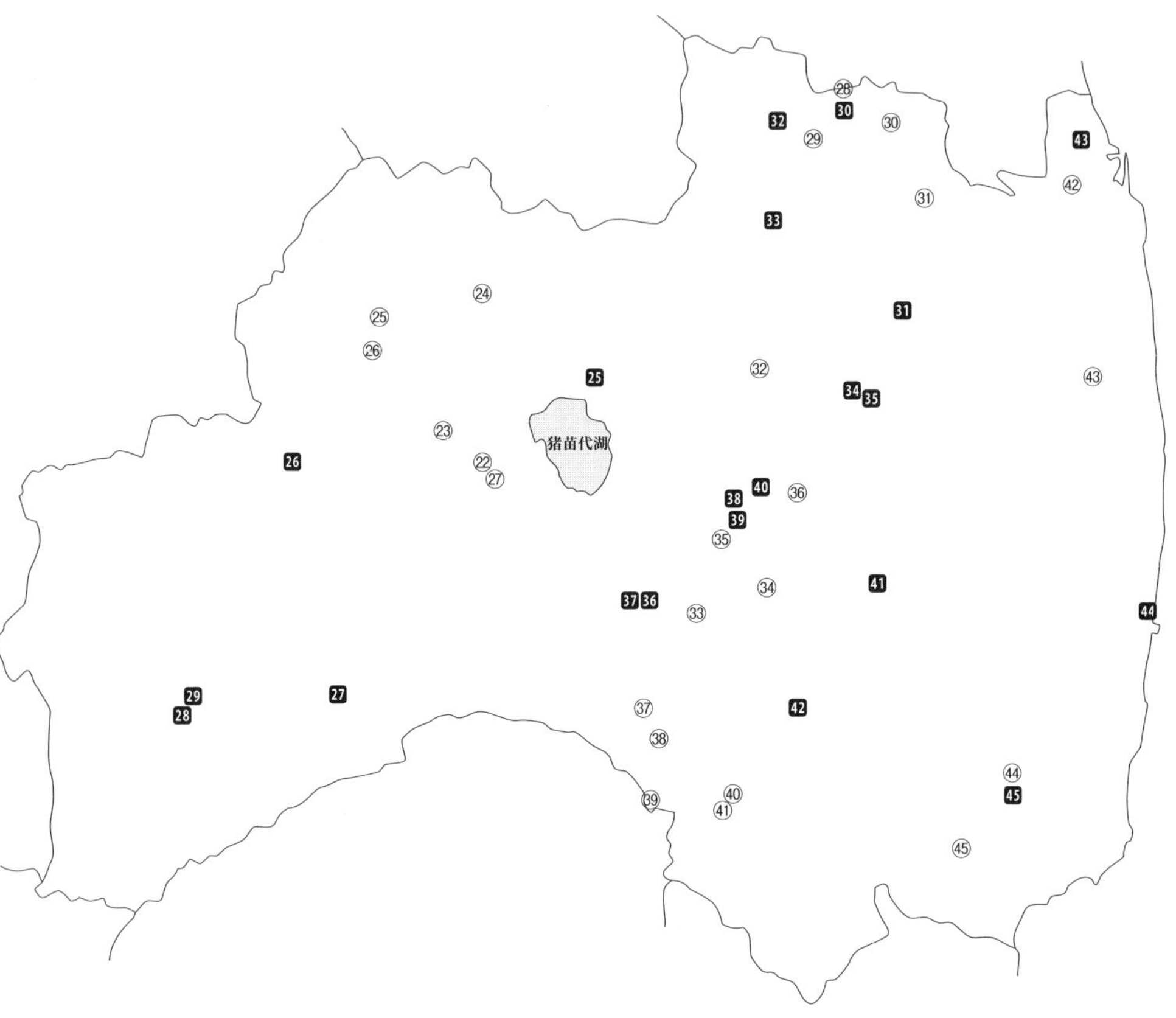

〔福島県〕

㉒黒川城
㉓神指城
㉔柏木城
㉕会津新宮城
㉖陣が峯城
㉗向羽黒山城
㉘阿津賀志山防塁
㉙桑折西山城
㉚梁川城
㉛霊山城
㉜二本松城
㉝稲村御所
㉞宇津峰城
㉟篠川御所
㊱三春城
㊲小峰城
㊳白川城
㊴関の森館
㊵棚倉城
㊶赤館城
㊷相馬中村城
㊸小高城
㊹磐城平城
㊺上遠野城

〔福島県〕

25 猪苗代附鶴峰城
26 鴫ヶ城
27 鴫山城
28 駒寄城・西館
29 久川城
30 石母田城
31 河股城
32 大鳥城
33 大森城
34 小浜城
35 四本松城
36 長沼城
37 長沼南古舘
38 大平城
39 守山城
40 木村館
41 小野城
42 三蘆城
43 駒ヶ嶺城
44 天神山城
45 白土城

●山形県名城マップ

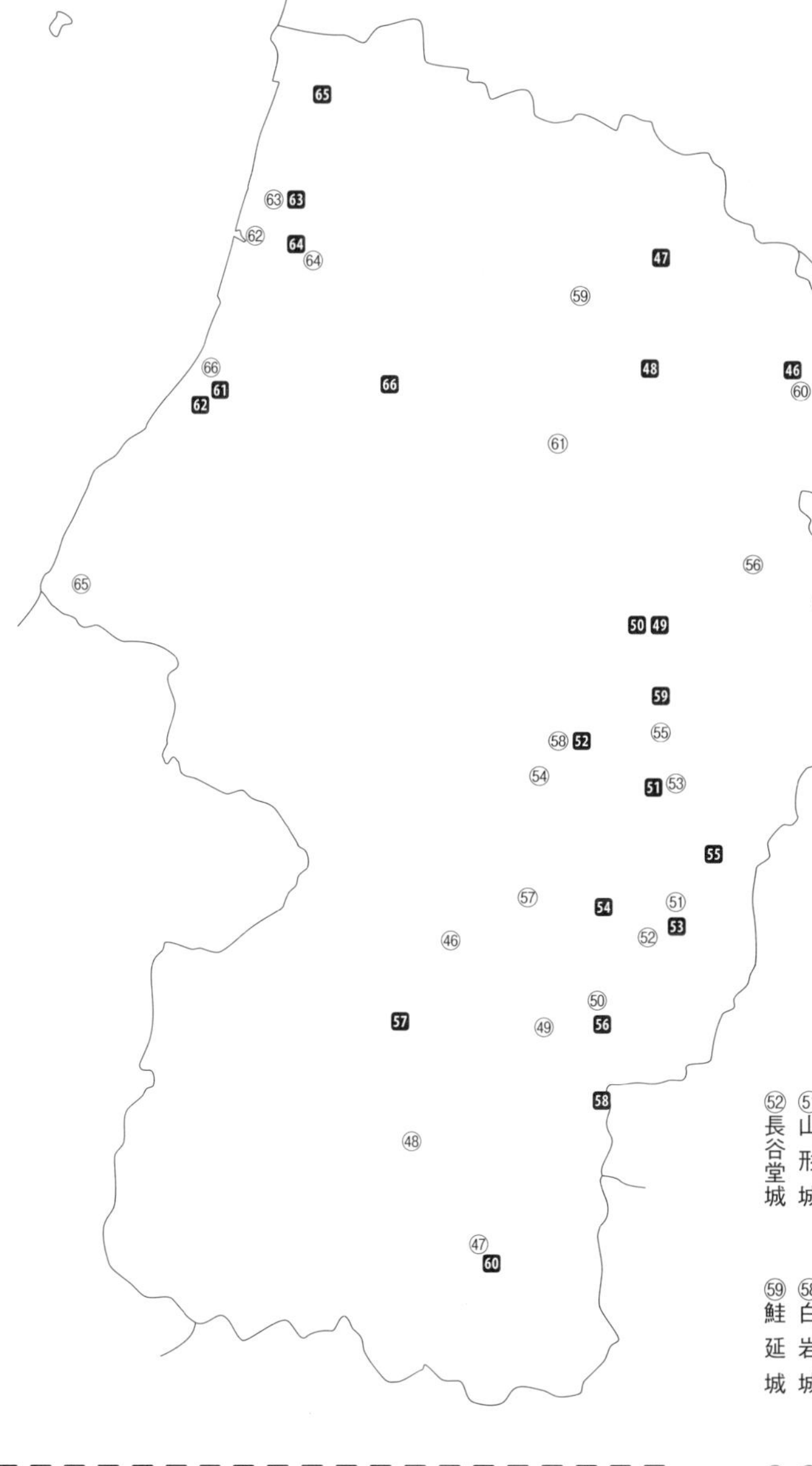

〔山形県〕

㊻鮎貝城
㊼舘山城
㊽小松城
㊾中山城
㊿高楯城
51 山形城
52 長谷堂城
53 天童古城
54 左沢楯山城
55 東根城
56 延沢城
57 畑谷城
58 白岩城
59 鮭延城
60 小国城
61 清水城
62 亀ヶ崎城（東禅寺城）
63 新田目城
64 砂越城
65 小国城
66 大浦城・高館

〔山形県〕

46 志茂の手楯
47 金山城
48 鳥越楯
49 楯岡城
50 白鳥城
51 高擶城
52 慈恩寺城郭群
53 成沢城
54 若木館
55 二本堂館
56 陣山楯
57 白山館
58 屋代館
59 長瀞城
60 米沢城
61 鶴ヶ岡城（大宝寺城）
62 藤沢館
63 観音寺城
64 朝日山城
65 蕨岡館
66 狩川城

宮城県

名生(みょう)城航空写真（大崎市教育委員会提供）

戦国末期の奥州(おうしゅう)探題(たんだい)大崎氏の本城であり，大崎平野を望む段丘縁に立地する，堀と土塁で区画された，連郭式の平城である

●陸奥における熊谷氏の拠点

赤岩城（あかいわじょう）・中館（なかだて）・月館城（つきだてじょう）

〔所在地〕気仙沼市松川
〔比　高〕七七メートル
〔分　類〕山城
〔年　代〕～天正十八年（一五九〇）
〔城　主〕熊谷氏
〔交通アクセス〕ＪＲ大船渡線「気仙沼駅」下車、徒歩一八分。

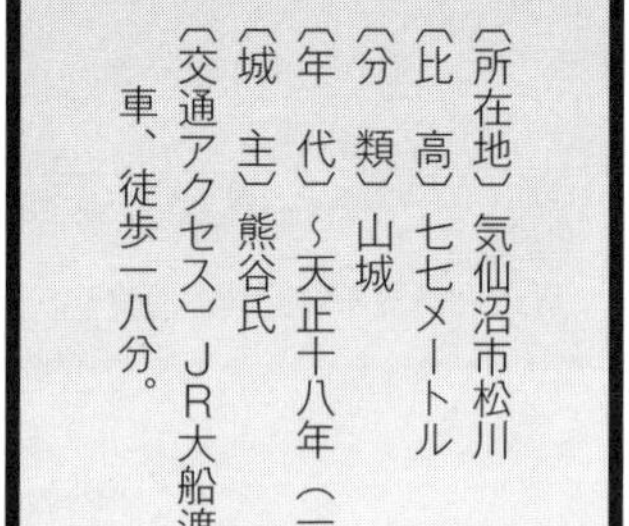

【集中的に配される三城】　赤岩城、中館、月館城は、宮城県気仙沼市街を貫流する二級河川大川の支流、松川に沿って配置されている。赤岩城は気仙沼駅から北西約一キロ、国道四五号線安波トンネル西脇にあり、赤岩城から約六五〇メートル西に中館、中館から約四七〇メートル北、赤岩城からは北西約八〇〇メートルのところに月館城という位置関係となっている。

かつては、これら三城に囲まれた低地付近まで入り江が入り込んでいたと伝えられている。赤岩城と谷を隔てた南側の丘陵南西角にあった磨崖仏（採石のため破壊され現存しない）を舟から遥拝したという。また、低地一帯を囲む丘陵麓には、川原崎、岩ケ崎といった水辺を連想させる字名（あざめい）も残っている。

【赤岩城の構造】　赤岩城は、松川左岸の標高約八七メートルを測る丘陵上に築かれた城で、丘陵は東西約三六〇メートル、南北約三四〇メートルの範囲を有する。

郭Ａは丘陵最頂部に開かれた郭で、範囲は東西約四〇メートル、南北約六〇メートルを測る。中央よりやや南側に一辺四メートルほど、高さ二メートルほどの築山（つきやま）①があり、頂部には小さな祠（ほこら）が祀られている。平場の南東から南に延びる尾根には七段の曲輪が連続する。

郭Ｂは、郭Ａの西に一段下がって開かれた郭で、郭Ａとほぼ同規模の面積をもつ。郭Ａとの接続部付近から、土塁（どるい）状の土堤が南西に延びている。ただし、郭Ｂは近年まで畑地として利用されており、土堤が城郭機能時から存在していたもの

●—赤岩三城（作図：熊谷満）

か明らかではない。平場の南端から南に延びる尾根には、七段の曲輪が連続するが、郭Bとは土塁状の土堤②と幅約二メートルの堀切状溝③によって隔てられている。

窪地遺構④は周囲より一メートルほど低く、北西辺には直角の折れ曲がりが二ヵ所認められる。窪地は南西へ延び、西に下る涸れ沢へとつながっており、沢伝いの侵入を制限する機能をもった施設ではないかと思われる。この窪地遺構④は『封内風土記』や『風土記御用書出』に「今朝沼」と記され、かつて城に水の手がなく、城主熊谷右馬丞が鎮守八幡社へ誓願したところ、一夜にして水が湧き、朝になって発見したことから今朝沼と名付けられたという。現況は、西に延びてそのまま沢に接続しており、水を湛えるような地形ではない。

【赤岩城の成立】　赤岩城は、気仙沼に下向した熊谷氏嫡流の居城、いわば本拠である。熊谷直家（鎌倉御家人熊谷直実の長男）の三男直宗が、承久の乱の戦功により貞応二年（一二二三）、本吉・桃生二郡に所領を賜り気仙沼へ下向、赤岩城に居したとされる。この直宗については、『吾妻鏡』承元二年五月二十九日条や、『明月記』承元二年五月九日条にその名が見られ、実在した人物であることが確認できる。

赤岩城の創建について、熊谷氏に伝わる系図のひとつ『丹墀姓黄熊谷氏系譜』によると、藤原信基が奥州主政となって

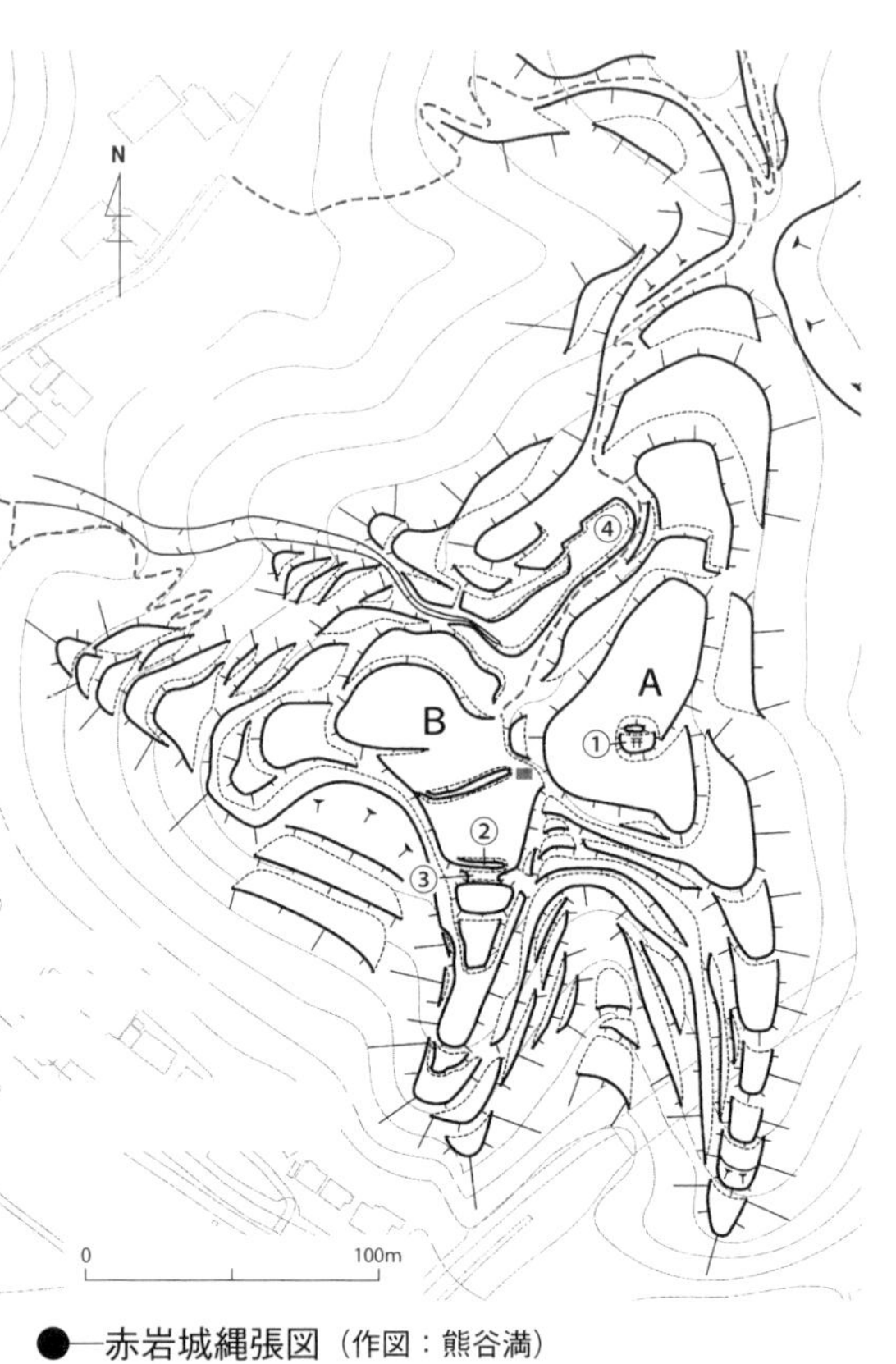

●—赤岩城縄張図（作図：熊谷満）

この地に就任した際築いたもので、以降到任した者は赤岩城に居したことから、直宗もこれに倣って居住したとする。ただし、「藤原信基」については、その名を他の史料に見ることができず、実在した人物であるかも不明である。

【赤岩城の変遷】　直宗（なおむね）以降は、四代直時（なおとき）の頃から葛西氏による領地侵攻に脅かされることとなる。長らく抵抗を続けたものの、貞治二年（一三六三）、六代直政（なおまさ）はついに葛西氏に臣従した。その後は葛西氏家臣団として、熊谷氏総領は葛西氏より「東方騎士之将」に代々任ぜられるが、天文二年（一五三三）、一二代直景（なおかげ）が主の葛西稙信に不臣の事を謀ったとして討たれ、直景の弟で長崎城初代城主直光（なおみつ）が「東方騎士之将」を継承した。以降、熊谷氏総領は長崎城主が務めることとなる。

主を失った赤岩城の新たな城主には、直光の弟直脩（なおなが）が就き、以降城主は直秋、直益、直春まで続いたが、天正十八年（一五九〇）の奥州仕置により葛西氏は改易となり、熊谷氏も没落した。直春（なおはる）は南部へと移り、南部信直（のぶなお）に一五〇石で出仕したという。この後、赤岩城が機能していたことを示すような史料は見られず、奥州仕置（天正十八〜十九〈一五九〇〜九一〉）の際、廃城になったものと思われる。

【中館の構造】　中館は、府中山から南東に延びる丘陵の先端、東西約二八〇㍍、南北約三七〇㍍の範囲を有する標高約八四㍍の丘陵上に立地する。赤岩城・月館城とは、松川を挟んでお互いを一望できる位置関係にある。

丘陵頂部には五段の曲輪がまとまっている。最頂部には、東西一三㍍、南北六㍍ほどの築山①があり、ここに南を前面として小さな祠が祀られている。

郭Aはもっとも広い平場で、標高七六〜七七㍍、範囲は東

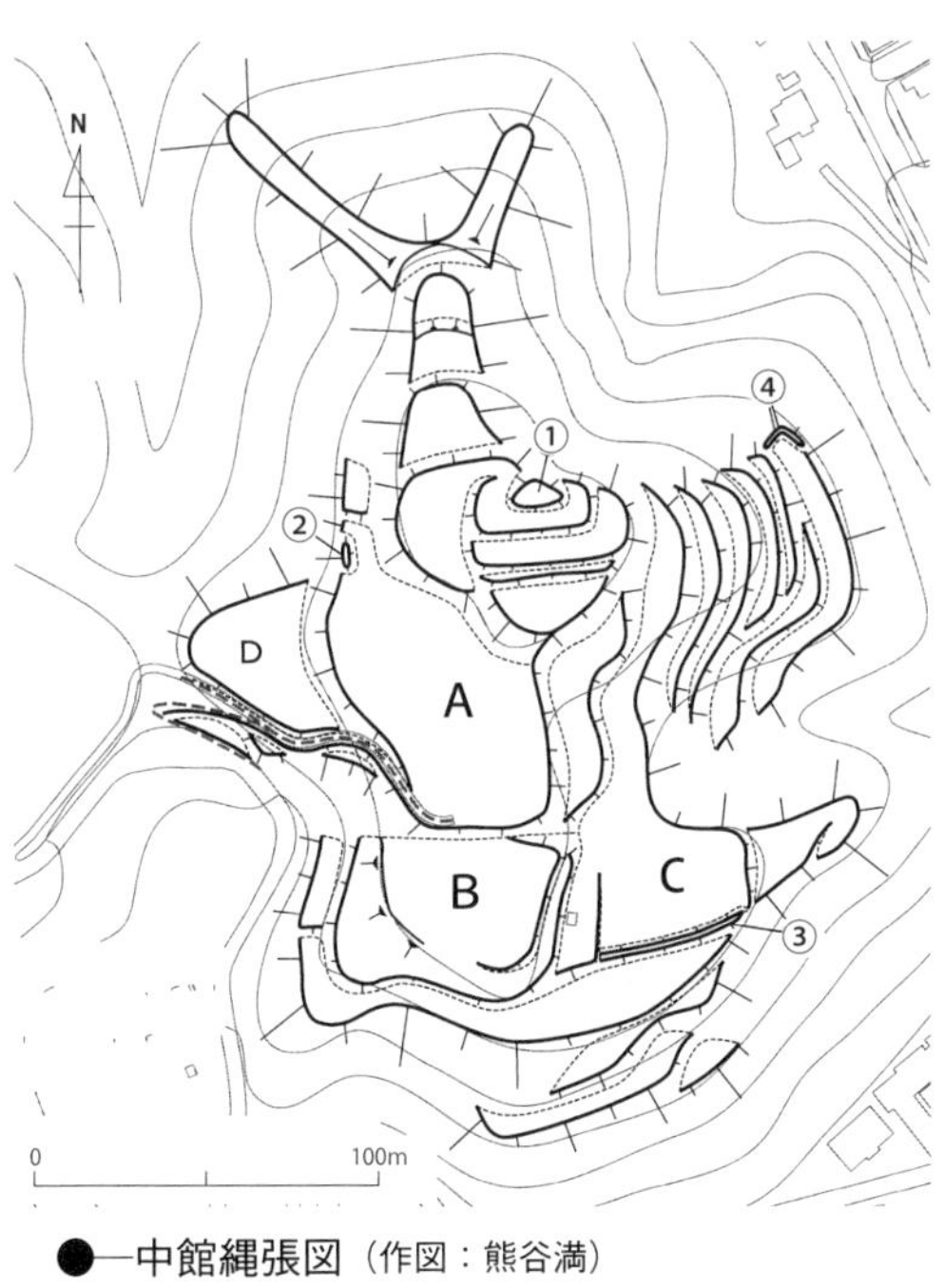

●—中館縄張図（作図：熊谷満）

西約五五㍍、南北は東端部で約四五㍍、西端部で約八二㍍を測る。北西端部に土塁状の土堤②が見られるが、現状では二㍍程度の延長しか残っていない。

郭Bは、郭Aの南に接して展開する平場である。南側にかけて緩く傾斜しており、平坦面はそれほど広いものではない。

郭Cは、郭Bの東に延びる尾根上に開かれた平場で、比較的平坦であり、現在も畑地として利用されている。郭南辺には土塁状の土堤③が見られるが、城郭機能時から存在するものか判然としない。また、郭C北西角部から北に向かって、通路状に曲輪が延びる。この通路状曲輪を頂点として、南北に細長い曲輪が部分的に食い違いながら、東斜面に七段連続する。最下段曲輪の北東角部には、土塁状の土堤④が認められる。

郭Dは、郭Aの西側下段に広がる平坦な平場で、現在は畑地として利用されている。

本城跡の北部は、北から谷が入り込んで出入りの大きい地形となっている。

【中館の変遷】 『風土記御用書出』によると、熊谷上総直平（なおひら）が居住した城だとする。築城期について、数種ある熊谷氏の系図には、永享十年（一四三八）に熊谷直継（なおつぐ）が築いたとする説と、建武年間（一三三四〜三八）に熊谷直高（なおたか）が築いたとする説がある。

天正二年（一五七四）四月、中館城主熊谷直平が葛西氏への謀反を企てていたことが発覚し、葛西晴信（はるのぶ）の命を受けた長崎城、赤岩城、月館城勢力が中館に攻め込む。敵わぬと見た直平は自刃したという。『仙台領古城書上』に「城主熊谷上総」とあるのは、この戦で没した上総直平のことであろう。

直平の死後、中館は長崎城三代城主直正の第四子直房が継いだが、奥州仕置にともなって城を去ったとされる。

【月館城の構造】月館城は、東から延びる丘陵の先端部に立地し、南北からの深い谷によって半ば切り離された、独立丘陵的な様相を呈している。丘陵は標高七〇メートル、平面的には東西約二〇〇メートル、南北約三〇〇メートルを測る範囲を有している。

郭Aは丘陵最頂部に開かれた平場で、範囲は東西約四五メートル、南北約八〇メートルを測る。標高は約六八～七〇メートルで比較的平坦である。西辺中央付近から東に向けて、低い段差が付けられているほか、北西角部が一段下がった小曲輪になり、さらにその西側には最大幅一八メートルほどの曲輪①が郭Aを取り巻いている。この曲輪①の外側をさらに通路状曲輪が取り巻いており、北西・北東面には土塁状の土堤②・③が付けられている。郭A南端部は比高差二メートル余の段差をもつ切岸となっており、郭Bとの間は堀切④で隔てられている。堀切④の西側を降る谷には、自然地形と思われる細く深い竪堀状の沢が入り込んでいる。

郭Bは、郭Aから堀切④を隔てた南側の丘陵頂部に開かれた平場で、平面形は歪んだ台形に近い不定形を呈する。範囲は東西約五六メートル、南北は約五〇メートルを測る。標高は約六六～六八メートルで比較的平坦である。南西角部に低い段差が付けられ、通路状となっている。

郭Bから南西に延びる瘦せた尾根線上には、七段の削平段が連続する。鞍部は二重の堀切⑤・⑥で断ち切られている。堀切⑥付近からは南東にも尾根が分岐しており、連続する三段の削平段最下段には土塁状の土堤⑦が付けられている。

本城跡の東麓付近には、比較的面積の広い曲輪が多い。東麓最上段の曲輪から斜面をつづら折りに登り、城内へ至る登城道がある。本曲輪群の東辺は、さらに東へ広がる丘陵との境を堀切で断ち切っており、堀切の底面は通路となっている。この通路⑧幅は約六メートルを測り、北延長は土堤⑨の内側を通って丘陵北麓へと降り、南延長は松川の前まで通り抜けることができる。

【月館城の歴史的背景】『風土記御用書出』によると、熊谷左近が天正年中まで居住した城だとする。成立時期については、赤岩城十一代城主直定の庶長子直政が文明十三年（一四八一）以降に築いたものとする説と、建武年間（一三三四～三八）には熊谷直延が居城していたとする説がある。

天正六年（一五七八）に月館城主直澄と長崎城主直良が関わる戦があり、この戦で直良は戦死したようである。ただし、このことについても、直澄と直良とが戦ったとするものと、直澄と周辺諸将との戦に際し、直良が直澄の陣に加わって戦ったとするものとがある。

その後の月館城について詳細は不明であるが、直澄の嫡男直治（なおはる）が熊谷左近を名乗っていることから、『風土記御用書出』の記す御館主「熊谷左近」とは直治のことと思われる。左近は天正年中まで月館城に住んでいたとされることから、奥州仕置の際に月館城を去ったのだろう。

【要所を抑えた配置】　赤岩城・中館・月館城は、同時に機能していた時期があり、城主は熊谷氏一族で固められている。三陸沿岸部は起伏に富んだ地形であるが、これら三城の配置と周辺地形を見比べると、各城の死角をお互いが上手く補っていることが分かる。赤岩城は南方の沿岸部を、中館は南東の大川流域を、月館城は北西の矢作方面を監視することができ、それぞれは近接しており連絡がよい。これら三城は、東西南北に向かう陸路が集約される地点を抑えるとともに、大川流域から内湾部までを監視できるという、水陸の要所を巧みに抑えた配置といえる。

●—月館城縄張図（作図：熊谷満）

【参考文献】岩手県『岩手県史』第二巻（杜陵印刷、一九六二）、紫桃正隆「赤岩城（熊谷本城）」「中館」「月館城（築館城）」『仙台領内古城・館』第二巻（宝文堂、一九七三）、「赤岩城跡」『日本城郭大系』第三巻（新人物往来社、一九八一）、気仙沼市史編さん委員会『気仙沼市史』Ⅱ（気仙沼市、一九八八）、熊谷満「気仙沼市松川地区の赤岩城跡・中館跡・月館城跡について　一」『宮城考古学』第二一号（二〇一九）、熊谷満「気仙沼市松川地区の赤岩城跡・中館跡・月館城跡について　二」『宮城考古学』第二二号（二〇二〇）

（熊谷　満）

●葛西氏重臣の居城

津谷館（つやだて）

〔所在地〕気仙沼市本吉町津谷舘岡
〔比　高〕三五メートル
〔分　類〕山城
〔年　代〕～天正十八年（一五九〇）
〔城　主〕米倉氏
〔交通アクセス〕ＪＲ気仙沼線ＢＲＴ「本吉駅」下車、徒歩一五分。

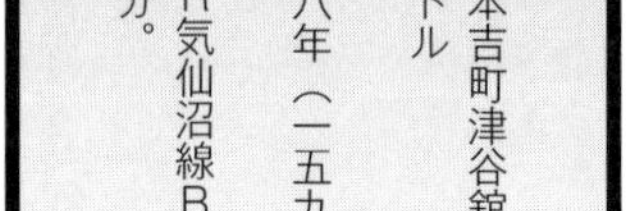

凸津谷館
●気仙沼市本吉総合支所
BRT本吉駅
0　500m

【町並みを見下ろす城】　三陸自動車道本吉津谷インターチェンジ出口から内陸側の本吉市街地方面へ向かうと、一・一キロほど先の交差点北西角に気仙沼市役所本吉（もとよし）総合支所がある。この裏山が津谷館である。市街地中央を本吉総合支所前まで南北に延びるメインストリートの北側丘陵上に位置しており、現在は樹木や建物で遮られてしまっているが、かつては町並みを一望できたであろうという立地である。

【改変された主郭部】　忠魂碑が建つ旧舘岡児童遊園の平坦部は、現在駐車場化されており、ここが本丸（郭Ⅰ）である。標高約七五メートルを測る駐車場から南に一段下がったところには、気仙沼市社会福祉協議会本吉支所が建つ平場（郭Ⅱ）がある。現状からはこれを二ノ丸と考えてしまうが、紫桃正隆が調査・編集した『仙台領内古城・館』によると、調査当時畑地であった本丸の長辺は一二〇メートルあり、中央部には堀によって平場を二分していた痕跡が認められるのだという。

一二〇メートルというと、忠魂碑の建つ駐車場から、社会福祉協議会本吉支所の建つ平場までをも含めた距離である。昭和四十四年（一九六九）国土地理院撮影の航空写真では、たしかに一続きの畑地であったようにも見えるが、真上から撮影されたものであるので、高低差があるのか判別し難い。いずれにしてもこれらの部分は相当に改変されていると思われ、旧状を推し量ることは難しい。

【複雑にめぐらされた堀】　丘陵の斜面部分に目を向けると、東面から南面にかけては宅地化され、南東部に竪堀（たてぼり）・横堀（よこぼり）が

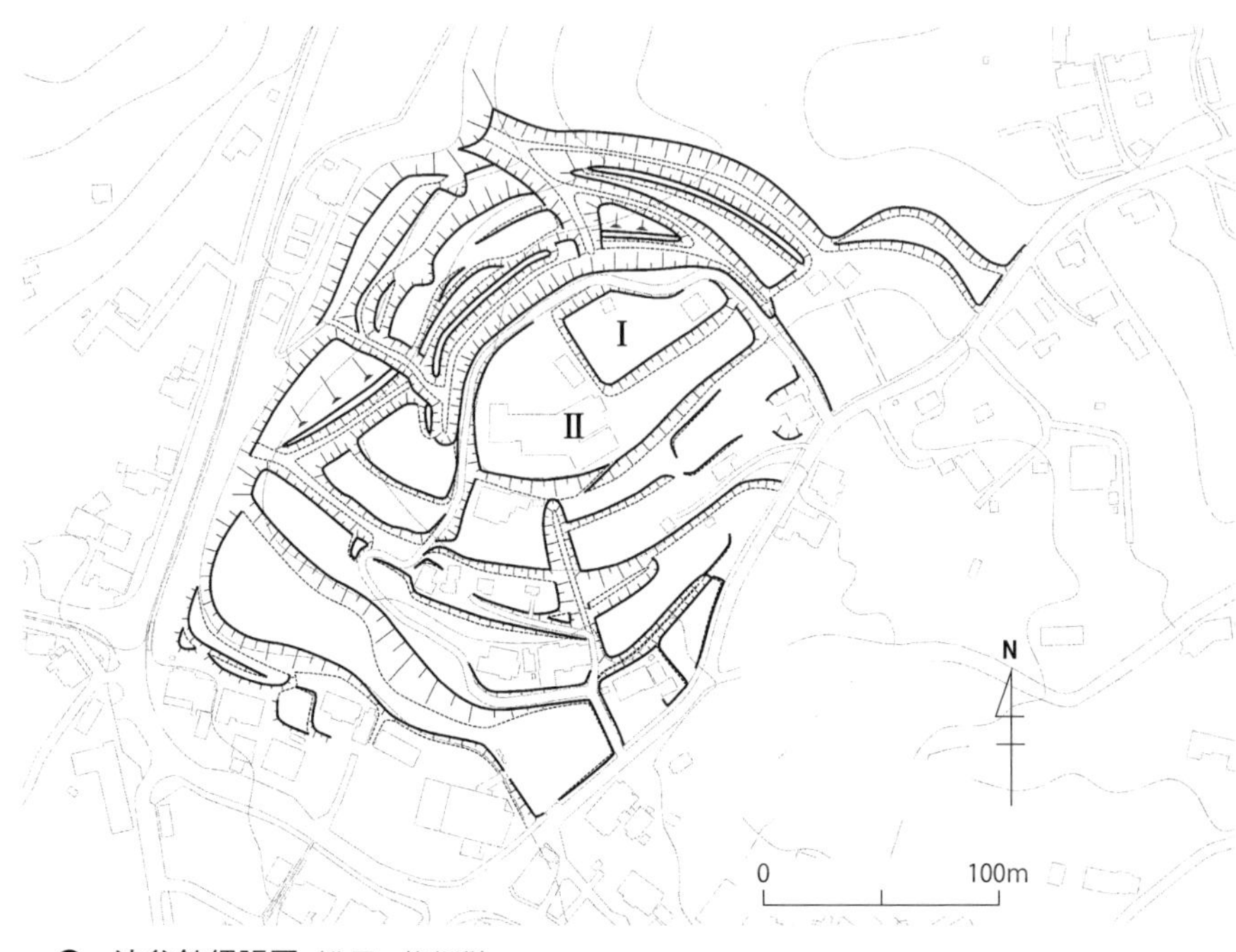

●—津谷館縄張図（作図：熊谷満）

明瞭に認められるものの、曲輪についてはどの程度改変されているものか定かでない。いっぽうで、城の北面から西面にかけては後世の改変をあまり受けていない様子であり、堀や土塁が複雑にめぐらされている状況が確認できる。

二重、部分的には三重にもなる横堀のほか、横堀を断ち切り、あるいは接続して麓に落とす竪堀が複数認められるなど、見応えのあるものとなっている。

【津谷館の成立】 津谷館は別称を獅子館ともいう。津谷館の南東に隣接する峰仙寺には、葛西氏家臣薄衣内匠頭清村の二男米倉玄蕃持村が、応安五年（一三七二）に津谷・平磯・岩尻の地を与えられ、津谷の獅子館に移住したと伝えられている。峰仙寺は、持村によって創建されたとされる米倉氏代々の菩提寺である。

『安倍姓金家系譜』には、男子のなかった金俊持（東山薄衣の米倉に居住し米倉氏を称した）が、同じ村内に住む薄衣内匠頭清村の二男玄蕃持村を迎え後嗣としたことが記されており、持村が米倉氏を称したのはこのためなのだろう。『仙台領古城書上』では城主を米倉左近将監持長とするが、この持長は持村を初代として九代目にあたる人物である。

【城主の諸説】 城主については、米倉持村からの系譜とするほかにも諸説あり、葛西晴信家臣阿部太郎左衛門（別名・最

●—津谷館（南東から）

知玄蕃（げんば））が米倉玄蕃を名乗り移り住んだとするものや、葛西大崎一揆において蒲生氏郷の軍勢に抵抗した葛西勢の一人、米倉右近行友を城主とする説もある。

『仙台領古城書上』には、登米郡狼河原村畑澤城主米谷修理亮（しゅりのすけ）の親族に、本吉津谷の城主として米谷左近将監（さこんのしょうげん）の名も見られる。また『崑薄米継図』では、持村の父清村が米蔵と称し、嘉暦元年（一三二六）に津谷へ移城したとする。ただし、清村の移住については疑わしいという指摘もある。嘉暦年間頃の本吉郡は北部を熊谷氏、南部を馬籠千葉氏が領有しており、この地に清村が移城できたとは考えにくい、というものである。

【参考文献】岩手県『岩手県史』第二巻（杜陵印刷、一九六一）、紫桃正隆「津谷城（獅子ヶ館）」『仙台領内古城・館』第二巻（宝文堂、一九七三）、「津谷館」『日本城郭大系』第三巻（新人物往来社、一九八一）、気仙沼市史編さん委員会『気仙沼市史』Ⅱ（気仙沼市、一九八八）

（熊谷　満）

●南三陸の海の城

平磯館

〔所在地〕南三陸町志津川蒲の沢
〔比　高〕二七メートル
〔分　類〕平山城
〔年　代〕戦国期
〔城　主〕金田九郎治
〔交通アクセス〕ＪＲ気仙沼線ＢＲＴ「清水浜駅」下車、南へ徒歩約四〇分。

【周辺の地形】　志津川湾では〇・五～一・五キロ程度の間隔で城館跡（平山城）が沿岸に並ぶ。その志津川湾北岸にある入り江（幅約八〇〇メートル）の奥の丘陵の突端に位置する。面積は約四ヘクタールである。東西の両側には谷が入り込んでおり、中世期には館の東西に入り江が入り込んでいたと推定される。海際に県道二二一号線が走っているが、後述する発掘調査から遺構は断崖の直前まで存在したと推定される。ここからは志津川湾の大半が眺望でき、リアス海岸の断崖を利用した「海の城」である。

【概要】　城館跡の範囲は、東西約二五〇メートル、南北約三〇〇メートルである。主要な郭は東側の図のＡ１、Ａ２、西側のＢ１、Ｂ２、Ｃ１である。このうち、最高所であるＡ１は平面、隅丸長方形を呈し、南側に腰郭Ａ２、北側にほぼ同じ標高ながら小区画の郭Ａ３を配する。郭Ａ３は櫓の設置が可能と考えられ、見張り台の可能性がある。Ａ１は東西の斜面を幾重もの段状遺構（帯郭）で防御されており、館主の住む主郭（約一五〇〇平方メートル）と考えられる。なお、Ａ２の東側の段状遺構（帯郭）は、後世の畑利用のため拡幅・変形した姿と考えられる。また、谷をはさんで西側のＢ１は平面、方形状を呈し、東西に腰郭を配する副郭として捉えられる。西側の谷の入口にある最下段の帯郭には小土塁が残存している。

主郭と副郭の北方は、南側への緩やかな斜面を呈する郭Ｃ１、Ｃ２があり、兵の駐屯が可能な郭と考えておきたい。その北縁は鍵形の大土塁で画され、防御されている。大土塁の

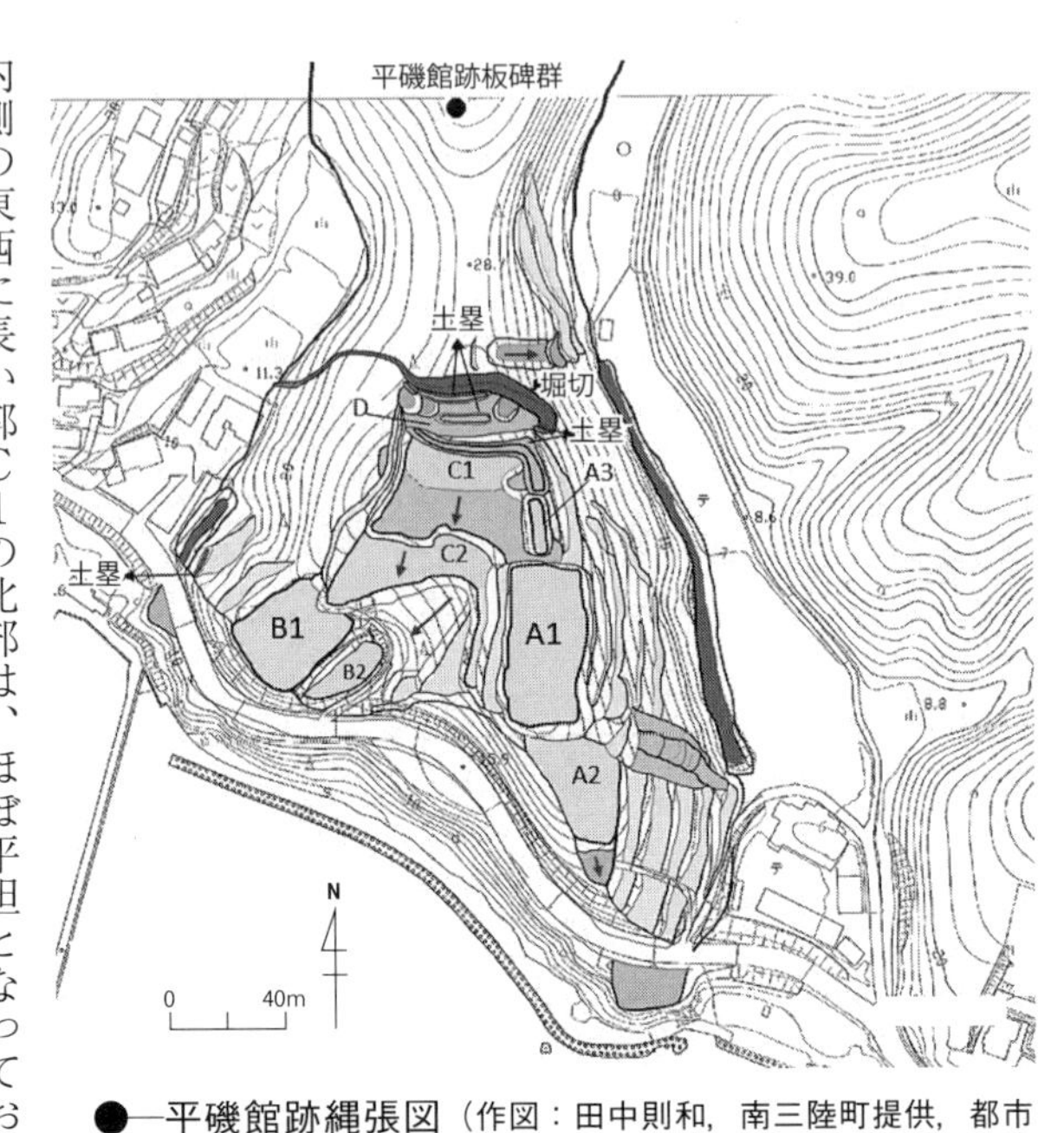

平磯館跡縄張図（作図：田中則和，南三陸町提供，都市計画図〈1967 年〉を下図として作成）

内側の東西に長い郭C1の北部は、ほぼ平坦となっており、C2とともに小規模な建物は可能とみられる。全体的には、帯郭の段状遺構は西側斜面より東側斜面に顕著である。

大土塁の北側は切岸となっており、一段下に東西に緩い傾斜がある郭Dがある。東西方向の土塁が残存し、大土塁との間に堀切が存在している可能性がある。また、平場の北東部には掘切方向に開く性格不明の浅い土坑がある。平場の北縁には尾根筋を遮断する堀切とその内側の土塁がある。ここまでが館の主要施設であるが、堀切の北側、東斜面には、斜面を登る帯状の窪地とその下に二段の帯郭が認められる。後者は、後世のものである可能性もある。

通路としては、主郭の東側斜面の下方から大土塁状の不整な階段状遺構が中段の弧状に張り出した小郭まで達している。通路は凹部として造られる例が多いので、竪土塁が後世に林業の通路として、改変して利用された可能性もある。北縁の堀切の末端は西側斜面裾に達しているが、北端のD郭の北西コーナー付近で土塁が低くなり、階段状の遺構に続いており、虎口の可能性がある。また、この堀切の東端は北側に小土塁をともなって、竪堀状を呈して、D郭に登っており、虎口の可能性がある。

堀切から南側は、主郭、副郭以外も大部分は、谷側、海側への緩やかな傾斜を持ちながらも、大小の平場化が徹底されており、当地域の戦国期の代表的な城館である朝日館跡南館のミニ版といった様相を呈している。江戸初期の刊行とされる『葛西真記録』では、天正十四（一五八六）年の本吉氏勢と歌津勢との戦いにおいて本吉氏側の平磯勢として金田九郎治、木村加賀がそれぞれ数百騎を率いたと記され、佐藤正助は『志津川物語』において両者を平磯館の館主と推定してい

●—平磯漁港の防波堤からみた平磯館跡

●—1977年航空写真（国土地理院提供）

る。あるいは、両者が主郭、副郭に居た可能性もなくはない。本館の防御装置が北側から東側にかけて濃密であるのは、この歌津勢に対抗した状況に合致する。なお、縄張図作成にあたっては、谷口宏充東北大学名誉教授提供の赤色立体地図（アジア航測（株）二〇一一）を有効に利用した。同氏、同社に感謝する。

【発掘調査】『歴史の標　志津川町誌Ⅲ』（一九九一）によれば、一九八五年に南端を走る県道拡幅にともなう発掘調査が幅約二〇×長さ約三〇〇㍍の範囲で行われた。その結果、「平場からは、掘立柱建物跡一棟（桁行四間・梁間二間に一間の縁がつく東西棟）、溝三条（いずれも幅三～四㍍、深さ〇・五～〇・六㍍）、土塁（地山を削り残したもので、高さ〇・五～一㍍、幅約五㍍で平場を区画）が、腰郭からは、区画のための堀一本が検出された」。

報告書は未刊のようである（調査担当の宮城県に刊行の有無、記録の有無を照会したが回答なし）。ここでいう「土塁で区画された平場」とは、どこであろうか。道路拡幅前に撮影された国土地理院の一九七七年撮影の航空写真と比較してみると腰郭A2南西部の可能性もある。堀のある腰郭の位置については不明である。報告書の刊行を期待したい。

【平磯館板碑群】尾根を遮断する堀切の北方約一〇〇㍍の尾根上の平坦に近い場

●―平磯館跡堀切

●―平磯館跡板碑群（左部）

所に旧墓があり、平磯館板碑（いたび）群五基が含まれる。この中にはウン（阿閦（あしゅく）如来）種子の下に「右志為慈母　明徳二年　■十三年■往生」と明徳二年（一三九一）に亡き母の十三回忌供養に造立された板碑がある。（平磯地区では、他に三基の板碑が確認されている）。いずれも地上高五〇～七〇チセンの小型のものであるが、南北朝期におけるこの地区の「海の土豪」の存在を物語っている。

●―平磯館跡から志津川湾奥（南西方向）を望む

なお、南三陸町は、平成二十三年（二〇一一）三月十一日の東日本大震災・津波によって甚大な被害を受けた。平磯地区でも西部の住宅地が大きな被害を受け、一帯では、現在も復興工事が行われている。平磯館の大部分は森林であり、見学は県道側を除いて容易ではない。館域はすべて私有地であり、見学に当たっては十分注意されたい。

【参考文献】佐藤正助『志津川物語』（NSK地方出版、一九八五）、志津川町誌編さん室『歴史の標　志津川町誌Ⅲ』（志津川町、一九九一）

（田中則和）

●一迫狩野氏総領の城

真坂館（鹿島館）

〔栗原市指定史跡〕

〔所在地〕栗原市一迫真坂字館浦
〔比　高〕約五〇メートル
〔分　類〕山城
〔年　代〕一五世紀～一六世紀末
〔城　主〕一迫狩野氏
〔交通アクセス〕ＪＲ東北新幹線「くりこま高原駅」下車、東日本急行バス「一迫総合支所前」下車、徒歩約三〇分。または東北自動車道「築館」ＩＣから車で一五分。

真坂館
龍雲寺
一迫川
一迫小学校
東日本急行交通バス「一迫総合支所前」
一迫総合支所
0　500m

【一迫上様】　一五世紀末、東北中部の戦乱の模様を記した『薄衣状』に「劣勢の公方様に加勢して一迫上様が栗原の一陣をひきいて出陣を」と期待する一文がある。作者の薄衣美濃入道の言う公方とは奥州探題総領（教兼）であり、一迫上様は一迫狩野氏総領をさすものと見てよい。『鹿島社古記録』に大崎氏七代教兼の御息として嫡子固岳、百々についで一迫とあり、一迫狩野氏え入嗣があった可能性が高く、薄衣氏によって上様と尊称された事が理解できる。また『奥州余目記録』に大崎を守る外様として、留守、登米、和賀、遠野など郡主クラスの国人たちと併記されるなど、陸奥中奥の有力国人と認識されていたようだ。

【一迫狩野氏】　真坂館最後の館主と見られる一迫刑部は本姓狩野氏で『刈敷文書』に見る狩野氏は伊豆国狩野（静岡県）出身の維景十数代後の詮眞が一四世紀後半ころ栗原一迫に入り一迫狩野氏祖となる。一迫川上、中流域に展開する中世城館一〇館の過半に、本姓狩野氏を城館主とする伝承があり、『刈敷系図』狩野氏七代為眞の項に、「一迫一円領」とある事と符号する。中世の栗原は通常の数郡にも匹敵する大郡で、陸奥中部の二大勢力、葛西氏と大崎氏が伯仲する地域であった。ある時期、大崎一家と目された一迫狩野氏であったが、天文五年（一五三六）の大崎天文の乱や、天正十六年（一五八八）の大崎合戦では、いずれも反大崎の立場にあった。天正十六年ごろから伊達政宗に誼みを通じ、奥羽仕置では冨沢氏、宮野氏など同じ栗原を代表する武士たちと共に、政宗に一時抱えおかれた。真坂館は、一迫狩野氏総領代々の拠点城であった。

【真坂館の立地と構造】　真坂館は一迫川に南面する、丘陵南縁部に立地する。館の南西側は崖または急斜面、北東側は湿地帯によって囲続された一種の独立丘である。東からⅠ郭、Ⅱ郭、Ⅲ郭が並列し土橋で連結する。地元では東から東館、中館、西館とそれぞれ呼称される。各郭の規模は大きくないが、Ⅱ、Ⅲ郭の周囲には、Ⅳ・Ⅴ郭など大規模な腰曲輪が取り付く。Ⅲ郭に二ヵ所の虎口が付設される。北側の虎口AはⅣ、Ⅴ郭中間の小曲輪を何度も折れて登る桝形状虎口で、南側の虎口は三方を浅い土塁で囲んだ小曲輪が崖面に突出し、Ⅱ郭からの出入と、南側腰曲輪からの出入に横矢を掛ける構造で、虎口A・Bともに近隣に例を見ない。郭ⅡとⅢは腰郭が連続することなどから一帯とみなせるが、郭ⅠとⅡ間には大規模な堀切Cが介在し、腰曲輪も分断されるなど非連続的である。

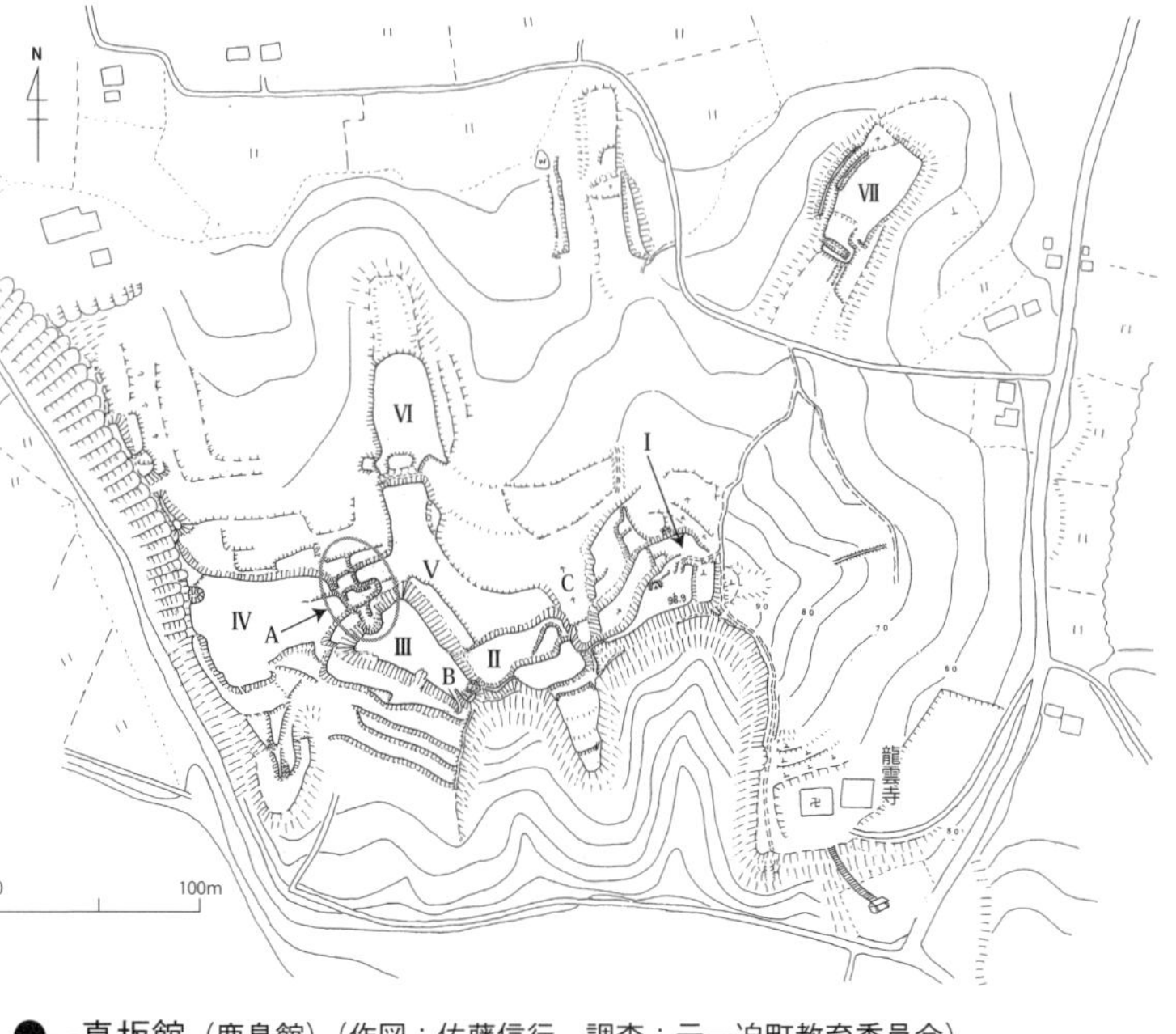

●—真坂館（鹿島館）（作図：佐藤信行、調査：元一迫町教育委員会）

　Ⅰ郭麓に文明十年（一四七八）創建と伝わる曹洞宗の古刹瑞澤山龍雲寺が所在し、Ⅰ郭の一角を伊達氏一門白河氏の墓所が占め、中に伊達氏寛文事件で有名な政岡（白河美実婦人）の墓がある。また、Ⅰ～Ⅲ郭南側崖面に十数基からなる北限の古代横穴墓が分布する。

【参考文献】小山文好「宮城県一迫川上流の城館について」『中世城郭研究』第二一号（二〇〇七）

（佐藤信行）

●奥州探題大崎氏終末期の城か

名生城（みょうじょう）

〔国指定史跡〕

〔所在地〕大崎市古川大崎名生館他
〔比　高〕約一〇メートル
〔分　類〕平城
〔年　代〕一四世紀（？）～天正十九年
〔城　主〕大崎氏一族
〔交通アクセス〕ＪＲ陸羽東線「東大崎駅」下車、徒歩一五分。

【名生城と大崎氏】　戦国時代の大名・国人としては、東北地方では葦名、伊達、相馬、最上、葛西、大崎氏などが見える。その際、大崎氏の居城として、名生または名生城と記されることがしばしば見られる。確かに天正十一年以降、大崎氏最後の当主義隆（よしたか）が他所から移城、または居城としたことが同時代資料によって確認できることから、戦国期末の短期間に限ればそれは正しいと言えよう。しかし、なかには大崎氏歴代、あるいは初代家兼から一貫して一二代義隆まで、代々の居城であったと拡大解釈されることもある。

大崎氏四代満持（みつもち）から七代教兼（のりかね）にかけて全盛期のころの大崎氏本城は、古川北郊の小野城であった事がほぼ定説化しつつある。なお、初代家兼（いえかね）から三代ころまでの拠点は、多賀城近辺や師山城（もろやまじょう）（大崎市）などと推定されている。以上の点から奥州探題大崎氏本城としての名生城の存在は早くとも七代教兼以降とならざるをえない。天正十六年（一五八八）の大崎合戦の際、伊達勢が一路めざしたのは中新田城で、その時、城を堅守したのは大崎家重臣の城代南条下総（しもうさ）であった。また天正十八年の奥羽仕置の際、仕置軍による旧大崎領の接収は『真山記（まやまき）』「引証記（いんしょうき）」によると、「八月十八日蒲生殿中新田城ヲ御請取候已下の事」として古川、岩出山、新田、宮崎、一迫などが見えるが名生（城）の記載はない。

【名生城の歴史】　名生城の前史は旧石器時代以降、断続的に活用されるが、特筆されるのは、古代陸奥国府多賀城に先行する七世紀末から八世紀初頭に造営された官衙（かんが）遺構の存在で

●—名生城航空写真（南西から）（大崎市教育委員会提供），一部加筆

ある。名生城とほぼ重複し、さらに南にひろがるこの遺跡は「名生館官衙遺跡」として国史跡に指定されている。古代末〜中世前期にかけてはかわらけ、同窯跡の存在から奥州藤原氏とのかかわりが考えられる。「名生城」の初見は、観応三年（一三五二）名生城と玉造郡三丁目の間で戦闘があったことを示す、『某軍忠状　大石寺文書』である。『伊達族譜五』所収大崎系図の満持（四代）二男持直（もちなお）の頃に「名生」と注記され、同系図高兼（たかかね）の次に義直（よしなお）があり、「実は弟」と注記される。

いっぽう『系図纂要』義直の頃に「大崎名生城主」と注記される。義直は名生城主であったが、兄高兼の早逝により大崎氏総領となった。義直を継いだ最後の総領義隆が天正十一年（一五八三）、同十四年に「名生城に移る」とする資料がある。天正十四年には義隆が家臣により名生城から拉致された、大崎合戦の発端となる事件が起きている。伊達氏、最上氏を巻き込んだ大崎合戦は、一応大崎方の勝ち戦さで終結したが、まもなく天正十八年の奥羽仕置に遭遇し、義隆の名生城居城もわずか一〇年足らずで名門大崎氏累代の地大崎を追われ流浪の人となる。

義隆退去後、勃発した大崎葛西一揆では名生城に一揆勢が集結したが、蒲生氏郷（がもううじさと）軍に鎮圧され、政宗との確執によりそのまま一ヵ月余籠城し、氏郷出城の後は政宗が城番を置いて、翌天正十九年春ころまで管理した。その後、名生に関する資料、動向は確認できないのでこのころ廃城になったと見られる。

【名生城の構造と出土遺物】　名生城は岩出山方面から延びてきた丘陵と、東側にひろがる広大な大崎平野との間に横たわる、平坦な段丘縁に立地する。城の北東側は比高約一〇メートルの段丘崖を利用し、南辺は自然の沢を城内側のみ整形して堀とし、西側段丘続きは幅約一〇メートルの直線的な堀、内外側に土塁（どるい）をともない城域を確定する。その規模は東西四四〇メートル、南北八五〇メートルで、内部は幅八メートル前後の堀で区画された連郭（れんかく）式の城である。

これまで大崎市などによる二八次にわたる調査でⅠ、Ⅲ郭を除く各郭で相当の面積が発掘調査されている。その目的

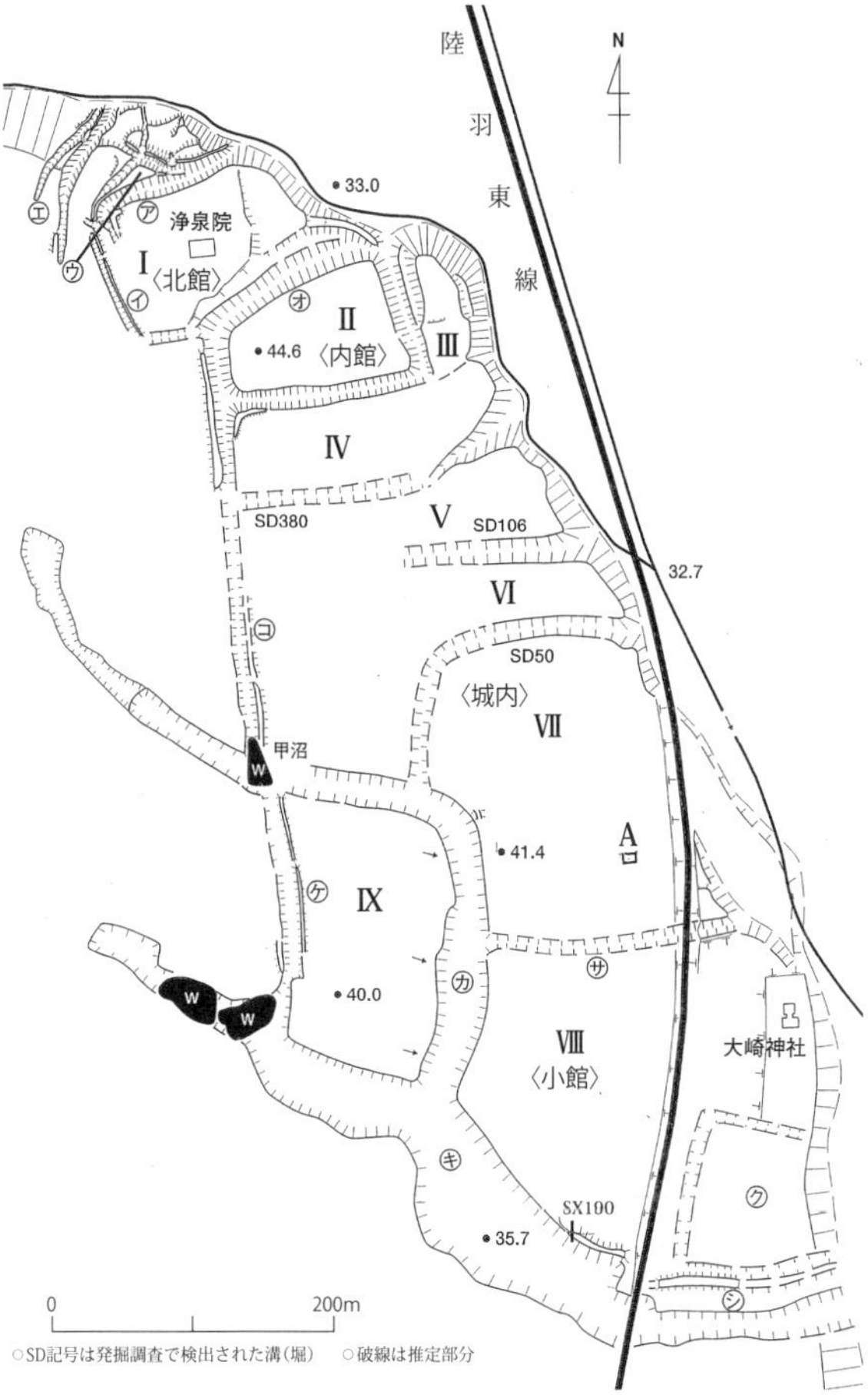

●―名生城縄張図（『古川市史第１巻』より転載加筆，Ａは SB1476 推定位地）

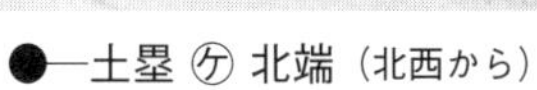
●―土塁 ㋘ 北端（北西から）

は古代官衙の解明にあるが、古代以外の遺構、遺物も発見されている事は先述した。名生城関連の遺構としては、掘立柱建物、内部の区画溝、柱列などがⅡ、Ⅶ郭などで確認されているが古墳時代、古代と比べてその検出遺構は極めて少ない。このうちⅦ地区で検出された遺構（SB—476）は桁行九間、梁行五間の総柱建物で、南と西に廂または縁が取り付く東西建物でこの西側に小規模な建物が柱筋を揃えて建つ。ともに遺物は出土しないが、柱間寸法の検討などから一六世紀初頭以降の時期と推定されている。いっぽう、南縁を区画する堀内側の土塁（SX190）の断ち割り調査で、基底部幅八・八メートル、高さ二・五メートルの積み土土塁であることが確認されている。出土遺物にはかわらけ、中世陶磁器、茶臼、銭貨、炭化米などがある。陶磁器には青磁碗、山茶碗系片口鉢、無釉陶器（常滑産、渥美産）などの一二世紀後半から一三世紀に比定されるものが多く、次いで無釉陶器（在地産）や古瀬戸折縁深皿などの一三世紀後半～一四世紀後半に比定できるものがあり、一四世紀中葉から一五世紀前半に比定される古瀬戸折縁小皿が現在の中世関連では最新の時期を示す（大崎市教育委員会佐藤勝氏教示）。

【名生城の性格】　名生城が大崎氏本城として天正十年（一五八二）以前に機能した実態はほとんど見えてこない。わずかに義隆が天正十一年、同十四年に名生城に居住したとする資料はあるがともに名生城に「移る」とあり、常住する城に戻ったのなら「帰る」「帰城」などとあるべきで、恐らく従来の居城から時々移城した状況を伝えるものであろう。

しかし、整然と直線的な堀で区画した、南北八〇〇メートルにおよぶ大崎地方最大規模の城館が、大崎氏支城や家臣団の城館として構築されたとは考えにくい。名生城主であった義直が、兄高兼の早逝により大崎氏一一代当主となった際、自城を改修して大崎氏本城として取り立てた可能性もある。

ここでは一二代義隆が現在に残るような縄張を計画し、普請がほぼ完成し、作事段階に入って間もなく家臣による拉致事件に端を発する大崎合戦、さらには奥羽仕置など引続く激的な政変によって、名生城の大崎氏本城計画は永久に頓挫する事になったのではないだろうか。建物跡など同時代遺構の稀薄、一六世紀代遺物の未検出などはその傍証となりえよう。

（佐藤信行）

【参考文献】『古川市史　第六巻』（大崎市、二〇〇六）、『古川市史　第一巻』（大崎市、二〇〇八）

●小規模な館が群集する城館

彫堂七館（えりどうしちだて）

〔所在地〕美里町北浦蜂谷森　蜂谷森公園
〔比　高〕約二〇メートル
〔分　類〕平山城
〔年　代〕一五・一六世紀
〔城　主〕不明（伝・蜂谷筑前守）
〔交通アクセス〕JR東北本線「小牛田駅」下車、徒歩一五分。

【「七館八沢」】　彫堂七館とは一風変わった城館の名前だが、長館・大館・小館・陣館・狼之介館・笹館・蜂谷森（彫堂館）の七つの館からなるため、このように呼ばれている（山前館を加えて八館とする説もある）。地元では、七つの館が八つの堀に囲まれている様相から「七館八沢」とも呼ばれているという。いわゆる群郭式城郭といえようか。

七館のうち、笹館・大館は残念ながら破壊され消滅してしまったが、小館・陣館・狼之介館・彫堂館が蜂谷森公園として公開され、手軽に見学できる。ただし、公園化によって大きく破壊されており、遺構は一部しか残っていない。残りの長館は、山林として残存している。

【点在する遺構】　一番東側にあるのが、蜂谷森（彫堂館）である。現在は、大部分が浄水場の敷地となっており、西側には堀切が明瞭に残っている。堀切を渡ると、狼之介館に入る。江戸時代には、仙台藩士今村氏が住んでいたという。比較的広い空間となっているが、土塁や堀などの遺構らしいものはほとんど見られない。さらに西側へ向かうと、一段高い陣館に至る。現在は野外ステージなどがあるが、やはり西側に横堀状の堀切が残っている。この堀切は、現在は園路となっている陣館の南側に伸びていたものと思われる。

堀切を渡ると、さらに一段高い小館に至る。現在は、小さな天神社が建っているが、周囲に堀が残っているが、どこまでが遺構なのか判別しにくい。小館からさらに西側へ向かい、公園を出て道路を挟んだ民家裏の山林が、長館である。楕円形をした館で、周囲に横堀をめぐらしている。消滅した笹館にはかつて土塁跡が認められ、大館には二段の土塁がめぐっていたという。

【謎多き歴史】 館の歴史は、ほとんど不明である。「仙台領古城書上」（『仙台叢書』第四巻所収）には「彫堂城」と登場し、蜂谷筑前守が城主だったとしている。この人物は、別の史料にも登場する。『小牛田町史』によると、宮城県涌谷町の箟峯寺（こんぽうじ）にかつてあった鰐口（わにぐち）に「施主　源蜂谷筑前守沙弥光善　永享四年六月十八日」と記されていたといい、たしかに存在した武士だったようである。このほか、「奥州余目記録（おうしゅうあまるめきろく）」によると、南北朝期に吉良・畠山氏が抗争を繰り広げていた際に、吉良方についた大崎氏が、色麻川を隔てて「蜂森」に陣取り、長世保（ながせのほ）（大崎市松山町など）の畠山氏と遠矢の合戦をしたという。この「蜂森」が、彫堂七館に該当する可能性は高いだろう。彫堂七館周辺は、南側に大河川である鳴瀬川が流れ、かつ大崎領と葛西領の境目にあたる地域であることから、軍事的・経済的に重要な位置にあったと思われる。

天正二十一年（文禄二・一五九三）、伊達政宗は、家臣の中目重定に対して「ゐりだう」（彫堂か）などの荒地開発を命じているが（中目家文書）、直接城館と関係する史料ではない。彫堂七館はすでに廃城となっていたのだろう。

【参考文献】『小牛田町史』上巻（一九七〇）、紫桃正隆『史料　仙台領内古城・館』第三巻（宝文堂、一九七三）、『日本城郭大系』第三巻（新人物往来社、一九八一）

（竹井英文）

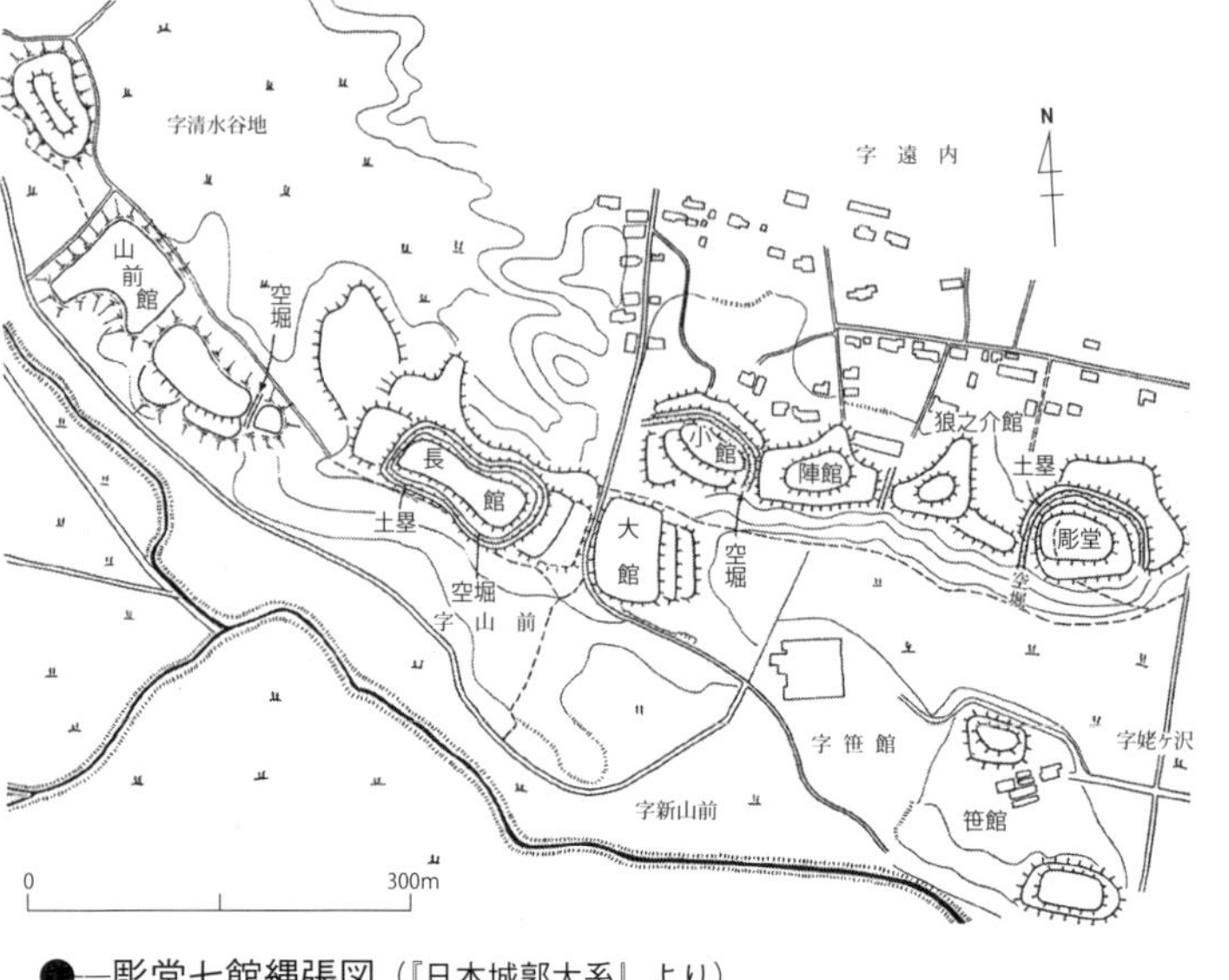

●—彫堂七館縄張図（『日本城郭大系』より）

●県内唯一の現存櫓

涌谷城（わくやじょう）

〔涌谷町指定史跡〕

〔所在地〕涌谷町字下町
〔比　高〕一二メートル
〔分　類〕丘城
〔年　代〕一五世紀～明治元年（一八六八）
〔城　主〕涌谷氏、亘理（伊達）氏
〔交通アクセス〕JR石巻線「涌谷駅」下車、徒歩二〇分。

【涌谷城の風景】　西方から江合川対岸を望むと、平坦な小高い丘の先端附近に白壁の三階建の建物と、その南に少し小さい矢張白壁（やはりしらかべ）の二階建建物が並び建ち、あたかも涌谷城時代の殿舎群を彷彿させるものがある。実はこの三階建の建物は涌谷町歴史資料館として建てられた現代の建物である。しかし、その隣に建つ二階建の建物こそ涌谷要害時代に建てられ、今に現存する宮城県内で唯一の二階櫓（やぐら）である。江合川を渡って丘の南麓に進むと、二階櫓の下に美しくカーブを描く石垣がそびえる。この石垣もまた、宮城県北では唯一の遺例である。

櫓や石垣の現存する、幅一六〇メートル、長さ四〇〇メートルのこの丘は、中世には大崎氏一族の涌谷氏が居城し、近世には涌谷伊達氏が明治維新まで涌谷要害として運用した。現在は、模擬天主風の町立資料館や涌谷神社が鎮座し、全域が城山公園として整備され、特に桜の季節は近郷の人々でにぎわう。

【涌谷氏の時代】　奥州探題大崎氏は一五世紀半ばに田尻大沢に五代満持（みつもち）の弟高詮（たかあき）を配した。百々（どうどう）氏を称した高詮は、二男直信（なおのぶ）を遠田郡涌谷に分出し、大崎領東限を固めた。直信は涌谷氏を称し、六代源五郎の時、奥羽仕置により主家大崎氏とともに没落した。涌谷は登米、桃生など太平洋岸の地域との中間に位地し、北に葛西氏、東に山内須藤氏、南に伊達領遠藤氏などと接する境目の地域であった。涌谷氏歴代の治績についての資料はほとんど知られていないが、文明四年（一四七二）葛西浄蓮（じょうれん）と大崎教兼（のりかね）の間に紛争があり、伊達成宗（しげむね）の

●—涌谷城遠望（西方から）中間を江合川が流下する.

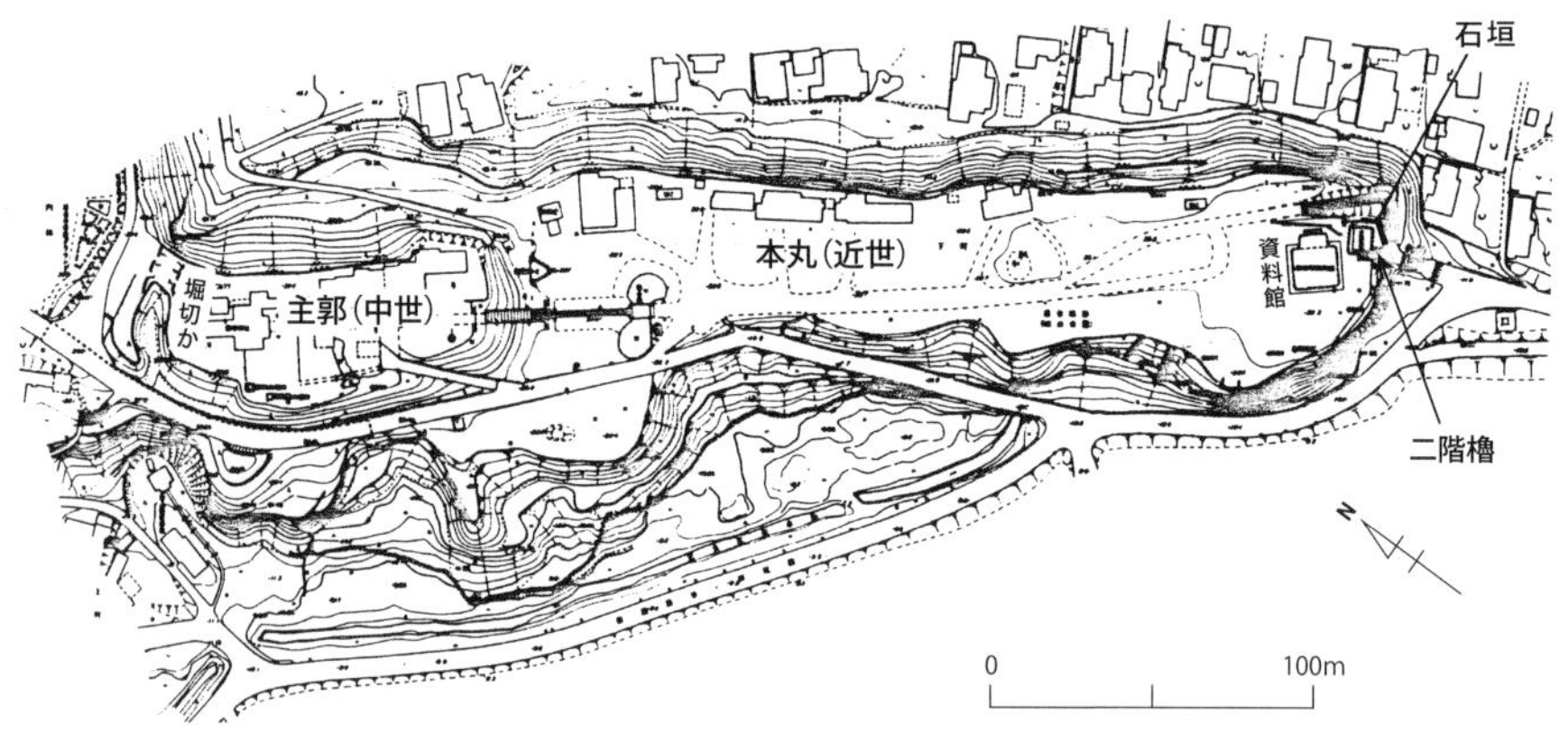

●—涌谷城測量図（建設省北上川下流工事事務所作製図に加筆．現在，西側は道路改修工事で大きく変容）

調停により、遠田一七郷、荒井七郷を葛西氏に渡し落着という（『奥州余目記録』）。涌谷氏はそのまま大崎氏に属しているので、当時の涌谷は遠田、荒井諸郷とは別に、小田保に属していたようだ。

【中世涌谷城】　中世涌谷城に関する情報はほとんど残っていない。現在の涌谷神社の建つ上段平場が、主郭だったとする伝承が唯一である。城地は江合川に西面する東西一〇〇～一六〇メートル、南北約四〇〇メートルの、細長い舌状台地全体が涌谷城であったようだ。東側平地との比高は一二メートルほどで、北端部が一段高まる。この上段平場は南北約一〇〇メートルで、北端部は東西から沢が入り、尾根部で後方丘陵と接続する。この部分もわずかに凹んでおり、元は掘り切られていた可能性が高い。幅約一二メートル、深さは周囲の状況から五メートル前後と見られる。この部分が後方丘陵と遮断する堀切（ほりきり）と見られる。いっぽう、平場西側斜面には中小の曲輪らしきものが数ヵ所存在したことが、一九七八年頃の江合川改修工事にともなう建設省作成測量図で確認されるが、改修工事の実施により本丸南西部の削平をはじめ西側地域は大きく削られ、現在ではほとんど確認できない。

【涌谷要害の時代】 近世涌谷城主亘理重宗の祖は、南関東の豪族千葉介常胤三男の三郎胤盛である。はじめは武石を称し、四代宗胤代に亘理（宮城県南）に移り、七代広胤のころ（一四世紀前半）亘理を称した。戦国期には伊達氏配下となり、奥羽仕置後、重宗が知行八一五貫文をもって涌谷に移封された。

重宗子定家の代、慶長十一年（一六〇六）伊達姓を許され、万治二年（一六五九）加増を受け二万二六四〇石となる。正保年間（一六四四〜七）中世の主郭部（現在涌谷神社が建つ）を放棄、一段下に本丸を移した。貞享四年（一六八七）仙台藩の要害制により涌谷要害に格付される。元禄二年（一六八九）涌谷城焼失。翌年、要害屋敷として大々的な整備が行われ、作事関係については明治維新まで基本的に不変であったという。

涌谷伊達氏四代の安芸宗重は、本藩四代亀千代（のちの綱基）の後見伊達兵部（一関）らによる悪政に身を賭して対向し、兵部派の原田甲斐に斬殺される。幕府の審理により兵部らは失脚した。世に言う伊達騒動（寛文事件）で安芸宗重は伊達藩の忠臣とされた。

涌谷要害の構造は中世の主郭であった上段平場から広い下段平場に本丸を移し、本丸の南側から東側を二ノ曲輪がとり巻く。二ノ曲輪の外にひろがる家中屋敷、町屋敷は正保年間ころは主として江合川を挟んで城の南西部に形成されたが、享保年間ころは江合川の西側にも広く展開していったようだ。江戸中期以降の大手門は、詰ノ門の南方約三〇〇メートル西方から江合川を渡ったすぐの場所に設けられた内枡形で、長い大手道から平入りの中ノ門をへて、坂虎口の詰ノ門から本丸に入った。中ノ門の前面から二ノ曲輪東側にかけて一連の堤堀、水堀が江戸末期の絵図に描かれている。一七世紀末には、本丸の約一〇〇メートル北方に中屋敷、上屋敷が造営されるが、一八世紀後半には中屋敷が撤去されている。

【二階櫓と石垣】 涌谷城を象徴する二階櫓は、二ノ丸から本丸南西部を登った所に設けられた、詰ノ門の南西部に建っている。地元で太鼓堂と呼称されるこの二階櫓は、東西二間半、南北二間半の木造二階建で、屋根は瓦葺、鯱をあげる。二階櫓は城壁から少し離れて建ち、質素な造りで石落しや矢挟間などもなく、軍事的な意図も希薄な建物であることから、江戸時代後期の造営と推定されている。屋根は当時萱

●—涌谷城／石垣と二階櫓（西から）

●—涌谷城／二階櫓（北から）

葺で鯱も存在しなかった可能性が高い。

石垣は、この二階櫓の南面と詰ノ門への登城路との間を巻くように、コの字形に配される。その規模は幅約七メートル、高さ最大六・四メートル。工法は切り込みハギ、切石整層積、東南出隅部分は算木積（さんぎずみ）。二〇〇三年の宮城県北部地震に関わる解体修理の際の所見では、裏込層などを形成せず、地山土をそのまま埋め戻した状態であったという。石垣が構築されたのは一六九〇年以前で要害確定の前後であったと見られる。これまで五回の修復が確認されている。

【参考文献】「涌谷城」『日本城郭大系』三（新人物往来社、一九八一）、涌谷町教育委員会『涌谷城跡石垣修復現説資料』（二〇〇四）、太田秀春『仙台藩の支城制と涌谷城』、『涌谷町文化財講演会資料』（二〇〇四）

（佐藤信行）

●大崎・葛西一揆対政宗激戦の城

宮崎城

【大崎地方最後の激闘】　天正十九年（一五九一）六月二十五日亥ノ刻、城内よりの出火を機に伊達勢の猛攻によってさしもの堅城も落城し、城に盾籠った城兵らは悉く討死した。その数を『伊達政宗書状写』では「数百人撫切に及ぶ」とし『政宗記』では「首八十一、百三十人の耳、鼻を京都に上らせた」とする。宮崎城はこの大崎地方最後の激戦の舞台となった城である。

天正十八年、奥羽仕置により主家大崎氏とともに録を失った旧家臣団や住民らは、進駐してきた上方勢の非道な行動により大崎・葛西一揆が勃発。翌十九年一揆再発では、帰順した近隣の旧大崎家臣団のなか、宮崎城主笠原民部らが一族を中心に宮崎城に館籠った。落城前日の戦闘では、伊達氏宿老浜田景隆ら高名の者を含む足軽など百余名の戦死者を出し、一揆関係としては伊達氏最大の犠牲をはらったこの戦闘は、籠城側にかなり鉄砲の備えや技術に習熟した人々がおり、さらに鉄砲戦に対応した城の構造であった結果であったと思われる。

〔所在地〕加美町宮崎麓
〔比　高〕約七〇メートル
〔分　類〕山城
〔年　代〕一五世紀〜一七世紀初
〔城　主〕笠原氏、石母田氏
〔交通アクセス〕加美町コミュニティバス「宮崎支所前」下車、徒歩三〇分。または東北自動車道「古川」ICから車で二五分。

【宮崎城主笠原氏】　宮崎城は笠原氏代々の居城とされ、最後の城主は九代民部小輔隆親であった。『笠原系図（笠原仁氏蔵）』によると、笠原近江守重広が大崎氏初代家兼とともに下向とあるが、笠原氏世系が辿れるのは五代ころからで、七代仲沖（直時）は嫡男隆春を除く男子五名を田川流域の要所に配置し、田川流域（旧宮崎町の過半）の一円支配を完了した。五人の男子はいづれも名に「直」字を冠し、さらに次世

代の多くが「隆」字を冠する事からそれぞれ大崎氏一一代義直と一二代義隆の一字拝領を受けたものであろう。『笠原系図』では仲沖の三代前の為時の後に、大崎氏五代満詮四男詮時が入嗣し、笠原氏五代目を継ぐというが確証はない。

●—宮崎城縄張図（作図：佐藤信行）

【宮崎城の位置と構造】 加美丘陵から派生した丘陵の東端部に立地し、城の眼下に沖積地が広がる。城の東北部で烏川を合流した田川が、一〇〇〇分の一・八というゆるい勾配の沖積地を広げながら中新田方面に向う、いわゆる大崎低地の西端部にあたる。

城は南東側が崖または急斜面、北側は深い沢、西側が丘陵に連なる地形で、城の東北部で合流する烏川、田川両河川の河谷が深く外堀的な機能を持つ。

主郭と見られる郭Ⅰは五〇×三〇メートルの楕円形プランで、東に二段の大規模な堀切を挟んで副郭的な郭Ⅱが並立する。主郭の規模は大きくないが、主郭北西側や虎口Bから主郭に至る登城路途中に大小の曲輪群やその東側にも腰曲輪が連なり運用空間は広い。郭Ⅰ西側に櫓台Aを、南西部の突出した部分に虎口Bからの登城路が取りつく。南端は幅二二メートルの堀切Cによって遮断され、北西部にも堀切が存在したようだが、道路によって破壊されている。虎口Bは二折れして曲輪に登るもので、その西側の帯状低地Dは水堀と伝わる。

【参考文献】「宮崎城」『日本城郭体系』三（新人物往来社、一九八一）

（佐藤信行）

●国衆黒川氏の初期の居城

御所館

〔所在地〕大和町落合蒜袋字宮下
〔比　高〕約四〇メートル
〔分　類〕平山城
〔年　代〕一五・一六世紀
〔城　主〕黒川氏
〔交通アクセス〕JR東北本線「仙台駅」から宮城交通高速バス（大衡—仙台線）約三五分「JAグリーンあさひな前」下車、徒歩三〇分。あるいは、東北自動車道大和ICからすぐ。

【驚くべき壮大な城館】 これほどの城館が、全国的にもあまり知られておらず、整備・公開もほとんどされていないのは、大変残念である。この地域を支配した国衆黒川氏の居城とされているが、実に広大な城域を持ち、その構造も個性的で非常に面白い。谷を隔てたすぐ南には、『東北の名城を歩く　南東北編』でも紹介した八谷館があり、両者は一連の城館と捉えられる。

御所館は、大和町の中心である吉岡地区の東二キロほどのところに位置する大松沢丘陵上に築かれており、西側には善川や吉田川などが流れる。八谷館と同様、大和町の市街地と船形山・七ツ森を一望できる位置にある。遺構は大きく三つの尾根上に展開しており、それぞれの尾根に挟まれた南から入る東西二つの沢を取り込む形で築かれている。

現在、城域の西側を南北に東北自動車道が通っており、残念ながら一部は破壊されてしまったが、その他の部分については、筆者が歩いた範囲内では、極めて良好に遺構が残っている。ただし、全体的に藪が酷く、比較的整備された道が通じている②周辺以外は、見学自体が困難である。

登り口も、非常にわかりにくい。八谷館公園から道を北に向かうと、途中に右に曲がって東北自動車道の反対側へ続く道が複数あるが、三つ目の道（民家の横を通る、草が生えたややわかりにくい道。崩れた鳥居が目印）を入って高架下のトンネルをくぐると、右側に高速道路沿いに南に向かう舗装された道がある（高速道路上からも見える）。これを道なりに曲がりながら進んでいくと、数分で石神神社・伊豆権現神社（小さい祠）のある郭②にたどり着く。

【独特の縄張構造】　②の隣、扇の要のような場所に位置するのが①である。北側から西南側は高さ二㍍ほどある分厚い土塁1に囲まれ、②や③・④にも通じる深い堀に囲まれている。南側には非常に低い土塁があり、その切れ目を虎口として③と繋がっている。③と④も同様に仕切りの土塁の切れ目が虎口となって連結しており、藪が酷く未確認だが⑤・⑥・⑦と尾根上に続く曲輪群も、堀切で遮断せず同様に連結しているものと思われる。一方で、①・②の南側斜面から続く城道が③・④の西側斜面にもつうじており、この道からも③・④へ入ることができる。なかでも、③へ入る部分は桝形状に曲がっている。さらに、③・④の東側には長い横堀と腰郭があるが、途中に土橋があり、③へと入る幅広の坂道となっている。これも虎口のようである。つまり、③には三つの虎口があることになる。

②から登城路を少し戻って南側の藪の中へ向かおう。すると、すぐに空堀Cが見えてくる。高速道路のフェンス側にかろうじて残された土橋を渡ると、左斜めに登る細い坂道があり、⑭の土塁の切れ目に設けられた小さな虎口へと通じている。この坂虎口の構造は見事である。⑭は広い曲輪で北側と西側に土塁があり、西側の土塁3は高速道路により一部破壊されているが、高さがある。⑭の東側斜面には段々状の曲輪が複数残っており、南側の大きな谷の向こう側に⑮・⑯などが続くが、未踏査である。

城域の西側である⑬・㉓・⑰・⑱・⑲・⑳・㉑は、東北自動車道の建設によって破壊されてしまい、今はないが、その他の部分については残存しているようである。

城下の構造については、現時点ではまったく不明である。移転先の鶴巣館の城下には、町場や寺社の痕跡が確認されており、御所館周辺にも当然展開していたはずである。今後の調査研究を待ちたい。

【黒川氏と御所館の歴史】　これほど壮大な城館であるにもかかわらず、その歴史を明確に物語る一次史料は皆無である。ここが本当に黒川氏の居城なのかどうかですら、きちんとした裏付けが取れないままである。

そのため、「仙台領古城書立之覚」（『宮城県史』三二所収）や「奥羽観蹟聞老志」（『仙台叢書』第一五巻、一六巻）、「封内風土記」（『仙台叢書　封内風土記』）など、江戸期の地誌類からその歴史をうかがうよりほかはない。それらを総合すると、御所館の規模は東西一七間、南北四四間で、多くの「土手」や「段」があるとしている。かなり規模が小さいため、

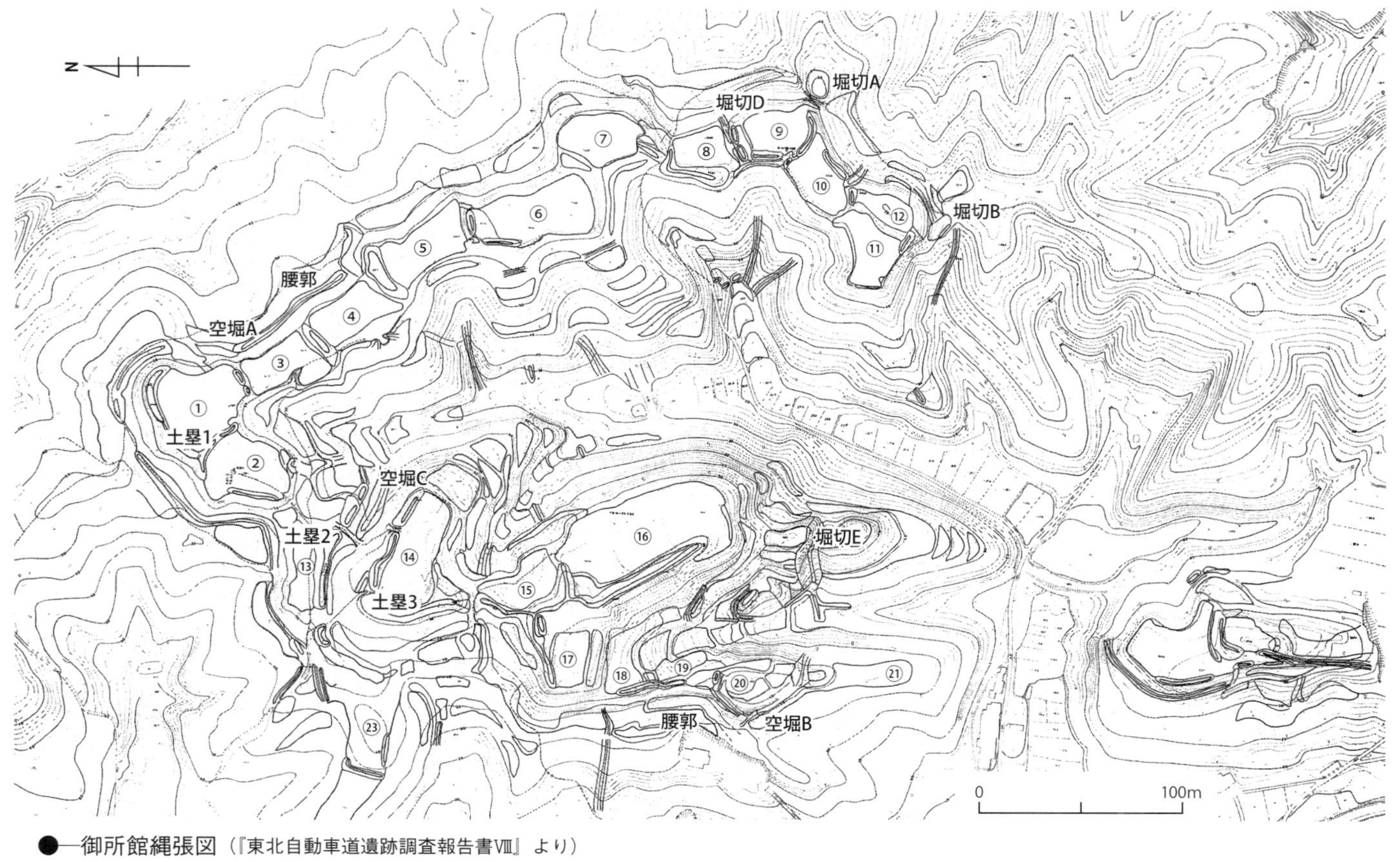

●—御所館縄張図（『東北自動車道遺跡調査報告書Ⅷ』より）

●—御所館曲輪①の土塁

城域のごく一部のみを指しているようである。また、城主については黒川氏とすることで一致しているが、その出自については、初代鎌倉公方である足利基氏の末裔とするものが多く、そのため御所館と尊称されたとしている。

このように、黒川氏は足利基氏の末裔とされることが多い。しかし、その系譜関係にはさまざまな説があり、いまだに確定していない。また、そもそも黒川氏が黒川郡に入った時期も不明瞭である。ただ、永正十一年（一五一四）頃に成立した「奥州余目記録」には「黒川殿六代にてたえ給う」とあり、それが正しいとすれば、黒川氏は、おおよそ南北朝・室町初期には存在していたことになる。

いっぽう、「伊達正統世次考」によれば、黒川氏は応永二年（一三九五）に伊達氏の麾下に入ったとされる。その後、天文四年（一五三五）までに、伊達一門である飯坂清宗の子である景氏が入嗣している。この景氏によって、黒川氏は御所館から鶴巣館へと本拠を移転したとされている。これが正しければ、御所館は一六世紀前半までの城となるが、いずれも確たる根拠はない。

【発掘された御所館】 今でこそ、あまり知名度がない御所館だが、過去に脚光を浴びたときがあった。昭和四十八年（一九七三）に、東北自動車道建設にともなう発掘調査が行われた時である。実は御所館は、宮城県内、ひいては東北地方における中世城館の本格的な発掘調査の先駆けとなった城として、考古学的には非常に有名なのである。かつては、東北歴史資料館（現東北歴史博物館）に模型も展示されていたほどである。

発掘調査は、先述した城域の西側部分で行われた。発見された遺構は、掘立柱建物跡、礎石建物跡、土蔵跡、井戸跡、通路跡、焼土遺構、土橋状遺構、桝形虎口、門跡、土塁（石塁）、溝、空堀などである。平場の整地、土塁と通路の重複関係、切り合い関係などから、館の構築時期はおおよそ二時期に分けることができ、第二期も新旧関係が考えられるとしている。掘立柱建物跡は三六棟発見され、そのうち一〇棟は庇（ひさし）付きの建物であった。複数回の建て替えが行われている模様である。土塁も同様で、古い段階の小規模な土塁が、新しい段階では倍の大きさに改修されていることが判明した。石塁の存在も指摘されているが、これはいわゆる石垣・石積みではなく、岩盤を削って土塁状にした遺構のようである。

さまざまな遺構が発見されたなかでも、特に注目されるのが、西側の沢の最深部、⑲で発見された桝形虎口である。岩盤を掘り込んで構築されており、大きさは南北約一三メートル、東西九・五メートルほどで、長方形を呈している。北・西・南側は壁に囲まれているが、東側は斜面となって沢に向かい、城外へ通じている。城内に入る西北側には門跡の柱穴と通路も発見されている。さらに、この桝形虎口を見下ろすような建物跡も発見されており、城内のなかでも重要な虎口であったことがうかがわれる。この沢を登る道は、大手道の有力候補であるため、大手門の遺構と捉えることもできるのかもしれない。

さらに注目すべきなのは、この桝形虎口は、その後埋め立てられ虎口として使用されず、その上に分厚い土塁が築かれたことである。縄張の大幅な変更があったことがわかると同時に、この桝形虎口が古い段階＝第一期のものであることもわかる。後述するように、御所館は一六世紀前半までと想定されていることから、全国的に見ても古い桝形虎口の事例である可能性が高い。

遺物は、甕（かめ）、鉢、皿、壺など国産の陶磁器、青磁（せいじ）・白磁（はくじ）などの貿易陶磁、石製品、鉄製品、漆器、宋銭・明銭などが出土した。これらの分析から、報告書では御所館の年代観を一四～一六世紀としている。ただし、あくまで一九七〇年代段階の見解であり、その後急速に進んだ遺物の編年を踏まえると、さらに詳細な年代観が判明する可能性もあろう。すっかり忘れ去られている御所館だが、さらなる調査研究の進展、そして東北地方のなかでも有数の大城館であるので、適切な保存整備が行われることを期待したい。

【参考文献】紫桃正隆「御所楯城」紫桃正隆『史料　仙台領内古城・館』第三巻（宝文堂、一九七三）、『大和町史』上巻（一九七五）、『宮城県文化財調査報告書第九三集 東北自動車道遺跡調査報告書Ⅷ』（宮城県教育委員会、一九八三）

（竹井英文）

●国衆黒川氏の最後の居城

鶴巣館（つるすだて）

〔所在地〕大和町鶴巣下草字迫
〔比　高〕約五〇メートル
〔分　類〕平山城
〔年　代〕一六世紀
〔城　主〕黒川氏
〔交通アクセス〕仙台市地下鉄南北線「泉中央駅」下車、宮城交通バス吉岡行き「下草入口」下車、徒歩二〇分。

【御所館から移転か】　東北自動車道鶴巣PAのすぐ近く、大和町（たいわちょう）鶴巣下草の小高い丘上に、鶴巣館はある。別名を鶴楯城ともいうこの城は、竹林川や吉田川を挟んで北方約三キロに位置する御所館から移ってきた、黒川氏の最後の居城とされている。下草地区は黒川郡のほぼ中央に位置し、古代には黒川駅家（うまや）が置かれたところである。近世の奥州街道や吉岡宿を一望することができることからもわかるように、古くから交通の要衝であった。

城跡への道は狭くわかりにくいが、麓にある八幡神社を目指すのがよい。鳥居を過ぎてそのまま南へ道なりに進むと、鬱蒼（うっそう）とした森の中に入り、右側に直角に曲がって大きな沢部を西側へ登る道が続く。それを登り切ると「四ノ丸」にたどり着く。ここが唯一整備されている曲輪で、西北側の眺望を楽しむことができる。

鶴巣館も、当時の史料にはほとんど登場しない。やはり、江戸期の地誌類の情報が主たるものとなる。なかでも「仙台領古城書上」では「鶴楯城（本丸）」で登場し、「城主黒川安芸守晴氏（はるうじ）、永禄年中迄居住」「東西二百二十九間幅四間カラ堀有」とある。「本丸」以外にも「二之丸」「東丸」「西丸」を記載し、大きく四つの曲輪から成るとしている。なお、同系統の史料である「府中居館并往古名元付上下」（近世留守家文書）には「三之丸」も記載され、五つの曲輪から成るとしている。

【鶴巣館の構造】　鶴巣館は、昭和四十八年（一九七三）に大和町教育委員会が調査主体となり、東北学院大学などによって測量調査・発掘調査が行われた。これにより、詳細な測量図が作成され、その全貌が明らかになった。

主郭は、三角形のような形をした「本丸」である。西北側に低い土塁が設けられ、周囲を帯曲輪に囲まれている。「本丸」の西側には、堀切を隔てて長方形の曲輪「二ノ丸」があり、虎口が二ヵ所認められる。南東側には、帯曲輪を隔てて、やはり長方形の曲輪「三ノ丸」があり、北端と南端に低い土塁が認められる。北東側にも、「四ノ丸」「五ノ丸」「六ノ丸」「七ノ丸」などが麓の方まで続いている。このほか、麓の方には寺院跡や居館・庭園跡と思われる遺構もあるというが、未踏査である。全体的に荒れ果てており、遺構観察がやや困難である。

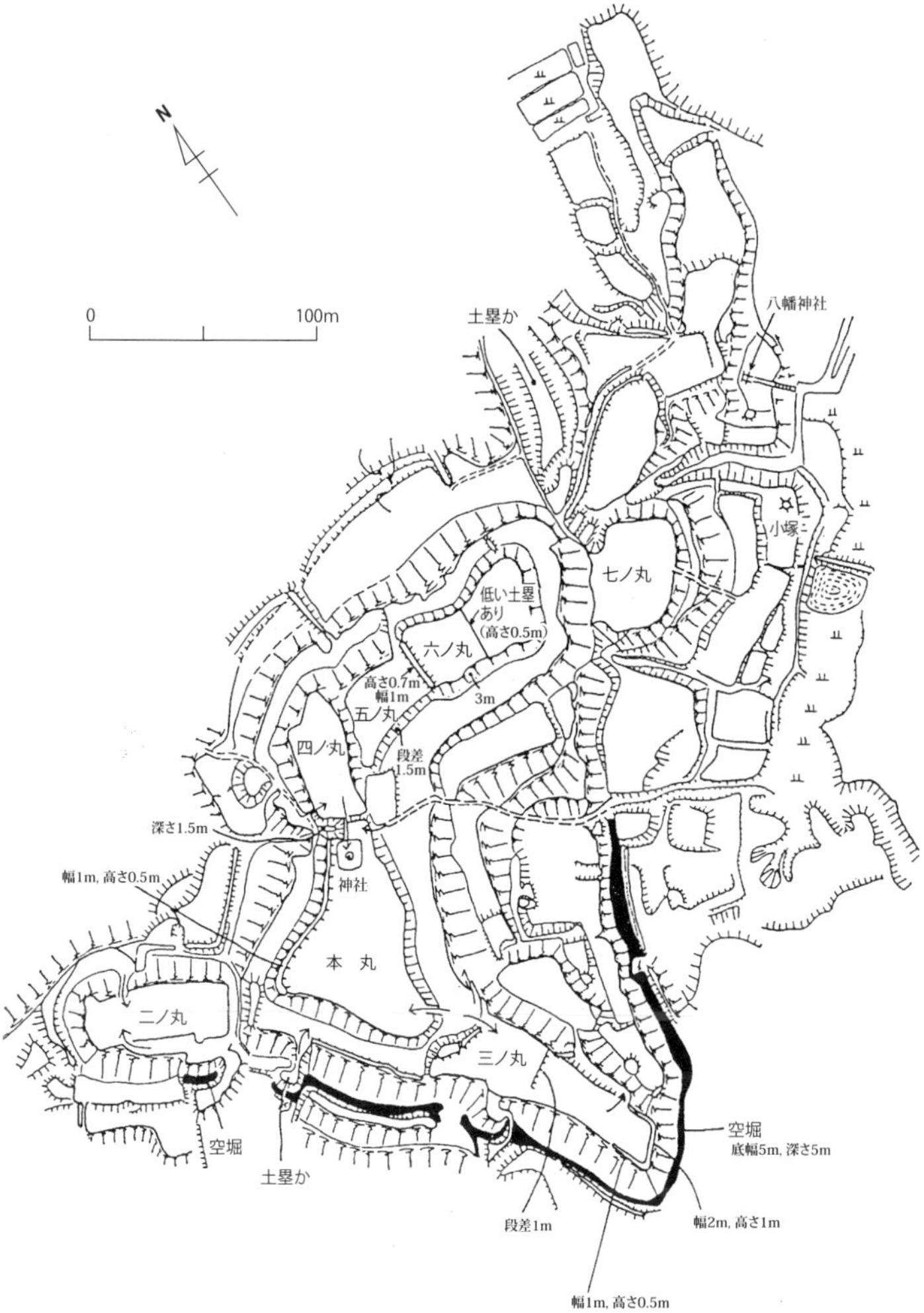

●―鶴巣館縄張図（『図説中世城郭事典』より）

この城の特徴は、「二ノ丸」から「三ノ丸」にかけて城域の西・南部をぐるりと囲む長大な横堀である。深さ五メートル前後の大規模な横堀で、圧巻である。また、この横堀に沿って馬出のようにもみえる遺構

●—鶴巣館四ノ丸

が三つほど確認できる。実際にはかなり小規模で高低差もあるが、土橋(どばし)状の細い城道が繋がっており、特徴的な遺構となっている。

発掘調査は本丸の一部で行われ、建物跡や三角柱の柵列跡などが見つかっている。しかし、遺物は土師質(はじ)土器、陶器、金属製品がわずかに出土したくらいで、遺構の詳細な年代観は不明であるが、おおよそ室町末から戦国期とされている。

【城下と下草城】 鶴巣館の城下については、ほとんど検討されておらず、不明瞭な点が多い。しかし、「黒川坂本町」「黒川町」と呼ばれた町場があったようで、近世になって近隣の吉岡や富谷に一部移転していったという。また、吉岡にある寺社のなかには、もともと鶴巣館周辺にあったという由緒を持つものが多い。これらのことから、一定の城下町が形成されていたことがうかがわれよう。

鶴巣館のすぐ北隣の平地には、伊達政宗の三男・宗清(むねきよ)が慶長十五年(一六一〇)から元和元年(一六一五)まで在城した下草城がある。方形の本丸と二の丸などからなる平城で、その南側、ちょうど鶴巣館との間に位置する部分に城下町が広がっていたことが発掘調査から判明している。その成果によると、一七世紀初頭の遺物を中心としつつも、一六世紀の遺物も一定量出土しており、遺構も四時期以上の変遷をたどっているという。そのため、宗清が下草城に在城した数年間に収まるとは考えられず、それ以前から町並みが広がっていた可能性が高いとされる。つまり、ここに戦国期の町場が存在していたことが考えられるのである。下草城自体も、あるいは黒川氏の時代に鶴巣館と同時に存在していた可能性がある。

【黒川氏の居城】黒川氏が鶴巣館に居城を移したのは、伊達氏から入嗣した景氏の代、おおよそ天文年間頃だったと思われる。黒川氏は、以後稙国(たねくに)、晴氏(はるうじ)と続いたが、なかでも黒川月舟斎晴氏は著名な武将である。晴氏は、娘を隣接する伊達一族の留守政景(まさかげ)に嫁がせ、天正十六年(一五八八)の大崎合戦では、伊達方を見限って大崎氏へ荷担し、伊達軍の大敗を招いた。同十八年の奥羽仕置によって改易されてしまい、留守氏の庇護のもと、慶長四年(一五九九)に没している。ちなみに、「安永風土記」には「城主黒川安芸守遥氏様永禄年中まで御居城の由申し伝え候事」とあるが、おそらく奥羽仕置直前まで、鶴巣館は黒川氏の居城として存続していたと思われる。

【奥羽仕置以後】その奥羽仕置の際に、有名な大崎・葛西一揆が勃発する。その鎮圧のため、伊達政宗と蒲生氏郷(がもううじさと)が出陣した。伊達政宗は、十一月五日に利府、十日に黒川に着陣した。一方の氏郷は、宮城郡松森(仙台市泉区)を経由して十四日に黒川に着陣し、政宗と会談している。両者が着陣した黒川について、一次史料では「黒川」と記されているが、『伊達治家(じか)記録』ではこれを「下草城」としている。いずれにせよ、鶴巣館のことと考えられる。

その後は、文禄・慶長期の伝馬手形や過書(かしょ)に「黒川」がしばしば登場する。これも鶴巣館・城下の町場のことを指すのだろう。そして、先述した伊達宗清の入部の際までには、鶴巣館は廃城となったと考えられる。なお、宗清は元和元年(一六一五)、に北方の吉岡に築城を開始し、翌年移っている。これにともない、下草の町や寺社の一部が吉岡に移っている。

【参考文献】東北学院大学考古学研究部「鶴巣館発掘調査測量調査概要」『温故』第一〇号(一九七四)、『大和町史』上巻(大和町、一九七五)・下巻(同、一九七七)、村田修三編『図説中世城郭事典』(新人物往来社、一九八七)、『宮城県文化財調査報告書第一四六集 下草古城跡』(宮城県教育委員会、一九九二)

(竹井英文)

●宮床伊達氏の居城

田手岡館（たておかだて）

〔所在地〕大和町宮床字四辻
〔比　高〕約二〇メートル
〔分　類〕平山城
〔年　代〕一七世紀～一九世紀
〔城　主〕宮床伊達氏
〔交通アクセス〕ＪＲ東北本線「仙台駅」から車で約一時間。仙台市営地下鉄「八乙女駅」・「泉中央駅」からバス「富谷」下車、タクシーで一五分。

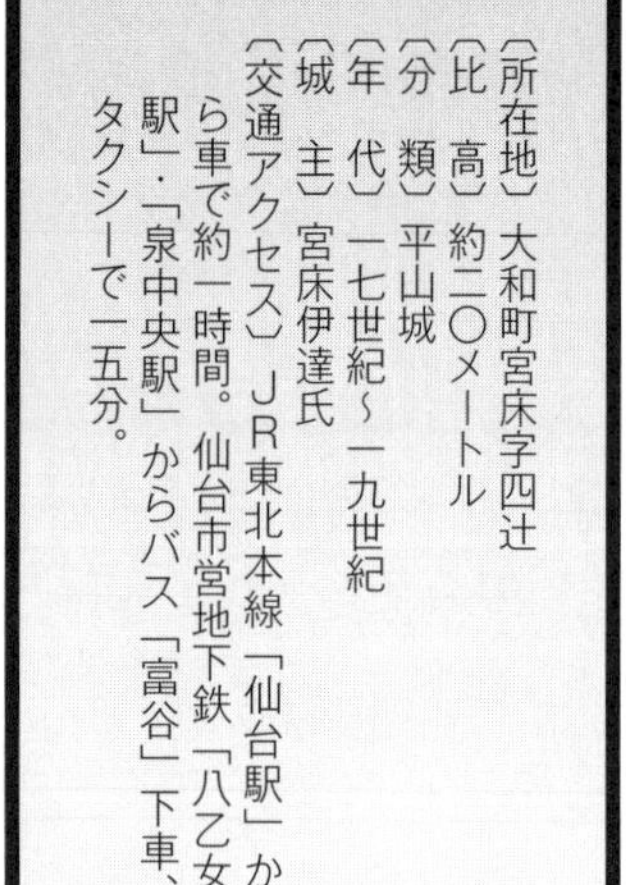

宮床川
●原阿佐緒記念館
457
宮床小学校
田手岡館
0
500m

【立派な城構えの「所」】　大和町の西側山間部に、宮床という地域がある。そこに、江戸時代の宮床伊達氏の居城である田手岡館がある。城跡の東側一〇〇メートルほどのところには、江戸後期に建てられ、明治維新後に宮床伊達家の住宅となった建物（旧伊達家住宅）が残されており、一般公開されている。また、それに隣接して宮床宝蔵という町立の資料館があり、宮床伊達家関係の史料などを見学することができる。併せて見学したい。

田手岡館は、万治三年（一六六〇）に、仙台藩二代目藩主伊達忠宗の八男宗房（政宗の孫）が、宮床に封じられたことにより、寛文六年（一六六六）までに築かれた。つまり、近世になってから、在郷居館として新規に築かれた館である。宗房は、当初は伊達一族の田手氏の名跡を継いだが、万治二年に宗房の実兄である三代藩主綱宗から伊達姓を下賜され、伊達氏家臣団の家格最高位である「一門」となった。仙台藩は要害制をとったことで知られるが、宮床は「城」に次ぐ「要害」ではなく、その一段下の「所」の格付けがされた。

【よく残る遺構】　城跡へは、大手である北側から入る。道路沿いに案内板があり、麓の北西側には水堀跡が残る。「三之曲輪」を通り、まもなく左へ折れる虎口に出るが、その両側の一部にわずかに石垣が残存している。さらに「中曲輪」「北曲輪」をへて、広大な「本丸」に着く。「本丸」は土塁に囲まれ、庭園跡や井戸跡などがはっきりと残っている。西南側には虎口と大きな堀があり、対岸が「二之丸」となっている。その他、大きな腰曲輪（こしぐるわ）など複数の曲輪があった。享保二年（一七一七）には大規模普請が実施され、当初北表だった構えが南表に変更されたようで、本丸下の南側、「二之丸」に隣接した曲輪に虎口が設けられた。塁線には折れが多用され、蔀（しとみ）土塁も多く設けられていたようで、技巧的な縄張構造となっている。荒れ果てた部分もあるが、遺構はよく残っているといえる。

●—田手岡館（宮床所）本丸

【丸馬出が意味するもの】

田手岡館については、普請が実施された享保二年に描かれた絵図が残されており、宮床宝蔵に展示されている。それによると、現在は消失しているが、当時の田手岡館の北側大手には、丸馬出（まるうまだし）が存在していた。馬出は、伊達氏の城館のなかでも限られたものにしか設けられなかったものである。また、大手門自体も楼門形式の大規模なもので、仙台城の大手門に次ぐ規模のものであったようである。これらが設けられた背景には、仙台藩主伊達綱宗の意向があったことが考えられ、伊達氏の家臣団統制の一環であったとされている。

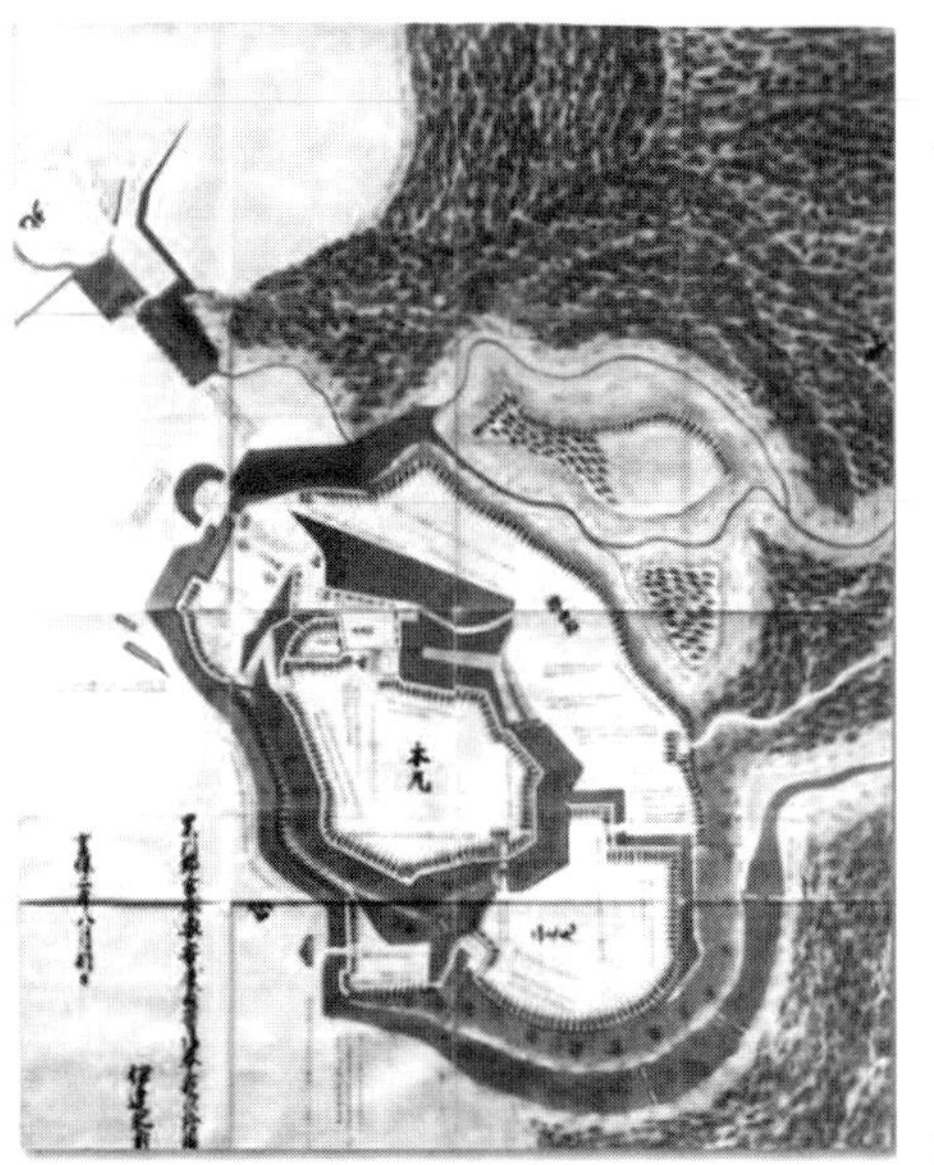

●—田手岡館（宮床所）の絵図（宮床宝蔵提供）

【参考文献】『大和町史』下巻（大和町、一九七七）、太田秀春「伊達氏の城郭にみる象徴性」（『講座東北の歴史』第一巻、清文堂、二〇一三）

（竹井英文）

●留守氏の居城

利府城・深山館

〔所在地〕利府町利府字城内
〔比　高〕約八〇メートル
〔分　類〕山城
〔年　代〕一四世紀～一六世紀
〔城　主〕村岡氏、留守政景
〔交通アクセス〕ＪＲ東北本線「利府駅」下車、徒歩二五分。

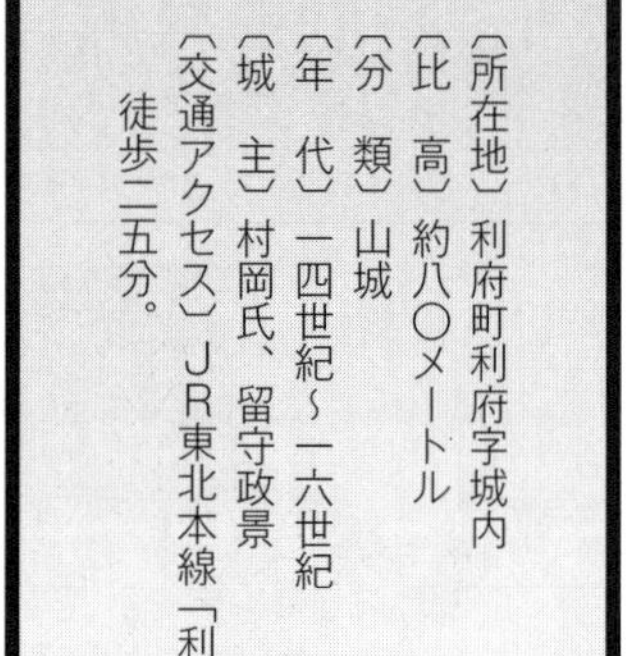

【陸奥国府域の北部に位置】　仙台駅から東北本線に乗り、岩切駅で分岐する通称「利府線」へ入って二〇分ほどで終点利府駅に着く。利府駅の改札を出て目の前に見える小高い山一体が、利府城である。

利府地域は、多賀城・多賀国府を中心とした陸奥国の国府域の北部に位置する。また、古代・中世の幹線道路である東山道・奥大道が走り、途中の「惣の関」から松島方面への道（近世の石巻街道）が、市街地付近からは塩釜方面への道（中世の野中大道）が分岐する、古くからの交通の要衝でもある。江戸時代は石巻街道の利府宿が置かれ、駅前の市街地にその名残が残っている。

駅から市街地を通って一五分ほど歩くと、南麓の利府小学校にたどり着く。その脇から登っていくのが一般的なルートだが、反対側の北麓からも登ることができ、頂上付近まで車道も通じている。中心部は、現在館山公園として整備され、園内からは利府町内はもちろん、仙台市や仙台以南の海岸部、塩竈市方面などの雄大な眺望を楽しむことができる。

【村岡城から利府城へ】　利府の地は、もともとは村岡と呼ばれていた。南北朝期、陸奥国府をめぐってさまざまな合戦が起きたが、その際に「村岡城」が登場しており（留守家文書）、これが利府城の前身と考えられる。その後、史料上に明確に登場することはないが、留守氏の家臣である村岡氏の支配するところとなり、その居城として室町期には築城されていたものと考えられる。村岡氏は、留守家中の有力者であ

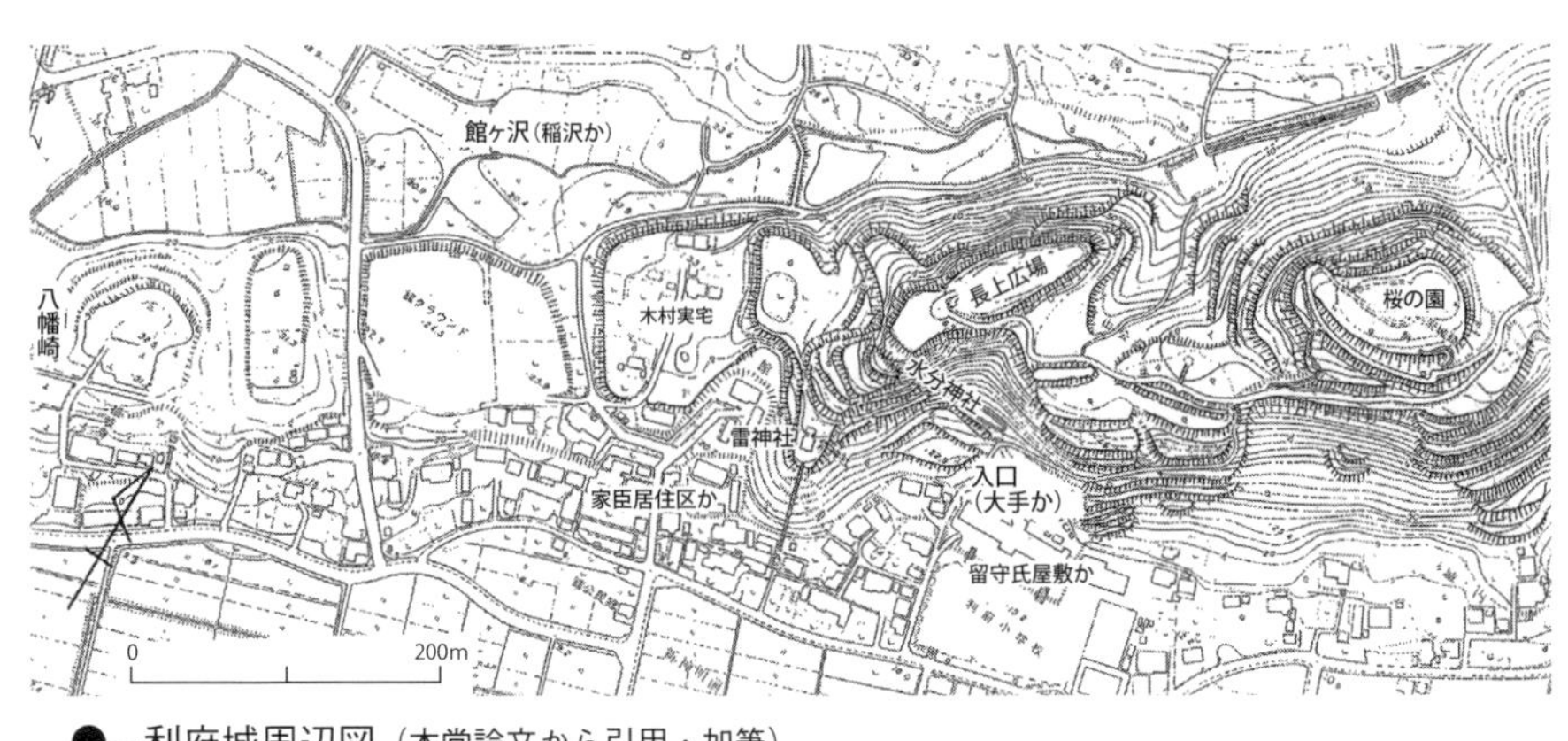

●—利府城周辺図（本堂論文から引用・加筆）

り、たびたび留守氏当主と衝突した。

そのような関係に変化が訪れたのが、永禄十年（一五六七）に起きた、伊達晴宗(はるむね)の三男・政景(まさかげ)の留守家入嗣である。この入嗣をめぐって留守家中は二分したようで、村岡氏は政景に激しく抵抗し、合戦に発展した。そして、元亀元年（一五七〇）、ついに政景は村岡氏を滅亡させた。これにより、政景は、それまで留守氏代々の居城であった岩切城から村岡城へ居城を移し、名を利府に改めたとされる。しかし、一次史料からは確認できず、なお検討の余地がある。その後も、利府城自体が明確に史料上に登場することはない。

天正十八年（一五九〇）、豊臣政権により奥羽攻めが実施されると、留守氏も自立性を失い、伊達氏の家臣として利府から黄海(きのみ)（岩手県一関市）へ移った。一般に、利府城はこの頃を境に廃城となったと考えられている。なお、翌年の大崎・葛西一揆の際に、伊達政宗が利府へ立ち寄っていることが確認できるため、この時点では存続していた可能性があろう。

【所々に残る遺構】　利府城は、中心部が公園化されたため、相当程度破壊されてしまっているが、それでも遺構は所々に残されている。

大手は南麓、利府小学校があるあたりと考えられる。これまでにも、その敷地付近に留守氏の居館があり、その周辺に家臣団屋敷が広がっていたと推定されている。考古学的な知見もなく、推測止まりではあるが、立地的に妥当だろう。いっぽう、搦手(からめて)ともいえる北麓の谷には「館後」「館ヶ沢」などの地名が残り、古代・中世前期の遺跡が確認されているが、それ以降の利用状況については不明である。

山上部の公園内には東西二つのピークがあり、東側は「桜

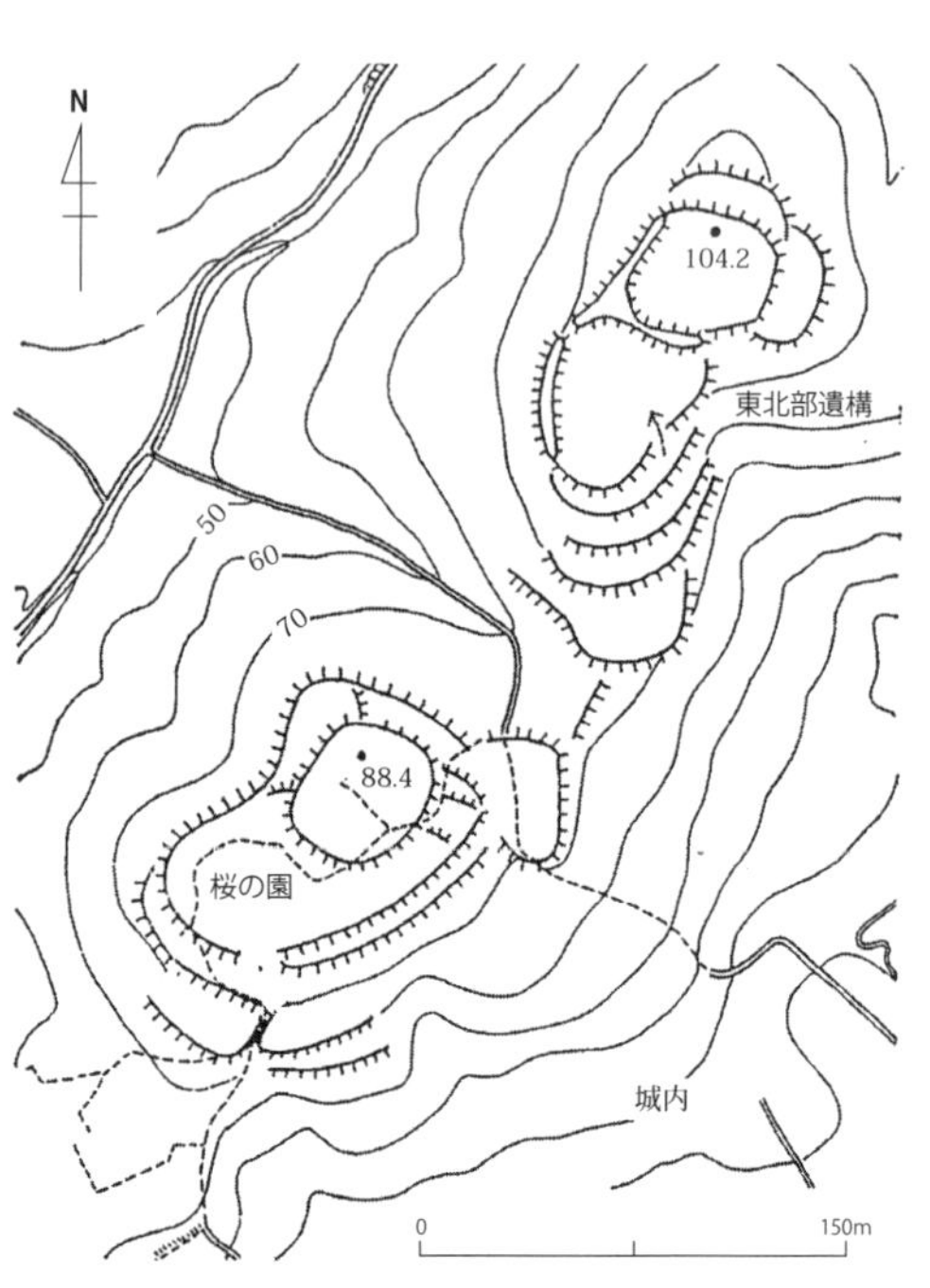

●—利府城東北部縄張図（『日本城郭大系』3から引用・加筆）

の園」、西側は「頂上広場」と現在名付けられている。それぞれ東西一〇〇メートルほどの規模をもつ広い曲輪で、独立した形となっているが、やや高い東側が主郭とされることが多い。この二つのピークを中心として、さらに周囲に大小の曲輪、帯曲輪状の平坦地を配するという構造になっている。両者の間には谷が入っていることから、これが両者を遮断する堀切のような役割を果たしていたと考えられる。土塁や横堀は、現在はみられない。

城域はさらに広がる可能性がある。一つは、公園からさらに西側（「新館」「堀切」などの地名が残る）へと続く丘陵部であり、曲輪が複数続いているようにもみえるが、要検討である。もう一つが、「桜の園」からさらに谷をへた東北部の高所である。現在は山林となっているが、四段ほど段々状の曲輪が続き、ピーク部分にL字型の土塁に囲まれた部分がある。ここも曲輪の一つといえ、「桜の園」などから独立した空間といえる。ここが城内で最高所なので、主郭の可能性もある。このように、高低差はあるものの、独立した空間が寄せ集まっているような構造といえるため、いわゆる群郭式城郭に類似した城館と考えられる。

●—利府城主郭（「桜の園」）

このほか、城内には白金神社や雷神社など、中世以来の由緒を持つ神社が複数存在している。なかでも、白金神社は蔵王権現を勧請したもので、南北朝期には金峯山堂と呼ばれ、国府のなかでも重要な宗教施設となっていたようである。

利府城の考古学的な調査はほとんどされていないが、「桜の園」の一部で発掘調査が実施され、瀬戸美濃の陶磁器など戦国期の遺物が出土している。

【城下の景観】 次に、城下をみてみたい。利府小学校周辺に城主の居館や家臣団の屋敷が広がっているとして、その南側（地名「城前」「館前」）は水田地帯となって天然の堀のようになっている。さらに、その対岸の微高地に近世の石巻街道が通り、利府宿がある。利府城が存在していた当時、利府宿の前身となるような町場があったのかは不明である。

しかし、留守氏が利府を去った直後の文禄四年六月に作成された「宮城之郡利府之郷検地名寄牒」（伊達家文書）によると、すでに中町、三日町、大町、南町、八幡町、東町が成立しており、元留守氏家臣と思われる人々や、留守政景が大宮司を務めた塩竈神社の関係者も居住していたことがわかる。大町の円城寺は元亀二年に開山、かつて存在した自性院は天正元年（一五七三）の中興といわれており、大町の肝入検断の宇佐美家は、文（元か）亀年中に岩切城下から移住したという由緒をもっていた。

このように、戦国期からすでに町場・寺社が存在していた徴証が複数あるのである。そのため、戦国期の利府城下町も、基本的には近世利府宿と同一の場にあったと考えられよう。また、幹線道路としての戦国期の奥大道も、近世の石巻街道と基本的に重なるものと思われる。こうした城と城下の景観は、前川本城（宮城県川崎町）や松森城（宮城県仙台市）などと類似しているといえよう。

【摂津守館と深山館】 利府城の近隣には、摂津守（森）館と深山館の二つの城館が存在する。このうち、東側にある摂津守館は、奥大道と近世石巻街道が分岐する「惣の関」を見下ろす位置にあり、複数の曲輪と堀切を施した小規模な城館である。一方、西側にある深山館は、利府町沢乙の熊野神社と

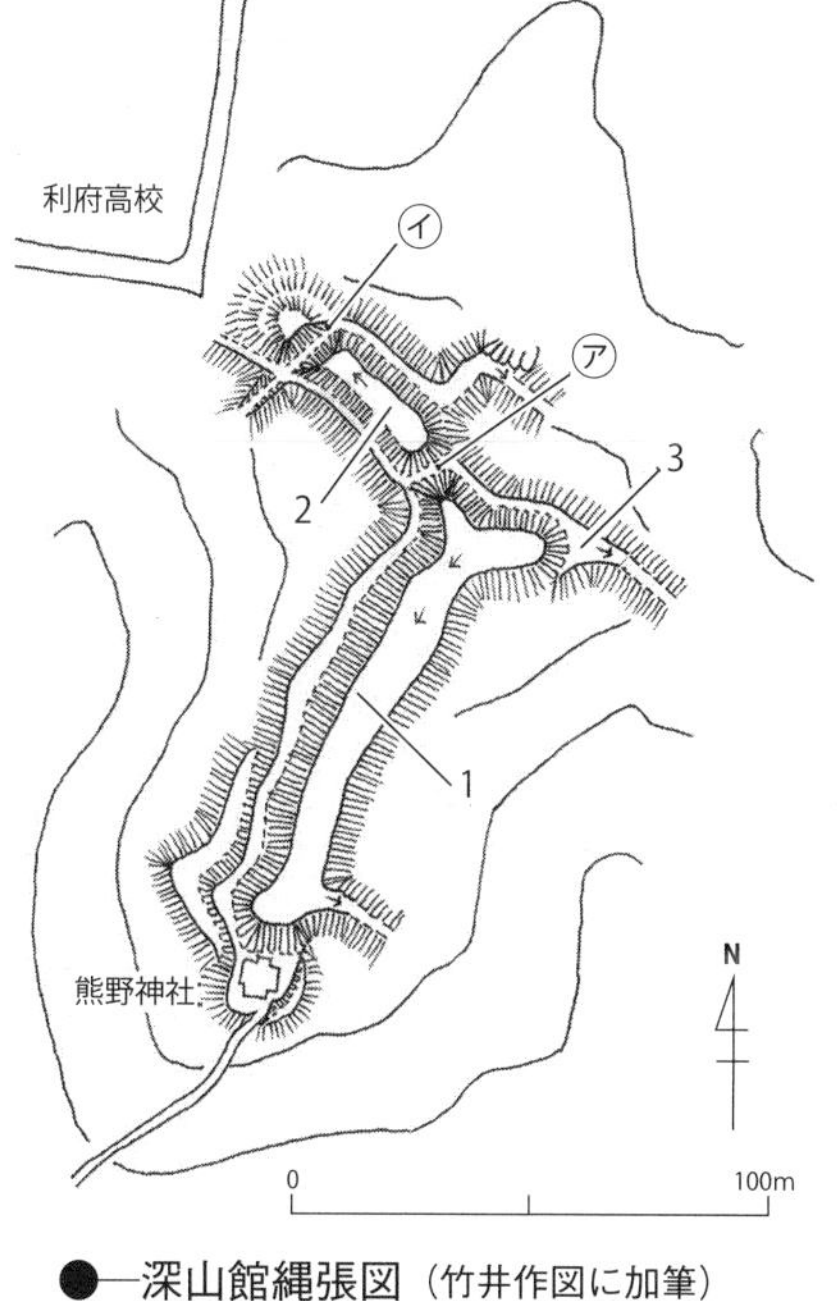

●—深山館縄張図（竹井作図に加筆）

●—深山館の堀切㋑

利府高校の間に位置する。直下を東北新幹線が走っているため、一部破壊されているが、複数の曲輪と堀切（ほりきり）㋐・㋑が残っており、見学も容易である。

実は、沢乙には奥大道から分岐して黒川郡小鶴沢方面を通って黒川郡中心部へ至る古道（通称長根街道）が通っている。近代までよく利用されており、地域間の重要な道となっていた。深山館は、この道を意識して築かれた城館と思われる。両城館とも、正確な年代観は不明であるが、戦国期の遺構と考えてよかろう。そうなると、おそらく戦国期の利府地域は、利府城を中心に、東西の重要交通路を両城館で押さえる、という景観になっていたと推測できよう。

【参考文献】『利府町誌』（利府町、一九八六）、本堂寿一「宮城県留守領における中世城館発達史―岩切城とその周辺城館―」（『北上市立博物館研究報告』第一四号、二〇〇三）、竹井英文「中近世移行期利府地域史の研究」（『東北学院大学東北文化研究所紀要』第五〇号、二〇一八）

（竹井英文）

●技巧的な虎口をもつ城郭

本郷館（ほんごうだて）

〔所在地〕仙台市青葉区芋沢字下川前本郷
〔比　高〕三五メートル
〔分　類〕平山城
〔年　代〕戦国時代？
〔城　主〕伝・花坂勘解由、本郷盛重
〔アクセス〕ＪＲ仙山線「愛子駅」下車、徒歩四五分。

【城　域】 本郷館は広瀬川北岸にあって、東へ伸びる台地の突端部に位置する。標高は一三四メートルを越え、南崖下の集落との比高は三五メートル前後である。

城の遺構が集中して残るのは、台地東端から約一〇〇メートル西までの範囲であり、これは『安永風土記』が記す「竪五拾四間、横五拾二間」の規模にほぼ相当する。しかしそこから台地南側縁辺に沿って約五〇メートル西に進んでもなお竪堀（たてぼり）がある。また北側縁辺沿いに一〇〇メートル西に行くと、そこには人為的に刻んだかとも思われる谷が、台地北辺を深くえぐっている。空中写真を見ると、台地上には谷頭から続く黒い筋が見えるが、それは五〇〜六〇メートル西に進行したあと、直角に南に折れて台地を横断し南崖に向かっている。北側縁辺には、この谷の西二〇〇メートルにも台地中央に向かってほぼ直角に折れながら入り込む谷が認められるが、そこまでを含めれば、台地突端から五〇〇メートル西までを、広い意味での城域とみなすことができ、そのうちの西側四〇〇メートルは、家臣団屋敷が並ぶ城下と考えることもできる。ただし現状は田と畑であり、地表からは一切その証拠が認められない。

【シンプルな曲輪配置】 遺構の集中域はいくつもの堀と土塁（どるい）とで郭が分けられるが、その中ではⅠは主郭としての位置を占める。ⅢはⅠの西にあり、ⅡはⅢの北にある。ⅡとⅢとの間には川原石を多く含む、平均〇・五メートル程度の土手状の高所と溝状を呈する不連続な低所がある。土塁と堀のように見えるが、他のそれらとは構造が異なっており、城の遺構として

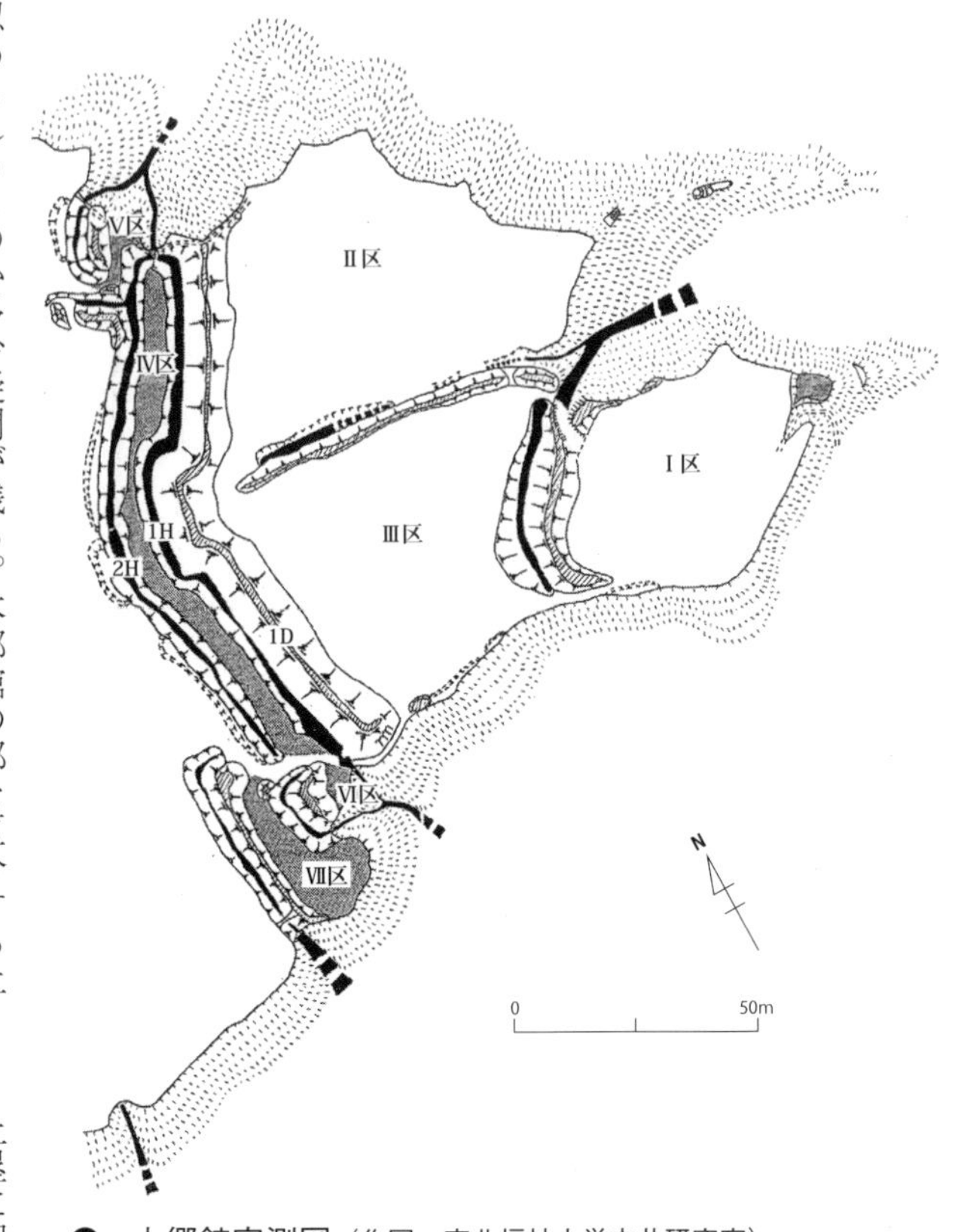

●—本郷館実測図（作図：東北福祉大学吉井研究室）

認められるものか多少疑問が残る。本郷館の郭を区分する土塁や堀は、両端もしくは一端が崖際にまで達しておらず、それらの終点と崖際との間にできた空間は通路になる。

ⅡおよびⅢの西にある大土塁（1D）、堀（1H）・Ⅳ、堀（2H）は連続的に並んで台地突端部を根部側から切り離している。いずれも南北の長さが一〇〇メートルにおよぶものである。

大土塁は、その中央部が1Hとともに外（西）側に向かって張り出しており、横矢（よこや）がかりを形成する。1H、2Hはともに上幅が二〜三メートル程度、ボーリング調査によると深さも〇・五〜〇・六メートルほどの溝的な堀である。水平に堆積した泥状の埋土や堀底の粘土の様子から水堀であった可能性が高い。それぞれの堀の南北両端には堰状の掘り残し部がある。二重堀に挟まれたⅣは比較的平坦で土塁にはならない。

Ⅳの北西には堀と土塁に囲まれたⅤの虎口（こぐち）がある。桝形（ますがた）の形態をとり厳重に守られているが、ⅤとⅣとを結ぶしっかりとした通路はない。通常の通路はⅣの南西部のものであろう。ⅥとⅦの監視下に置かれたルートである。堀と土塁に囲まれたⅥを、これまた堀と土塁に囲まれたⅦが包むようにしている。

Ⅱに入るまでの間、西から来た者は、まず2Hに行く手を阻まれて南に折れ、Ⅶの外堀と土塁に規制されながらⅦで待つ城兵と正対することになる。Ⅶを通過すると次にはⅥの外堀と土塁および堀とⅣに挟まれて東に向かい、ふたたび南進して1Hを渡ることになる。そこは大土塁からの厳しい監視の目が光る地点である。

1Hを渡れば、もうⅢの郭は目前である。ところがまたしても南に折れることを強要され、いったん崖下をのぞき込むようにしてから、大土塁（1D）南端の通路に入ることになる。ひと一人がやっと通れるほどの狭い、土塁と崖に挟まれた隘路を抜け、ようやくⅢに至るのである。この厳しさは大手以外の何ものでもない。しかもなお、空中写真を詳細に検討してみると、Ⅲの南西隅すなわち大土塁南端の通路を越えてⅢに入ったところに一辺二五メートル程度の方形の区画が認められ、桝形虎口の可能性がうかがえる。

また、本郷館の竪堀には、崖を下る途中で別の竪堀に合流するY字形態のものが三ヵ所で見られるが、それらは虎口にかかわる重要箇所に作られている。

Ⅰの北東端には東西八メートル、南北五メートルの長方形を呈する櫓台状の段があり、その南には集落に下る道が近年まで残っていた。また段から東に張り出した尾根には一つ以上の小さな平場が削り出されている。Ⅱの東端にも東に下る尾根上の曲輪群があって、少なくとも三段におよぶ小さな平場を削り出している。これら二ヵ所の小曲輪群は東崖下からの侵入者への備えとなっている。

【注目される城主】 本郷館について『安永風土記』は「とけ館」として花坂勘解由の居館であることを伝えている。また『宮城郡誌』は、慶長年間（一五九六〜一六一五）の本郷盛重の居館であるとしている。地名としての花坂は本郷館から五〜六〇〇メートル西、現在の中原浄水場近くに字名として残っているが、名字として伝えるものはなく、どのような人物であるかは不明である。一方、本郷氏は国分家中や留守家中、さらに伊達家中にもみえる名字であるが、慶長年間の盛重といえば、伊達晴宗の子で、甥に当たる伊達政宗によって滅ぼされた国分氏最後の当主国分盛重を想起させる。事実、実測図を通してみる城の縄張はきわめて技巧的で、規模、形状とも一地方の土豪のそれを超えている。またこの地域は国分氏と縁が深く、年代観についてもあまり矛盾がない。しかし大方の見解は本郷盛重＝国分盛重説に否定的である。なお城跡の南崖下の集落には、本郷館についての伝承を伝える家はない。

【参考文献】『日本城郭大系』三（新人物往来社、一九八一）、宮城町教育委員会『宮城町文化財調査報告書』五（一九八六）、宮城町『宮城町史』本編・続編（一九八八・八九）、吉井宏「国分氏の丘陵城郭について」（『館研究』岩手の館研究会、二〇〇〇）（吉井　宏）

●野武士の城

御殿館（古天館）

〔所在地〕仙台市青葉区上愛子字塩柄・神明・宮下・月見
〔比　高〕七三メートル
〔分　類〕山城
〔築城年代〕戦国時代？
〔城主名〕—
〔アクセス〕ＪＲ仙山線「愛子駅」下車、徒歩二〇分（諏訪神社の裏山）。

【傾斜面を活かした山城】　御殿館は、広瀬川南岸の分離独立して丘陵化した段丘に立地している。東西から谷が深く切れ込み、南斜面側にも中央部に傾斜の緩やかな谷が入り込んでいることから、傾斜面の多い複雑な地形となっている。北側は断崖である。しかし城内は、斜面に帯曲輪状の段を作り出しただけの単純な構造である。

城内は大きく分けて四地区からなる。①は東からの谷の最奥にあり、明確な城郭遺構と言えるものはない。①の上方一〇メートルに②がある。②は南側を二重土塁、東側も土塁と堀に守られた比較的平坦な地区である。

③および④は南からの谷に作り出された段状曲輪群地区で、南谷を囲むように配置される。谷頭には湧水池があり、③地区側には池水を受け入れた湿潤な堀が認められる。外側を並行する土塁は谷を渡って④地区の土塁に連なる。

【特徴的な土塁と堀の構造】　④地区の外（西）側の⑤地区は丘陵内でもっとも広い平坦地であり、しかも標高は丘陵の中で二番目に高い。しかしそれを二重土塁と空堀で断ち切り、城外としている。

二重土塁とその間の空堀は中央部が外側（西側）に突き出してハンガーのような形状になる。また張出し部分は三重土塁を呈し、西から来るものを拒む。土橋は土塁と堀が東から北に折れる地点に設置されており、外土塁を越えてなお通路は内土塁に守られる。しかしそれより先は崩れの激しい北崖に阻まれ本来の姿がわからない。

●―御殿館実測図（『仙台市史』を一部改変）

【野武士の城か】 城の歴史を語る中世史料はない。従って城主については近世地誌や古城記によるほかはないが、それらによっても野武士が立て籠もった山城とされるだけである。実際、そのように言われてもっともな縄張とも言える。

しかし城が国分一宮を称する諏訪神社の裏山にあり。しかも神社背後の尾根を登城路とする事実を考慮すると、国分氏との関係も無視できない。というのも同社に残る一〇枚の棟札は、一五世紀はじめから一六世紀後半までの一六〇年間にわたって同社を維持してきたのが国分氏であったことを物語っているからである。さらに「御殿山館」という名称そのものも一定階層の城主が在城したことを象徴しているように思われる。以上の点から、城主を野武士であると断言することにはためらいを感じる。

【周辺城館との関係】 また、注意しなくてはならないのが、広瀬川が隔てているとはいえ、わずか二キロの距離にある本郷館との遺構の類似性である。一方は山城、一方は平山城という違いはあるものの、地続きを土塁と堀で断ち切り、しかもそれらは、ともにハンガー型に折り曲げられている。似た形状の土塁や堀は、本郷館より約六キロ北東の八乙女館でも見られる。城主とされる八乙女氏は国分氏の家臣である。つまり

●―御殿山館遠景（東より）

三城は国分氏に関わりがある可能性が高いのであるが、曲輪配置が極めてシンプルな構成である点も共通している。

なお地名に注目すれば丘陵西麓の北側に字麓道（あざふもとみち）があり、そこからさらに四〇〇メートル北には字館ノ内（たてのうち）、そして館ノ内の北に字前堀がある点にも注意する必要がある。館ノ内には少なくとも近世に在郷屋敷が存在しており、御殿館を山城、館ノ内を居館とするセットも考えられるからである。

また、諏訪神社から七〇〇メートル西には、南館という方形館跡がある。昭和三十年代の航空写真や地籍図によって、堀に囲まれていたと思われる一〇〇メートル四方の範囲が確定できたが、城域全体の規模は不明である。

南館の名は『安永風土記』に記載されている。ただし城主名などは不明であり、位置関係についても御殿館の南に相当しないので、両者を直接結びつけるものはない。

【参考文献】『日本城郭大系』三（新人物往来社、一九八一）、宮城町教育委員会『宮城町文化財調査報告書』一・五（一九八六）、宮城町『宮城町史』（本編　一九八八、続編　一九八九）、吉井宏「国分氏の丘陵城郭について」『館研究』（岩手の館研究会、二〇〇〇）

（吉井　宏）

●街道を望む秋保氏の山城

楯山城

〔所在地〕仙台市太白区秋保町長袋字亀ケ森山
〔比　高〕一八〇メートル
〔分　類〕山城
〔年　代〕一六世紀
〔城　主〕永井掃部、秋保氏
〔交通アクセス〕ＪＲ仙北線「愛子駅」下車、市営バス二口行き「長袋」下車、登山口まで徒歩一五分。

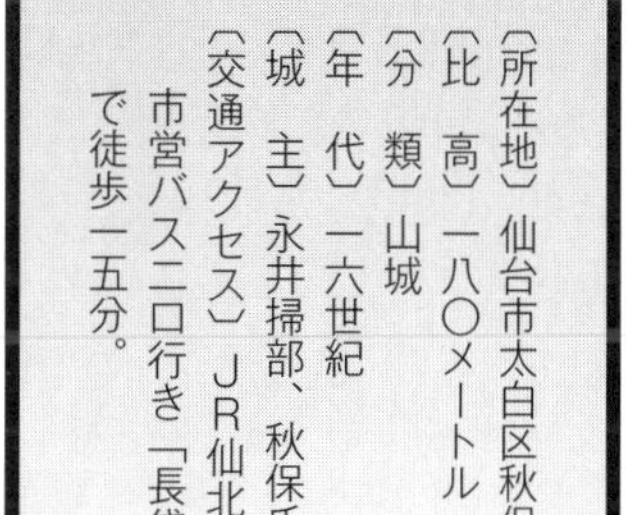

【平家落人の由緒を持つ秋保氏】　古代以来の名湯として知られる秋保温泉から西方に、名取川に沿って山形に通じる二口街道が走っている。かつて、仙台平野と山形盆地を結ぶ最短ルートとして重要な役割を果たした道である。二口街道を西に進み、秋保地区の中心地・長袋に至ると、その南に標高三三四メートルの独立丘陵が見える。その山頂にある山城が楯山城で、中世に秋保郷を支配した秋保氏の城とされる。

秋保氏は平家の落人の末裔と伝えるが、その動向がはっきりしてくるのは戦国時代半ば以降である。その頃の秋保氏は、伊達氏の有力家臣として、秋保郷と総称される湯本・境野・長袋・新川・馬場の五ヵ村を領有し、一族が各地に分布していた。長袋はその中核であり、街道を見下ろす台地上の長楯城に秋保本宗家の居館が置かれ、広瀬川を挟んだ対岸に築かれた楯山城は詰めの城として機能したと考えられる。

楯山城をめぐっては、明応九年（一五〇〇）に永井掃部が秋保氏を打ち破って秋保郷を支配し、楯山城を築いたが、永正八年（一五一一）に秋保氏が逆襲して楯山城を攻め落とし、秋保を奪還した、といくつかの近世史料に記されている。しかし、一次史料ではこの攻防を確認することはできない。

秋保氏は戦国期を通じて一貫して伊達氏の家臣として行動し、関ヶ原合戦の数年後に一族が相次いで知行替えとなるまで、秋保郷一帯を領有していた。

【整備された山城】　楯山城へは、東麓から緩い尾根状の地形に沿ってつづれ折りになった道を登っていくが、道の途中に

●—楯山城遺構配置図（『仙台市史』特別編７城館より転載）

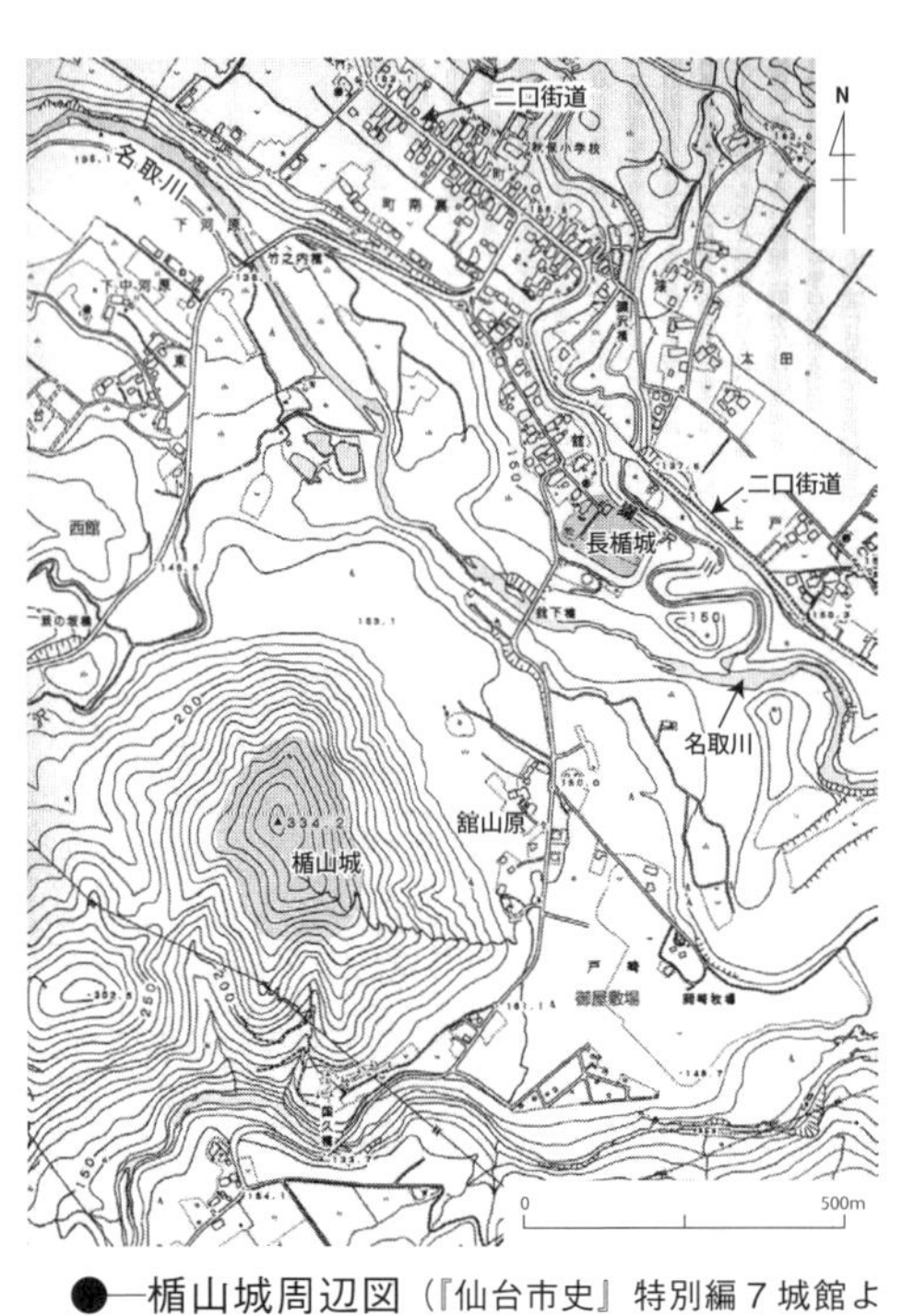

●—楯山城周辺図（『仙台市史』特別編７城館より転載）

遺構の痕跡は確認できない。道を登りつめて山頂に至ると、窪地のような虎口㋐があり、その先に平場が造成されている。南側に郭Ⅱ、北側には一段高い郭Ⅰが続き、その周囲に帯郭Ⅳ・Ⅴが取り付く。常識的には最高所の郭Ⅰが主郭であるが、狭小で造成も甘く、より広い平場が整備された郭Ⅱの方がこの城の中核であったのかもしれない。この郭Ⅱの南端には、虎口㋐を押さえるように一段高く櫓台㋑が築かれ、そこから郭Ⅱの西辺に沿って土塁㋒㋓が伸びている。

楯山城からの眺望は見事で、奥羽山脈の山々や秋保一帯を見渡すことができる。同時に、独立した山容は、長い歴史を物語る象徴的存在として、秋保に住む人々に親しまれている。

【整備された山城】　楯山城の山麓には、二口街道から分岐した道が東麓と西麓を通っており、南方の柴田郡本砂金（宮城県川崎町）へと通じている。この東麓の道沿いには「舘山原」の地名が残り、もともと秋保本宗家の居館があった場所で、後に秋保氏は舘山原から名取川を渡った台地上に長楯城を築いて居城としたとも伝えられている。この居館の移動は、伊達氏の家臣として、最上領に通じる二口街道の掌握を重視しての行動だったのかもしれない。

【参考文献】『秋保町史　資料編』（一九七五）、「楯山城」『仙台市史』特別編7城館（二〇〇六）

（菅野正道）

●霊場に築城された天険の要害

高舘城（たかだてじょう）

〔名取市指定記念物　史跡〕

〔所在地〕名取市高舘吉田字西真坂
〔比　高〕二〇三メートル
〔分　類〕山城
〔年　代〕平安末期ヵ
〔城　主〕平安末期　藤原秀衡→南北朝期　北朝方拠点→福田駿河守
〔交通アクセス〕JR東北本線「名取駅」下車。バスなとりん号：高舘線「高舘」下車、徒歩約二〇分。または、なとりん号：相互台線、宮城交通：尚絅学院大線「那智が丘二丁目」下車、徒歩約二〇分。熊野那智神社近くに専用駐車場有

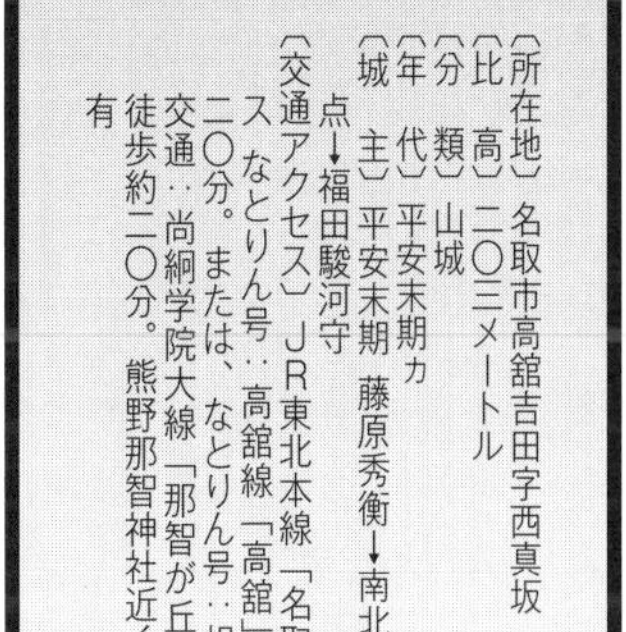

【城の立地】　高舘城は名取市高舘吉田に所在する、高舘山の中腹から山頂付近にかけて築城された山城である。東西四〇〇メートル、南北五〇〇メートルの規模を有し、標高約二〇三メートルに構えられた本丸の周りを北之丸、東之丸、南之丸、西之丸といった曲輪が取り囲む。南北朝期には北朝方の拠点となり、戦国期は伊達氏家臣の福田氏が居城とした。

県道三九号線から現地に向かう場合は、熊野那智神社を目指していくとよい。高舘城は熊野那智神社の東側に位置し、神社に向かう途中に案内板および駐車場がある。なお、熊野那智神社の社務所では、戦国期の南奥領主が起請文の料紙に用いた「那智瀧宝印」の牛玉宝印を頒布している。

【高舘丘陵の周辺】　名取市西部を南北に連なる高舘丘陵には中世城館跡が集中している。丘陵北部には高舘城、熊野堂小館、大館、川上大館、桑島館、丘陵南部には岩沢館、北目城、小豆島低丘陵に植松城、淡路館がある。岩沼市小川から名取市愛島北目・笠島を北上するルートには「東街道」の伝承があり、古代寺院の笠島廃寺、延喜式内社の佐具叡神社、平安中期の陸奥国守である実方中将の墓が存在し、増田川を越えた先にある高舘丘陵には中世奥州の熊野信仰の中心となった名取熊野三社が鎮座する。また、このルート沿いには多くの板碑の分布も確認でき、古代から中世にかけて当該地域付近を主要街道が通っていたことを推測させる。

高舘丘陵は名取熊野三社の存在が象徴するように中世の霊場であった。熊野新宮社のある大門山にはかつて二〇ヵ所の

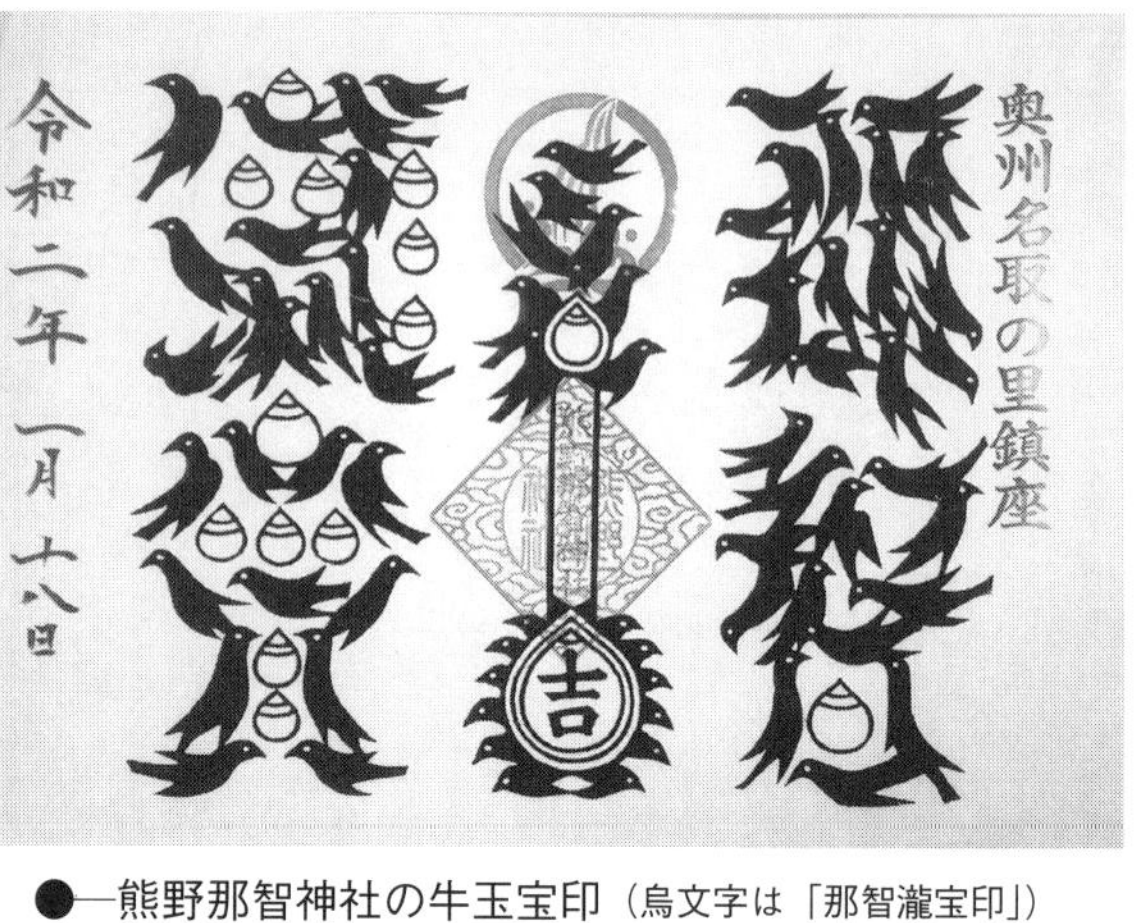

●—熊野那智神社の牛玉宝印（烏文字は「那智瀧宝印」）

宿坊があったとされ、中世の墓所・供養所であった大門山遺跡からは二四八基もの板碑群が確認されている。高舘城の周辺も同様であり、熊野那智神社北側に那智山経塚群、東側の観音崎平坦部には那智神社別当だった物響寺跡がある。

【城主伝承】 高舘城について近世に作成された「仙台領古城書立之覚」は、①元来は名取新熊野学頭屋敷であり、現在は羽黒権現社になっていること、②開基は藤原秀衡であること、③伊達稙宗が名取・莇田・柴田・黒川四郡を領有した頃、伊達氏の居城からときどき高舘城にやってきて大崎・葛西氏に働きかけをしたこと、④稙宗期は福田駿河が城代で「名取半郡」を与えられていたこと、⑤城の辰巳方角にある「秀衡かさき」は「頼朝卿之御陣所」であることを伝えている。「奥羽観蹟聞老志」「封内名蹟志」「嚢塵埃捨録」等も文治五年（一一八九）奥州合戦や平泉藤原氏との関係を記しており、近世には一二世紀末の築城と伝承されていたことが確認できよう。

【南北朝動乱と高舘城】 一次史料に高舘城が現れるのは南北朝期である。観応二年（一三五一）、北朝方に属した標葉清隆は柴田郡倉本で南朝方と合戦をした後、十一月八日に一族を引き連れ「名取郡物響御楯」に着到し、同月二十二日には仁木頼章や吉良貞家らとともに広瀬川合戦に参加した（海東家文書）。しかし、北朝方は広瀬川合戦で敗退したため、「名取要害」を捨て、伊具館に撤退した（白河結城文書）。翌年三月、府中の南朝方を攻めるため、北朝方の吉良貞経らの軍勢は「名取郡羽黒城」に陣を構えたのである（結城白川文書）。いずれも名取郡における北朝方の拠点として機能した城館である。

「名取要害」は高舘城を指し、「物響御楯」は高舘城東に位置する物響寺もしくはその周辺の城館を指すものと考えられる。高舘山には那智権現勧請以前は羽黒権現が祀られており、物響寺の山号も初めは羽黒山だったが、勧請後に那智山に改められたという。「羽黒城」も高舘山に構えられた城館、すなわち高舘城もしくはその近辺の城館と捉えることができる。

【福田氏と伊達稙宗】　稙宗期の高舘城主福田氏について仙台市博物館蔵「伊達家文書」から確認しておきたい。天文十一年（一五四二）六月、稙宗と嫡子晴宗の間で内訌が生じ、伊達氏天文の乱と呼ばれる、南奥羽を二分する大乱に発展した。福田一族は、福田備後守が大永三年（一五二三）に、福田玄蕃允が天文八年にそれぞれ稙宗から買地安堵を得ており、天文の乱発生直後も稙宗方に属したため、福田玄蕃允は

●—高舘城縄張図（名取市教育委員会提供）

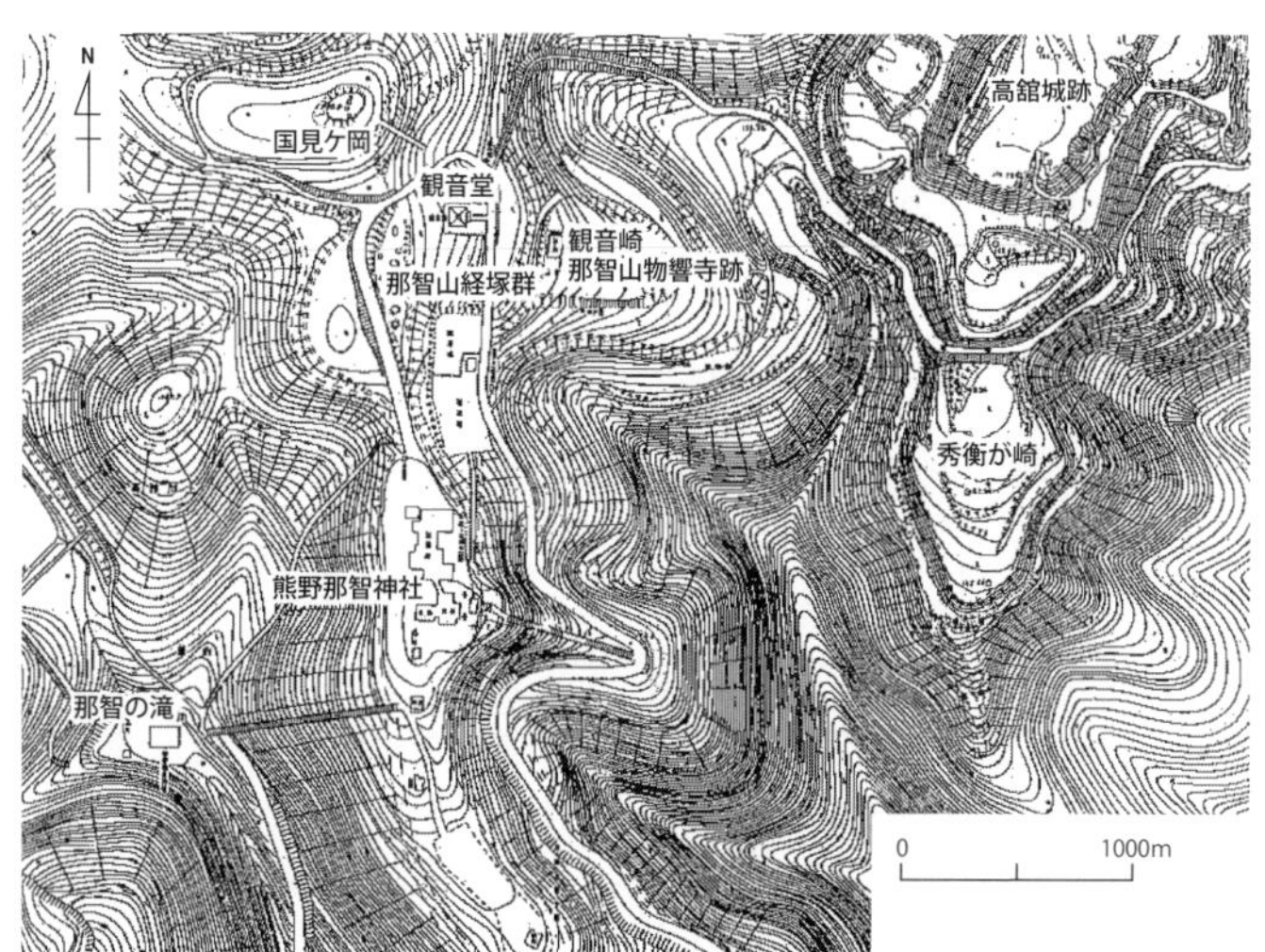

●—高舘山付近実測図（名取市教育委員会提供）

稙宗によって晴宗方に属した中野常陸介宗時の名取郡堀内・北釜等の所領を認められた。しかし、天文十三年六月、福田玄蕃允は晴宗から「奉公」に対する身命の保証と本領の返還を約束され、稙宗方から晴宗方に転じている。いっぽうの福田備後守は、一貫して稙宗方につき、天文十六年閏七月に福田玄蕃允に与えられた中野宗時の名取郡堀内を獲得し、弘治二年（一五五六）十月には孫の福田助五郎が備後守の旧領を認められるに至った。

高舘城主の福田氏は、天文の乱によって一族が二分される状況になりつつも、乱の過程で名取郡内の所領を獲得し、伊達氏の下で戦国時代を生き抜いたのであった。

【高舘城を歩く】　遊歩道を降りていくと、城の西外郭ラインを通ることになる。その西側には空堀を挟んで観音崎（物響寺跡）があり、この間は谷と空堀で尾根を断ち切るようになっている。そのまま進めば南之丸と秀衡が崎の間の堀切に到達する。秀衡が崎は緩やかな傾斜の平坦地で、曲輪の南側が帯曲輪になっており、先端を堀切で遮断する。

さらに遊歩道を進んでいくと蔵王山や山神等の石碑がある。その脇を上がれば、南之丸と本丸の間の幅一〇メートルほどの堀切に進入でき、ここから本丸の南東隅に設けられた虎口に入ることができる。本丸の虎口は二ヵ所あり、南東隅の虎口は緩やかな枡形状、もういっぽうの本丸東中央の虎口は直線で、後者からは本丸より約六〜七メートル下に位置する腰曲輪状の平場＝東之丸に行くことができる。

本丸は南北約一〇〇メートル弱・東西約五〇メートル弱ほどの規模があるようで、西側のみ高土塁が南北に走る。本丸は周囲が切岸になっており、他の曲輪との高低差は大きい。北之丸は周囲の曲輪でもっとも低く、北側に二つの尾根が続く。北之丸から北東に伸びる尾根（縄張図の北尾根平場）上には先端までに堀切が三ヵ所あり、北西の尾根は二重堀切で遮断されている点も注目すべきである。西之丸も外側に堀切があって観音崎との間が遮断されている。これらの防御施設の存在から、高舘城は戦国期に大規模改修された可能性が想定されよう。

【参考文献】『日本城郭大系第三巻山形・宮城・福島』（新人物往来社、一九八一）、名取市教育委員会『名取市文化財報告書第三二集　名取熊野三山遺跡群』（一九九三）、恵美昌之「名取市における中世遺跡調査の現状と課題」『六軒丁中世史研究』一二（二〇〇七）、石黒伸一朗「第一二章第二節　岩沼の宗教社会」佐々木徹「第一〇章　室町・戦国期の岩沼・名取郡」吉井宏「第一二章第三節　名取郡の城館」いずれも『岩沼市史』第一巻通史編Ⅰ（二〇一八）

（泉田邦彦）

●交通の要衝にある伊達氏重臣の城

船岡城（ふなおかじょう）

〔所在地〕柴田町船岡字舘山
〔比　高〕一二〇メートル
〔分　類〕山城
〔年　代〕一六世紀～幕末
〔城　主〕四保氏、屋代氏、原田氏、柴田氏
〔交通アクセス〕ＪＲ東北本線「船岡駅」下車、徒歩一五分。

【伊達騒動の舞台】　ＪＲ東北本線や国道４号を仙台から南下すると、仙台と福島のおよそ中間地点の左側に大きな観音像が頂に立つ山が見える。この山が、四保（しのほ）館・柴田城などの別称を持つ船岡城の跡である。

船岡城の起源については、一二世紀末に藤原秀衡（ひでひら）の旧臣で鎌倉幕府に反旗を翻した芝田次郎が住んだ、あるいは『吾妻鏡（あずまかがみ）』にもその名が見える「芝田館」などの説があるが、その当否は未詳である。

船岡城の存在が確実になるのは戦国時代で、伊達氏の有力家臣である四保氏の居城となっていた。天文年間に四保定朝（さだとも）が住み、その子・宗義（むねよし）は伊達輝宗・政宗に仕え、文禄二年（一五九三）に志田郡桑折（こおり）（宮城県大崎市三本木町）へ移るまで、この地を居城とした。桑折に移る前後、政宗と共に豊臣秀吉に謁見した宗義は、代々柴田郡に居住していた由緒から名字を柴田に改めるよう命じられたという。

四保氏改め柴田氏が移動した後、慶長年間には政宗の重臣であった屋代景頼（やしろかげより）が住んだとされる。景頼は、関ヶ原合戦の前後まで伊達氏の本城であった岩出山城の城代を務めながら、名取郡岩沼城（岩沼市鵜ケ崎）、北目城（仙台市太白区郡山）を居城としていたという。この船岡城を居城としたのは、関ヶ原合戦の後であると考えられるが、慶長十二年（一六〇七）、屋代景頼は罪科を得た藩士を政宗の意志に背いて匿ったとして、改易・追放処分に処せられた。

その後、元和元年（一六一五）に伊達氏譜代の重臣である

●―船岡城全景

●―船岡城の三の丸

原田宗資（むねすけ）が船岡一帯を与えられた。この原田宗資の跡を継いだのが、伊達騒動の中心人物として名高い原田甲斐（かい）宗輔である。後の記録によると、原田氏は船岡城内には居住せず、城下の「家中屋敷」に居住したという。おそらく家臣の屋敷地の中でも大きな場所を居館に改造したものと思われるが、その場所がどこなのかは、史料が少なく不明である。

寛文十一年（一六七一）、原田宗輔は有名な刃傷事件を起こして落命し、原田氏は断絶処分となる。天和元年（一六八一）、しばらく無主のままとなっていた船岡に柴田宗意（むねおき）が配された。九〇年ぶりに柴田氏は先祖の地に復帰したのである。柴田氏も山上の山城に住むことはせず、約二〇年後に新たに東の山腹に大きな平場（三の丸）を造成し、居館とした。元禄七年（一六九四）に「舟岡要害屋敷」の普請（ふしん）を許可する幕府老中奉書があり、三の丸などはこの時に造営されたものと推定される。仙台藩は貞享四年（一六八七）に領内に残存していた一八の支城を城に準じる「要害屋敷」として幕府の公認を得た。この時、柴田氏はすでに船岡に移った後であったが、船岡は一八の「要害屋敷」に含まれなかった。元禄七年の普請許可は、船岡を新たに要害に加えることを幕府が認定した上での手続きだったものと思われる。以後、幕末まで船岡城は仙台藩の要害の一つとして、柴田氏が城主の地位を保った。

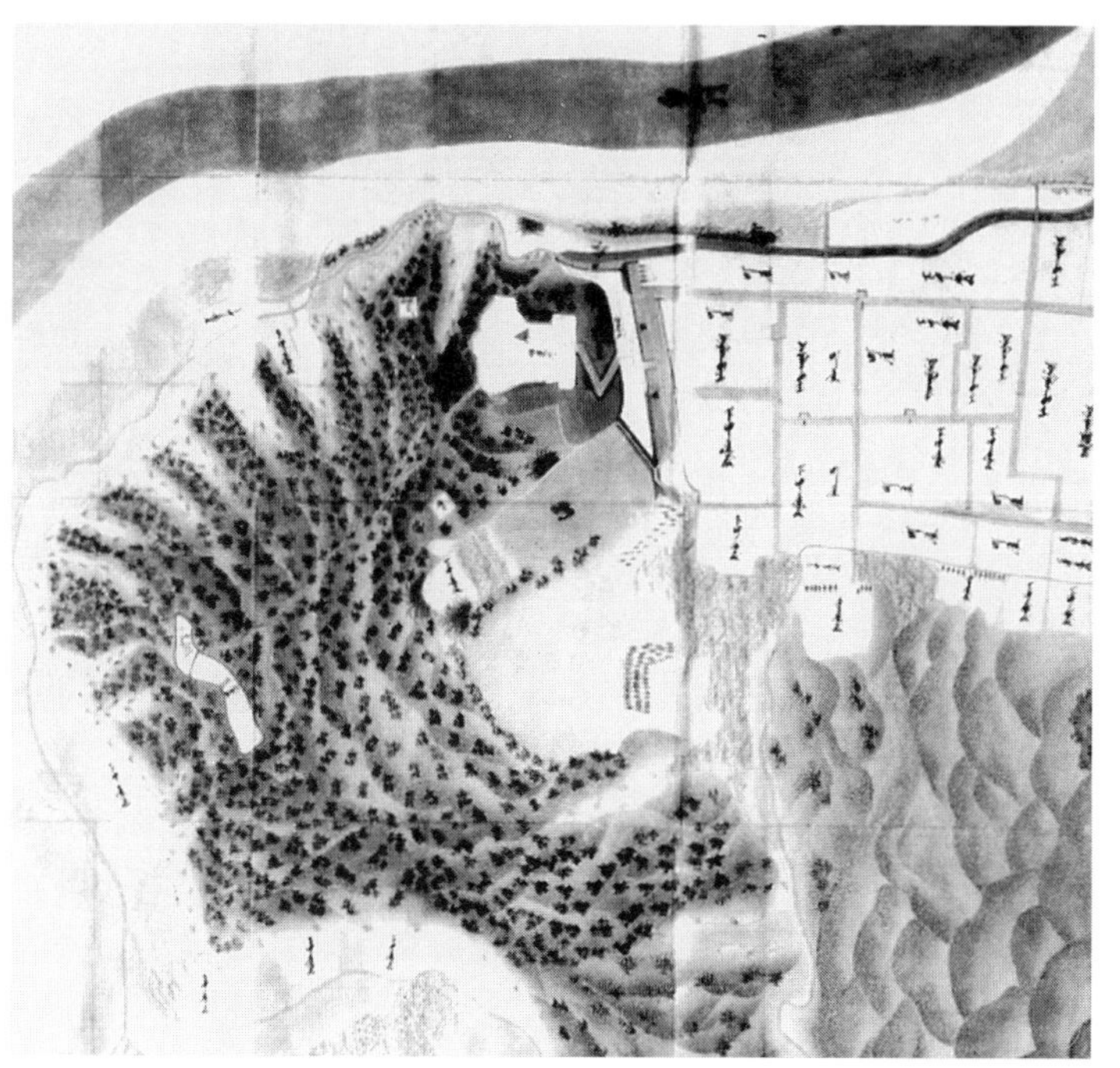

●―元禄10年の「柴田郡舟岡要害屋敷絵図」（宮城県図書館所蔵）

【遺構の状況】 江戸時代の文献や絵図によれば、山上には本丸があり、その南東に二の丸（二之曲輪）が続いている。現在この一帯は船岡城址公園として整備が進められ、城郭としての遺構と近年の公園整備にともなう整地が混在し、判然としない状況になっている。

船岡平和観音が立つ丘陵の最高所がかつての本丸であることは疑いないであろう。この最高所は、南北約五〇メートル、東西約四〇メートルの長方形に近い平場となり、その南には一段低い平場が接続するが、近世の絵図や文献は、この一段低い平場も本丸の一部とみなしているようである。また本丸の東には腰曲輪（くるわ）状の平場が取り付き、北に伸びる尾根には数段の小さな平場と堀切のような地形が確認できる。山城にともなう遺構とみてよいだろう。

本丸の南東には一段低い大きな平場があり、ここが二の丸（二之曲輪）と称された場所である。この二の丸の周囲にも複数の平場があり、井戸跡も残っている。

しかし、こうした本丸や二の丸の現状は、近年の公園整備によって作り出されたものである可能性が高く、どこまでが山城時代の遺構なのか、その弁別は難しい。本丸や二の丸の周囲に石塁（せきるい）が残るとする文献もあるが、現在では確認が難しく、またこの山の各所に岩盤の露頭や大きな礫（れき）が散乱する場

●―船岡城本丸の北に続く平場

所があり、人工的な石塁だったのかについては、慎重な検討を要する。

なお、江戸時代中期の成立とされる「仙台領古城書上」は、本丸の規模を南北三六間、東西四六間、二の丸を南北四四間、東西二六間と記している。

本丸や二の丸から北東に下りた標高約四五メートルの地点に三の丸（三之曲輪）がある。南北約一〇〇メートル、東西約一六〇メートルの略長方形の広大な平場で、西辺には土塁（どるい）がある。絵図によれば、三の丸の東辺中央に「詰の門」があり、「く」の字に曲がった道が下りていき、現在は林になっている「四之曲輪」に至る。近世の絵図によれば、城下と四之曲輪は水堀で隔てられ、大手門は四之曲輪の東辺中央に設けられていた。

【交通の要衝】 船岡城の北麓には西から東へと白石川が流れ、対岸も韮神山（にらかみやま）が川岸に迫っている。古代から現代に至るまで、東山道、奥大道、奥州街道、東北本線や国道四号は、いずれもこの白石川と韮神山または船岡城に挟まれた狭隘な地形を通り抜けざるを得なかった。船岡城は、この交通の要衝を確保する絶好の地にあり、それ故に仙台藩は、重臣を相次いでここに配置し、さらに要害制成立後は、わざわざ新たに普請を行ってまでも、この城を「要害」として維持したのであろう。

【参考文献】「柴田城」『日本城郭体系三　宮城・山形・福島』（一九八一）、「舟岡要害」『仙台城と仙台領の城・要害』（一九八二）

（菅野正道）

●二重の横堀が印象的な山城

上楯城（かみたてじょう）

〔所在地〕川崎町支倉字舘山
〔比　高〕八〇メートル
〔分　類〕山城
〔年　代〕一六世紀
〔城　主〕支倉氏
〔交通アクセス〕東北自動車道「村田」ICから車で二〇分。駐車場有

【支倉六右衛門ゆかりの地】　伊達政宗が通商を求めて使節をアメリカ大陸経由でヨーロッパに派遣した慶長遣欧使節は、日本と欧米の交流史の重要な一ページになっている。その使節の一人である仙台藩士支倉六右衛門（はせくらろくえもん）の名字の地が、柴田郡支倉村。現在の川崎町支倉である。名取川の支流・支倉川が形成した長さ五キロ以上の盆地のほぼ中央部に「宿」の地名を残す集落があり、その北側の丘陵上に支倉氏の居城であった上楯城がある。

支倉六右衛門は、父が分家したため、生まれたのは伊達氏の本城があった米沢の近郊と伝えられている。しかし六右衛門は、本家を継いだ伯父・支倉時正（ときまさ）に跡継ぎがなかったために、一時期その養子となっており、ある時期この支倉の地に住んだ可能性は十分に考えられる。ただ、後に時正に実子ができたため、六右衛門は知行の一部を分与され、別家を立て、支倉本宗家は時正の実子が継承している。

支倉氏は、鎌倉時代以来伊達氏に仕えたとの由緒を持つ譜代の家臣で、もとは伊藤を称していたが、鎌倉時代中期にこの支倉の地に所領を得た後に名字を支倉に改めたという。ただ、支倉氏の動向を具体的に確認できるのは戦国時代になってからで、以降、近世初期に知行替えによってこの地を離れるまで、上楯城を居城としたものと考えられる。

【見事な二重の横堀】　上楯城の大手口は、宿の集落から北西に少し登った所にある蛇塚八幡神社の小祠付近と伝えられている。神社の背後から尾根伝いに登る細い道があり、三の丸

と称されている平場に取り付く。三の丸は、内部は全体にゆるく傾斜しているが、城外に面している東側と南側は切岸(きりぎし)を厳しくし、また一部に土塁(どるい)を設けるなど、防御には十二分の

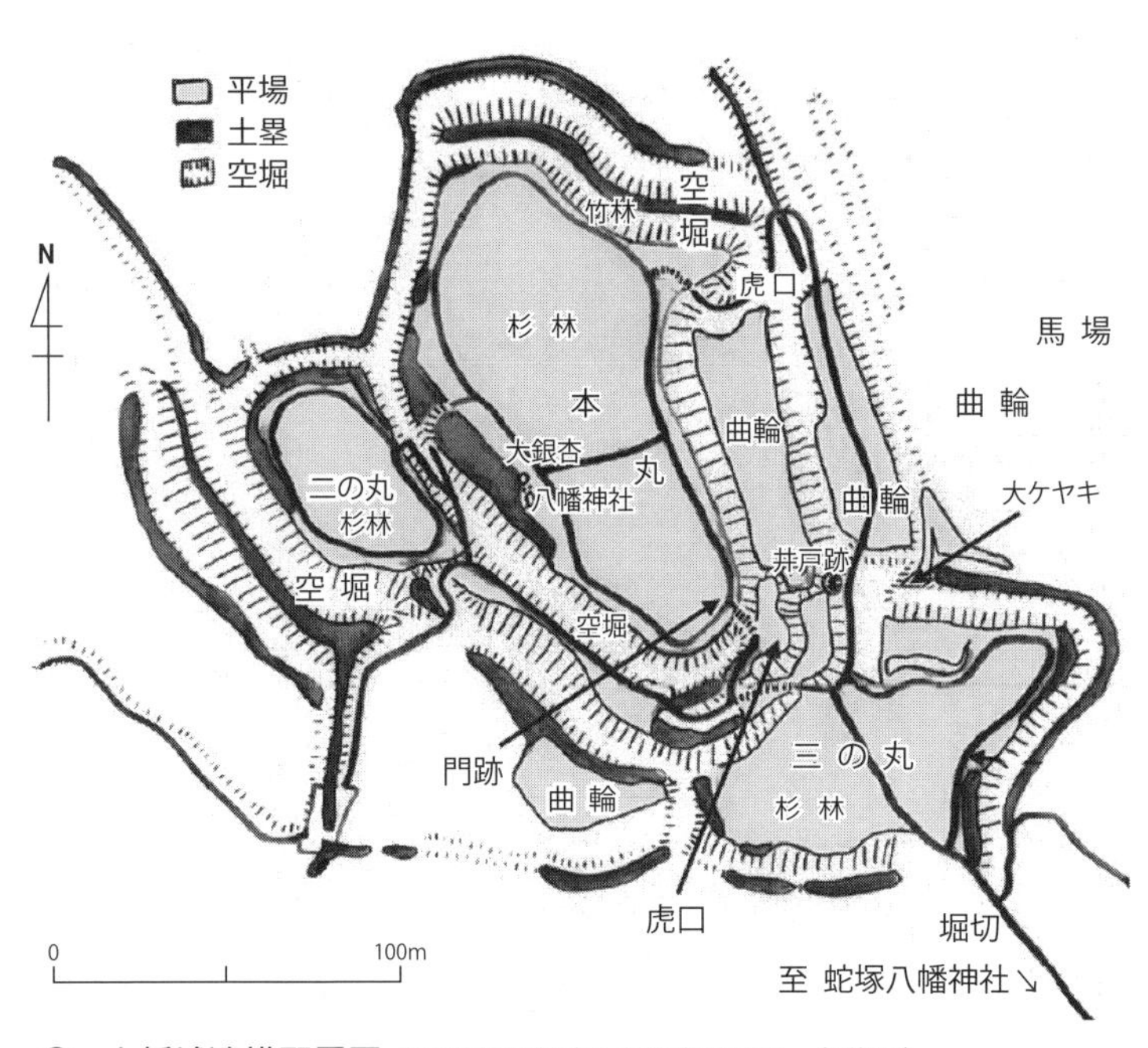

●—上楯城遺構配置図（川崎町教育委員会作成の図を一部修正）

配慮が見られる。

三の丸の北西には小さな平場が複数設けられ、城の北東方向や本丸東南部に位置する虎口(こぐち)に通じている。この本丸虎口で行われた発掘調査では、四脚門のものと推定される六つの礎石と道路の側溝と考えられる溝跡が検出されている。また、虎口の北側の斜面下には、井戸跡と推定される湧水点が存在している。

本丸と称される主郭は、長径約一五〇メートル、短径約八〇メートルとかなり広い楕円形の郭である。西に隣り合う二の丸に相対する所から北西辺にかけては土塁が構築されているが、とくに西側は規模が大きく、銀杏(いちょう)の古木がそびえている。本丸の入り口としては、前述の虎口のほか、北東部にも虎口があり、その虎口を見下ろすように突出部が設けられ、虎口を防御するための重要な射撃陣地となっている。なお、本丸と二の丸との間の堀底から土塁を登って銀杏の古木の北西側に入る通路があるが、これは近年に造成されたものである。

上楯城の最大の見どころは、本丸の北・西・南を画する横堀で、西から南を巡る堀は見事な薬研(やげん)堀となっている。さらに北辺は二重堀の様相を呈し、本丸との高低差も場所によっては一〇メートル以上あり、見る者を圧倒する迫力がある。

本丸の西に堀を隔てて隣接する二の丸は、長さ約六〇メートル、

幅約三〇メートルと本丸の四分の一ほどの面積で、北半分は土塁が囲んでいる。この二の丸にも、北・西・南に横堀が巡っており、西側の横堀は本丸北辺と同様に深く、大きな二重堀となっている。

上楯城最大の特色となっている大規模な二重の横堀については、近年その巨大な二重の横堀が注目を集めている前川本城との共通性を見ることができるかもしれない。

●—本丸の現況

●—本丸西辺の横堀

【整備された山城】　現在、上楯城は公園として整備され、遊歩道、東屋（あずまや）やベンチの設置、桜の植樹などが行われ、城の西方、徒歩で五分ほどの場所には駐車場も設置されている。

このほか、館の集落の背後に位置する円福寺の墓地縁辺部を登って三の丸の東南端に至る道もある。この円福寺には支倉六右衛門の墓と称する宝篋印塔（ほうきょういんとう）があり、そこからは支倉の盆地を一望することができる。

上楯城や円福寺の麓に位置する宿は、旧支倉小学校前から郵便局にかけて、約四〇〇メートルの直線道路に沿った集落である。この地が江戸時代に宿場町であった歴史はないので、直線道路沿いに屋敷が並ぶ景観や「宿」という地名は、上楯城が機能していた戦国時代以前に形成された城下集落に由来する可能性も考えられる。

【参考文献】宮城県教育委員会『宮城県文化財調査報告書第二〇七集　上楯城跡』（二〇〇六）

（菅野正道）

●石垣を備えた仙台藩の要害

金山城（かねやまじょう）

〔丸森町指定史跡〕

〔所在地〕丸森町金山坂町二〇
〔比　高〕一一七メートル
〔分　類〕山城
〔年　代〕永禄八年（一五六五）
〔城　主〕永禄八年　藤橋紀伊守→天正十二年中島宗求→近世 仙台藩士（一族）中島氏
〔交通アクセス〕阿武隈急行線「丸森駅」下車、徒歩約八〇分。または車で「丸森駅」から国道一一三号経由で約一二分。駐車場有

【城の立地】　金山城は標高一一七・六㍍の独立山地に築かれた、東西約三〇〇㍍、南北約八〇〇㍍の規模を有する山城で、主には本丸を中心に二の丸・三の丸がまわりを囲む輪郭式の縄張で構成される。山全体が牛の寝た姿に似ていることから臥牛（がぎゅうじょう）城とも呼ばれる。

城の西側には阿武隈（あぶくま）川の支流雉子尾（きじお）川が流れ、東に約二㌔の距離には冥護山館（みょうごやまだて）、北東に約四㌔の距離には柴小屋城（小斎（こさい）城）があり、中世には相馬氏と伊達氏との抗争の前線基地として機能した。近世には仙台藩領の最南端地域の要と位置付けられ、金山要害は「一族」中島氏代々の居城となる。また、交通の要衝としても重要であった。

現在はお館山公園として整備されており、国道一一三号線沿いに設置された案内板に従って進んでいくと、登山口手前の専用駐車場に辿り着く。なお、駐車場には「金山城址案内図」が設置され、近世における金山要害の主な構造物と間取復元図が掲載されている。

【丸森地域の歴史的位置】　金山城の位置する伊具郡は、一六世紀半ばまでには伊達氏の領有下にあった。伊達氏天文の乱（天文十一～十七年にかけて南奥全体を巻き込みながら展開した伊達稙宗（たねむね）とその子息晴宗（はるむね）の父子争乱）終結後、天文二十二年（一五五三）に作成された「晴宗公采地下賜録（さいちかしろく）」には「伊具西根」や「伊具舘山」等の地名が散見される。

稙宗の娘婿であった相馬顕胤（あきたね）は天文の乱において稙宗を支援し、天文の乱をへて稙宗が伊具郡丸森城に隠居した後も相

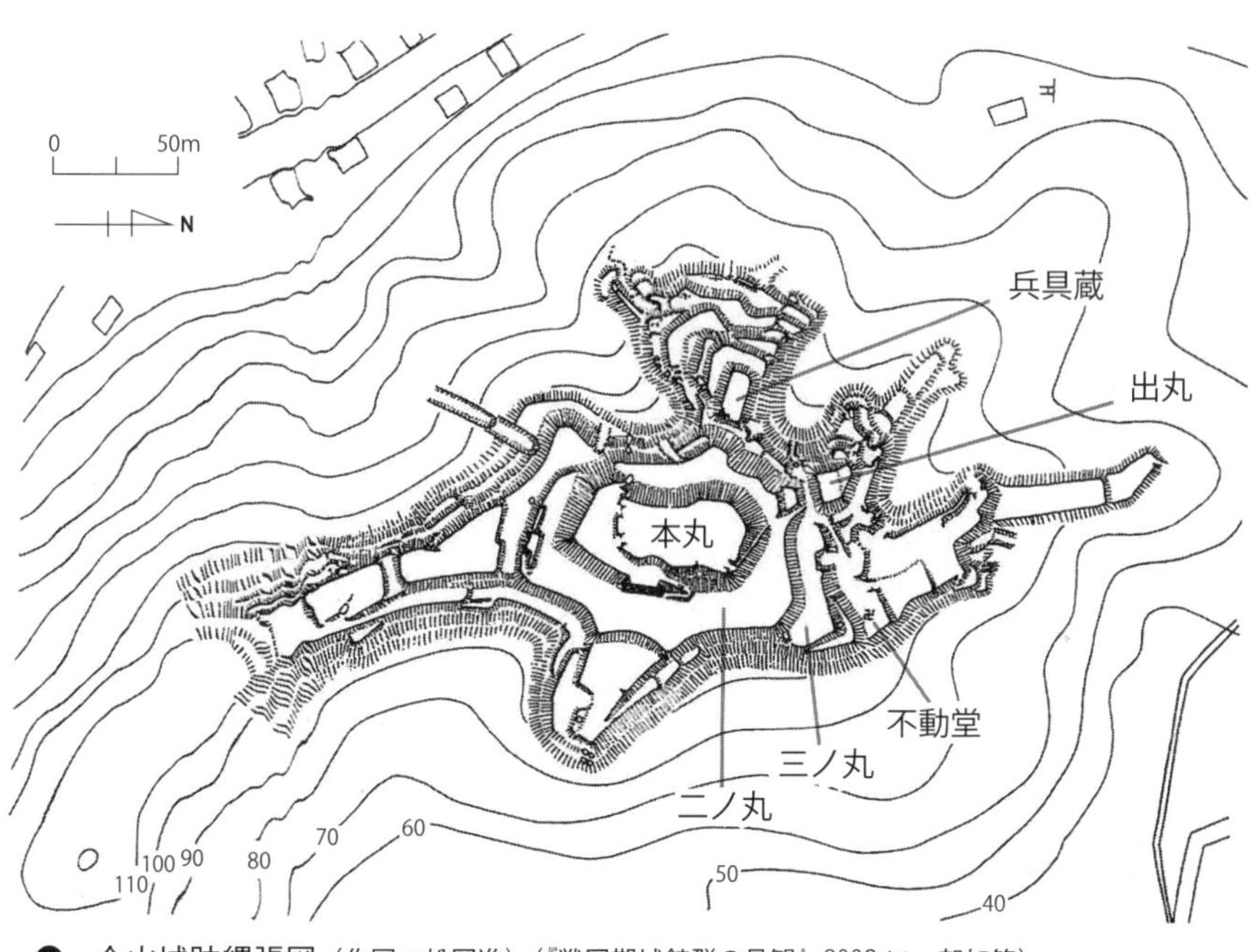

●―金山城跡縄張図（作図：松岡進）（『戦国期城館群の景観』2002 に一部加筆）

馬盛胤（もりたね）（稙宗娘が母親）がそれを支えることとなった。稙宗は永禄八年（一五六五）六月に丸森城にて死去したが、在世時には相馬氏家臣である藤橋紀伊守胤泰（たねやす）に伊具郡島田村（阿武隈川東岸、現在の宮城県角田市島田）を与えている。

【金山城の築城】　稙宗死去前後から相馬氏と伊達氏との関係は次第に悪化していた。元禄十三年（一七〇〇）に成立した『東奥標葉記（とうおうしねはき）』によれば、相馬氏家臣の井戸川将監は黒森を守備していた伊達方の四十九院（つるしいん）氏を味方につけ、永禄七年（一五六四）八月下旬の大風雨が降る夜に相馬勢を金山の地に引き入れ、当地を乗っ取ったという。

当時の金山は「樹繁茂（はんも）して鬱々（うつうつ）たる荒山」であったので、相馬盛胤は藤橋胤泰に「金山は境目肝要の地なれば堅固のよき城なくしては抱え難し」と城の普請を命じた。「有徳（うとく）」であった胤泰は、自ら城を普請し、荒山を開いて城郭となし、普代の家人や在地の住人らに農具を与えて田畠を開墾させ、城下の町屋、村里、市を整備した。ここに金山城が成立し、藤橋胤泰は「金山の開基」と称されるようになったのである（以上『東奥標葉記』及び『奥相茶話記』巻五「藤橋紀伊金山之城開基之事」）。

【相馬氏・伊達氏の抗争】　金山攻略後も相馬氏は伊具郡南部の伊達氏城郭を次々と攻略し、永禄八年には小斎城に佐藤宮（さとうく）

内、元亀元年（一五七〇）には丸森城に門馬大和を城代として配置した。相馬氏は伊具郡南部を拠点に伊達・信夫方面へと進出していくが、天正四年（一五七六）と同九年の二度にわたり、伊達氏との大規模な戦闘を展開する。

天正四年五月初旬に相馬盛胤が「伊達・信夫表」に侵攻すると、伊達輝宗は八月に「伊具表」へ出陣し、十月には小斎を攻めた。翌五年五月には金山・丸森の「両城麓之麦作」を薙ぎ取る等、伊達氏は境目における軍事作戦を展開している。

天正九〜十二年（一五八一〜一五八四）の抗争は、小斎領主である佐藤宮内が天正九年四月に相馬方を離反し、伊達方に寝返ったことを契機とする。佐藤宮内の離反を受け、伊達輝宗・政宗は相馬攻めに出陣し矢野目（丸森町小斎堂畑）に陣を敷き、対する相馬氏は金山と小斎の間に位置する明護山に陣城を構えた。伊達方は天正十一年二月に金山・丸森城へ攻勢をかけるも攻略には至らず、最終的に田村清顕や岩城常隆が中人となって天正十二年五月に和睦が成立した。その結果、金山城および丸森城は相馬氏から伊達氏の手に渡ることとなった。

【中島宗求による金山城普請】 その後、金山の地は伊達政宗によって中島宗求に与えられた。伊達政宗が中島宗求に宛てた書状には金山城普請の様子が散見される。天正十六年正月晦日付政宗書状には「黒森普請之事、門垣計之義ニ候者、大石近辺之人夫各召出、以代官早速可企普請候、堀切抔ニ候者、人夫数多不相越候而者、成間敷候哉」とある（東北歴史博物館蔵「中島家文書」）。黒森は金山城の築かれた場所であり、これが金山城普請を指すことは明らかであるが、「門垣」は近隣の人夫を徴発し代官に任せて速やかに普請を進めること、「堀切」は土木量が多いため人夫を大動員しなければならないことが指示されている。

他の史料では金山城普請のために「東根之人数」＝金山領を含む阿武隈川東岸地域の人々を動員することが政宗から指示されており、中島宗求が責任者ではあるものの、基本的には金山領とその周辺の人員を徴発し、伊達氏が派遣した代官や番匠たちが管理しながら進められていたようである。なお、近世における普請は、中島氏の全家中層に年一回およそ一週間の労働力の提供が義務付けられ、百姓層に対しては堀や垣根修復のための税負担が課せられた。

【仙台藩の要害制】 近世に入ると、中島宗求は仙台藩から伊具郡金山本郷・大内村・伊手村に知行二〇〇〇石を認められ、引き続き金山に居城することとなった。元和元年（一六一五）、江戸幕府はいわゆる「一国一城令」を発し、仙台藩では仙台城とともに白石城が正規の城として公認された。それ以外にも公に「城」と呼ばれることはなかったが、要害・所・在所の区分によって中世以来の城郭の多くが維持されたことが地方知行制とともに仙台藩の特徴であるといえよう。

金山城周辺一帯は町場・山林・居屋敷・侍屋敷・寺屋敷・足軽屋敷等を含めて「金山要害」として城に準じた扱いを受けることとなった。そのため、修補の場合は必ず江戸幕府に届出をする必要が生じたが、それ故に金山要害に関しては近世に絵図類が豊富に作成され、現在まで伝わることとなったのである。

【絵図を読み解く】「金山要害絵図」は宮城県図書館や東北歴史博物館蔵「中島家文書」等が知られるが、仙台市博物館蔵（仙台銀行寄贈）「金山要害中島家文書」にも数点確認することができる（以下、仙台市博「中島家文書」）。そのうちの一つが下図である（仙台市博「中島家文書」七二―三）。この裏書きには「貞享元甲子六月二十八日」とあり、他にも真上からみた要害周辺を図化した絵図（仙台市博「中島家文書」七二―四）と、「冥護山館絵図」（仙台市博「中島家文書」七二―一。本書八三頁参照）が同日付の裏書を有する。

下図は西側から要害を立体的に図示したもので、この絵図は現在確認できる姿と大差なく捉えられよう。特徴としては南北の曲輪の高さを記している点が挙げられ、本丸は北側「五間三尺」＝約一〇メートル、南側「三丈四尺五寸」＝約一〇・五メートル、二ノ丸は北側「四間二尺」＝約七・九メートル、南側「二丈七

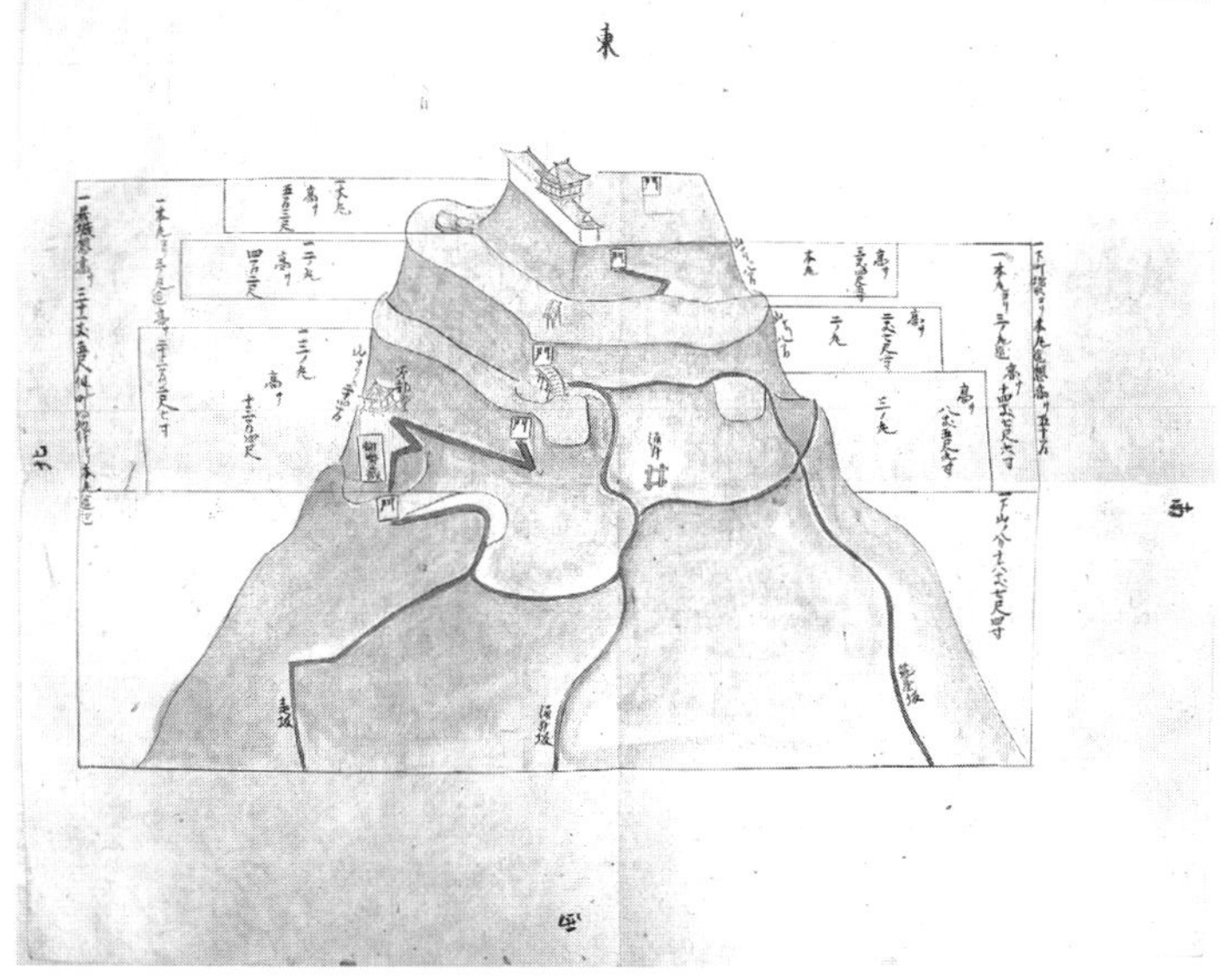

●―金山要害絵図（仙台市博物館所蔵）

●—金山要害絵図（部分、仙台市博物館所蔵）

尺二寸」＝約八・二メートル、三ノ丸は北側「一三間四尺」＝約二四・八メートル、南側「八丈五尺九寸」＝約二六メートル、町向地行から本丸まで「居城惣高サ三一丈五尺」＝約九五・五メートルとある。筑屋坂、涌井坂、走坂の三本の登城ルートのほか、絵図に描かれた構造物は不動堂、出丸から本丸への架け橋、本丸の櫓下長屋といったランドマークに限られており、「高サ」の情報に特化した絵図であることは明白である。

仙台藩の要害制が確立するのは貞享四年（一六八七）といわれるが、それに先立つ貞享元年に「金山要害絵図」が作成された背景には、天和元年（一六八一）十二月七日の老中阿部豊後守奉書を受け、その翌日に伊達綱村が発した指令（仙台市博物館蔵「伊達家文書」）にあろう。すなわち、綱村による「一、古館をかゝへ居候居所、右館之様子近所之躰、又居所へ何町と有之儀、可承候事」や「一、高サ無之が有之候、又つか本ノ高サか不知候、本ノ高サ可然候」等の指示を受けて作成された可能性が想定される。

【大手から三の丸を歩く】 駐車場から登っていくと、段々になった曲輪跡がみられるが、これは上図にあるように米蔵跡である。米蔵跡から西に進むと金山神社に降りることができる。「不動の泉」を越えた先には、上図に下中屋敷と描かれた中島氏家臣の引地氏の屋敷跡がある。

そして道が折れ、三の丸大手埋門の切通しに行き着くが、ここに石垣が使用されているのが目に入るだろう。右頁図をみると、石垣は正面からの登城路である三の丸大手・三の丸・二の丸の三ヵ所に設置された埋門のほか、本丸の東西虎口の埋門、二の丸南口の埋門、本丸南側に設置された塀にも使用されていたことが確認できる。三の丸大手埋門の他にも現存する石垣があるので、ぜひ往時の名残を感じていただきたい。なお、三の丸に現存する不動堂は天正年間に城の鬼門の守りとして設けられたものだという。

●―本丸東側の高石垣

【二の丸から本丸を歩く】

不動堂からさらに登っていくと、一段高く張り出した曲輪が確認できるが、これが出丸である。近世段階では出丸から二の丸埋門まで橋が架けられていた。二の丸は本丸を取り囲む腰曲輪で、東側には塀と石垣で区切られた空間に馬屋場が設けられている。南側は堀切を越えていくと黒森山砦跡に行き着く。

近世絵図には二の丸から本丸への登城路として、東西に設けられた高石垣と埋門の虎口が確認できるが、金山城の見所はやはり本丸東に現存する約八メートルの高石垣であろう。仙台領内で石垣が用いられた支城は限られており、中世城郭であった金山城が近世城郭へと改修された様を目の当たりにすることができることからも一見の価値がある。本丸に登れば北・東・西の三方を一望でき、眼前に阿武隈川と平野が広がる眺望はなかなか素晴らしい。現存しないが、本丸北側には「櫓下長屋」が構えられており、近世絵図には必ず描かれていた。往時は金山要害の象徴だったに違いない。

【参考文献】『日本城郭大系第三巻山形・宮城・福島』（新人物往来社、一九八一）、薩日内良則「金山要害」小林清治編『仙台城と仙台領の城・要害』（名著出版、一九八二）、松岡進『戦国期城館群の景観』（校倉書房、二〇〇二）、垣内和孝「天正期の伊達・相馬境目」垣内和孝『伊達政宗と南奥の戦国時代』（吉川弘文館、二〇一七。初出二〇一五）

（泉田邦彦）

●伊達・相馬「境目」の陣城

冥護山館・西山館（みょうごやまだて・にしやまたて）

〔所在地〕丸森町大内
〔比　高〕八〇メートル
〔分　類〕山城
〔年　代〕天正九年（一五八一）
〔城　主〕天正九年　相馬氏→天正十一年伊達氏
〔交通アクセス〕阿武隈急行線「丸森駅」下車、徒歩約一〇〇分。車の場合、「丸森駅」から国道一一三号線経由で約一五分。冥護山墓地に駐車場有

遠藤堤
冥護山館
八重垣神社
245
103
0
500m

【城の立地】　冥護山館は丸森町大内伊手（いで）に所在する、標高約八〇メートルの独立丘陵に築かれた山城である。その西側約三〇〇メートルの場所には西山館が存在する。この場所は、伊具郡小斎（こさい）と同郡金山（かねやま）の間に位置し、大沢峠を越えて宇多（うだ）郡へ向かうルートに近く、北側の小斎（こさい）峠を越えていけば亘理（わたり）郡坂元も近い。天正年間には伊達氏・亘理氏と相馬氏との合戦の舞台になった。

　現地には国道一一三号線から県道二四五号に進み、八重垣神社西側の、伊手川を渡った場所にある冥護山館の案内標識に従い直進していくと冥護山墓地駐車場に辿り着く。墓地の背後にそびえる山が冥護山館である。金山城からは直線約二キロの距離で、車移動なら約八分で到着する。

【伊達氏と相馬氏の抗争】　天正年間、伊具郡の領有をめぐって相馬氏と伊達氏との間に天正四年（一五七六）と同九年の二度におよぶ合戦が生じた。冥護山館が築城されたのは、後半の天正九〜十二年（一五八一〜八四）の合戦時である。この合戦は小斎領主である佐藤宮内（さとうくない）が天正九年四月に相馬方を離反し、伊達方に寝返ったことを契機とする。佐藤宮内の離反を受け、伊達輝宗（てるむね）・政宗（まさむね）は相馬攻めに出陣し矢野目（やのめ）（丸森町小斎堂畑）に陣を敷き、対する相馬義胤（よしたね）は明護山に陣城を構えた。この時に明護山に築かれた相馬方の陣城が西山館の前身であった可能性が指摘されている。

　しかし、天正十年（一五八二）四月には伊達方が相馬氏の領する宇多と金山間を押さえたことで戦況は変化した。天正

十一年、伊達氏は「小斎・金山両城ノ境、明護山ニ御陣城ヲ築キ」、それに対して相馬氏は「大内村ニ陣城ヲ築テ対陣」したという（「性山公治家記録」天正十一年条）。この伊達氏が築いた陣城が冥護山館であり、相馬氏が築いたのが約三キロ南に位置する陣林館（丸森町大内風呂）である。

【近世の伝承】　安永年間に作成された伊手村の「風土記御用書出」には、「冥加山」に「古館」と「西山館」の二つの城館が存在したことが記されている。いずれも伊達・相馬両氏の合戦における「陣場」としての伝承があり、前者は「貞山様」＝政宗、後者は「亘理御地頭安房様先祖伊達安房成実」の陣場として語り継がれていた。なお、西山館を伊達成実の陣城と伝えるのは、近世の亘理伊達氏＝成実と戦国期に在城した亘理重宗とを混同した後世の誤伝であろう。

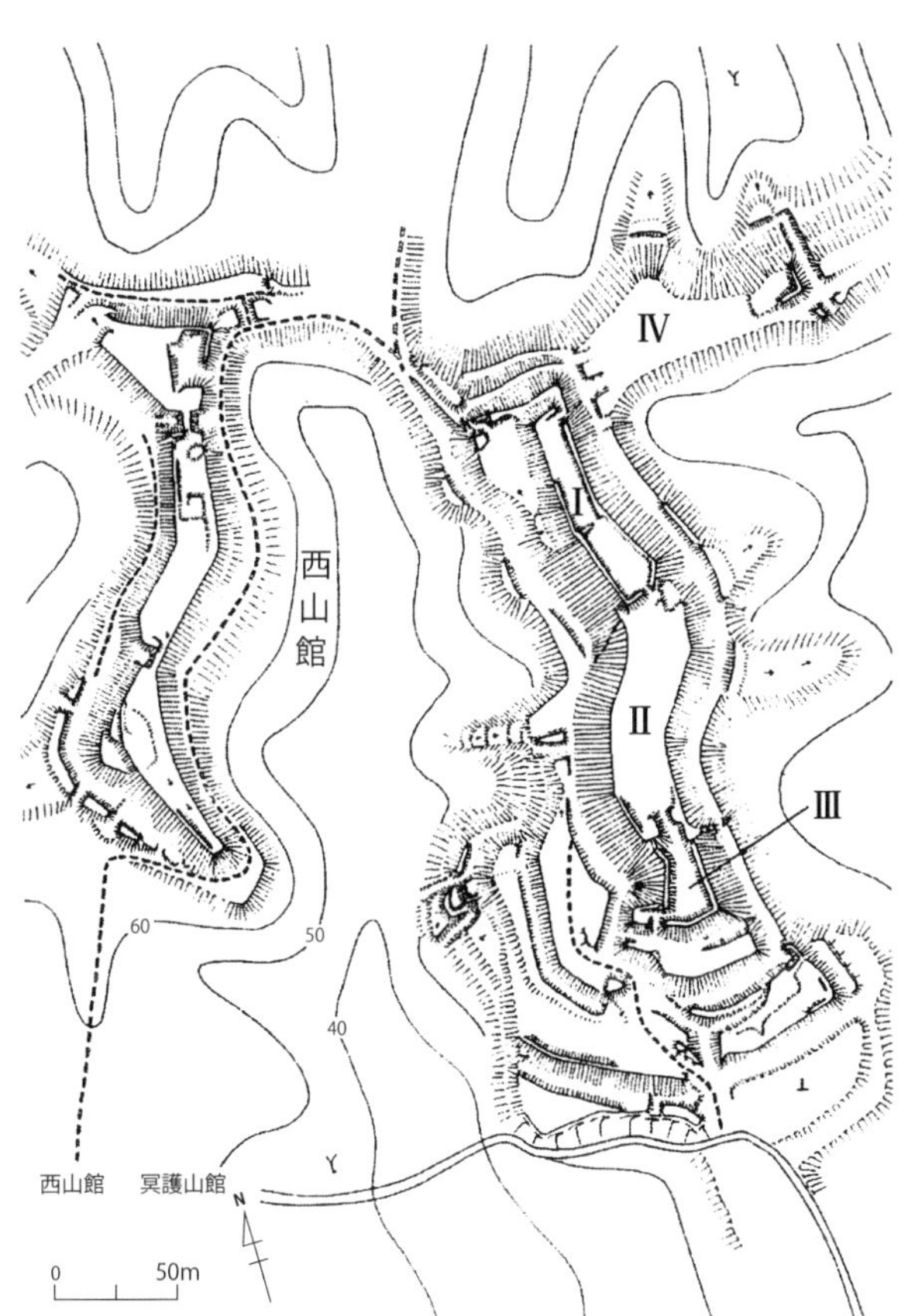

●—冥護山館・西山館縄張図（作図：松岡進 2015）

【陣城の縄張】　冥護山には伊達・相馬両氏の陣城伝承があるため、城の性格を捉えるのはなかなか難しいが、縄張プランから当館跡の性格を評価した見解は示唆的である。

垣内和孝は、「古館」＝冥護山館が南方に三重の横堀を配し、伊具郡と宇多郡を結ぶ道を意識した縄張であることから、伊達氏が新規に築城したものであるとする。いっぽうの西山館は主要な虎口が北に開き、北方の小斎を意識した縄張であることから伊達氏が相馬氏の築いた陣城を改修したものとみている。

松岡進は、伊具郡において規模および日常生活／戦時対応という基準から城館跡の類型を試み、両城館跡を「戦時の用途に対応した部分だけでできた大規模な城」に区分した。

冥護山館は、攻め手を短い距離で鋭く方向転換させるように造られた虎口曲輪Ⅲが設けられ、その中は三方が土塁に囲まれている。遺構は尾根上に展開し、東西は切岸になっており、曲輪Ⅱは自然地形を利用した平坦地で土塁がない。主郭Ⅰは周囲が土塁で囲まれ、その背後に東側を堀切で囲い込んだ曲輪Ⅳ、西側には自然地形を生かしつつ桝形虎口の機能を備えた西山館が展開する。主郭へ集中させるよりも城域が拡散していく様から「いかにも戦争に際して大軍が駐屯した場所」とし、普請の度合いに顕著な差がみられることから「陣城のイメージにうまく当てはまるプラン」と評している。

周辺の状況を踏まえ、縄張を読み解いた両者の見解をみれば、この場所が領主権力同士の「境目」であり、城館の構造自体が陣城の性格を示していることがよくわかる。

【冥護山館の絵図】　仙台市博物館蔵（仙台銀行寄贈）「金山要害中島家文書」には、貞享元年（一六八四）六月二十八日の裏書を有する冥護山館絵図が現存する（仙台市博「中島家文書」七二―二）。同日付の裏書を有する金山要害絵図二点も存在するが（本書七九頁参照）、注目すべきは金山要害絵図においても「冥古山御陣城」と呼称されている点であろう（仙台市博「中島家文書」七二―四）。一七世紀後半においても冥護山館は政宗が陣を敷いた「御陣城」だと語り継がれていることが確認できる。

この絵図が作成された背景には、天和元年（一六八一）に伊達綱村が「古館をかゝへ居候居所、右館之様子近所之躰、又居所へ何町と有之儀、可承候事」と指示したことが想定される。しかし、わざわざ絵図まで作成していることを考えると、あるいは非常時における「陣城」の活用および現状把握も目的の一つだったのかもしれない。

【絵図を読む】　この絵図も金山要害絵図同様、城館構成および特定地点へのアクセス情報を記したものである。まず、絵図と冥護山館の縄張を比較してみると、主郭Ⅰは「人数溜」、そこから西側に一段下がった空間は「小溜り」、曲輪Ⅱは「御本陣」、虎口曲輪Ⅲは「扇桝形」、そこから南に下がった小空間が「小溜り」、さらに下がった空間が「大溜り」に対応する。墓地側から（南から北へ）城館に入った際、最初にぶつかる土塁が「大手桝形」で、城館西側の竪堀、横堀も描かれ、現況の状況ともおおむね一致しているから、構成要素を正確に表現した絵図だといえよう。

西山館は絵図左下に該当し、土塁が城館西側の、堀が東側のアウトラインを示すにとどまるものの、冥護山館の主郭Ⅰ西の「小溜り」から左下に続く道の先にある、二つ土塁（絵図左端中央）は西山館北側の桝形虎口から北西方向にある土

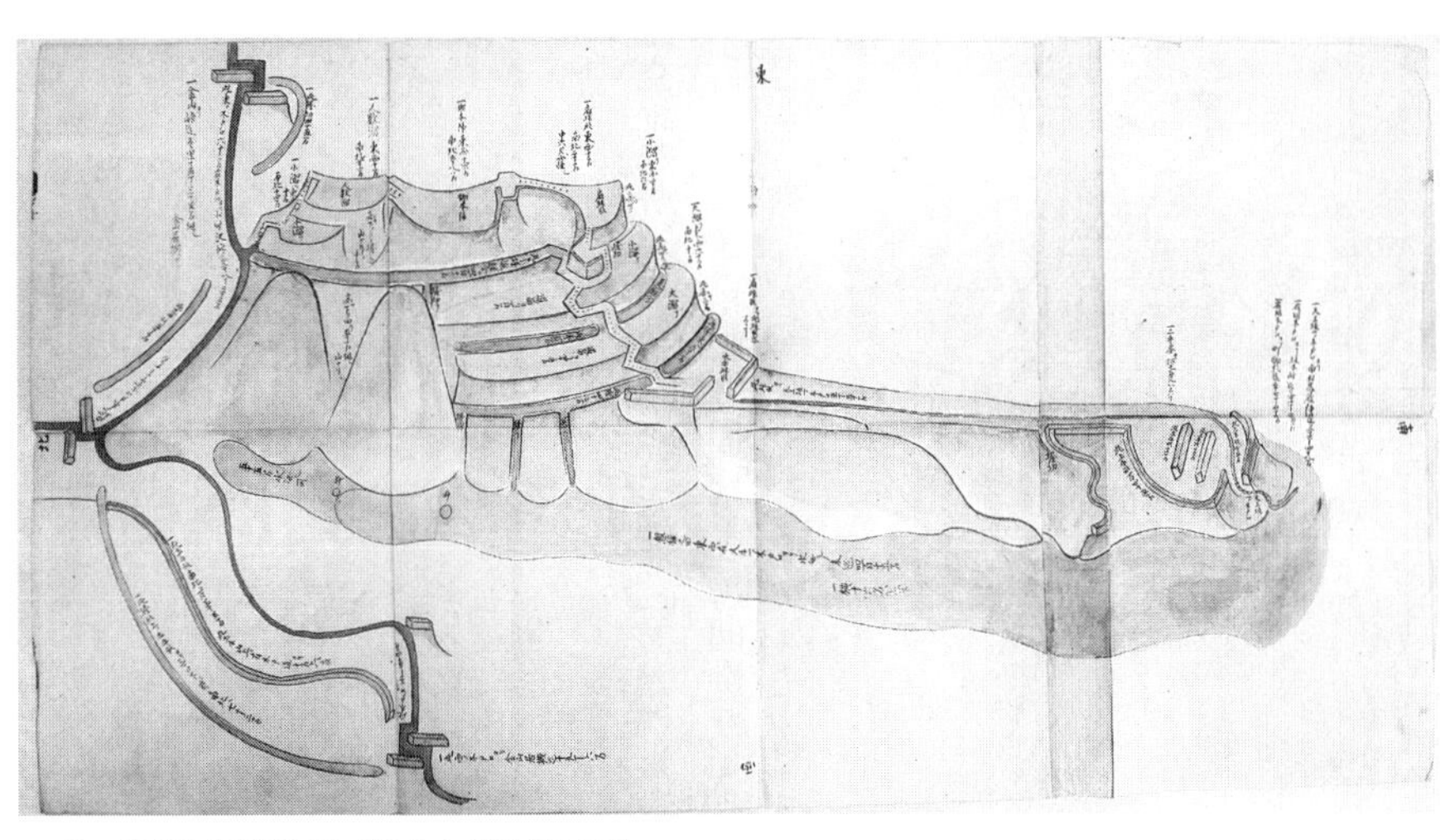

●—冥護山館絵図（仙台市博物館所蔵）

塁と対応させることができる。

ちなみに、絵図に記された位置情報を拾うと、絵図右の天王坂一ノ木戸口から「南相馬殿陣付迄三十一丁四十八間」＝約三・五キロ、「坂本峠迄三十一丁二十五間」＝約三・四キロ、「町御札迄二十七丁四十七間」＝約三キロ、絵図中央下（西山館の南端）の西ノ木戸口より「金山居城迄十九丁六間」＝約二キロ、絵図左上の古木戸口より「小斎峠迄二十八丁三十五間」＝約三・一キロとある。冥護山館は金山より東に所在し、相馬・坂元・小斎との結節点を押さえた陣城だったことが位置関係からもうかがえるであろう。

【参考文献】　垣内和孝「天正期の伊達・相馬境目」垣内和孝編『伊達政宗と南奥の戦国時代』（吉川弘文館、二〇一七。初出二〇一五）、松岡進『戦国期城館群の景観』（校倉書房、二〇〇二）、松岡進『中世城郭の縄張と空間』（吉川弘文館、二〇一五）

（泉田邦彦）

●眺望絶佳の山城

兵衛館（ひょうえだて）

〔所在地〕蔵王町小村崎字鹿野・字大久保
〔比　高〕四〇メートル
〔分　類〕山城
〔年　代〕一五世紀後半～一六世紀
〔城　主〕伝、志津摩能登守、横尾兵衛など
〔アクセス〕ＪＲ東北本線「仙台駅」よりアクティブリゾーツ宮城蔵王行き高速バス「平沢」下車、徒歩四〇分。

【立地と眺望】　刈田郡蔵王町と柴田郡川崎町および村田町との町境をなす山稜は円田盆地に向かう小さな支稜線を生み、兵衛館はその主稜線から支稜線が分岐する地点に築かれた。標高二二八・八メートルを最高所とする単郭の山城で、略長方形の長辺をなす東西両側面にはそれぞれ全長一〇〇メートルを超える二重堀を備える。

　主郭部は全体として南東方向に傾斜し、曲輪内の高低差は極めて大きい。さらに内部に段差をもつため複数の曲輪に分けることも可能であるが、それらの境は画然としないので、ここでは一つの郭として扱う。公園として整備されていることもあって眺望が驚くほどよく、江戸時代の地誌は大河原、岩沼、白石、さらに仙台市根白石方面の丘陵部まで見渡せると記す。

　主郭以外の郭として明確なのは南西端の長方形を呈する一郭だけである。しかしこの郭は小さく、主郭に対する副郭とすることはできない。

【通路と交通】　この城を特徴付けるものは通路である。①は城を出て反対側（東側）の尾根を進むと、村田町の星野城など五城が集中する地域に向かう。尾根道の途中には「絵帽子館」と呼ばれる一角があると記すものもあるが、確証は得られない。

　②は南東端の二重土塁を越えるか、その脇を抜ける道である。円田盆地から城の東側尾根道を登って到達する。道の東側の谷に現在の道路が敷設されているが、かつては竪堀がほ

ぼ谷底まで下りていた。竪堀は通常の山城のそれとはほど遠い緩傾斜で、両側を土塁が固め、城に導く通路であるかのように見える。現在では竪堀の三分の二程度が失われた。

③は南西からの通路である。西の尾根道となって円田盆地に下る。④は城の西谷から入る通路で、土塁を越え土橋をわたって城内に入る。近代まで萱刈りの通路として、馬を曳いて城跡に上がったものだという。⑤は四方峠とを結ぶ尾根道である。峠の名はすでに『吾妻鏡』に見られ、近世の羽州街道の峠でもある。兵衛館への道は間道に当たるが、①と繋がって村田方面へ連絡する。

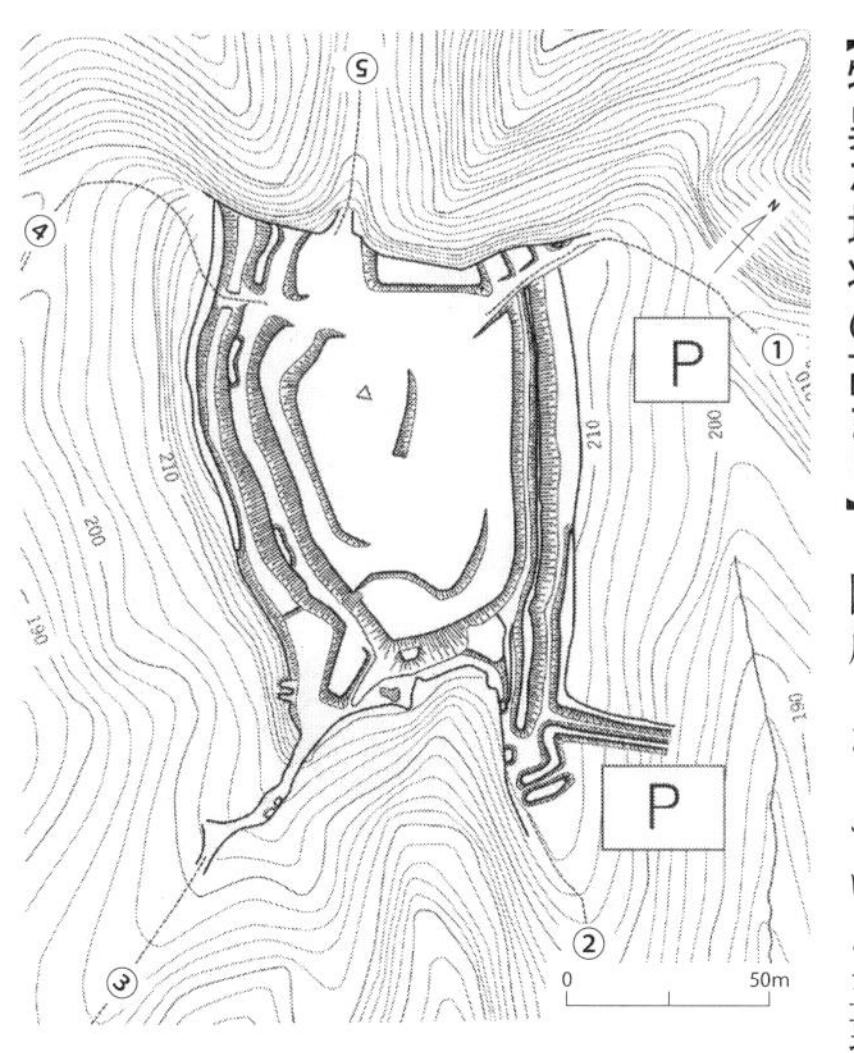

●—兵衛館実測図（『蔵王町史』所載図を一部改変）

【特異な壇状の高まり】 断崖となっている主郭北辺には幅五メートル、長さ三〇メートル、高さ〇・五メートル程度の壇状の高まりがある。遺構の性格は明らかではないが、通路との関係には注目したい。①～⑤は長大な二重堀を利用とすると、すべての通路はこの壇前を通過することになり、この城に関所のような役割があった可能性をうかがわせる。

【発掘調査と史料】 発掘調査によりピット・土坑などの遺構のほかに古代から近世までの合計四一八点の遺物が出土した。そのうち中世遺物は一六〇点で、舶載磁器は青磁、白磁、青花、天目の各片が出土した。国産陶器は瀬戸美濃小皿と常滑質の甕片で金属器では笠鞐、無銘無紋の銅銭などが出土した。おおむね一五世紀後半～一六世紀のものである。なお時代不明の石臼片は四〇点を超える。

兵衛館の中世史料はない。江戸時代の地誌等によれば兵糧館とも称され、城主としては横尾兵衛あるいはその先祖、さらに志津摩能登守の名が挙がる。後者がどのような人物か不明だが、横尾兵衛は同じ刈田郡湯原城（七ヶ宿町湯原所在）の修築を伊達政宗より慶長年間に命じられている。湯原も交通の要衝である。

【参考文献】『蔵王町史』通史編・資料編一（一九八七）、東北福祉大学吉井ゼミ『宮城県蔵王町兵衛館一～八次発掘調査報告書』（二〇〇一）

（吉井　宏）

●白石城を望む技巧的な城

三沢城（みさわじょう）

〔所在地〕白石市大鷹沢三沢
〔比　高〕約八〇メール
〔分　類〕山城
〔年　代〕一四〜一六世紀か
〔城　主〕北畠顕信、伝・大町氏・三沢頼母
〔交通アクセス〕ＪＲ東北新幹線「白石蔵王駅」から徒歩四〇分。ＪＲ東北本線「白石駅」からレンタサイクルで約二〇分。

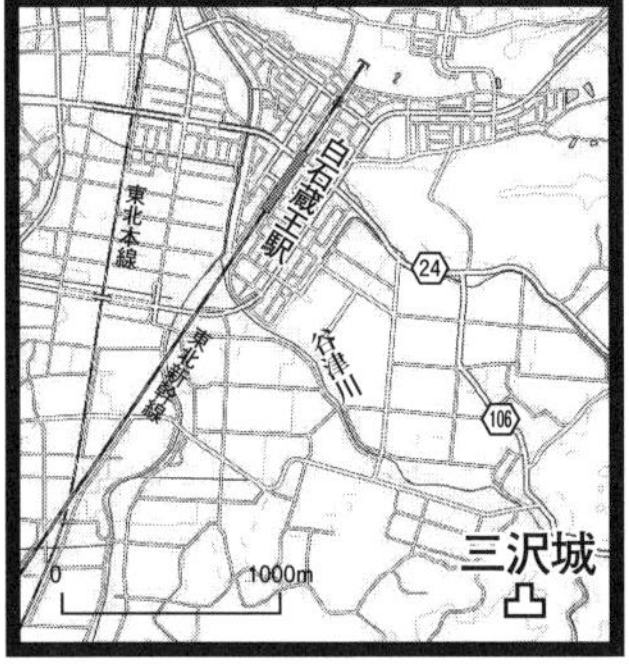

【知られざる名城】　白石（しろいし）市には、複雑・技巧的な縄張構造を持つ城館が複数存在する。そのなかでも屈指のものが、三沢城である。小規模ではあるものの、間違いなく宮城県を代表する城館の一つだろう。白石市街地に向けて張り出した山上に位置し、白石城・蔵王（ざおう）山方面を一望することができる。東北新幹線車内からも、その姿を容易に望むことができる。麓には、白石市街地方面から梁川・丸森方面に向かう街道が走っており、北側の大鷹沢小学校付近には「宿」地名が残る。

城跡へは、大聖寺（だいしょうじ）境内の墓地から登っていくのが一般的なルートで、比較的登りやすい。全体的に藪が酷く、冬場でも見学困難な箇所もあるので注意したい。ただ、最近地元の方々による整備が進みつつある。

【二重堀・馬出・坂虎口】　墓地から登り、右手に空堀が見えてきたら、すぐに山上の「二の丸」に入る。「第一平場」の北から西にかけては小規模ながら二重の堀が続いている。その堀の延長線上には、「第三空堀（からぼり）」に囲まれた小さい角馬出（かくうまだし）が見られるが、現在は藪がひどく見学は極めて困難である。さらに南に進むと、カーブする坂道をへて「本丸」の「第四平場」に入る虎口（こぐち）へ至る。非常に狭い道だが、見事な坂虎口となっている。「本丸」内部は広く数段に分かれているが、削平はやや甘く傾斜が多い。北から西南にかけては、高低差を活かした大規模な二重堀をめぐらしており、西側真ん中付近で折れを付けている。

「二の丸」から尾根をへた北側には「三の丸」がある。全

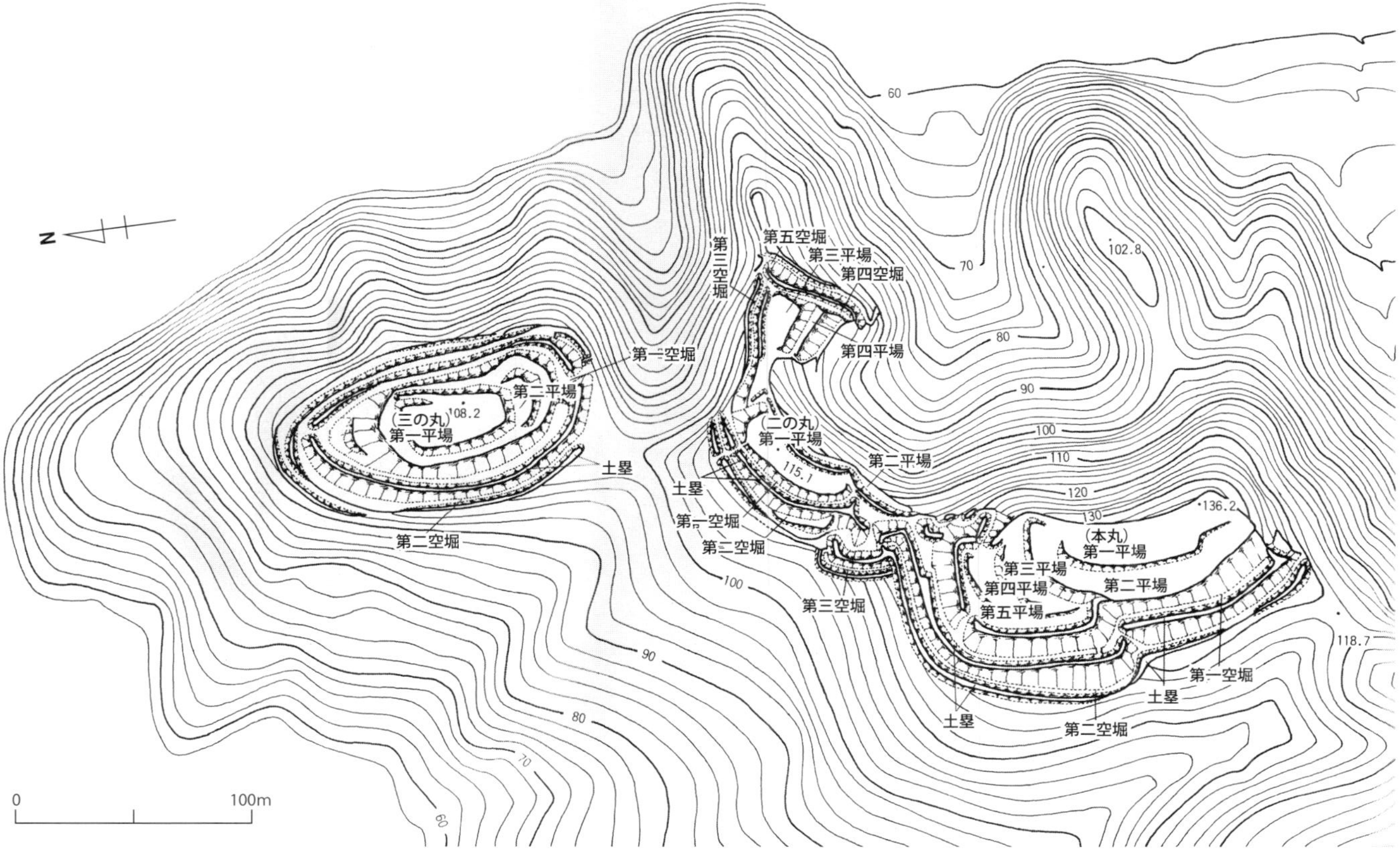

●—三沢城縄張図（『白石市史3の(3)』より）

●—三沢城　主郭（本丸）下の二重堀

体的に楕円形をした大きな曲輪で、堀とも帯曲輪ともいえる遺構が全体をめぐっており、一部は二重堀となっている。曲輪内の削平はやや甘く、傾斜が多い。

遺構を見る限り、三沢城は居城というよりも陣城のような性格の城と思われる。

【決定打がない三沢城の歴史】　伝承では、藤原泰衡関係の城、あるいは慶長年間に三沢頼母が在城とされる。三沢城が文献史料上に明確に登場するのは、南北朝期のみである。正平七年（一三五二）三月十八日付の吉良貞家軍勢催促状（相馬文書）によると、前日に北畠顕信が「三沢城」を没落し「小手保大波城」（福島市）に引き籠もるとある。南朝方の拠点霊山城を守る城の一つとして、重要な役割を果たしていたと思われる。

地名としての三沢は、戦国期以降もしばしば登場し、伊達氏家臣の藤田氏・大町氏・松木氏の所領となっていた。天正十九年に蒲生氏領となり、文禄三年七月の「蒲生領高目録帳」（『岩代古文書』）では村高二二四七石余りで、このうち五三六石余りが町野主水・新国上総介に与えられている。だが、いずれも三沢城との関係は不明である。

発掘調査も行われておらず、その歴史は不明瞭なままだが、明らかに白石城方面に向かって築かれているため、戦国期から近世初頭にかけて、白石城方面を舞台とした合戦の際に築かれた一時的な城と考えるのがひとまず無難である。ただし、たとえば吉田住吉山遺跡（兵庫県三木市）では、多重堀をもつ南北朝期の山城跡が確認されていることから、三沢城の遺構の年代も慎重に検討していくべきだろう。

【参考文献】『白石市史』三の（三）（白石市、一九八七）、松岡進「伊達氏系城館論序説」（同『戦国期城館群の景観』校倉書房、二〇〇二）

（竹井英文）

●城絵図の伝わる城

湯原城（ゆのはらじょう）

〔七ヶ宿町指定史跡〕

〔所在地〕七ヶ宿町字町裏
〔比　高〕五〇メートル
〔分　類〕山城
〔年　代〕一五世紀以前～近世初頭
〔城　主〕―
〔交通アクセス〕JR東北本線「白石駅」下車、七ヶ宿町営バス「湯原荒町」下車、徒歩一分。

【街道を眼下に望む城】　湯原城は奥羽山脈の東斜面に位置して、現在の国道一一三号線を南に見下ろす、標高四八四～五三四メートルの傾斜地に築かれた。同国道はしばしば七ヶ宿（しちがしゅく）街道・羽州街道とも通称されるが、古くは山中通りと呼ばれた。東は小坂峠をへて福島県伊達郡方向に向かい、西は金山（かなやま）峠を下って楢下（ならげ）経由で上山（かみのやま）に向かう。いっぽう、国道一一三号線は湯原の追分で七ヶ宿街道と分岐し屋代（やしろ）峠（二井宿（にいじゅく）峠）を越え山形県高畠方面に出るが、これは二井宿街道とも通称され、中世にはすでに使われていた道である。

いずれにしろ白石川が作る、狭いが東西に長い渓谷沿いに街道は発達し、湯原宿は陸奥から出羽に入るための陸奥側最後の宿場として栄えた。そして湯原城はこの道を監視するには絶好の位置に築かれたのである。湯原城は宮城県の南西端、七ヶ宿町の中でも最西端の湯原に所在する。

【慶長五年の戦い】　湯原を語る中世史料は少ない。おそらく長い間安定的に伊達領であったことによるものだろう。従って天文の乱のような伊達氏の内部紛争が起こると、おぼろげながらその姿を垣間見せる。天文十六年（一五四七）に伊達稙宗（たねむね）が「湯原攻抜」の成果を家臣に尋ねたことは、対立する嫡男晴宗（はるむね）方の城が湯原に存在した可能性を示唆する。しかし城として明示されるのは慶長五年（一六〇〇）の「北の関ヶ原合戦」の時である。

この年の七月二十四日、伊達政宗は上杉景勝方の白石城を開城させると、九月二十五日に茂庭綱元（もにわつなもと）には二〇〇人の足軽を副えて、湯原城攻略に向かわせた。このとき政宗は、城内の者ばかりか城周辺の住民も、すべて撫で切りにするよう命じたという。理由は、かつてこの地が伊達領であったにもかかわらず、上杉方として敵対するからというものであった。しかし湯原は二井宿の志田城主に人質をとられていたため、否応なく政宗に敵対していただけであったという。実際には伊達方であったことから許された湯原は、綱元に率いられて峠を越え、二井宿に攻め込んだという。湯原城はその後横尾氏に預けられた。

【刈田郡湯原城絵図】　近世大名伊達家の第二代忠宗は正保元年（一六四四）重臣の石川宗敬（むねたか）に湯原村を与え、湯原館在番を置くように命じた。天保の頃この役に任じられた石川家臣に鎌田氏がいる。どのような理由によるものかは分からないが、その鎌田家に伝わったのが「刈田郡湯原城絵図」である。今見ると後世の書き込みなども多く見られるが、元図は江戸前期の様相をもつ城絵図で、横尾伊勢元篤（もとあつ）が慶長五年（一六〇〇）に政宗から湯原城再建を命じられ、二年後に完成したことが記されている。

図に描かれる丸馬出（まるうまだし）は現在民家の敷地になっている。また小学校が建てられた二ノ丸周辺も図とは大きく異なる。しかし残存遺構は図とよく一致するため、絵図に対する信頼度が高められることになった。

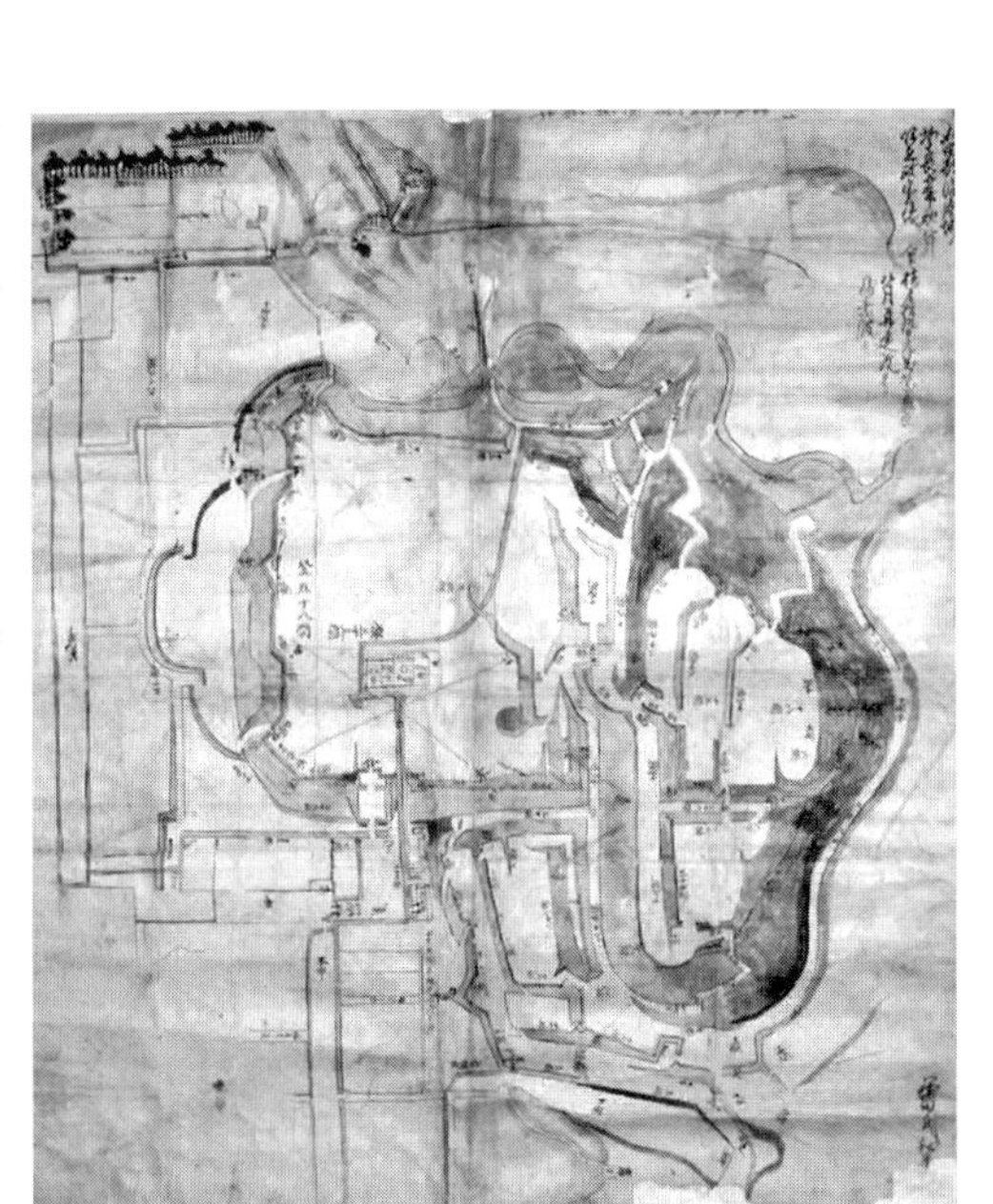

●—刈田郡湯原城絵図（個人蔵，七ヶ宿町水と歴史の館提供）

【主郭周辺の曲輪配置】　城は大きく分けて四つのブロックで構成される。その中でもっとも高い位置を占めるのが上館（うわだて）と総称される三つの曲輪と、東館（ひがしだて）およびその下に位置する腰曲輪である。上館は、城の中で最高所にある主郭部と、その下部に連続する二つの曲輪から成るが、それぞれは段差で区別されるだけで、間に堀はない。

主郭は東西に虎口（こぐち）をもつ。西虎口は絵図を見る限り傾斜面を下って城外に出る道が存在するが、現状ではまったく認め

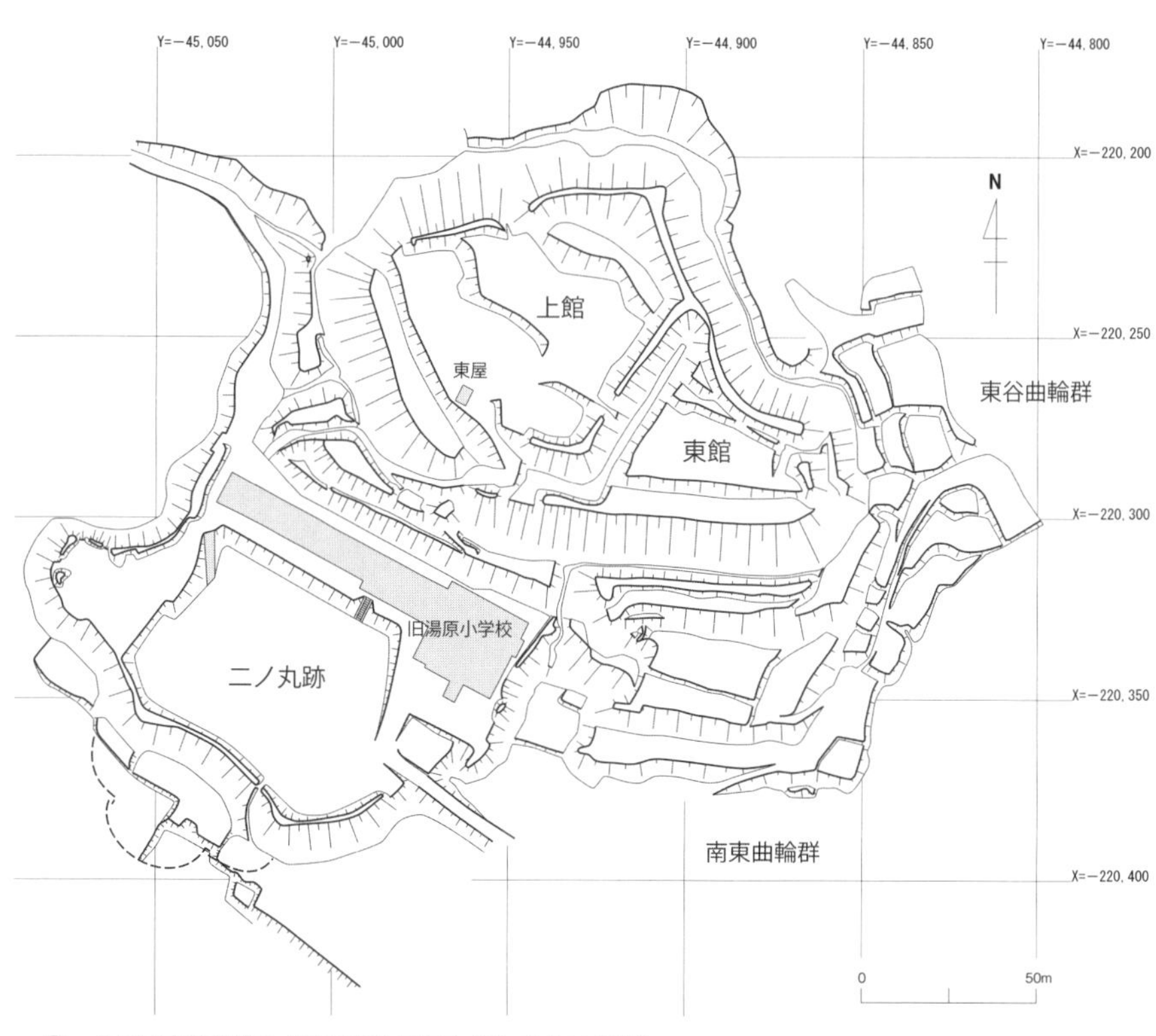

●—湯原城実測図（湯原城発掘調査報告書より転載）

られない。東虎口は東館に渡るもので、絵図では「廊下橋」と明記されている。現在、橋そのものは架かっていないが主郭の東土塁にある切れ目がその場所であると推定される。しかし東館側とは高低差があり、どのような橋であったのか興味深い。なお、主郭内は高低差が大きいのに対して、ほかの曲輪は比較的平坦である。

【北土塁の形成】　現況による限り主郭は南を除く三方が、ひとつながりの土塁によって囲まれている。東西の土塁はそれぞれ下の曲輪に続き、東土塁では東館との間に南北方向の空堀を形成する。主郭北東端で北土塁は東土塁と分岐してさらに東方に延び、東館の北土塁となる。西土塁から続く総延長は約一五〇メートルにおよぶ。

東館は北東端に段差をもつが、おおむね平坦である。東端に土塁に囲まれた桝形虎口がある。虎口は発掘により三期の改修が認められたが、もっとも新しい時期の改修は極めて大規模で、北土塁は四メートル以上積み上げられたと推定できた。

【二ノ丸と丸馬出】　二つ目のブロックは二ノ丸とその周辺である。二ノ丸跡には江戸時代に湯原館在番の館屋があったが、明治初期に湯原小学校が建てられ、平成の廃校後は校舎を活かした「街道Ｈｏｓｔｅｌおたて」に変わった。そうした変遷の中で二ノ丸周辺は大きく変貌したが、北にある通路や小曲輪群、堀は比較的よく残っている。

いっぽう、絵図によると南側には見事な丸馬出があったが、宿場と同高のため民家が建つなど、現状からは往時を偲ぶことはできない。また二ノ丸自体も校舎の建て替えなどによって、特に北側が大きく失われた。また、東辺に開かれた二ノ丸大手門付近は登校路と校門に変わり、南辺土塁も絵図を見る限り角田要害と酷似する屏風折れ状の土塁が存在したようであるが、現状とは異なる。

【南東曲輪群】 東館の南、二ノ丸の東には北から順に横堀、土塁、犬走り、そして二段の曲輪がある。堀は二ノ丸との間では南に折れ曲がり傾斜して下降する。この堀は東西を結ぶ通路として使われたものと考えられる。一部分の発掘ではあるが、堆積土は五〇～六〇㌢程度で、中位から川原石が多く出土した。

二段の曲輪のうち上段の一部が発掘され、掘立柱建物跡、小溝跡、炉跡などとともに約九〇㌢の段差が検出された。遺物は近世、近代の細片陶磁器が表土層から多く出土し、中世遺物は深い土層から数点出土した。一五世紀代の舶載磁器である青花端反碗、一五世紀末～一六世紀初頭の瀬戸美濃産灰釉端反皿、一五世紀中葉～一六世紀の瓦質擂鉢および永楽通宝、宣徳通宝各一枚の渡来銭である。

【東谷の曲輪群】 主郭から東館に連なる北土塁の外側には、七～一〇㍍の急崖下を空堀が巡る。堀の対岸となる北側の一部には、堀を深くするために掘り残したと思われる、島状に残した部分があり、上面を曲輪化した痕跡が認められる。ただし、絵図には表われてこない。

堀が極端に狭まった箇所を南に抜けると、いくつもの曲輪状の平坦地が現れ、中には桝形虎口を形成する曲輪もある。曲輪群は南端部で南東曲輪群に接続する。

【参考文献】 吉井宏「奥羽国境の城・湯原館とその周辺」『城郭史研究』三六号（二〇一七、日本城郭史研究会）、湯原城跡発掘調査団・七ヶ宿町教育委員会『七ヶ宿町文化財調査報告書第五集　湯原城跡―第一次・二次発掘報告書』（二〇一八）、吉井宏「湯原城」『週刊日本の城』一四四改訂版（二〇一九、ディアゴスティーニ・ジャパン）

（吉井　宏）

●追波川に面した山内首藤氏の居城

七尾城（ななおじょう）

〔所在地〕石巻市中野字的場
〔比　高〕八二メートル
〔分　類〕山城
〔年　代〕室町・戦国期頃ヵ
〔城　主〕山内首藤氏（義通→貞通→知貞）→永正十二年葛西守重
〔交通アクセス〕ＪＲ石巻線「石巻駅」から車（県道三三号・一九七号線経由）で約三〇分。駐車場なし

七尾城
北上川
197
30
0　1000m

【城の立地】　七尾城は、北上川下流域の追波川（おっぱがわ）に面した丘陵上に位置する山内首藤（やまうちすどう）氏の居城である。七尾城の北約一キロには中島城（城主は山内首藤貞通（さだみち）弟の江田清道（えだきよみち））、北上川を挟んで約四キロ南には大森城、約四・六メートル東南には釣ノ尾（つりのお）城（城主は貞通叔父の福地左馬助頼通（ふくちさまのすけよりみち））といった主要城郭が配置されている。城名の由来は、七つの嶺があり、それぞれに曲輪を築いたことから七尾城（別名七王館）と呼ばれるという。

【山内首藤氏と桃生郡】　鎌倉期の山内首藤氏は桃生（ものう）郡内の吉野村地頭職や鹿又（かのまた）・下須江（しもすえ）の在家（ざいけ）等、旧北上川南岸地域（石巻市河南地区）の所領を有していたが（「山内首藤家文書」）、桃生郡に本格的に移住したのは南北朝期頃である。『奥州（おうしゅう）余目記録（あまるめきろく）』によれば、南北朝・室町期の山内首藤氏は登米（とよま）氏・長江（ながえ）氏らと同格であり、「留守・葛西・山内・長江・登米、五郡一揆いたされ候」ことが伝えられる。

【永正合戦】　山内首藤貞通と葛西宗清（かさいむねきよ）の間で発生した合戦がいわゆる「永正（えいしょう）合戦」である。その原因や経過は諸説伝わるが、「桃生山内首藤氏系譜」は以下のように記す。

永正八年（一五一一）八月四日、宗清は貞通を討つため、牡鹿（おしか）湊から軍勢を発し、遠島（としま）の海上をへて本吉（もとよし）郡に上陸、合戦崎、中津山、神取、飯野、諏訪森、大森を攻め落とした。七尾城を包囲され兵糧も尽きた貞通は和睦を請い、自らは高野山に遁世し、幼息千代若丸（ちよわかまる）に跡を継がせた（第一次合戦）。

永正九年七月九日、千代若丸は旧領を回復すべく江田清道らと蜂起し、登米行賢（ゆきかた）と結んで大田城を攻めた。これに対し

て宗清の子息葛西重清は牡鹿湊から船を発し、本吉郡に入り、牛田城、合戦崎城、太田城、飯野城を攻め落とし、さらには海上から北上川を遡上し、「飯野河ヨリ川股へ転漕、皿貝杉ノ渡ヨリ七尾城外堀ニ船ヲ寄セ」たという。第二次合戦は千代若丸が和睦を願い出たことで収束した。

しかし、永正十二年千代若丸が元服した後（知貞を名乗る）、謀反の意思があるとされ、葛西氏はふたたび七尾城を攻めた。その結果、知貞は相馬に出奔し、山内首藤氏は滅亡、七尾城に葛西守重が入城することになったと伝えられる。

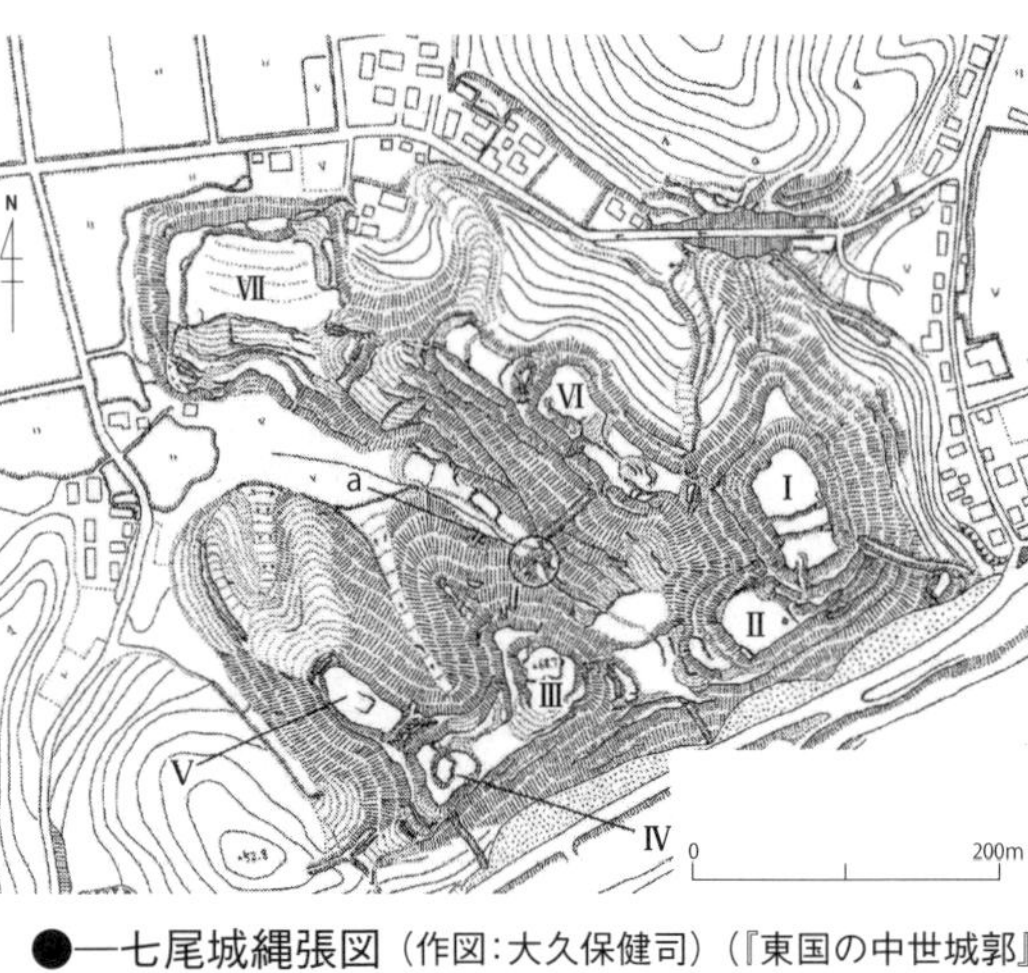

●―七尾城縄張図（作図：大久保健司）（『東国の中世城郭』2010に一部加筆）

【城館の構成】

城館の主要な構成として、城内でもっとも高位置に位置する主郭Ⅰと複郭Ⅱ、そこから南西に伸びる尾根上に曲輪Ⅲ・Ⅳ、主郭Ⅰから北西に伸びる尾根上に曲輪Ⅵ・Ⅶがあり、それぞれの尾根の谷間に大土塁と竪堀を配したａ「大門」が構えられている。主郭Ⅰからは北側を走る日陰街道が見渡せ、南側は追波川に面した絶壁、かつ曲輪ⅡとⅢの間およびⅣの南に竪堀が入り、東側・西側は谷で仕切られているなど、自然地形の利を備えた城である。

七尾城の見所は、尾根を遮断するように設けられた土塁と堀切である。曲輪Ⅳの西側には二重の堀と土塁が設けられ、曲輪Ⅳ・Ⅴの間も二重の堀切と土塁が構えられているが、後者の堀は深さ約三メートル・幅約五メートル、土塁の高さ約三メートル・幅約五メートルと規模が大きい。また、主郭Ⅰから曲輪Ⅶに展開する尾根上には堀切が三ヵ所存在する。要所に技巧的な防御機能を備えた、天然の要害といえるだろう。

【参考文献】紫桃正隆『史料　仙台領内古城館』第二巻（宝文堂、一九七三）、『日本城郭大系第三巻山形・宮城・福島』（新人物往来社、一九八一）、松岡進「陸奥の戦国期城館跡」大石直正・小林清治編『陸奥国の戦国社会』（高志書院、二〇〇四）、伊藤清郎「葛西氏・山内首藤氏と北上」『北上町史　通史編』第二部三章（二〇〇五）、大久保健司「七尾城（七王館）」『東国の中世城郭』（中世城郭研究会、二〇一〇）

（泉田邦彦）

お城アラカルト

城と城下集落

竹井英文

戦国期の城下集落（城下町）に関する研究は、各地の拠点城館を中心に、全国的に研究が進められ、多くの事例検討が蓄積されている。しかし、東北地方の事例については、あまり知られていないのが現状ではなかろうか。ここでは、南東北における城館と一体化しているような城下集落に注目し、いくつか事例を紹介したい。

城下集落の痕跡は、各地の地名にも残っている。松森城（宮城県仙台市泉区）下の「内町」「下町」という地名は、その典型例であろう。本書で取り上げた利府城（同利府町）の城下にも各「町」が形成され、近世の宿場町として継承されている。

「町」とともに「宿（しゅく）」地名も、城館と密接に関連していることで知られる。三分一所城（同東松島市）下の「上宿」「下宿」や、根白石城（同仙台市泉区）や上楯城（七一頁参照、同川崎町）、三沢城（八七頁参照、同白石市）の城下やその付近にある「宿」などである。「宿」地名自体は近世以降の可能性も当然あるが、城館に近接している場合、城下集落としての「宿」の痕跡とも考えられる。

宮城県でまま見られる地名として、「矢来（やらい）」がある。「矢来」とは、竹や木を組んで作った柵の一種であり、戦国期当時の史料にも城館に付随する形で登場する外郭的な防御施設・空間を差すものである。城下集落とは異なるかもしれないが、特徴的な地名である。これらの地名は、いずれも街道と密接に関係していることで共通している。

こうした城館と密接に関係する城下集落は、すべてではないが往々にして城館と一体化した防御施設と化していた。戦国後期の関東では、それを「宿城」と表現することが多かった。また、小田原城や岩付城（さいたま市）のように城下を丸ごと囲んだ「惣構（そうがまえ）」を持つ城館も誕生した。

東北地方でも、防御施設化された城下集落は存在していたようで、関東と同様に「宿城」（鳴山城（一〇九頁参照、〈福島県南会津町〉など）と呼ばれることもあれば、「町曲輪」「町構」（大越城〈同田村市〉、高玉城〈同郡山市〉など）、と表現されることもあった。このほか、「外曲輪」（小作田城〈同須賀川市〉）、「外城（とじょう）」（石母田城（一二〇頁参照、〈同国見町〉）、「外構」（古川城〈宮城県大崎市〉）という語句もしばしば見られる。城館の外郭を指す言葉ではあるが、他地域の事例などから、これらも「町」「宿」といった城下集落・都市的な場と密接に関係した空間であった可能性が高い。

城下集落を防御施設化することによって、城館はより堅固さを増していったものと思われる。「町構」を備えた高玉城を攻撃した伊達政宗は、高玉城のことを「少地」と聞いていたので侮っていたが、実際には「言語道断結構の要害」だと驚嘆している。そういわしめた理由の一つには、「町構」の存在があったといえるかもしれない。

●—描かれた松森城下の堀（「野始絵図」宮城県図書館所蔵）

●—描かれた慶長期の村上城と城下（「越後国郡絵図」米沢市上杉博物館所蔵）

なお、北奥羽の一次史料では、こうした防御施設化された城下集落を示す語句はほとんど確認できない。史料の絶対数の問題もあろうが、いわゆる群郭式城郭の問題も含め、北東北における城館と城下との関係は、南東北以南とは異なる可能性もあろうか。

こうした防御施設化された城下集落と思われる実際の遺構も、各地で確認できる。代表的なものは先述した松森城下で、江戸時代の「野始絵図」に城下を囲む水堀が描かれており、地籍図その他でも痕跡を確認できる。こうした景観は、「越後国郡絵図」に描かれている村上城（新潟県村上市）の城下集落と類似しており、同様のものが南東北各地にある程度展開していたと思われる。

【参考文献】菅野正道「戦国時代の道と城——仙台市域の奥州街道前夜」（『市史せんだい』vol.二〇、二〇一〇）、佐藤宏一「付編・文献史料にみる中世城館の構成」『東北横断自動車道遺跡調査報告書Ⅰ』（宮城県教育委員会、一九八六）、松岡進『戦国期城館群の景観』（校倉書房、二〇〇二）

福島県

木村館跡　Ⅲ・Ⅳ・Ⅴ・Ⅵ区全景
（福島県文化財センター白河館提供）

伊達氏が天正10年代に築城した境目（さかいめ）の山城であり，横堀ラインと桝形（ますがた）虎口（こぐち）を特徴とする．写真中央下に，破却され石積みの内桝形虎口がある

●会津東の統治拠点

猪苗代城附鶴峰城

〔福島県指定史跡〕

〔所在地〕猪苗代町字古城跡・古城町・鶴峰・鶴峰西・茶園・姥懐・樋場道下・鶴田
〔比高〕二六メートル
〔分類〕平山城
〔年代〕一二～一九世紀
〔城主〕中世—猪苗代氏　近世—蒲生氏・上杉氏・加藤氏・松平氏
〔交通アクセス〕JR磐越西線「猪苗代駅」下車、徒歩二〇分。

【会津と中通りを結ぶ猪苗代】　福島県の中央、会津と中通りの中間に位置する猪苗代地方は、山間部の高冷地に属しながらも両地方を結ぶ交通の要衝として古来より重要な役割を果たし、猪苗代湖の湖上交通とともに各地域をつなぐ陸上交通路が四方に広がっている。この要衝を押さえ、当地方を統治するための重要拠点として築かれた本城は、時代の流れに翻弄されながらも長く存続し、会津の歴史舞台にたびたび登場した。

南奥の覇者を決すべく伊達政宗と蘆名義広が対峙した天正十七年（一五八九）の「摺上原合戦」では、猪苗代盛國、盛胤親子は意見が合わず、両軍に分かれて戦うこととなる。その際、盛國は伊達氏に内応して城に引き入れ、会津蘆名氏滅亡の要因を作った。また慶応四年（一八六八）の「戊辰戦争」で、会津藩は母成峠を破られ、西軍の進入を招いたが、若松へ退却する際、蹂躙されることを良しとせず、会津藩松平家初代藩主である保科正之公を祀る「土津神社」と猪苗代城に自ら火を放ったため焼失してしまう。

その後明治三十八年（一九〇五）に地元の有志が公園化し、現在は亀ヶ城公園の一部としてゾーニングされ、「中世・近世の丘」として遊歩道が整い、北・東側には駐車場、南側に町の歴史を紹介している町立図書歴史情報館が設けられている。

【四神相応の選地】「亀ヶ城」の雅称で親しまれる本城は、その形容どおり磐梯山南麓より猪苗代湖北岸に広がる沖積地へ突出した火山性泥流堆積物で構成された細長く小高い平坦な小丘陵を巧みに利用して築かれている。そしてこの尾根を東西に分断する掘切（ほりきり）を境として、北に鶴峰城（標高五五五メートル）、南に猪苗代城（標高五五一メートル）が並ぶ。

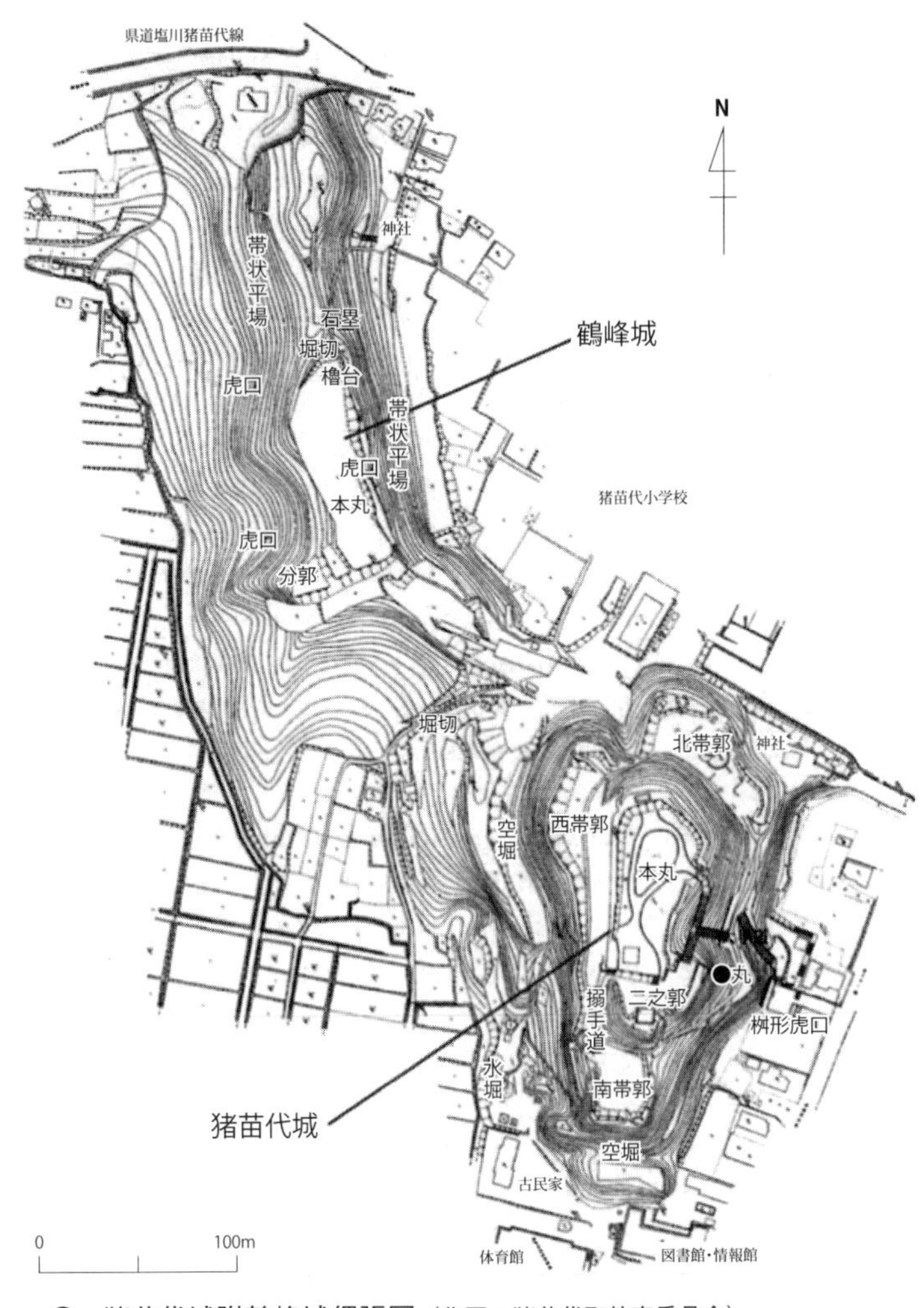

●—猪苗代城附鶴峰城縄張図（作図：猪苗代町教育委員会）

この立地を周辺の地形環境と比較すると、北には高くそびえる磐梯山（標高一八一六メートル）、東には清い流れの長瀬川、南には平らな沖積地と猪苗代湖（標高五一四メートル）、西には小高い丘を呈する翁島（おきなじま）丘陵が望まれる場所に築かれており、城の位置が風水でいう「四神相応」の地であることが分かる。城は地域を統治し支配者が居住する拠点であり、その占地と縄張は戦略性と利便性を兼ね備え、さらに風水思想に合致する最良の土地が選択される。本城の選地は正しく平坦地に突出した丘陵を単に利用しただけでなく、風水思想と合致した理想的な立地である。

【歴代城主猪苗代氏】 文献では源頼朝の奥州攻めの論功行賞によって会津四郡を与えられた、三浦半島を拠点としていた鎌倉御家人佐原義連（よしつら）の孫の経連（つねつら）が、耶麻（やま）半郡を領して猪苗代氏の

●—猪苗代城附鶴峰城空中写真（猪苗代町教育委員会提供）

初代となり、代々亀ヶ城に居城したと伝えられる。その築城年代については建久二年（一一九一）といわれるが、これは『会津古塁記』文化十年（一八一三）など後世の文献からの引用であって確証はない。しかし『示現寺文書』「しもとね河ゆつり状利根河証文」（ゑかく譲状）や『白河証古文書』の傘連判状（からかされんぱんじょう）、さらには『塔寺八幡宮長帳』や『会津旧事雑考』、『異本塔寺長帳』などにみられる猪苗代氏の抗争記事からその出自は古く、群小の国人として代々猪苗代地方の領主であったことがうかがわれ、また城跡の構造や出土遺物、『異本塔寺長帳』寛永十二年（一六三五）の修復入城の記事「文明十四年（一四八二）会津猪苗代亀城修復成就」から推察すると、その築城年代は古くても南北朝から室町期にかけては、すでに築城されていたものと考えられる。

やがて猪苗代氏は、伊達氏の家臣としてこの地を去るが、その後も本城は支城として存続し、めまぐるしく変わる会津領主とともに城代も変わりながら、幕末まで存続し機能した。

【城跡の変遷】 この様に中近世と長きにわたって機能した亀ヶ城の特徴は、天正十八年（一五九〇）の蒲生氏郷（がもううじさと）会津入部に際して南側の猪苗代城側のみ近世城郭へと改修され、北側の鶴峰城側は廃城となり、中世城郭のまま手が加えられなかったため、同地点に中世と近世の特徴を持つ城跡が並立している点にある。中世段階に両城が亀ヶ城として機能していたとすれば、その縄張は東西一九〇メートル×南北五四〇メートルの一〇万二六〇〇平方メートルと南北に長い丘陵全体におよぶものとなるが、柵列や石積虎口（こぐち）など戦国末期の古い段階の遺構が残る鶴峰城側に対して、改修された猪苗代城側には古い段階の様相が少なく、近世城郭にみられる直線的でない丸みを持った曲線的な縄張が部分的にみられるのみである。

【猪苗代城の縄張と遺構】 猪苗代城の土台となった中世段階の縄張は、丘陵上部に土塁で囲んだ東西二七メートル×南北七六メートルの南北に長い本丸（標高五五一メートル）と南側に東西二六メートル×南北四〇メートルの二之郭（標高五四九メートル）を配し、一段下がってその周囲に帯郭（北帯郭東西六五メートル×南北二四メートル、標高五三九メートル、西帯郭東西一〇メートル×南北四五メートル、標高五四四メートル、南帯郭東西二一メートル×南北二九メートル、標高五四三メートル）と胴丸鎧のように張り出した曲輪である胴丸（標高五三八メートル）を設け、さらにこれらを大きな空堀と水堀で囲んだ輪郭式の山城である。

これまでの試掘調査によって本丸では礎石建物跡や地業跡などが確認されており、南北に長い丘陵上部の地山を削平し、その残土と搬入土を東西両側に盛って本丸の広さを確保している。また本丸や北帯郭では掘立柱建物跡や井戸跡など古い段階の遺構も確認されており、出土遺物として本丸西側土塁の内側溝跡からは、一六世紀後半を中心とした明代の染付や瀬戸大窯第三段階の輪花皿、軟質の施釉陶器埦、北帯郭からは中世陶器の大甕や一四世紀代の龍泉窯青磁碗、かわらけなどの古い遺物が発見されている。

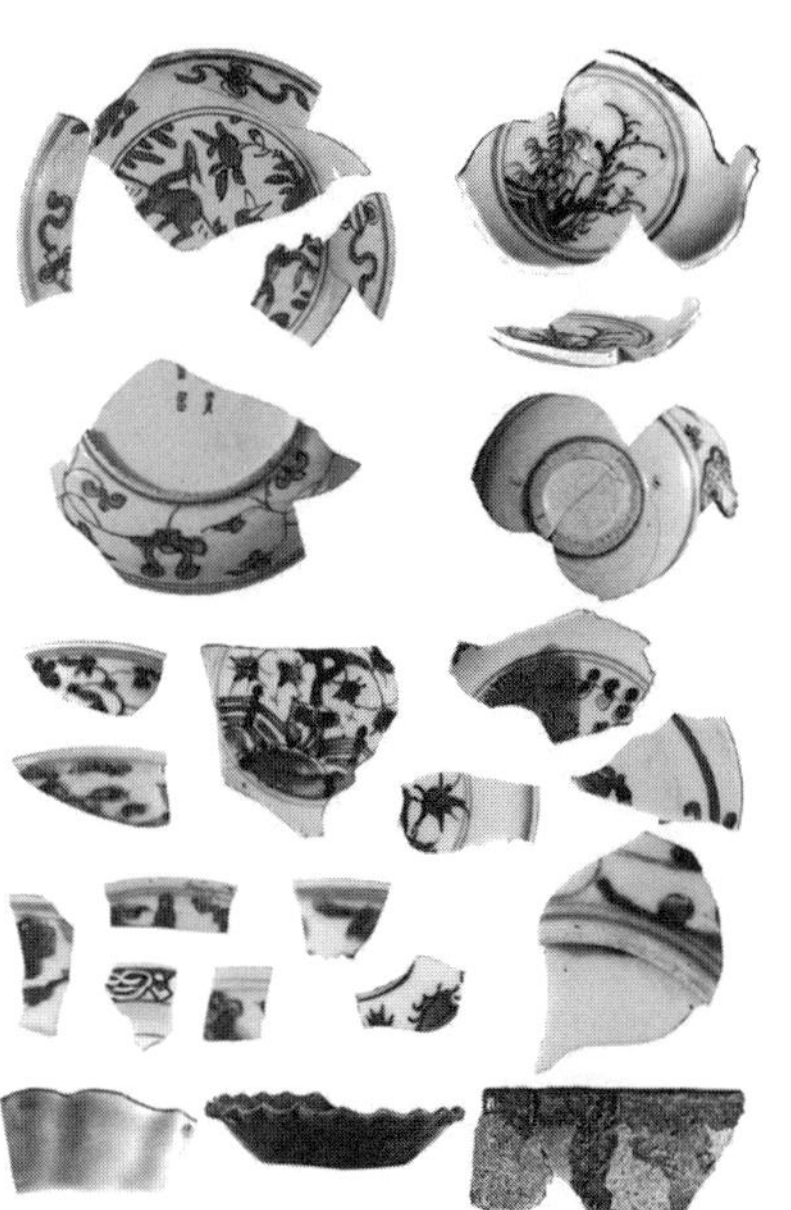

●—猪苗代城本丸出土陶磁器（猪苗代町教育委員会所蔵）

次の近世段階の縄張で本城は東側に大きく拡張され、これまでの山城部分を本丸とし、東側の平坦地に土塁と水堀で囲んだ二之丸（東西七〇メートル×南北三〇〇メートル、標高五二五メートル）と三之丸（東西三二〇メートル×南北三一〇メートル、標高五二四メートル）を設けた梯郭式の平山城となる。二之丸の北東隅には鬼門封じとして桝形の千人溜と稲荷神社、三之丸の北東隅にも横矢掛けの屏風折れと鬼門封じの稲荷神社が設けられ、その規模は城下町として町屋を取り込んだ総構まで含めると東西五二〇メートル×南北五四〇メートルの二八万八〇〇〇平方メートルを誇る。

また門と石垣の多くは本丸東側大手道沿いの各所に部分的にみられ、防御としての実質的効果というより城の威厳を誇示するための装飾的効果が強く認められ、逆に西側は深い空堀と高い土塁が設けられ、大規模かつ簡易な普請によって幾重にも防塞されている。

【鶴峰城の縄張と遺構】　鶴峰城にみられる縄張は、南北に縦走する尾根を堀切で分断し、中央上部に本丸を築き、その西・東側の急峻な自然地形を巧みに利用して分郭や細長い帯状平場を設けるもので、各所に石積の桝形虎口や石塁などの遺構が配置されており、その規模は東西一二五メートル×南北一七五メートルの二万一、八七五平方メートルを計る。

本丸は東西三七メートル×南北一〇〇メートルと南北に細長い郭となっており、標高は五五五メートルを計る。周囲には土塁が巡らされており、北東隅に一段高く東西一〇メートル×南北八メートル、比高一メートルの櫓台（やぐらだい）と推される方形の平場、その南西側に石敷遺構がみられる。虎口は土塁の途切れた東側中央部と分郭と接する南西部分に設けられ、西側に張り出した分郭は、三段の平場（上段東西九メートル×南北一六メートル、標高五五三メートル、中段東西一四メートル×南北一七メートル、標高五四八メートル、下段東西六メートル×南北一〇メートル、標高五四六メートル）となっており、上段のみ虎口で本丸と連絡されている。

また東西の丘陵斜面には、上方から中位にかけて南北に長い細長い帯状平場がみられるが、北側の北西側斜面の平場には、試掘調査によって土塁と平行する布堀による柵列が設けられていることが判明している。このほか北端の尾根上とその東側下方には鬼門封じの稲荷神社、西側斜面の中位と北西斜面の下位には、石積の桝形虎口が設けられており、これら施設の配置から、本城は西側の防塞に主眼をおいた城造りとなっている。

これらの構造から鶴峰城は、当初は亀ヶ城の分郭として機能していたが、蒲生氏郷による領内城郭の破却に際して廃城となり、また『新編会津風土記』などの記述から廃城前、既に隠居城として位置付けられていたものと考えられる。

【鶴峰城の石積】　鶴峰城には自然石を利用した石積や石塁、石敷遺構が各所にみられる。特に西側斜面の中位と下位に設けられた虎口の石積は、未発達ながらも城の防塞施設としてその重要な役割を担っており、天正期の石積遺構と推される。

本丸西側斜面中位の石積虎口は大手口の虎口であり、その規模は内側の幅で東西八・三メートル、南北八・七メートル、外側の幅で東西一〇・四メートル、南北一五・一メートルの桝形で、残存高は一・一メートルを計る。積石は拳（こぶし）〜人頭（じんとう）大の自然石を斜面にそのまま積み上げているが、西・北側石積の側面は意識的に大きな面石で積み上げられている。またその北側には虎口に沿って長さ三・四メートル、幅四・四メートルに張り出した石敷がみられ、虎口の付帯施設と考えられる。

北側掘切西側直下の石積虎口は、平面形は菱形を呈し、南側に石積の張り出しが付いており、搦手口（からめてぐち）の虎口である。

その規模は内側の幅で東西八・三メートル、南北一一・〇メートル、外側の幅で東西一四・七メートル、南北一六・七メートルを計り、残存高は一・二メートルを計る。積石は前者同様、拳〜人頭大の自然石を積み上げており、西側側面に比較的大きな石を多用している。

●—猪苗代城の石垣

【猪苗代城の石垣】　猪苗代城には織豊期以降の石垣が各所にみられるが、これらは野面積や打込接、切込接など様々な石積技法によって築かれており、倒壊と修復によって形を変えながら存続してきたものである。その配置は大手道沿いと本丸隅櫓下および土塁内側を中心に設けられており、鏡石やハバキ石の存在から、城の表空間を演出するための装飾・威厳性が強く感じられる。

その中で古い段階の野面積の石垣は、大手口多聞櫓台石垣・本丸土塁腰巻石垣と桝形虎口法面石垣・胴丸階段北側法面石垣・二之郭櫓門台東側石垣の一部にみられ、後者は江戸期に部分的に改修されている。

また遺存状況の良好な大手口多聞櫓台石垣をみると、積み方は目地の通らない布積み崩しで、隅角部の稜線は緩く矩のみであり、角石は不均等な石を交互に引き違え挟石で角度を調整し、隅脇石は発達せず築石が代用されている。

（兼田芳宏）

【参考文献】猪苗代町教育委員会『猪苗代城跡保存管理計画書』（一九九九）

●西方山之内氏の居城

鴫ヶ城

（所在地）三島町西方字稲表上
（比　高）二〇〜三〇メートル
（分　類）山城
（年　代）一五世紀後半〜一六世紀
（城　主）山之内氏
（交通アクセス）ＪＲ只見線「会津西方駅」下車、徒歩三〇分。

【只見川流域の要衝】　鴫ヶ城は会津盆地の西側、尾瀬から只見川を下流へ九〇キロの三島町西方地区の西にある。遺跡地は只見川左岸の河岸段丘上に位置している。現在の鴫ヶ城は山林で、昭和四十年代に小鳥の森観察路が開設されている。林道大林線から観察路に入り、南側へ進むと鴫ヶ城の遺構が見られる。元屋敷遺跡は鴫ヶ城跡直下にあり、現在は水田である。

只見川を挟んだ東側対岸には、丸山城が所在し、鴫ヶ城の北西には下館遺跡が所在する。下館遺跡は昭和五十三年に農免道路の開発工事により発掘調査され、一四世紀〜一七世紀までの遺構と遺物が確認されている遺跡である。只見川の河川交通を見張り、流域の拠点となったと考えられる。また、沼田街道を望めることから、交通の要衝であったと推測される。

【鴫ヶ城跡と元屋敷遺跡】　鴫ヶ城跡は、天文十四年（一五四五）山之内氏信によって築かれた山城とされる。標高三三〇〜三六〇メートルに所在する城で、緩斜面を削平および堀を切り築城していると考えられる。主な遺構は、主郭部、副郭部、帯曲輪、堀切、櫓台がある。林道大林線から南側の小鳥の森観察路へ入ると比高五メートルほどの主郭部が、西側にあり、東側は緩やかな傾斜地となっている。さらに南側へ進むと東西の堀切を越え、西側に比高高六メートルの櫓台、南側には副郭部がある。東側へ目を向けると緩やかな傾斜地に、曲輪が数ヵ所見られる。

●—鴫ヶ城の縄張図（『元屋敷遺跡』より転載）

元屋敷遺跡は前述した鳴ヶ城跡の直下にある遺跡で、ほ場整備事業で発見された遺跡である。字名は稲表であるが、地域の人々のあいだで呼び伝えられている名称は「元屋敷」であった。この元屋敷遺跡は、『新編会津風土記』や『会津四家合全』などの記録をみると、常に居住するところは鳴ヶ城跡の北館ノ内と記載されており、その場所が元屋敷遺跡と推測される。

●―小鳥の森観察路から主郭部を望む

●―小鳥の森観察路から副郭部を望む

【西方山之内氏の支配】 前述したとおり天文十四年（一五四五）山之内氏信により築かれた山城とされることから、西方山之内氏の支配がはじまった頃も同様であろう。城主としては四代である。初代氏信、二代信重（長男）、三代俊秋（次男）、四代重勝（三男）であるが、信重は永禄三年（一五六〇）二五歳で没しており、俊秋は永禄七年（一五六四）二七歳で没している。また、初代城主氏信も永禄五年（一五六二）に没している。さらに、四代の重勝は若くして没した兄たちの跡を継いで当主となるが、それが西方山之内氏の最後の当主となる。重勝は、天正六年（一五七八）金山谷山之内一族および伊南河原田氏を加え、奥会津連合もって会津若松黒川城の蘆名氏の攻略を図るが、蘆名氏に察知され、天正六年二月会津柳津小巻の戦いに敗れ、居館に退き自刃したとされる。西方山之内氏の支配がはじまってからわずか三三年で支配の幕が下りることとなる。重勝には、五代西方山之内の城主を継ぐべき嫡子がいたが、米沢へ赴き子孫は伊達家へ仕えたとされている。

【元屋敷遺跡の遺構と遺物】　圃場整備事業に係る発掘調査は平成二年度に実施しており、対象面積は、四三一八平方メートルであった。主な遺構は、居館を区画する堀跡が北側と南側の東西方向に発見されている。堀で区画された内部には、掘立柱建物跡、礎石を持つ建物跡、土坑や竪穴状遺構、ピットは三七〇個以上発見されている。掘立柱建物跡は、報告書に明記されないが二〜三棟はあったと推測される。「西方正統記」の図には、①副郭部、②矢倉の直下に数棟の建物が記載されており、③元屋敷遺跡で発見された掘立柱建物跡は、これらの伝承や記録に基づくものと考えられる遺構が発見されたと考えるべきである。

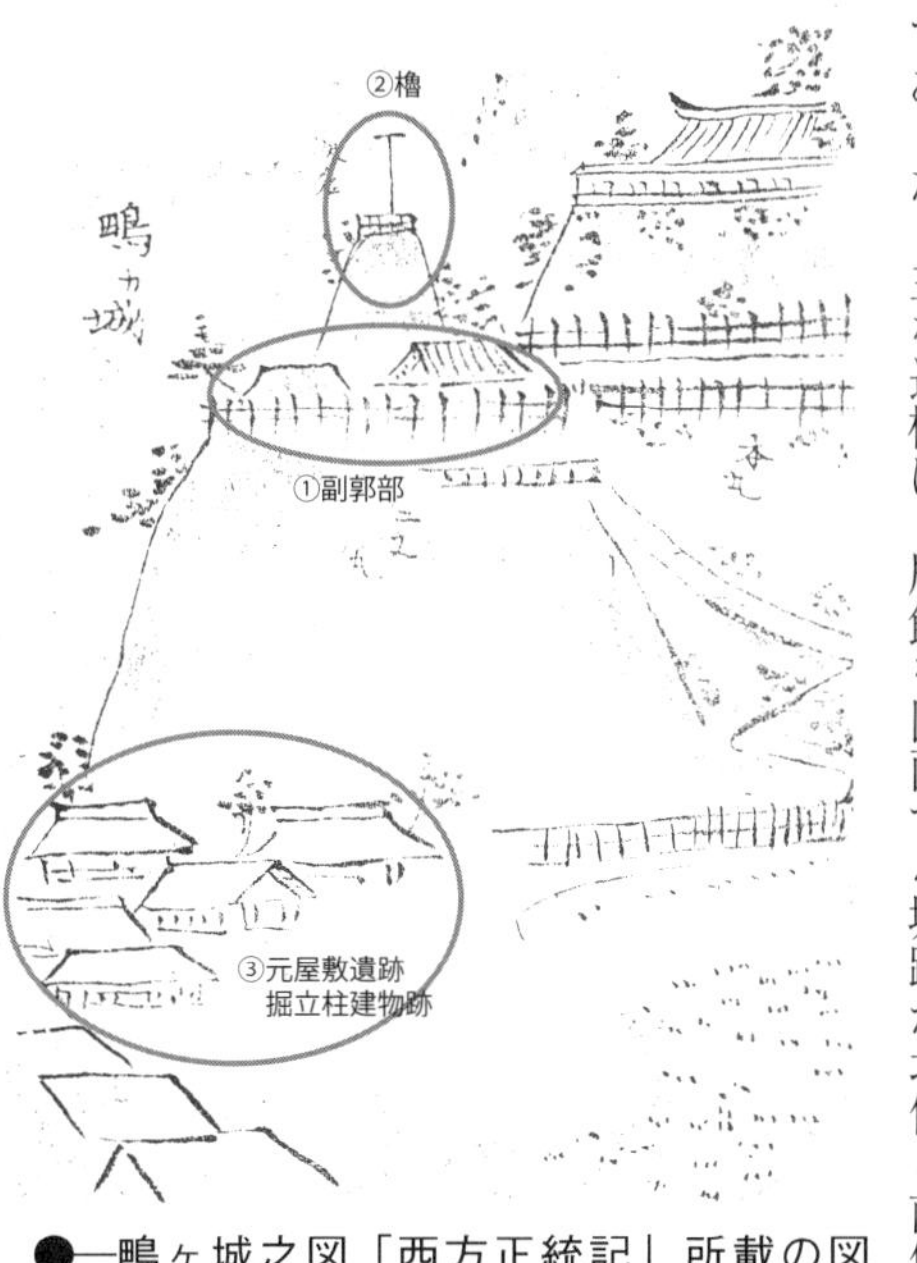

●―鳴ヶ城之図「西方正統記」所載の図（『元屋敷遺跡』より転載）

　遺物は、土師質土器が一二〇点、陶磁器片二二六点、金属器八三点、石製品一五点、他に木製品が多数出土している。土師質土器いわゆるかわらけは、浅い杯形のロクロ成形で、底部が明瞭でないものもあるが回転糸切りによるものが出土しており、一五世紀末後半頃と推定される。船舶陶磁器は、白磁六点（皿、杯、碗）青磁二二点（皿、盤、碗、瓶子など）、染付一〇点（皿）、である。国産陶磁器は、瀬戸産の天目茶碗一点、折縁皿、香炉、美濃産の皿三点、越前産の擂鉢一個体、珠洲産の擂鉢一個体、唐津産の皿、有田産の皿、碗、会津本郷産の皿、鉢などさまざまな陶磁器が出土している。これらの陶磁器は大きく三時期に分けられ、白磁、青磁、染付、瀬戸産、美濃産の磁器、陶器を主体とした一五世紀後半頃、美濃産、唐津産の出土する一七世紀頃、有田産、会津本郷産などが出土する一八世紀〜一九世紀頃となる。金属器は、水滴、刀片、簪、煙管、鞴の羽口、唐銭、石製品は、石風炉、石鉢、灯火台、砥石が出土している。木製品は、一五〇点を越え、折敷、曲物、ヨコヅチ、木椀、下駄、木柱などが発見されている。箸の出土が最も多く九一点も出土しているが完形のものは少ない。また、用途の不明木製品も数多くある。

これらの発見から鳴ヶ城と一体にある「元屋敷」遺跡は、「本屋敷」が変化し元屋敷となったものと考えることもできる。また、発見された礎石建物跡や舶載陶磁器の出土量、銅製水滴、刀片などが出土することは、特異な発見である。只見川流域の西方地域を支配するような人物の居館であったことを推測することは容易なことであり、道や河川を使った交通の要衝に居館や山城を構えていたことも可能性が非常に高い。

陶磁器（内面）

陶磁器（外面）

●—元屋敷跡出土遺物（『元屋敷遺跡』三島町教育委員会 1992 より転載）

【参考文献】小柴吉男ほか『元屋敷遺跡』（三島町教育委員会、一九九二）、小柴吉男ほか『西方下館遺跡』（三島町教育委員会、一九八九）

（渡部賢史）

●南会津の政治拠点となった城

鴫山城（しぎやまじょう）

〔福島県指定史跡〕

〔所在地〕南会津町田島字愛宕山ほか
〔比高〕約二〇〇メートル
〔分類〕平山城
〔年代〕一五世紀半ば頃
〔城主〕長沼氏→小倉作左衛門尉（蒲生家臣）→大国但馬守（上杉家臣）→蒲生主計助（蒲生家臣）
〔交通アクセス〕会津鉄道「会津田島駅」下車、徒歩約一〇分。

【南会津の中心地】　鴫山城は、福島県南会津町にある愛宕山（あたごやま）と、その北側山麓に広がる城である。愛宕山は標高七四九メートル（メートル）、山頂には愛宕神社が祀られている。山頂部分が細く尖ったような山の姿は、山間地の中でも、やや周囲の開けた平地部において、ひと際目立つ存在である。

南会津は、東北地方の南端に位置し、栃木県・群馬県・新潟県など関東・北陸地方に隣接する地域である。鴫山城のある南会津町田島は、会津若松方面から来た道の分岐点で、ここから、山王峠を越えて日光や那須へ向かう道、駒止峠を越えて檜枝岐（ひのえまた）や只見（ただみ）へ向かう道、昭和村・金山町へ向かう道が分かれている。南会津の中でも交通の要衝であるとともに、近世には南山御蔵入（おくらいり）領の陣屋（代官所）、近代には南会津郡の郡役所が設置されたように、地域の政治・経済の中心地でもあった。

【「南山しき山の城」をめぐって】　会津の地に伝来した「塔寺八幡宮長帳」という中世史料の中に「南山しき山の城」という文言が見える。長禄二年（実際には長禄三年〈一四五九〉の誤り）に、会津の蘆名氏と中通りの白川氏との間で対立があり、山内越中という人物の手引きで白川氏の軍勢が「南山しき山の城」に籠もったが、越中は蘆名方の軍勢に撃退された。南奥羽に大きな政治的影響力をもっていた白川氏の勢力は、これを機に会津・南会津からは次第に後退する（垣内二〇〇六）。かわって会津では蘆名氏が、南会津では長沼氏が、それぞれ本拠を築いて政治勢力として成長するようになる。

なお、この記事が書かれているのは、毎年書き継がれたとされる長帳の中でも、片面しか書かれていない独立した一紙

●—鳴山城実測図（原図：『史跡鳴山城　保存管理事業策定書』田島町教育委員会）

で、後に挿入された可能性が指摘されている（大石一九七〇）。挿入された時期としては、明応九年（一五〇〇）頃が想定されており、やや時代は下るものの、中世段階の筆録であると見ることは許されるであろう。

【長沼氏の居城から蒲生・上杉氏の支城へ】　長沼氏は、下野国長沼を本拠とした小山氏の一族で、鎌倉時代に勧学院領長江荘（南山）と呼ばれた南会津地域の一部を所領（地頭職）として与えられ、この地との縁が生じたと考えられている。戦国期には、会津の黒川を本拠とした蘆名氏とは対立・抗争しながらも共存するが、天正十七年（一五八九）に伊達政宗が蘆名氏を破って黒川を占拠すると、長沼盛秀は政宗に服属した（「伊達天正日記」『伊達史料集』下）。なお長沼氏の本拠は、古くは鳴山城の東方の折橋・古町付近であったが、後に鳴山城に移ったといわれる。

天正十八年（一五九〇）豊臣秀吉による奥羽仕置(しおき)の後、政宗は会津を追われ、蒲生氏郷(がもううじさと)が黒川を改めた若松の城主となった。広大な蒲生領には支城が置かれ、有力家臣が城代とされたが、長沼氏が退去した鴨山城には小倉作左衛門尉（孫作）が配置された（「氏郷記」『改定史籍集覧』）。慶長三年（一五九八）蒲生氏に替わって上杉景勝の分領になると、城代には直江兼続(かねつぐ)の実弟である大国但馬守（実頼(さねより)）が抜擢された。慶長六年（一六〇一）ふたたび蒲生領になると、小倉作左衛門尉、蒲生主計助が城代となった。この頃には「南山城」や「田島城」とも呼ばれている。寛永四年（一六二七）蒲生氏に替わって、加藤嘉明が若松城主になった頃には、支城としての機能を失い、陣屋は城跡から少し離れた町場に近いところに置かれた。

●—鴨山城遠景（撮影：高橋充）

●—大門跡（復元）付近から（撮影：高橋充）

【遺構の現状】 現在確認できる城跡の遺構は、基本的には蒲生・上杉領の支城であった時代に改変を受けた姿ということになる。城跡の構造を概観すると、まず愛宕山の山頂を中心とした山城部分がある。山麓からの比高差約二〇〇メートルある山頂の平場には、現在愛宕神社があり、江戸時代後期の仁王門・仁王像が建つ。山頂から南方へ、さらに西方へ続く細長い尾根筋（支脈）にも遺構があるという。次に山頂から下った北側の急斜面には削平地があり、主水曲輪・御茶屋場等と呼ばれる。下から登ってくると、山頂に近づくにしたがって険しさが増す。主水曲輪の周辺に一部石垣が見られる。石の表面は加工し、裏込(うらご)め石がある。総石垣ではなく、虎口や櫓台のような部分を飾る部分的な石垣と思われる。やや傾斜の緩くなった斜面から大門までの間に、上千畳、下千畳、御花畑、御平庭などの地名がついた平場が広がっている。石垣を用いた大門は、復元整備されている。これらの平場は堀・土塁に囲われているが、さらに東方と西方には、斜面に沿って城域全体を守るように竪堀と土塁が続いている。西方には十門と呼ばれる虎口がある。さらに大門の北側（外側）の緩斜面は、根小屋・侍屋敷と呼ばれ、家臣団屋敷があったと推定されている。

【発掘調査・測量調査】 城跡に関する発掘調査は、大きく二回行われている。まず昭和五十二〜五十五年（一九七七〜八〇）に田島町史編さんに合わせた調査が行われた。調査対象地は、侍屋敷（第一次）、上千畳（第三次）、下千畳（第四次）で、その他に測量調査（第二次）が行われた。その成果は『田島町史』五等に報告されている。

侍屋敷では、礎石建物跡（四棟）、掘立柱建物跡（一棟）、石積・集石・敷石、土坑・溝・柱穴、焼土などが検出された。出土遺物は、瀬戸・美濃焼の天目茶碗・皿・碗類、土師質の皿、青磁の皿など陶磁器類の他、砥石・石臼等の石製品、鉄釘等の金属製品、古銭（中国銭）が出土した。遺構面が三層確認され、おもに陶器類の編年から、一層目が一六世紀後半〜一七世紀初頭、二層目が一六世紀前半、三層目の下限が一五世紀末と報告されている。

上千畳は、礎石の確認できる一層目のみの調査で、礎石建物跡・門跡・溝・庭園状遺構を検出している。東西の区域に分かれて礎石建物が立ち、東半部に建物跡に付随する庭園が想定されている。上千畳は、鴫山城の中心的位置を占め、近世城郭の本丸跡と判断されている。下千畳も、礎石の確認できる一層目のみの調査で、礎石建物跡、石積・石組・石段・版築等を検出している。建物跡は北側に集中し、石積は一段上の上千畳へつながる斜面に長方形状に突出し、突出部の側面三方を石積が覆っている。下千畳は、二の丸跡と想定されている。その後、昭和五十七年（一九八二）に県史跡に指定され、大門地区の整備事業に合わせて二回目の発掘調査が行われ、その成果は『鴫山城』に報告されている。

【参考文献】 大石直正「『会津塔寺八幡宮長帳』覚書」『東北学院大学東北文化研究所紀要』二（一九七〇）、「鴫山城跡発掘調査報告」『田島町史』五（田島町、一九八一）、『史跡鴫山城―保存管理事業策定書―』（田島町教育委員会、一九八四）、田島町文化財調査報告書第九集『鴫山城　大門周辺第一・第二・第三次発掘調査報告』（同前、一九九二）、垣内和孝「戦国大名蘆名氏の誕生」『室町期南奥の政治秩序と抗争』（岩田書院、二〇〇六）

（高橋　充）

●伊南を治めた河原田氏の城

駒寄城・西館

〔駒寄城＝南会津町指定史跡〕

〔所在地〕南会津町古町
〔比　高〕二三〇メートル（駒寄城）
〔分　類〕山城（駒寄城）、平城（西館）
〔年　代〕いずれも不詳
〔城　主〕河原田氏、最後は河原田盛次
〔交通アクセス〕国道四〇一号、南会津町伊南総合支所付近。

351
401
西館
南会津町伊南総合支所
伊南川
駒寄城
0
1000m

【越後・会津と上野をむすぶ道】　駒寄城と西館は、どちらも近世の古町村、現在の福島県南会津町古町に所在する。古町村は、南会津の山間地の中では、伊南川（檜枝岐川）に沿って開けた川沿い集落のひとつである。この川に沿って越後・会津方面と、檜枝岐や尾瀬などを結ぶ街道が通り、その先は、さらに上野国の沼田方面へ通じ、関東地方とつながっている。

【駒寄城・駒寄要害山城】　駒寄城は、現在の南会津町伊南総合支所の南南東約一キロ、伊南中学校の南東に位置する。標高約八〇〇メートルの要害山の北側山麓であるが、山頂部には山城があり、独立して駒寄要害山城と呼ばれることもある。城跡の現状は耕作地等となっていて改変も多いが、一部に堀や土塁の痕跡とみられる箇所や削平地がある。中腹の一段高い所に駒寄神社（駒寄之鎮守勝軍大権現）を祀る石祠がある。

要害山の山頂部の山城は、伊南中学校付近からの比高差が約二三〇メートルあり、急な斜面を登った先にある。土塁に囲われた中心的な曲輪を、南東方向の尾根から断ち切る大きな堀切2があり、さらに曲輪を二つに分ける堀切もある。

【西館と東館】　西館は、南会津町伊南総合支所の北側で、以前は伊南保育所になっていた。東西約七〇メートル、南北約九〇メートルの方形居館。南側に土塁が一部残り、国道改修工事にともなう発掘調査で一部堀跡が確認されている。また伊南総合支所の一部と、その西側が東館といわれている。土塁と堀の痕跡が残り、国道改修工事にともなう発掘調査で堀跡と掘立柱

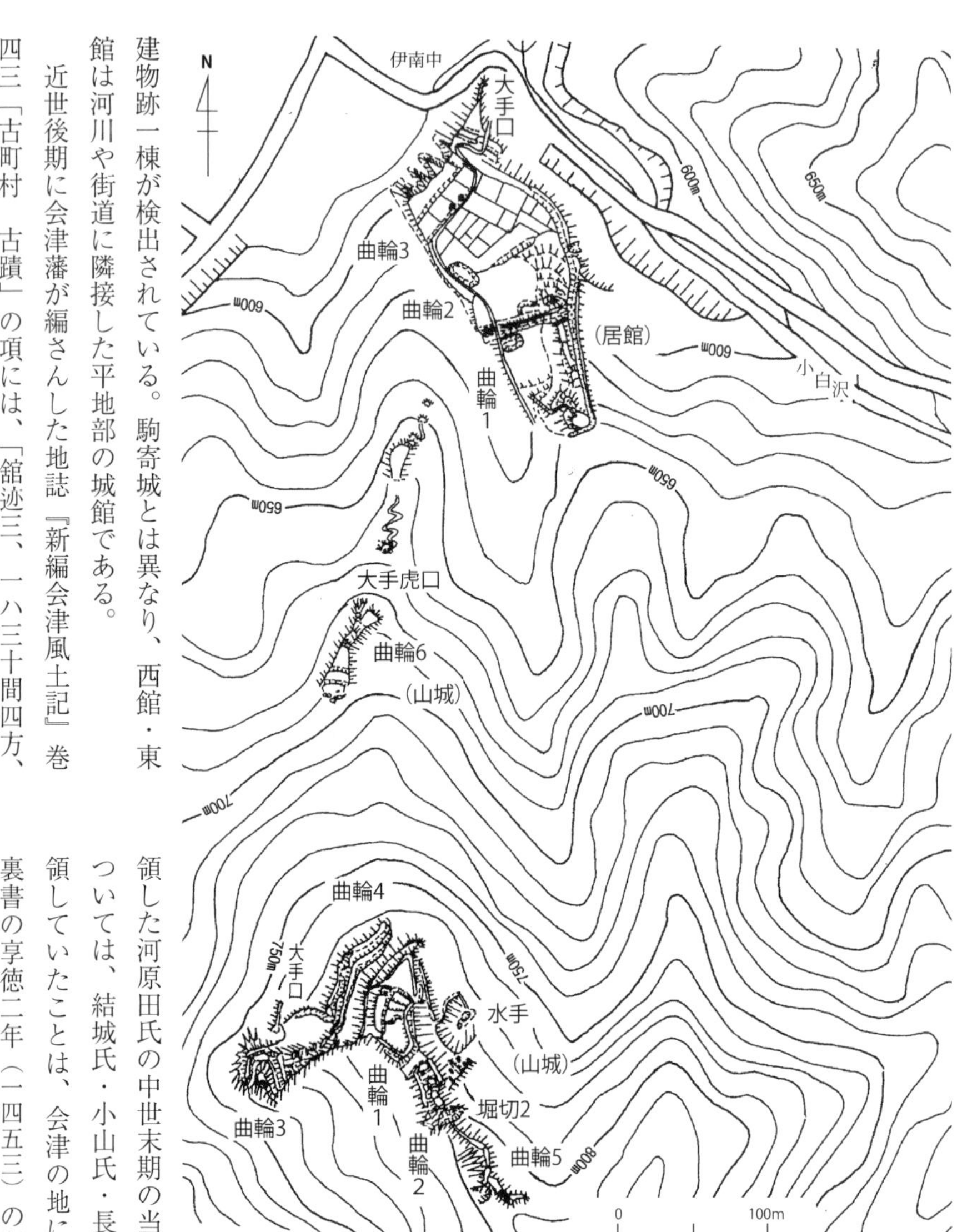

●―駒寄城全体図（『伊南村史』第一巻より転載）

建物跡一棟が検出されている。駒寄城とは異なり、西館・東館は河川や街道に隣接した平地部の城館である。

近世後期に会津藩が編さんした地誌『新編会津風土記』巻四三「古町村　古蹟」の項には、「舘迹三、一ハ三十間四方、西舘ト云、一ハ三十六間四方、東舘ト云、共ニ村西二町計ニアリ、土居堀ノ形存ス、今傍ノ田圃ニ横町・石原町・北小路・殿小路等ノ字アリ」と書かれており、館主の名前が伝わり、付近に城館に付属した町や小路があったことを想起させる地名が残されていたことがわかる。

【河原田氏の城】　河原田盛次は、伊南を領した河原田氏の中世末期の当主である。河原田氏の出自については、結城氏・小山氏・長沼氏など諸説がある。伊南を領していたことは、会津の地に伝来した「塔寺八幡宮長帳」裏書の享徳二年（一四五三）の記事で、下野国の日光へ一時

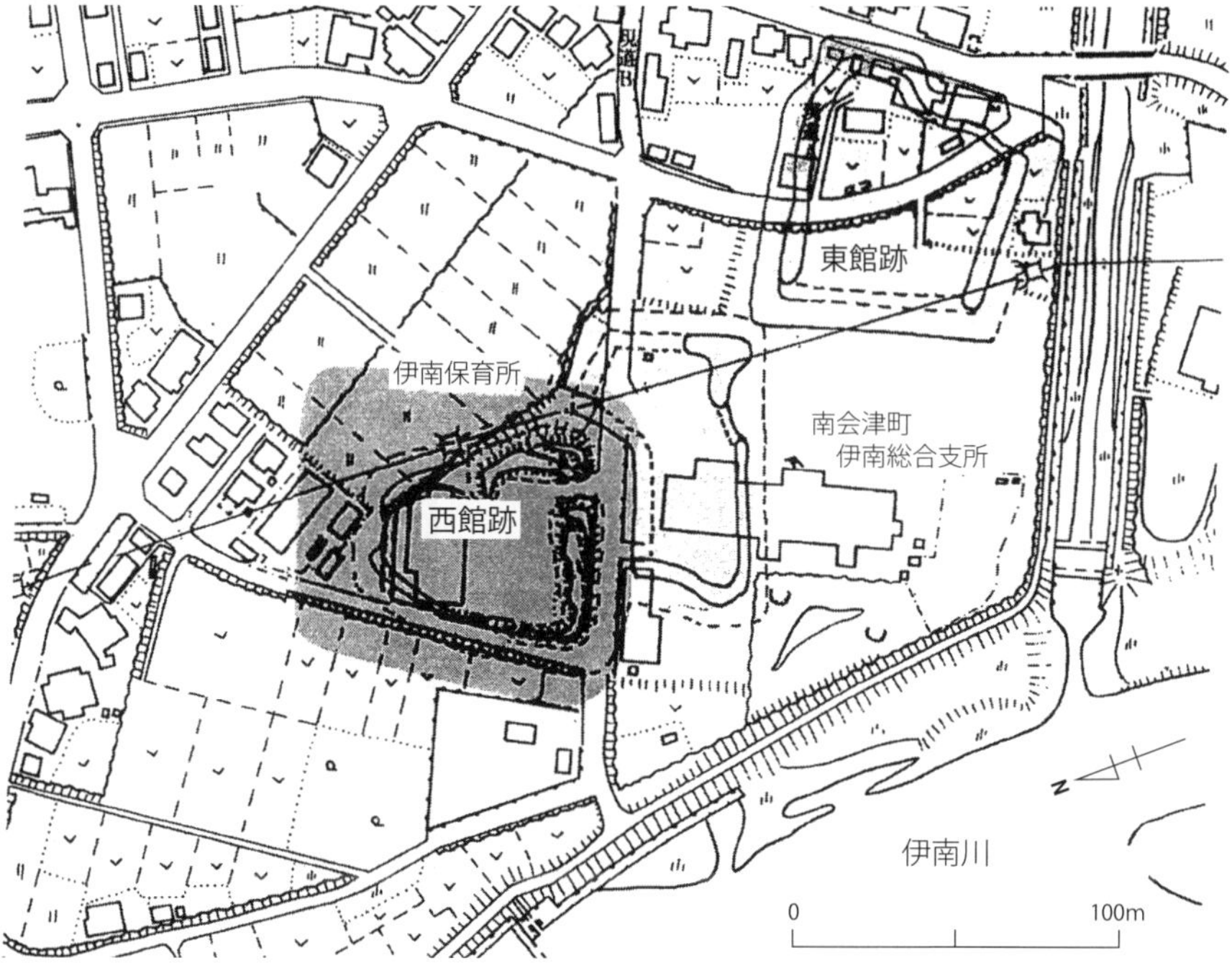

●―西館・東館（『伊南村史』第一巻より転載）

逃亡した「てんきう」という人物が「いなんのかわらた」（伊南河原田）を頼りに会津方面へ復帰しようと動いている状況からもうかがえる。なお

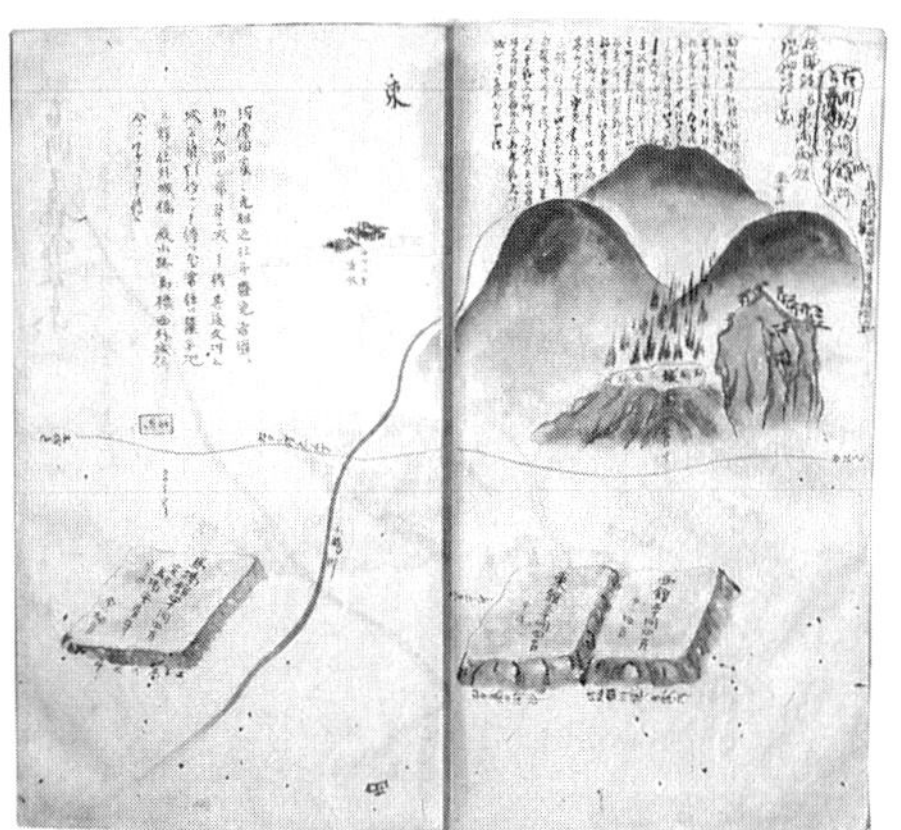

●―「図書」古町駒寄城跡図（福島県立博物館所蔵）

駒寄城のことは『新編会津風土記』には見えないが、河原田氏の城館という伝承は「図書」など近世の絵図・記録類に散見される。

駒寄城のある山上からは、西館・東館はもとより、伊南川流域の状況を一望できる。戦時には詰めの城となり、平時には支配領域を注視できる場であったという点で、河原田氏にとっては重要な城館のひとつであったと考えられる。

【参考文献】「駒寄城」「駒寄要害山城」『田島町史』一（田島町、一九八五）、「西館跡・東館跡」「駒寄城跡」（石田明夫）『伊南村史』一（南会津町、二〇一一）

（高橋　充）

●伊達政宗に最後まで対抗した城

久川城（ひさかわじょう）

〔福島県指定史跡〕

〔所在地〕南会津町青柳・小塩
〔比　高〕約七六メートル
〔分　類〕平山城
〔年　代〕天正十七年（一五八九）
〔城　主〕河原田盛次→蒲生左文（郷可）→清野助次郎→蒲生忠右衛門
〔交通アクセス〕国道四〇一号、南会津町役場伊南総合支所より徒歩二〇分。

【西館や駒寄城の対岸に】　久川城は、南会津町青柳と小塩の集落の間にある小枝山（標高六三二メートル）を中心に築かれた城である。伊南川（檜枝岐川）の西岸に位置し、川をはさんだ対岸、約二キロ東南に離れたところに西館・東館、さらに東南約一キロに駒寄城がある。「駒寄城・西館」の項にもあるように、越後・会津方面と、檜枝岐や尾瀬を経て上野国の沼田方面へ通じる交通路上に位置する。

「久川城」という名称は、近世後期に会津藩が編さんした地誌『新編会津風土記』巻四四「青柳村」の項などに見える（以下『新編』）。久川は、青柳村の西にある「台ハタ山」を水源として東流する小河川で、城跡の北で伊南川に流れ込んでいる。

【伊達政宗の侵攻に備えて】　『新編』には「天正中河原田盛次住スト云、盛次ハ古町村ノ館ニアリシニ、伊達氏ノ勢攻寄スヘキヨシヲ聞、彼地要害悪ケレハ新ニ此処ニ城築シ拠テ防守ルト云」と書かれている。天正十七年（一五八九）に会津に侵攻した伊達政宗の攻勢に備えて、中世末の河原田氏の当主であった盛次が「古町村ノ館」（西館あるいは駒寄城か）から移って築城したという伝承である。この時には、南会津において田島の鴫山城に拠る長沼盛秀が伊達方についたため、山続きの田島・舘岩方面からの攻勢に備えて、伊南川をはさんだ対岸の地に築城したと考えられている。

政宗が会津へ侵攻した際に、盛次は黒川城主の蘆名義広に従って戦い、義広が摺上原の戦いに敗れて常陸へ退去した後も、伊南へ戻って抗戦した（『新編』）。越年した盛次に対しては、石田三成や蘆名義広が書状を送っており、上杉からの援軍や秀吉の小田原攻めが近いことを伝え、抗戦を支援した（歴代古案・新編会津風土記所収文書）。また常陸にいる義広からは、盛次宛ての書状と同日付けで、盛次の家臣と推定される小塩弾正忠・河原田大炊亮・青柳掃部丞・白沢大学助宛てに書状が送られている（会津四家合考所収文書）。ここに見える小塩や青柳は、久川城付近の地名でもあり、この地域の有力者たちが、おそらく久川城に拠点を置いて、盛次とともに抗戦していたことが考えられる。

しかしながら、その後の秀吉による奥羽仕置において、本領であった伊南の地が盛次に安堵されることはなかった。天正十八年（一五九〇）の奥羽仕置において河原田氏に伊南の地は安堵されず、蒲生領となって「伊南城」と呼ばれた支城には、蒲生左文（郷可）が城代として配置された。ただし、翌年に左文は中山城の城代となっており、久川城の城代は確認できない（「氏郷記」『改定史籍集覧』）。慶長三年（一五九八）上杉領の時代には、清野助次郎（長範）が城代となるが、長範は景勝側近として若松城にいたことが指摘されている（「会津御在城分限帳」『上杉氏分限帳』）。再蒲生時代には、蒲生忠右衛門が城代になったという（『新編』他）。

【遺構の現状】　城跡の遺構は、東西約一七〇メートル、南北約五〇〇メートルの小杁山上と、南側の堂平地区（桝形虎口や河岸段丘上の侍屋敷推定地）に広がり、規模の大きな城である。山上には、堀と土塁によって区画された五つの郭Ⅰ～Ⅴが、ほぼ南北に並んでいる。各郭は深い空堀や土塁によって区画されている。一部には石積が確認できる。

本丸と想定される郭Ⅰは、南北約一一〇メートル、東西約七五メートルの広さがある。西南隅には一段高い部分があり、現在は稲荷神社が祀られている。郭Ⅱ・Ⅳ・Ⅴが南に連なり、最南端にある最小の郭Ⅴから斜面を屈曲して下ったところに、堂平地区がある。北側には郭Ⅲがあり、桝形虎口からつづら折で青柳方面に下りることができる。現在は確認しにくくなっているが、こちら側にも、かつては石を積んだ虎口の痕跡があったことが古写真等から判明している（南会津町教育委員会二〇一七）。

【発掘調査の成果】　発掘調査は昭和六十年～平成二年（一九八五～一九九〇）の間に五回（五次）、さらに平成二十一年に行われている。最初の五回の調査は、堂平地区や山上の一部に関する部分的なものであった。堂平地区では、縄文時代の遺構とともに、瀬戸美濃の陶器片等と建物跡の遺構が検出された（第一次）。山上については、郭Ⅲの桝形虎口で門跡（六

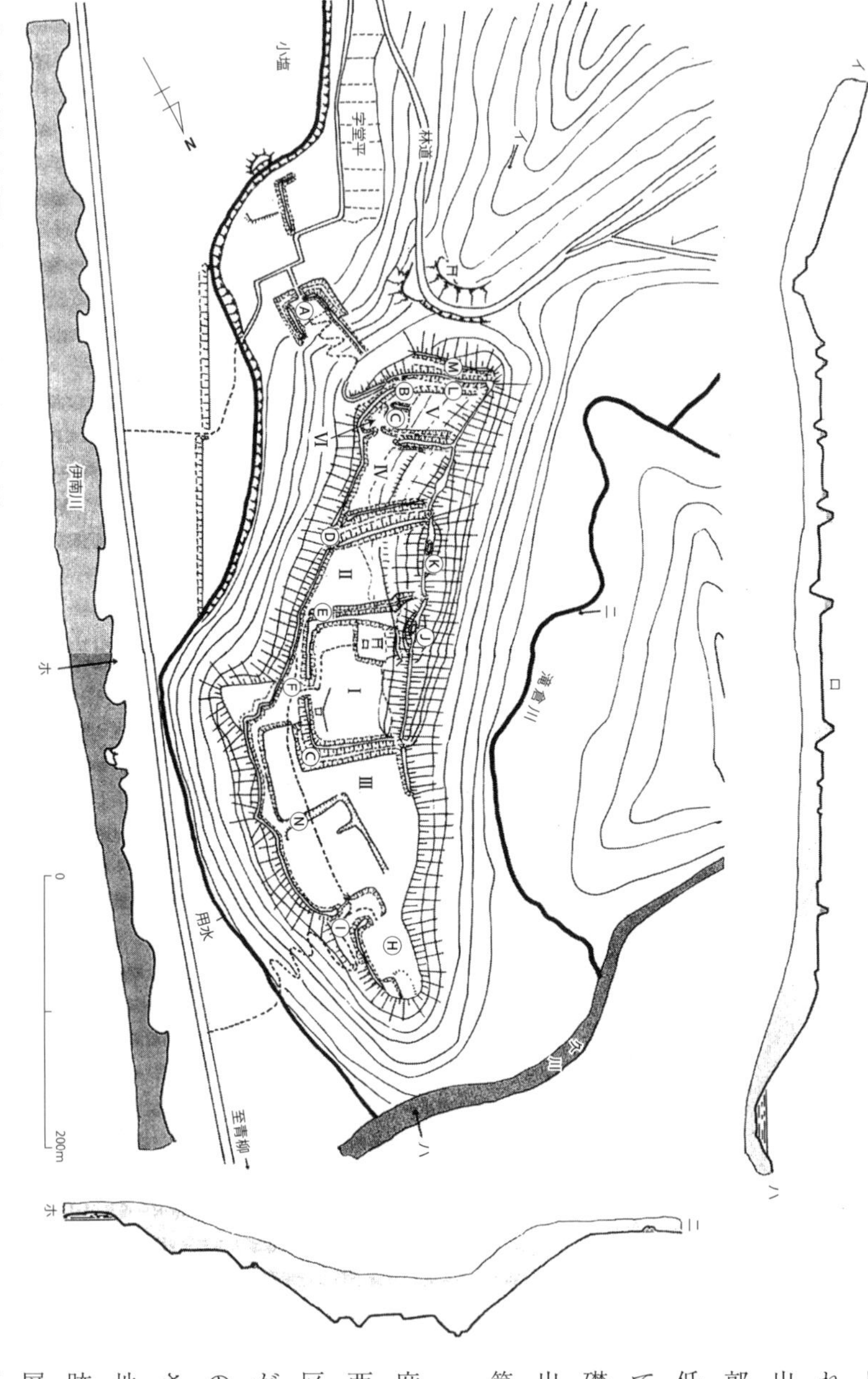

●—久川城実測図（『田島町史』第一巻より転載）

脚門）が検出され、絵唐津碗が出土した。また郭I東側の一段低い郭において、四×二間の礎石建物跡が検出された（以上、第三次・第四次）。

平成二十一年度には、本丸南西隅の一段高い区域の発掘調査が行われ、二面の整地層が確認され、下位の整地層からは溝跡、上位の整地層からは区域全面に広がる大型の礎石建物跡が検出された。礎石建物跡は八×七間、全長一五メートル前後の身舎（もや）に庇（ひさし）と出入口施設が付属する。報告書では天守に相当する建築物と推定している。

【蒲生・上杉の支城の時代】　発掘調査の成果によって、本丸の一角の使われ方に、少なくとも二時期があり、改修の後に、大型の礎石建物が築造されたことが判明した。礎石建物については、最初の五回の調査の中でも確認されているが、この地域での城館にともなう礎石建物の事例の検討等から、報告書では建物跡を蒲生・上杉の支城の時期の遺構と推定している。さらに、慶長五年（一六〇〇）の関ヶ原合戦前夜といえる時期に、上州真田氏と奥州上杉氏との間の主要な連絡路が、沼田越えのルートであったことから、支城の果たす役割が増大したと評価している（南会津町教育委員会二〇一七）。

【参考文献】坂内三彦「久川城研究の現状と課題」『久川城跡発掘調査報告書（Ⅲ）』（伊南村教育委員会、一九九一）、「久川城跡」（石田明夫）『伊南村史』一（南会津町、二〇一一）、『久川城跡試掘調査報告』（南会津町教育委員会、二〇一七）

（高橋　充）

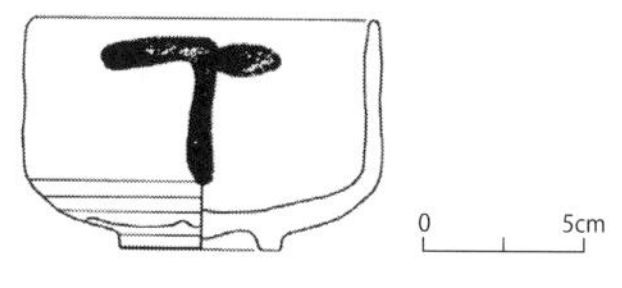

●—久川城跡出土　絵唐津碗（『久川城跡発掘調査報告書』伊南村教育委員会）

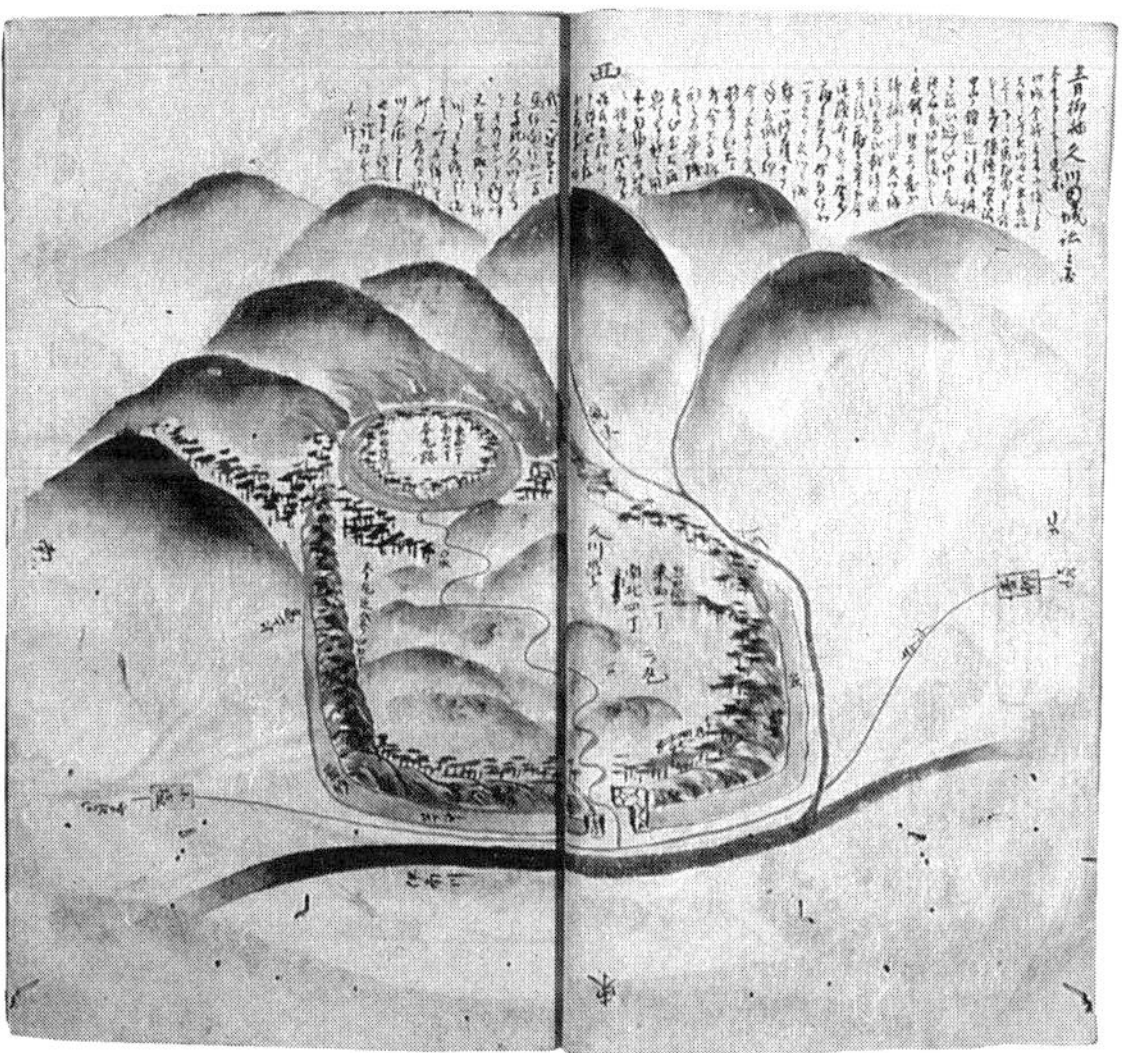

●—「図書」青柳久川城跡図（福島県立博物館所蔵）

●伊達氏宿老・石母田氏の城

石母田城

〔国見町指定史跡〕

〔所在地〕伊達郡国見町石母田字舘ノ内、横町、荒町ほか
〔比　高〕〇～五メートル
〔分　類〕平城
〔年　代〕年代不明（鎌倉時代か）～天正十八年（一五九〇）
〔城　主〕石母田氏
〔交通アクセス〕JR東北本線「藤田駅」下車、徒歩五〇分（私有地につき、見学時はご注意ください）。

【周辺の地形】　石母田城の立地する伊達郡国見町は、阿武隈山地・奥羽山脈および阿武隈川（水系）により形成された福島盆地の北縁に位置する。この場所は、宮城県域へ抜ける峠が存在することから交通路が集約し、奥州・羽州街道などの幹線が縦貫する要衝地である。石母田城周辺の地形は、背後（北）に奥羽山脈の山並みを、前面（南）に田畑が広がり奥州街道が通る平野部を持つ。山麓沿いには古くからの道が存在し谷間に集落が形成されている。石母田城は、大手方面（南）に奥州街道、搦手（北）に山麓の古道が位置し、交通路を意識した平地に立地している。

【石母田城と石母田氏】　石母田城の築城年代は不明であるが、伊達氏家臣の石母田氏が城主を務めた記録が残る。同氏の系譜も明らかではないが伊達氏譜代の家臣であることから、鎌倉時代初頭の伊達氏入部とともに石母田の地を与えられ、築城された可能性がある。石母田氏は、伊達稙宗から政宗の時代にかけて重臣として活躍した一族で、伊達晴宗の代には石母田光頼が陸奥国守護代に任じられ、伊達政宗の代には石母田（桑折）景頼が数々の戦功をあげ、後に宇和島藩伊達家の筆頭家老となる。石母田城も伊達氏の本拠地であった桑折西山城（桑折町）や梁川城（伊達市）の有力な支城として機能し、「天文の乱」の際には伊達稙宗方の拠点となった。その後、天正十八年（一五九〇）の奥州攻めにより破却されるまで、伊達氏を支えた石母田氏の居城であった。

【戦国期の石母田城】　天文十一年（一五四二）から天文十七

年（一五四八）にかけて、伊達稙宗と晴宗の父子による内紛から、南東北の諸大名も巻き込んだ戦乱へと発展する「天文の乱」がおこる。この乱は、天文十一年六月に晴宗によって稙宗が桑折西山城に幽閉されることにより始まる。稙宗は救出され石母田城へ移り、翌年五月には懸田城（伊達市）に入る。しかし、天文十三年（一五四四）に俊宗家臣の一部が反乱を起こしたため、ふたたび石母田城へ移り、同年十月に石母田城は晴宗方の攻撃を受ける。激しい戦闘の末に「外城」（二・三の郭か）が焼き払われ落城し、稙宗は八丁目城（福島市）へ落ちのびた。当時の城主は明確ではないが、天文の乱前半において懸田城とともに石母田城が重要な拠点であったと考えられ、乱後に石母田光頼が一族を掌握し、晴宗の重臣となっていく。

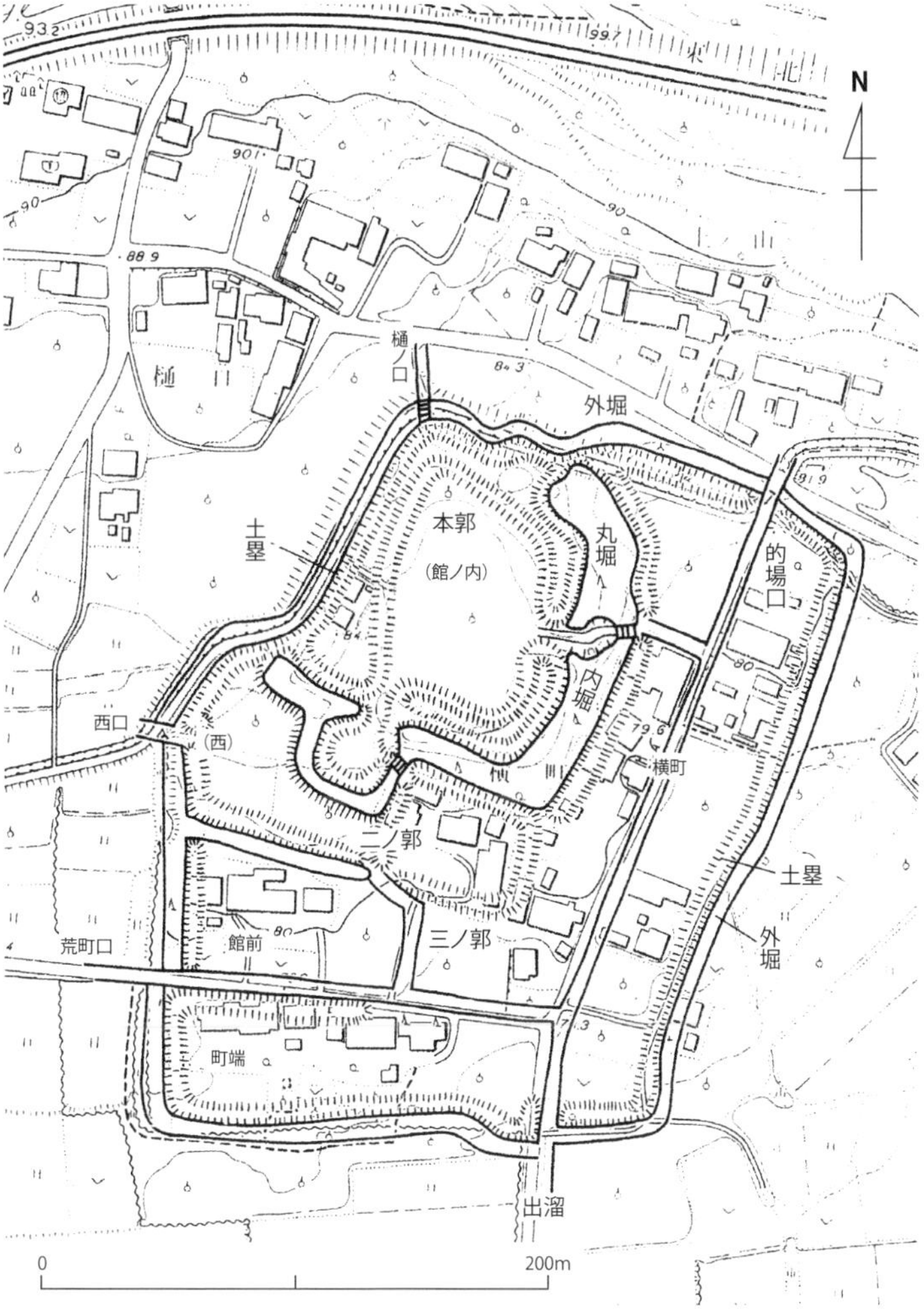

また、晴宗・輝宗父子の家督継承にともなう内紛の際にも、その舞台の一端となり、永禄七年（一五六四）に戦闘があった記録が残る。石母田城自体も、このような緊張の高まりや戦闘のたびに城郭としての機能が高められたと考えられる。

●―石母田城縄張図（作図：菊池利雄）

●―荒町口付近の堀跡と土塁（南から）

●―内堀（南から）（土地所有者の了解を得て大栗行貴撮影）

【縄張】石母田城は、本郭・二の郭・三の郭からなり、東西二〇〇×南北二五〇メートルの規模を有する。本郭は、東西一〇〇×南北一二〇メートルの方形となり、堅固な土塁（幅一〇～二〇メートル、高さ四～六メートル）と堀（幅八～一二メートル）が巡る。西側は城外に続く丘陵を堀（外堀）により深く掘り切り、南と東側には幅の広い堀（内堀・丸堀）と馬出郭が二ヵ所、北側はW字状に屈折する屏風折の土塁・堀が確認されるなど、要害性を高める工夫がされている。

二の郭・三の郭は外郭を構成し、幅五メートル程度の堀と土塁が巡る。郭内には、的場・土居ノ蔭・舘ノ家などの地名が残り、広い平場を持つことから家中屋敷があった可能性がある。また、各虎口には土橋がかけられ、両脇の土塁と堀をずらして築かれている。現況では不明な点が多いが、虎口を直進できなくする「食違虎口」の可能性もある。

この特徴は、屈曲をつくり虎口の脇で横矢を掛ける（側射）ことができるため防御性を高めだけでなく、水利を管理する目的が考えられる。城の堀は山手の小河川から取水し、南に広がる水田への灌漑施設であったと推定される。その水利を管理するため、土橋とともにズレを活かしたと考えられる。防御と領内統治に関わる性格を持つ、虎口付近の特徴をみることができる。

【参考文献】菊池利雄「石母田氏と石母田城」『郷土の研究』一七号（国見町郷土史研究会、一九八七）、菊池利雄「石母田城」『福島県の中世城館』県文調一九七集（福島県教育委員会、一九八八）、笠松金次『石母田の古道と城跡を歩く』（国見町歴史まちづくりフォーラム、二〇一八）

（大栗行貴）

●阿武隈高地にある都市的な山城

河股城

〔川俣町指定史跡〕

〔所在地〕川俣町館ノ腰、東福沢字館ノ山ほか
〔比高差〕約一三〇メートル
〔分　類〕山城
〔年　代〕一五世紀中葉から一七世紀前葉
〔城　主〕伝・桜田玄蕃
〔交通アクセス〕福島交通バス「川俣町役場前」下車、徒歩二〇分。

【山間の交通の要衝】 中通り地方と浜通り地方を分ける、標高八〇〇～一〇〇〇メートル級の阿武隈高地の西麓、広瀬川で開析された川俣盆地の南西、丘陵上に立地する。川俣は、梁川、三春、福島、二本松、相馬方面に向かう街道が放射状に交差する、交通の要衝である。

江戸時代の地誌・戦記物等には、桜田玄蕃の居城として記載され、城名を「御影城・牛ケ城」とし、「田村館」「御壺石」「稲荷宮」などの所在を記録している。慶長五年（一六〇〇）には伊達政宗の白石攻めと同時に、政宗旗下の河股城主桜田玄蕃が上杉景勝に攻め落とされたことが伝えられている。明治時代には、天正十・十一年（一五八二・三）に伊達政宗が桜田玄蕃に命じて築城させたと伝えられている。現在では縄張調査や発掘調査の成果から、桜田玄蕃の築城・居城説については、否定的である。

【大規模な山城】 本城は東西約一・二キロ、南北一・二キロにおよぶ広大な山城である。標高三三七・七四メートルの三角点のある最頂部の主郭を中心として、二郭・水ノ手郭・お庭などからなる内城部と、堀で区画された田村館、三郭、南と北の外の外城部、万所内山などの出城部などの外縁部で構成される。通称「館ノ山」は急峻な山の地形を生かし、北・東・西に展望が広がる天然の要害といえる。東側に広瀬川、西側に田代川が北流し、東麓には「勘左堰」があり、「勘左堀」が北流し、灌漑用水となっている。西側の樹枝状の谷には「館屋敷」などの地名が残る。

●—河股城全体図（『河股城跡発掘調査報告書』より転載）

主郭には三ヵ所の虎口があり、外枡形虎口、坂虎口となっている。Ⅱ郭、Ⅳ郭とは土塁・堀切で区画され、「お庭」には外枡形と思われる虎口がある。北側のⅡ郭には土塁・土橋で繋がり、枡形虎口、あるいは坂虎口がともなう。南側のⅣ郭の南・東・西の尾根は堀切・土塁で区画され、虎口も認められる。北側のⅢ郭は坂虎口、土塁が認められる。

土塁や枡形虎口などの技巧的な郭は、Ⅰ～Ⅲ郭などの主要部に限定され、平場は五期程度の改修が想定されている。「削平が甘く、段差の少ない小平場群」「切岸が厳しく、平場面は傾斜し、付帯する帯状平場との段差が少ない」「3切岸が厳しく、平場面積が広がる」「坂虎口・枡形虎口が採用される」などの段階である。

本城は全長一キロを超える広大な城域に、遺構が分布していることに特徴があり、主要な郭であるⅠ郭の主平場が一・七五〇平方メートル、Ⅱ郭主平場六五〇平方メートルなどと比較的大きい。

【発掘された山城】 国道一一四号川俣バイパス工事に関連した発掘調査が行われ、広大な山城の実像の一端が明らかにされた。山城北側の外縁丘陵部であるⅠ区では、平場一〇面、コの字状平場一二面、掘立柱建物跡八棟、柱列九列、土坑一三基、溝跡七条、井戸跡一基、集石七基が、尾根上から北・東斜面に展開する。切岸の角度や高低差に違いがあり、三時期以上の変遷が推定されている。掘立柱建物跡は梁間一・二間の建物が多い。一六世紀前葉から中葉とされている。

【谷あいの屋敷と職人】　Ⅱa区　丘陵部では、Ⅲ郭から北西伸びる尾根の西側斜面に展開する、一三基の幅約二～一〇メートルの帯状の平場を検出している。Ⅱa区谷部の14～17号平場では寛永十四年（一六三七）の長雨で表土下約四メートルに埋没し、遺構は溝跡と作事物・植栽で区画された屋敷割で、掘立柱建物跡・井戸跡・柵跡・囲炉裏などが検出された。

一五世紀末から一七世紀初頭の陶磁器が出土するとともに、漆器椀・皿・鉢、串・板杓子・甑、曲物、下駄、杭・柱・蔀枠・建築部材・土座など多量の木製品が出土している。ほかに、鉄鍋・碁石・鉄鏃・刀装具・刀鞘などが出土している。また、出土遺物から金工・鼈甲職人、漆職人、木工職人などの存在が推定できる。なお、鼈甲は牛角の角鞘部を剥ぎ取って作った、いわゆる「偽鼈甲」（鼈甲の代用品）であり、国内最古の事例である。北向きの谷あいの屋敷であるが、多様な職人がいたことは驚きであった。

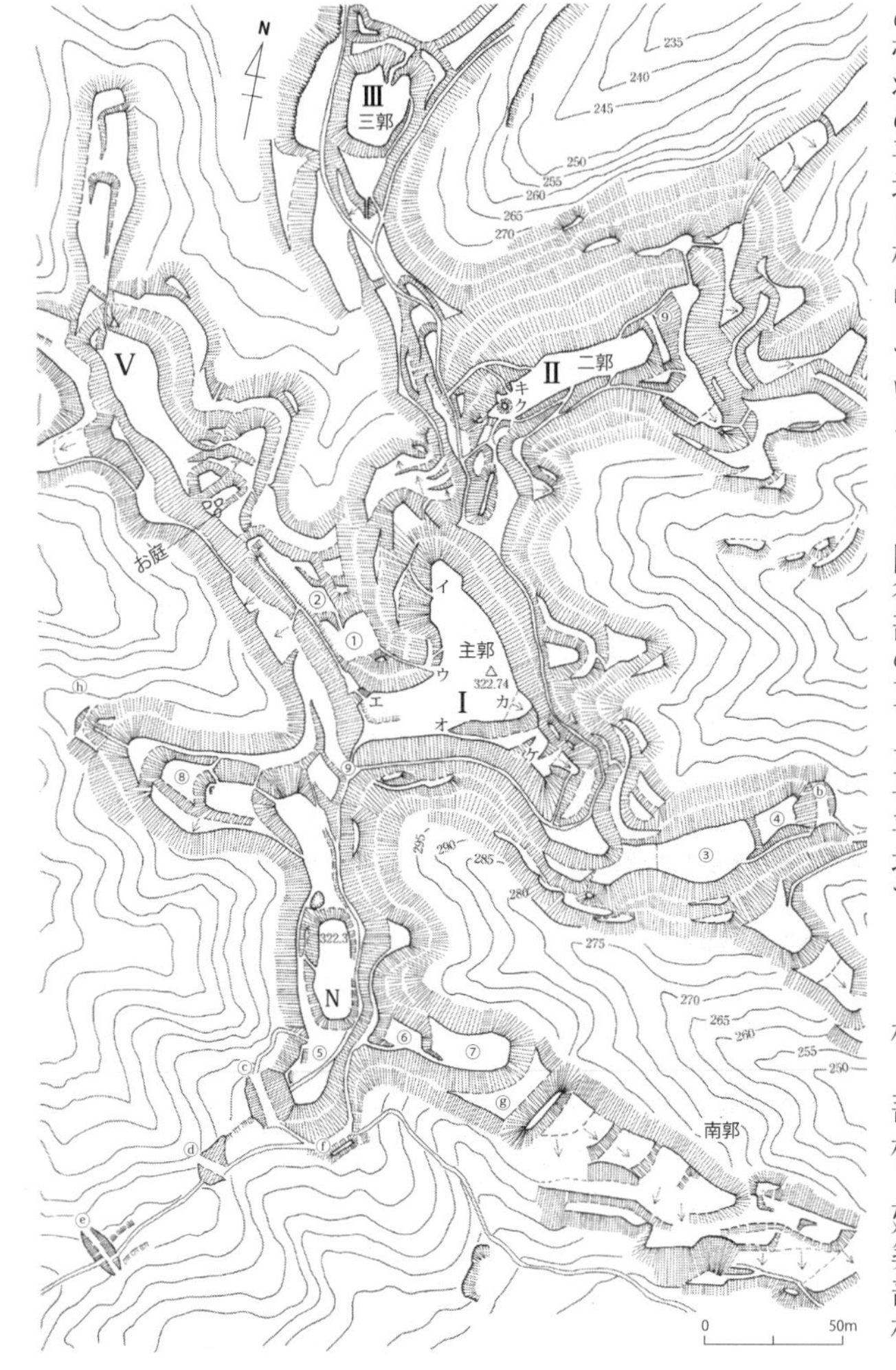

●—河股城跡内城部縄張図（『河俣城跡発掘調査報告書』より転載）

【山城に引き入れた街道と「関」】　このⅡa区北東側に隣接した谷部が、町道館ノ山線建設にと

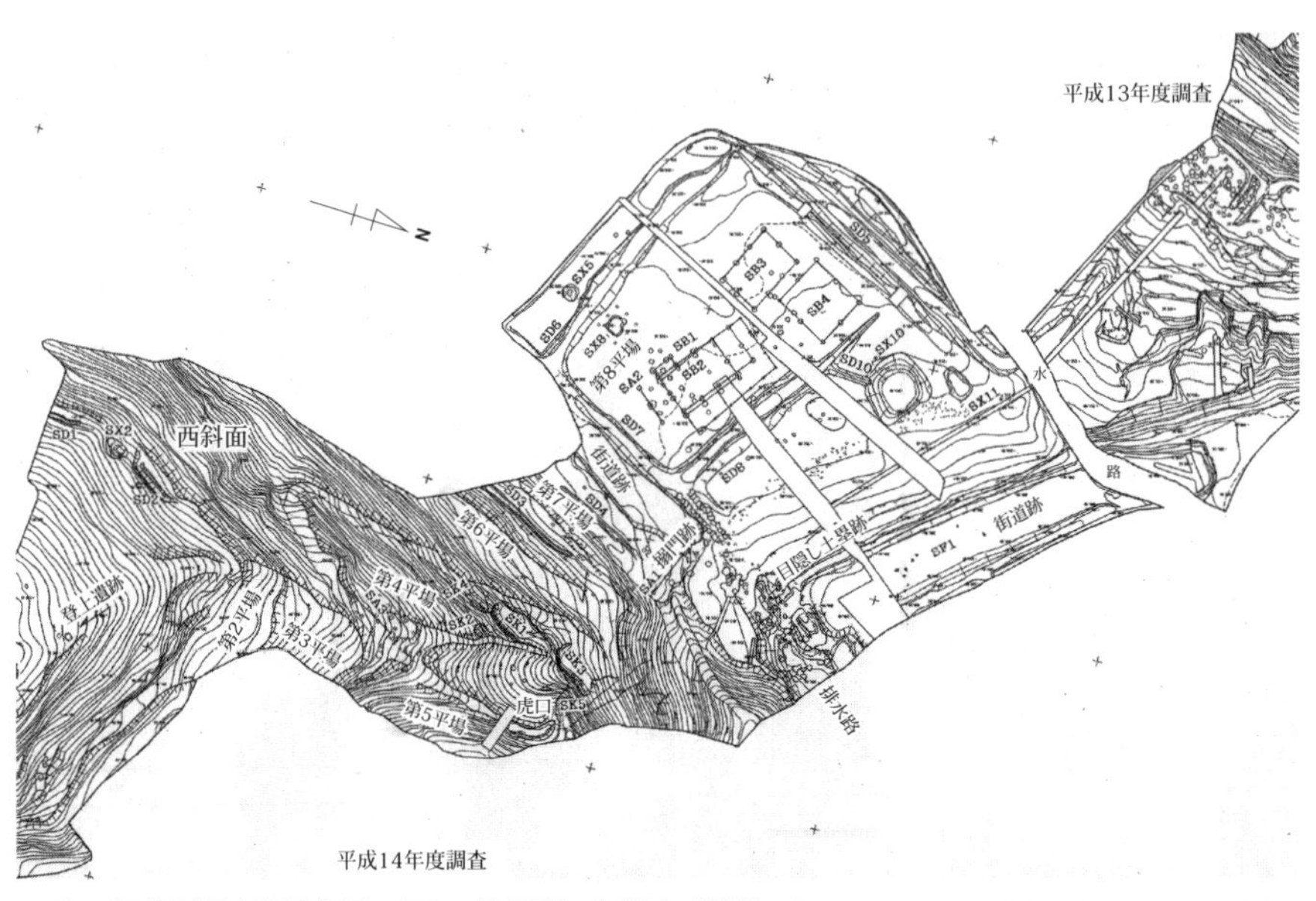

●―河股城町道調査区Ⅲ区８号平場 街道と「関」（『河俣城跡発掘調査報告書Ⅴ』より転載）

もない発掘調査が行われた。町道調査Ⅲ区では、平場三面、掘立柱建物跡四棟、柱列二列、土坑八基、溝跡七条、道跡三条などで、既述のように表土下約五メートルで遺構を検出している。出土遺物はかわらけ・瓷器陶器・瓦質土器・漆器・木製品などで、木製品には折敷・桶・下駄・鍬・砧などがある。

8号平場では、溝や土塁で区画された二〇～三〇メートルの方形の屋敷が検出され、屋敷の東と南に幅二・五～三・五メートルの道が確認され、街道と推定されている。この屋敷からは木札が出土し、「御免のた九つ」と判読でき、「許可を受けた荷駄九個」と解釈できる。山城に街道を引き入れ、物資の出入りを点検していたことが推測でき、屋敷は「関」の機能を果たしていた可能性がある。

戦国時代の大規模な山城の谷あいにおける、豊かな生活文化や多様な職人の存在、あるいは山城に引き入れた街道と「関」の機能などは注目でき、山城のイメージを一新する調査成果であった。

【鎌倉・江戸時代の河股城】 本城の北東麓、広瀬川の河岸段丘目面に立地するⅢb区のⅢa・b層からは一二世紀末から一四世紀初頭の輸入陶磁器・常滑・瓷器系陶器・かわらけがまとまって出土し、特に常滑の出土量と、突帯文広口壺といった特殊な器種の出土が注目でき、鎌倉時代の物流の拠点が

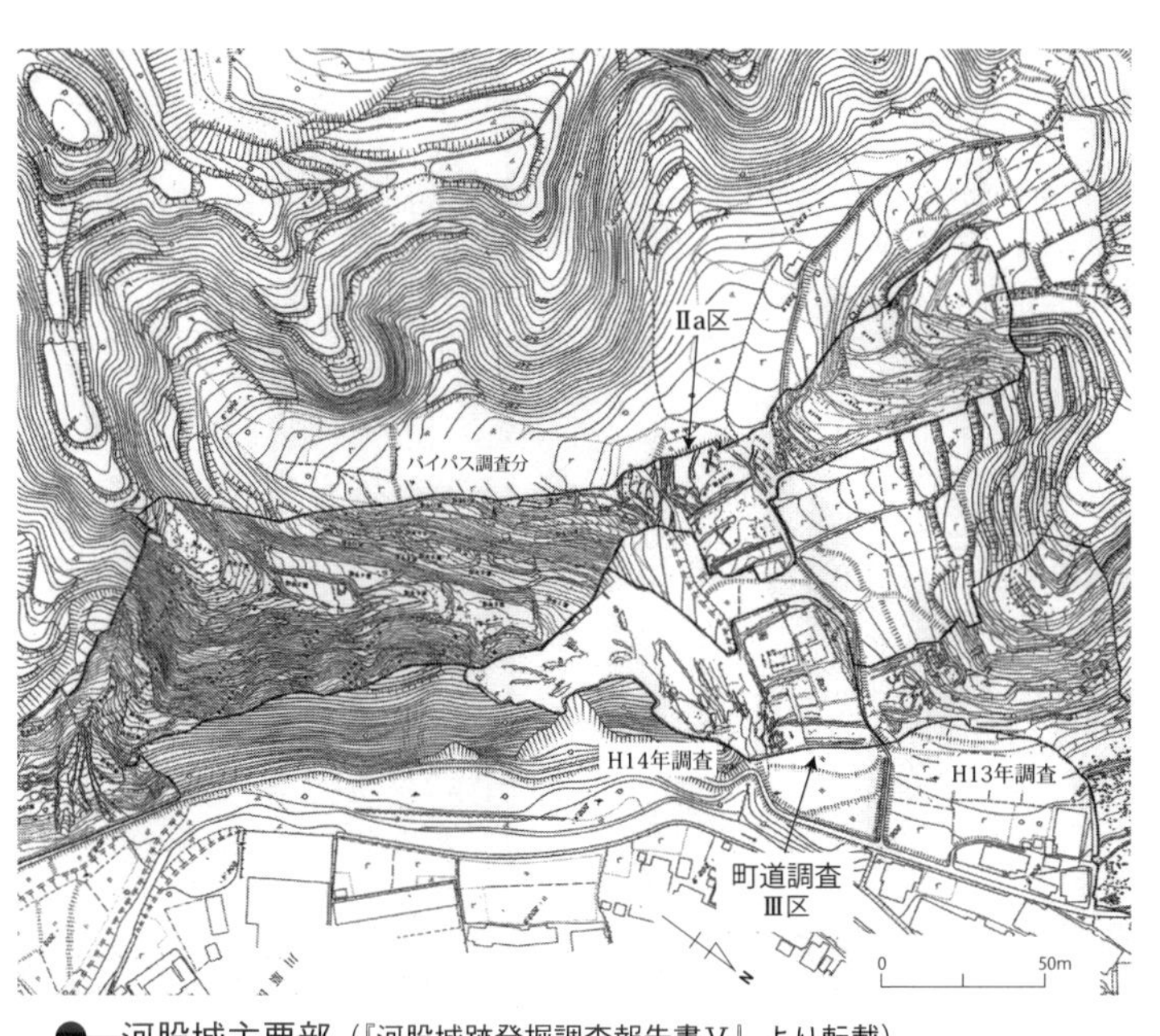

●—河股城主要部（『河股城跡発掘調査報告書Ⅴ』より転載）

●—Ⅲ区８号平場から出土した木札

あったことが理解でき、流通の要衝にある「小手保河俣」の重要性が改めて指摘された。本城の前史を飾る調査成果である。

また、Ⅲｂ区では江戸時代の鋳造工房も検出でき、鋳造溶解炉・鋳型置場・梵鐘（ぼんしょう）鋳造土坑、フイゴ場などの遺構が確認されている。江戸神田の鋳物師・粉河松之助の出吹きと推定され、文政四～十三年（一八二一～三〇）の一〇年間に限られるとされている。城として機能していない時期であるが、江戸時代でも物流の要衝であったことが理解できる。

【都市的な山城】 本城は一辺一キロ超える大規模な山城であるが、主郭部を除くと技巧的な構造ではないが、急斜面から谷あいまで平場が造成され、隈なく使われている。そして、城内に街道を引き入れ、「関」を設け、谷あいに当時最先端の多様な職人を抱え込み、屋敷を設けている。まさに、山城全体が「都市的」と言っても過言ではなく、従来の山城の概念を覆すような山城である。

【参考文献】 高橋圭次ほか『河股城跡発掘調査報告書—国道一一四号川俣バイパス工事関連発掘調査—』（福島県伊達郡川俣町教育委員会、二〇〇二）、井上浩光ほか『河股城跡発掘調査報告書Ⅴ』（福島県伊達郡川俣町教育委員、二〇〇四）、飯村均『中世奥羽の考古学』（高志書院、二〇一五）

（飯村　均）

●信夫庄司佐藤氏の居城伝承

大鳥城（おおとりじょう）

〔所在地〕福島市飯坂町字舘ノ山
〔比　較〕一二〇メートル
〔分　類〕山城
〔年　代〕一三世紀後半～一六世紀
〔城　主〕佐藤氏のち不明
〔交通アクセス〕福島交通飯坂電車「飯坂温泉駅」下車、徒歩三〇分。

【福島盆地を一望する要衝】　大鳥城跡は、福島盆地の北部、福島市飯坂町地区の温泉街を見下ろす舘ノ山に立地する山城である。現在は「舘ノ山公園」として遊歩道が整備されている。頂上の平場からは、福島盆地のほぼ中央に御座する信夫山、舘ノ山の麓から東方へ流れる小川・摺上川など、福島盆地北部を一望することができる。また、東方は阿武隈山系の山並みと、その奥にひときわ厳しくそそり立つ南北朝時代の南朝方の拠点、霊山の眺望が可能である。

【信夫庄司佐藤氏の伝承】　大鳥城は、平安時代末期、「信夫庄司」または「湯庄司」として勢力を振った佐藤氏の居城と伝えられている。佐藤氏は平泉藤原氏と強く結びついていた。「十訓抄」「古事談」などの鎌倉時代の説話集では、「信夫郡司にして大庄司」佐藤季春が、平泉藤原二代基衡の意を受けて、京より新たに赴任した国司に抵抗する話が掲載されている。文治五年（一一八九）の奥州合戦では、当時の当主佐藤元治は平泉側となり、一族を率いて石名坂にて源頼朝方の常陸入道念西一族（のちの伊達氏）と戦い、敗北した。これに先立ち、治承・寿永の乱（源平合戦）では、元治の子佐藤継信・忠信が平泉にかくまわれていた源義経に付き従い活躍する。この活躍が、のちに『義経記』などの物語に反映され、歌舞伎・人形浄瑠璃などの演芸として一般民衆に広まった。

　下って元禄二年（一六八九）、俳人松尾芭蕉は飯坂の地を訪れる。佐藤氏の菩提寺である医王寺に参詣し、また地元人

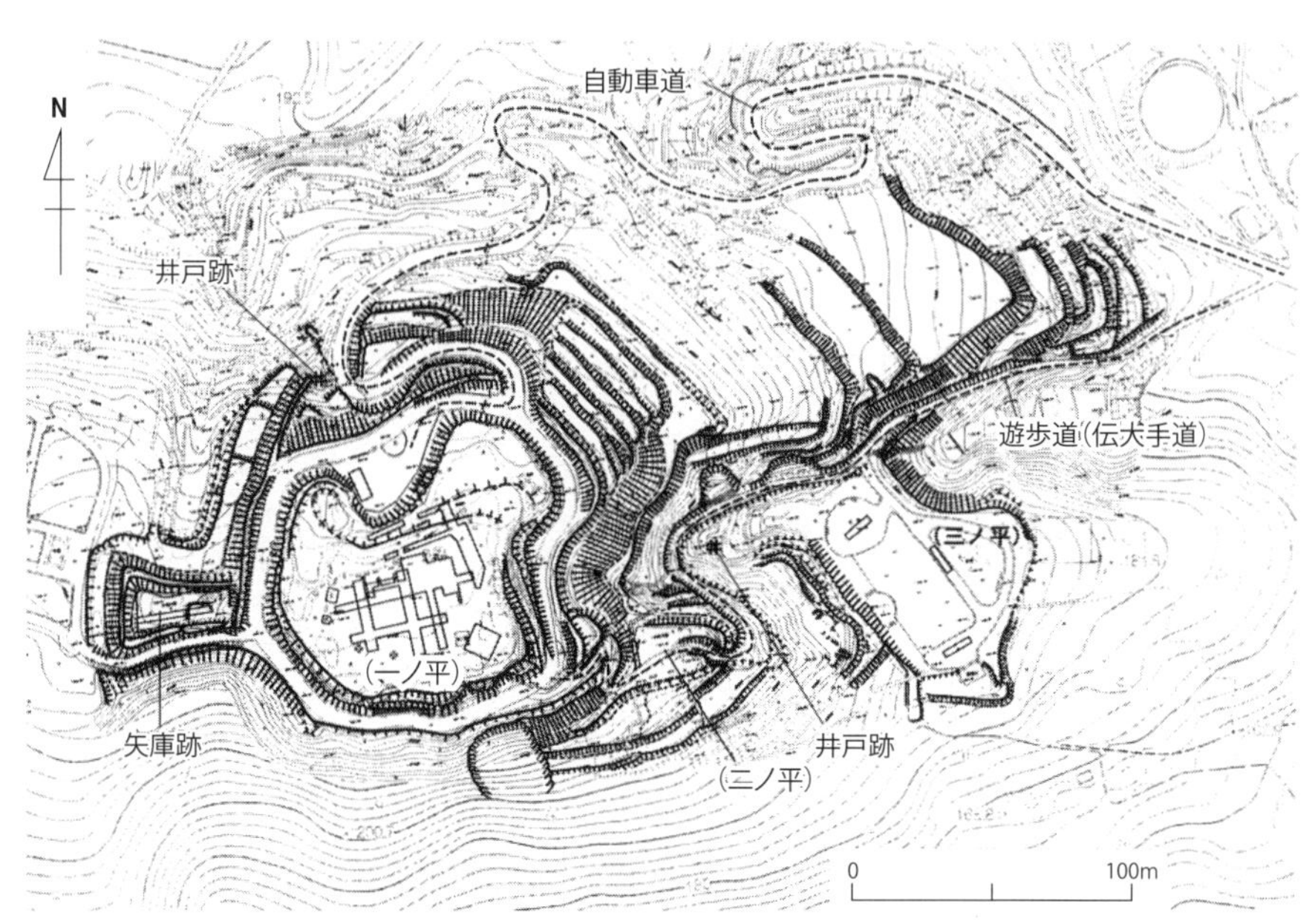

●—大鳥城縄張図（福島市教育委員会『大森城跡・大鳥城跡 2』1995 より転載・修正）

の案内により丸山（舘ノ山）に登り、涙を流した。大鳥城における信夫庄司佐藤氏の伝承は、江戸時代の中ごろにはすでに広く流布されていたのである。

【大鳥城の構造】　大鳥城跡は、東西に長い舘ノ山丘陵に立地している。舘ノ山の北側を赤川が、南側を小川がそれぞれ東流し、いずれも舘ノ山の東側で摺上川に合流しており、河川に囲まれた要害の地とみることができる。城跡は丘陵全体に分布するが、大きくは野球場・大鳥中学校・宅地・畑地などとなっている東側段丘部と、公園化された西側山地部とに分けられる。

東側段丘部には空堀や、大鳥城の大手門と伝承される「大門」、「舘」などの地名が残る。特に「舘」の地名がある大鳥中学校周辺は、佐藤氏が日常生活を営んだ居館があったのではないかと考えられている。しかし、こんにち、東側段丘部では城館または佐藤氏に関する目立った痕跡はみられず、不明な点が多い。

西側山地部には山城の遺構が残る。山頂部に最も広い平場「一ノ平」があり、そこから東側に「二ノ平」「三ノ平」と階段状に平場が続く（以上、呼称は明治時代の地誌『信達二郡村誌』による）。一ノ平の西側、車道となっている堀切を隔てて土塁により方形に囲まれた「矢庫跡」があり、その西側の

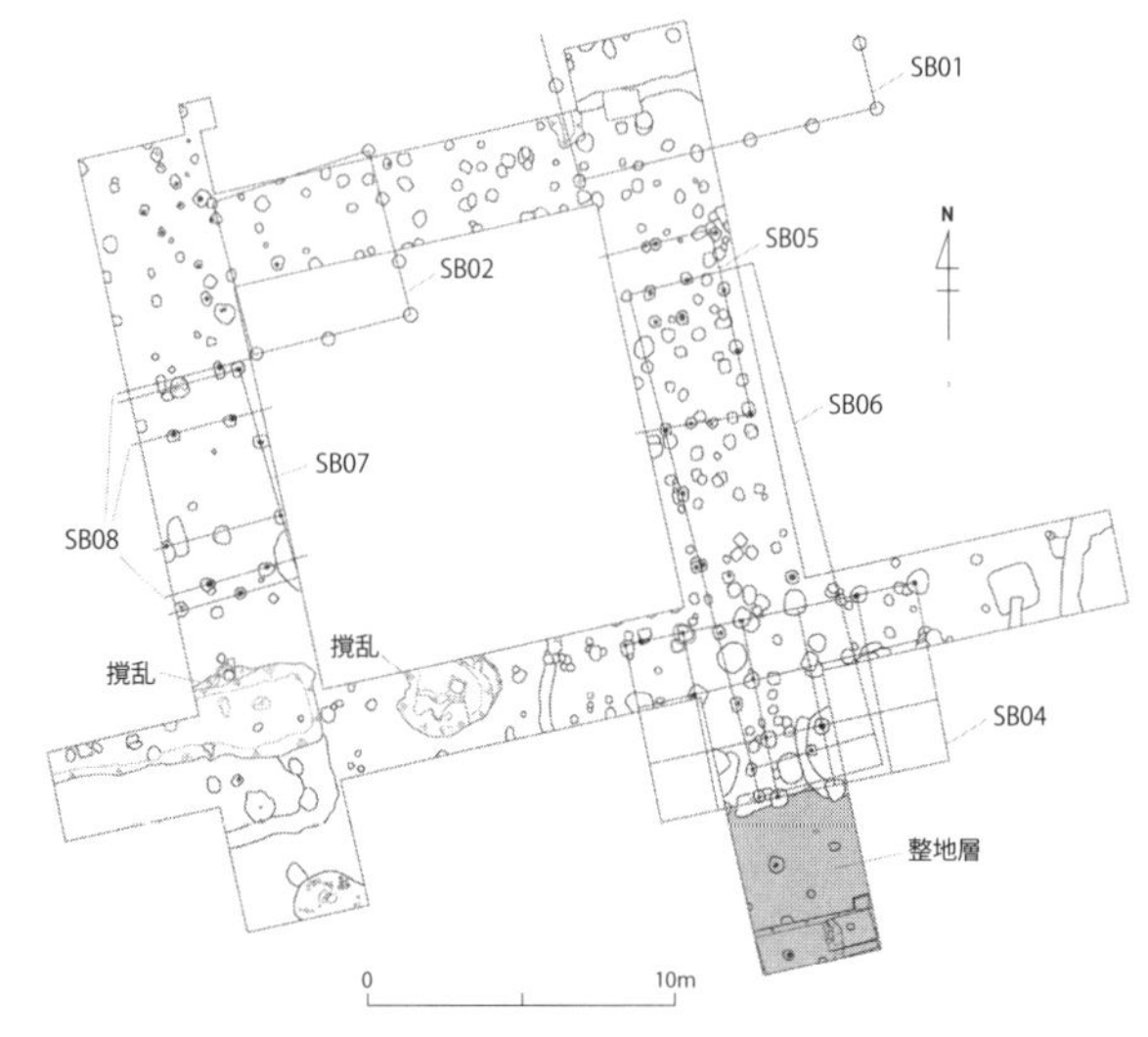

●一ノ平発掘調査状況（『平成 29 年度市内遺跡試掘調査報告』「大鳥城跡（確認調査）概報」（福島市埋蔵文化財報告書第 234 集）より転載　一部修正）

尾根続きを堀切により断ち切っている。「一ノ平」の周囲は空堀と腰郭が巡る。「一ノ平」の北側と「二ノ平」の東側に井戸があり、特に北側の井戸へは「一ノ平」下の腰郭から接続する下り土塁が存在する。

「一ノ平」から東側は基本的に地形に沿った切岸と帯郭で構成されている。それに対し「矢庫」は直線的な土塁に囲まれた空間となっており、作られた時期が異なり、「矢庫」が新しいと考えられている。

●一ノ平発掘現場（『平成 29 年度市内遺跡試掘調査報告』「大鳥城跡（確認調査）概報」（福島市埋蔵文化財報告書　第 234 集）より転載　一部修正）

【姿を現した室町時代の居館型山城】　大鳥城は天守閣風の観光施設の建設機運が高まった昭和四十七年以降、公園再整備などにともない発掘調査が複数回行われているが、平安時代末期の信夫庄司佐藤氏との関連がうかがえる資料は残念ながらみつかっていない。しかし、城館としての様相は徐々に明らかになりつつある。

一ノ平は周縁部に整地層が分布しており、その下面でも遺構が分布することから、当初頂上部を段状に削平し平場を設け、その後周辺の平場を整地土により埋め立て、平場全体を拡張したと考えられる。掘立柱建物跡は七棟確認され、おおよその方位が共通する。また、ほかにも多数の柱穴が調査区全域でみつかっており、建物跡ほぼ「一ノ平」全域に重複しながら分布していると思われる。よって、大鳥城が機能していたころには、役割の異なる建物群がある程度整然と立ち並び、さらに建て替えを繰り返していたことが想定される。遺構はほかに鍛冶炉や鋳造遺構がみつかっており、関係する技術者の存在がうかがえる。

遺物は主に整地層から出土しており、一三世紀前半〜一四世紀前半ごろの在地産陶器、一五世紀ごろの国内産陶器、一四〜一六世紀ごろの貿易陶磁器、その他漆のついた茶臼の破片、瓦質陶器、かわらけなどがみつかっている。貿易陶磁器は青磁香炉（せいじこうろ）・盤、天目茶碗（てんもく）など優品がみられる。質・量ともに、山城としては異例ともいえるものである。

これらの事実から、大鳥城は戦闘のための一時的な砦ではなく、日常生活が営まれた居館型山城であることが判明した。機能した時期は一三世紀後半〜一六世紀ごろで、遺物が集中する一五世紀ごろが中心となると考えられる。

【大鳥城の主はだれか】 一四世紀前半の南北朝時代、北朝方の武将として奥州各所、伊勢、山城、摂津、播磨などを転戦した信夫佐藤清親（きよちか）は信夫庄司佐藤氏の子孫であり、大鳥城を拠点としていたとみられている。しかし、この佐藤一族は一四世紀後半には伊勢へ本拠を移しており、信夫地方および大鳥城との関係は途切れてしまう。大鳥城が最も発展する一五世紀代の城主はだれか。伊勢に転出した佐藤氏とは別の佐藤一族か。のちに伊達氏の家臣となる飯坂氏か。あるいは伊達氏関連の別の氏族か。遺構・遺物の状況は、同時期、伊達氏に従いながらも独立性を保ち、京都室町幕府にもその名が知られていた国人（こくじん）領主掛田氏の居城掛田城の状況に勝るとも劣らない。この時期、相応の勢力を保ちつつ飯坂を本拠とした氏族は現在のところ文献に認められず、大きな謎である。

大鳥城跡の残る舘ノ山公園は丘陵北側に登山道の入り口がある。「一ノ平」まで乗用車で登れるが、できれば麓の駐車場わきの大手道と伝えられる遊歩道を徒歩で登りたい。「三ノ平」「二ノ平」の切岸が壁のように正面にせまり、登山者を監視する位置に平場が設けられていることに気が付く。土塁をあまり用いず、切岸や腰郭により構成される室町時代の山城の状況がよく残る。「一ノ平」には、大鳥神社、佐藤元治公一族追善供養塔、作家吉川英治選による大鳥城誌の碑が建てられている。

大鳥城と小川を挟んだ南側対岸に信夫佐藤氏の菩提寺である医王寺がある。敷地内には、寺の宝物を所蔵する宝仏殿や、佐藤氏一族の墓と伝える中世板碑（いたび）群があり、拝観が可能である。

【参考文献】福島市教育委員会『大森城跡・大鳥城跡二』（一九九五）

（菅野崇之）

福島県

●伊達氏の仙道進出の要
大森城（おおもりじょう）

〔所在地〕福島市大森
〔比　高〕六〇メートル
〔分　類〕山城
〔年　代〕一六世紀
〔城　主〕伊達実元・成実、片倉景綱、木村吉清、栗田国時、芋川氏
〔交通アクセス〕ＪＲ東北本線「福島駅」から福島交通平田行バス「大森本町信夫支所入口」下車、徒歩一〇分。あるいはＪＲ東北本線「南福島駅」下車、徒歩三〇分。

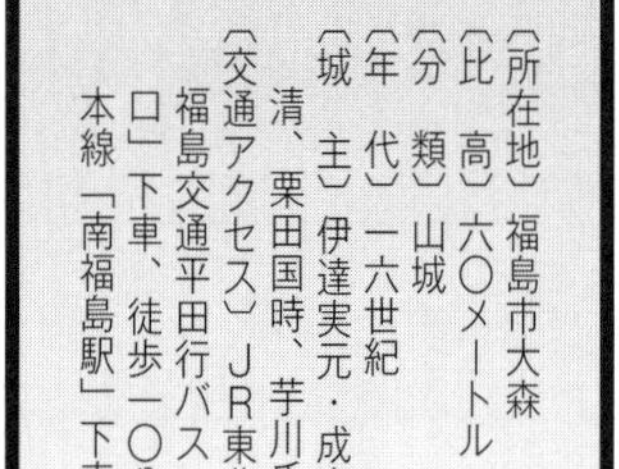

【信夫郡における交通・軍事の要】　大森城跡は、福島盆地の南端、福島市信夫（しのぶ）地区の独立丘陵に立地する山城である。城下には中世の主要幹線である米沢街道が通り、交通の要衝であった。また福島盆地の南の入り口を抑える立地ともなっており、まさに信夫郡の交通・軍事の要といえる。

【伊達氏の仙道進出の拠点】　大森城の築城時期は定かではないが、天文十一年（一五四二）ごろ伊達氏十四代稙宗（たねむね）によって築かれ、実子伊達実元（さねもと）を住まわせたという。この実元の越後守護上杉氏への入嗣を直接の原因として、稙宗と嫡子晴宗（はるむね）（実元の兄）との間で天文の乱（一五四二～四八）が勃発した。この争乱で、大森城は重要な役割を果たしたと考えられている。実元の大森城主としての活動が確認されるのは、天文の乱の収束後である。実元は周辺の支配を任され、ある程度独立した行動が認められていた。天正六～十三年（一五七八～八五）ごろ、実元は隠居して八丁目（はっちょうめ）城に退き、子息伊達成実（しげざね）が城主となった。天正十四年（一五八六）、伊達総領政宗が二本松畠山氏を滅ぼすと、成実は功により二本松城主となり、大森城には片倉景綱（かたくらかげつな）が入った。これ以降、天正十七（一五八九）年の摺上原（すりあげはら）合戦による会津蘆名氏滅亡に至るまでの伊達氏の軍事行動では、大森城が拠点となり機能している。天正十八年（一五九〇）、豊臣秀吉の奥州仕置により信夫郡は会津に封じられた蒲生氏郷の領地となり、大森城にはその客将木村吉清が入るが、翌年には福島に城と城下町機能を移しており、大森城は一時廃城となった。慶長三年（一五九

八）、上杉景勝が新たな領主となると、大森城は支城となり、栗田国時、さらに芋川氏が城代として入り、寛文四年（一六六四）、信夫郡は幕領となり、大森城は廃城となったとされる。しかし、近年の研究では、上杉氏による大森城支城の明確な記録は存在せず、慶長五年（一六〇〇）までに廃城となった可能性が高いと考えられている。

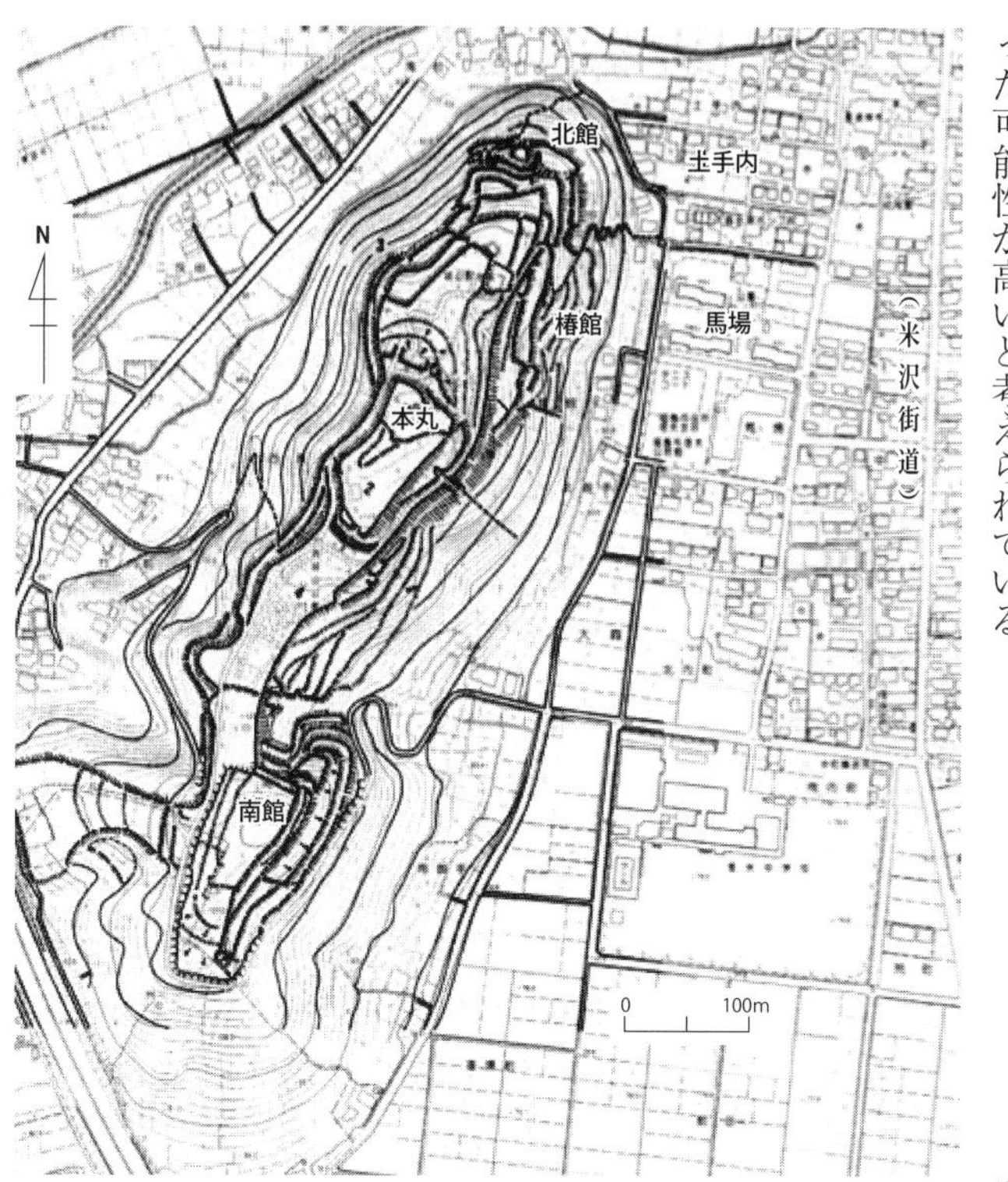

●—大森城縄張図（作図：千田嘉博，福島市教育委員会『大森城跡・大島城跡 2』1995 より転載）

【大森城の構造】　大森城は「本丸」を中心に、北方「北館」、南方「南館」などの館形の大きな曲輪が緩やかに集合し、全体の城域を構成している。「本丸」は南側に堀を伴い、周囲を腰曲輪で固めており、格式が高い。また「北館」下の帯郭と「本丸」下の腰曲輪を連結させ、防衛ラインとしている。城の基本構造や堀の規模など、総じて天文期の状況を色濃く残す。対して城下は、東山麓で土手内・馬場などに武家屋敷街が想定され、明治期の地積図と合わせることで総構えの存在がうかがえる。近世初頭の計画的な城下構造を読み取ることができる。（千田嘉博の現地踏査による）

大森城跡は現在公園となり、「じょうやま」と呼ばれ、桜の名所として市民に親しまれている。山上の駐車場まで車道が設けられており、また「北館」東山麓にかつて大手であったと伝える登山道があり、中腹に芋川氏の墓（供養塔）がある。周辺には国史跡「下鳥渡供養石塔」など、多くの中世遺跡が分布する。

【参考文献】福島市教育委員会『大森城跡・大島城跡二』（一九九五）

（菅野崇之）

●両属の将・大内氏の居城

小浜城（おばまじょう）

〔所在地〕二本松市小浜字下館
〔比　高〕七六メートル
〔分　類〕山城
〔年　代〕文明三年（一四七一）〜一七世紀初め
〔城　主〕大内宗政〜大内定綱
〔交通アクセス〕ＪＲ東北本線「二本松駅」下車、福島交通バス「小浜新町」下車、徒歩九分。

【塩松（東安達）地方の交通の要衝】　東安達地方は中世・戦国期には塩松と呼ばれ小浜はその中心地である。近世以降は商業町として栄え「小浜の町に帯買いに」と唄われた。付近には多くの山城が築かれ、田村、二本松、伊達、相馬等へと通じる街道が交差する。バス停「小浜新町」から、畠山義継首さらし場や二本松市岩代支所を右手に見ながら、その先のつづら折りをしばらく登ると標高三〇〇メートルの山頂部にある一ノ郭（本丸）に至る。

小浜城（下館）は、小浜の街並みの北に位置し、この山頂および尾根を削平して城郭を構築している。北と東は移川、西は字新町を流れる小浜川、南は字藤町の谷によって区画された天然の要害である。さらに、南谷奥の丘陵部を「ほっきり」と呼ばれる堀切によって切断し独立丘陵化している。東西一〇〇メートル、南北一二〇〇メートルほどの規模である。この街並みの南には、伊達政宗の父輝宗拉致事件の舞台となった宮森城（上館）があり、その南東には大内氏墓所と伝えられる「五連壇」と呼ばれる塚群と五輪塔がある。

【城の縄張・構造】　山頂部にある一ノ郭（本丸）は、三角形状で上下二段に構築されており西側がやや低く、北側には帯郭が観察される。本丸上段の虎口部を挟んで東側に石垣があり会津蒲生氏の支城時代、慶長期の構築と見られ、かつては西側にも石垣があったと伝わる。この西には堀切を挟んでその形状から通称軍艦山と呼ばれる二ノ郭がある。東には西京館という三ノ郭が二段に構築されており、北側の斜面近く

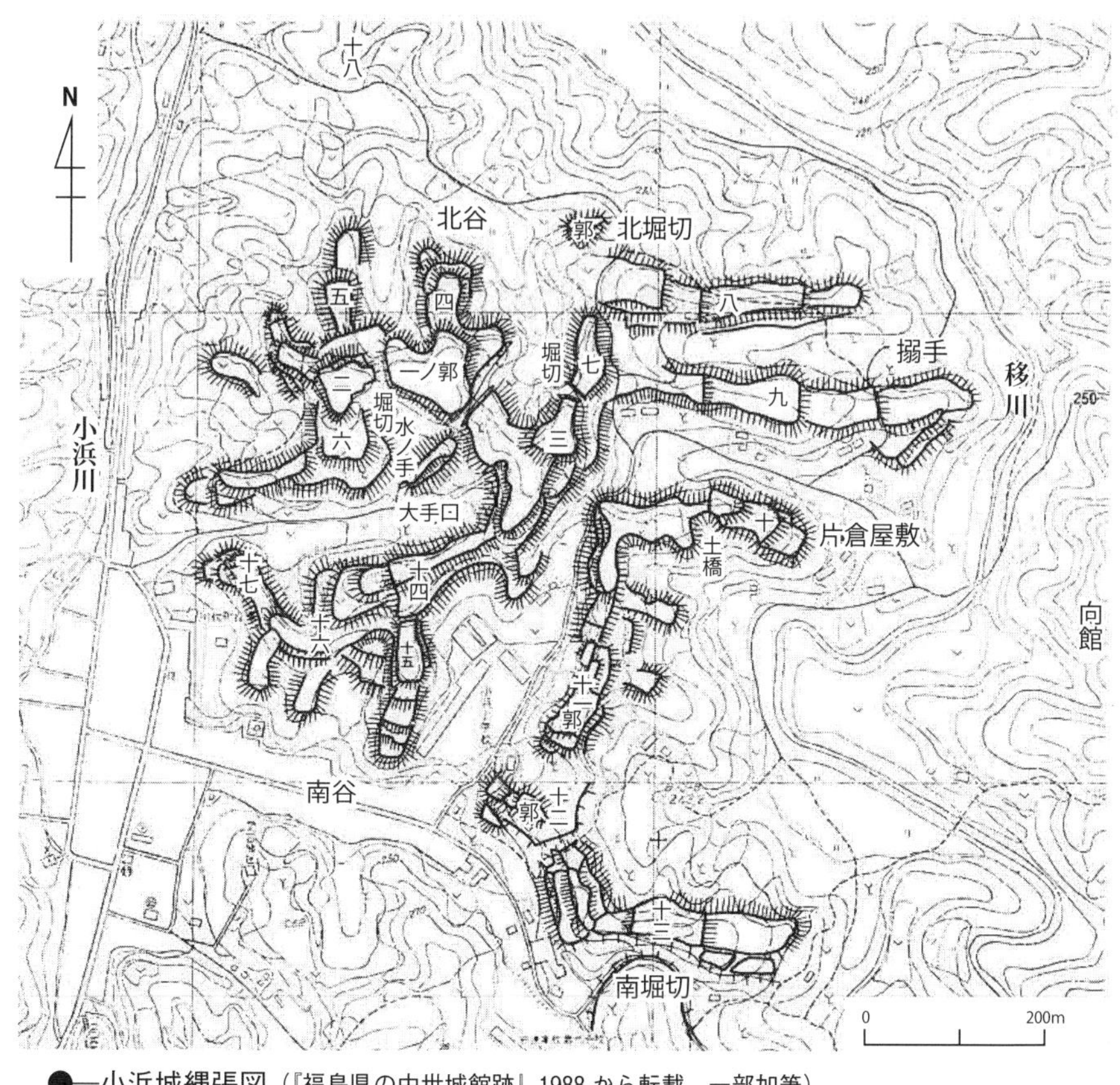

●―小浜城縄張図（『福島県の中世城館跡』1988 から転載．一部加筆）

には平場を拡張した部分が見られる。本丸の北には四ノ郭があり、かつては周囲に帯郭が構成されていたが現存せず広い平坦面になっている。

このほか、二ノ郭の南に六ノ郭、三ノ郭の北に堀切を挟んで七ノ郭、その東や南に八～十三ノ郭があり、十ノ郭は政宗重臣片倉小十郎が居住したという片倉屋敷（片倉館）で、二つの郭が空堀と土橋によって連結されている。本丸と谷を挟んで南方には堀切を介して十四と十五ノ郭さらにその西に十六・十七ノ郭がある。五ノ郭の北には大きな谷（北谷）があり、その西側の入口部は「あかずの門」（字赤鼠）と呼ばれていたので、ここまでを城域と見ることができるが防衛上からはその北方の移川沿いの平地部（字下館）まで含めるべきで、これを十八ノ郭とする。大手口は西の岩代支所側（字追手坂・字下追手坂）、搦手口は東の片倉屋敷側（字搦手）であり、水の手は大手口と本丸の中間地点の湧水である。

【戦国期の本丸建物】　本丸上段と下段の発掘調

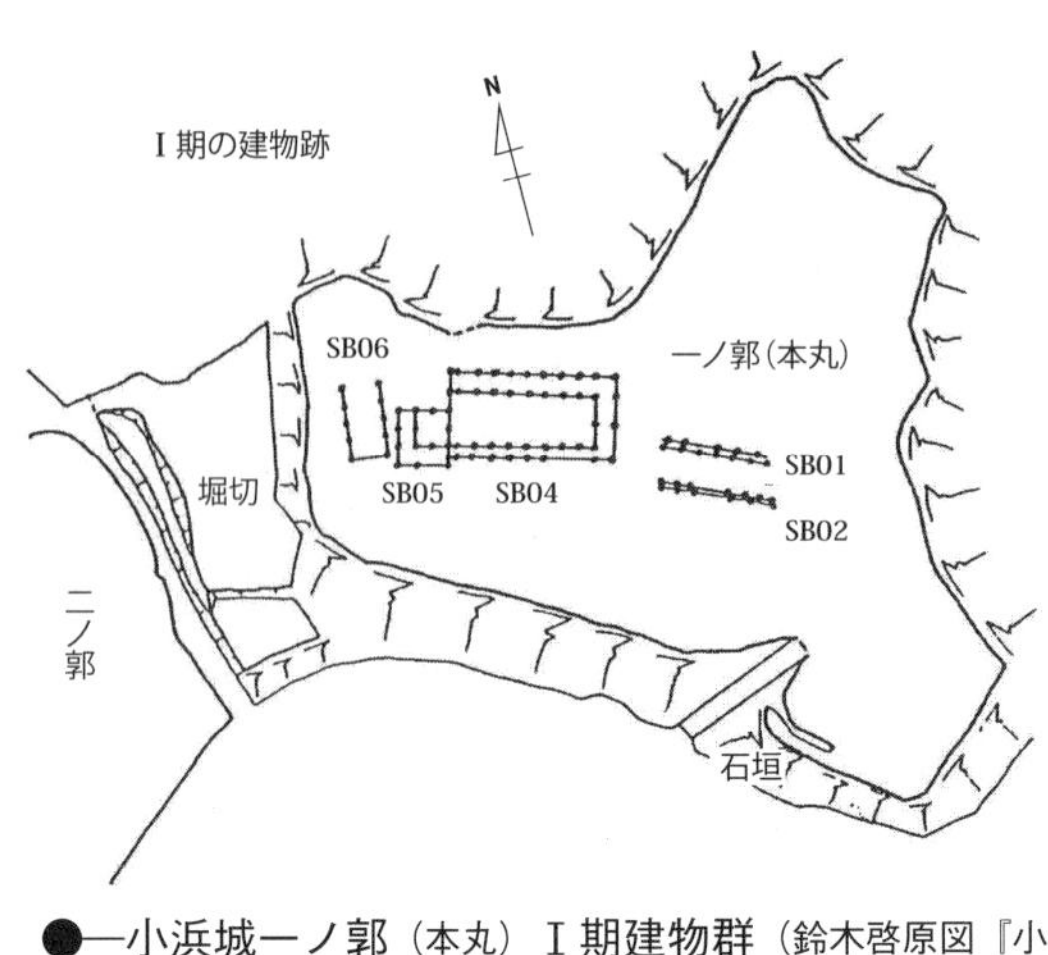

●―小浜城一ノ郭（本丸）Ⅰ期建物群（鈴木啓原図『小浜城跡』1990から）

査では、殿舎として使われた掘立柱建物八棟、柵列（塀）三条、そして土師質土器（かわらけ）、染付片、石臼片、砥石片、鉄製品などが発見され、当城は三時期にわたって使用されたことが判明した。特にⅠ期の本丸下段の掘立柱建物（SB〇四）は庇を持つ大型建物（主殿舎）で、桁行一八・五メートル、梁行九・〇メートルである。身舎は九間×三間ほど、柱間は一・九〜二・〇メートルあり六尺三寸に相当する。庇は南北東三面に付く。掘立柱建物（SB〇五）は、大型建物の西に接して建設された五・七×五・七メートルの正方形の建物で、身舎は二間×二間で南西に庇を持ち増築とも考えられる。大内定綱から伊達政宗の時代、すなわち天文から天正年間に至る一六世紀後葉の遺構と見られる。西京舘（三ノ郭）からは物見風掘立柱建物が発見されている。

【城主大内氏と小浜築城】 塩松小浜大内氏は長門国大内氏の支流で、若狭国に居住していたが、大内晴継のときに塩松に移り石橋氏に仕えたとされる。この地の景勝が旧地の若狭国小浜に似ていたのでその名をとって命名したといわれている。文明三年（一四七一）に晴継の子大内内膳宗政によって小浜城は築かれたとされる。文明十四年（一四八二）十一月、木幡山弁天堂棟札に「大内備前守宗政　大阿弥丸　大内備後顕祐」、延徳二年（一四九〇）、戸沢熊野神社棟札に「大旦那源氏大内備前守宗政」とあり、宗政の存在と当地支配を示している。永禄十一年（一五四二）、城主大内備前義綱は、三春城主田村隆顕に内応して百目木城主石川有信らとともに、主家石橋氏を滅ぼし塩松の多くを手中に納めた。

【両属の将大内定綱と伊達氏】 天正十年（一五八二）、太郎左衛門定綱が父義綱に代わって備前守を名乗る。天正十一年（一五八三）、定綱は、会津蘆名氏と結び、娘の舅である二本松城主畠山義継の援助を得て、三春城主田村清顕に属する百目木城を攻めたが、城主石川弾正光昌に反撃されて敗退した。しかし、たびたび来襲する田村軍に対しては常にこれを撃退してその実力を内外に示した。一方、伊達氏の相馬攻撃

●―小浜城本丸（『岩代町の城館Ⅱ・Ⅲ』1987から）

に際し畠山義継とともに参戦し、政宗の家督相続祝いのために米沢に赴くなどしたが、天正十三年（一五四四）正月の塩松帰参以後は米沢に再伺候しなかった。

伊達政宗は帰属の一定しない定綱を討つため塩松に侵攻した。小手森城を皆殺しによって攻略したため、定綱は小浜城を出て二本松へ敗走しその後会津蘆名（あしな）氏を頼った。しかし後に蘆名氏を見限り、弟親綱とともにふたたび伊達氏に帰属して、政宗の蘆名氏攻略に尽力する。

【輝宗拉致事件とその後の小浜城】　天正十三年九月、政宗は小浜城に入り、父輝宗は宮森城に入った。定綱後の塩松は白石宗実（むねざね）に与えられ百目木城主石川弾正はその与力とされた。十月宮森城において畠山義継による輝宗拉致事件が発生し、両者は戦死した。この後政宗は小浜城を拠点として二本松攻撃を開始した。翌十四年七月畠山国王丸（くにおうまる）は会津に走り、ここに足利幕府ゆかりの二本松畠山氏は滅びた。八月政宗は約一年間の小浜城滞在を終える。

豊臣秀吉の奥羽仕置後に当城は蒲生氏郷領となり、これ以降寛永二十年（一六四三）に二本松に入部した丹羽氏の初期まで、城代等がおかれたが以後廃城となった。

【参考文献】平島郡三郎『小浜町郷土読本』（小浜青年道友会、一九三四）、鈴木啓・日下部善己・菅野真一『岩代町の城館Ⅱ・Ⅲ』（岩代町、一九八七）、福島県教育委員会『福島県の中世城館跡』（一九八八）、日下部善己・菅野真一・鈴木啓『小浜城跡―西京館跡発掘調査報告』（岩代町教育委員会、一九九〇）（日下部善己）

●陸奥守石橋氏一族の城

四本松城（しおのまつじょう）

〔所在地〕二本松市長折四本松
〔比　高〕一〇〇メートル
〔分　類〕山城
〔年　代〕一四世紀末～一六世紀
〔城　主〕石橋満博～房義、石橋尚義
〔交通アクセス〕ＪＲ東北本線「二本松駅」下車、福島交通バス「樋ノ口」下車、徒歩四七分。

40
303
40
移川
四本松城
福島交通バス「樋ノ口」
0　1000m

【中世の阿武隈高地の山城】　バス停「樋ノ口」から県立安達東高校方向に五〇〇メートル進むと「移川橋」のたもとに「四本松城三・一km」との案内板がある。この先は長折老人憩いの家を左に見ながら、同様の道標に従うと阿武隈の山脈深くに所在する四本松城へ至る。

四本松城（古舘）は、ＪＲ東北本線二本松駅の南東約一〇・五キロ、阿武隈高地西縁の標高三一六・二メートルの山頂に所在する。周辺一帯は標高三〇〇メートル～三五〇メートルほどの山々が連なり、起伏に富んだ地形である。城の東には、仙道（中通り）の平地部と浜通りを繋ぐ街道（金山道）がある。二本松から馬乗そして飯舘をへて相馬中村方面へ、あるいは百目木・津島をへて小高・浪江方面へと続いている。また、口太川・安達太田川を挟んで南東約一キロには、標高三五六メートルの山頂にもう一つの四本松城（本城）である住吉山城がある。

【塩松と二本松】　中世・戦国期から、陸奥国安達郡は阿武隈川を挟んで、東を安達東根・東方そして塩松、西を安達西根・西方そして二本松と呼んだ。塩松は南北朝期には「安達東根内塩松」と呼ばれ、東安達の一地域であったが、戦国期には「郡」規模の領域を指す言葉となった。その塩松には石橋氏、二本松には畠山氏という足利幕府ゆかりの名族が入部した。この塩松という地名は近世初期まで使用され、天下分け目の「関ヶ原の戦い」を前に、徳川家康が伊達政宗に与えた旧所領復活・加増の約束手形、俗に言う「百万石のお墨付き」には、郡域である苅田・伊達・信夫・田村・長井とともにに、塩松と二本松も列記されている。

なお、四本松や四本松城という名称は近世以降の呼び名であるが、ここでは城を指す場合は四本松、地名や領地の場合は塩松を使用する。

●—四本松城縄張図（『福島県の中世城館跡』1988 から転載．一部加筆）

【城の構造】　城の規模は東西約四〇〇メートル、南北約六〇〇メートルで平面形はほぼ菱形を呈する。東と北は口太川に面した一〇〇メートル以上の急崖、西は南北に走る深さ五〇メートル以上の西谷、南は深さ五〇メートルほどの東西方向の南谷で区画される天然の要害地形である。さらに、迫り上がる西と南の谷奥付近で西から続く丘陵を大きな西堀切（現在は道路）によって遮断し独立丘陵化を図った堅固な城である。

城の内部は、北堀切と東堀切によって区画された内郭的な部分が構成され、山頂が一ノ郭（本郭）で中央付近には礎石が幾つか見られた。平場が三段に造られ、この南東下段には帯郭も認められる。本廓からは尾根が三方向に延びており、西の尾根上には二ノ郭、その南に三ノ郭がある。そして東の尾根には四ノ郭がある。さらに東堀切を挟んで、その先端部分には、「東壇の山」と呼ばれる物見と想定される五ノ郭があり、これを区画するために「東壇堀切」がある。城の南には湧水があり、五輪塔や土塁状遺構も見られ、付近一帯には寺屋

●—四本松城一ノ郭（南東から望む）

敷・縫坊・読坊・鍛冶屋敷・御池・殿畑という俗称が残っていて、根小屋の存在も感じさせる。

【城主の変遷】 文治五年（一一八九）の奥州合戦後に田原秀行の子秀友が、さらに興国元年（一三四〇）石塔義房・頼房父子が四本松城に入ったとされる。また、奥州管領吉良貞家・満家が塩松を領有したとされ、特に満家は鎌倉に帰参する康応二年（一三九〇）まで四本松在城の可能性があるというが、いずれも今後の研究に待つほかはない。

塩松に所領を得ていた陸奥守石橋棟義の子満博が、応永七年（一四〇〇）に四本松城に入り、以後、祐義・房義が引き続き在城したと考えられる。文明三年（一四七一）に五代義衡（家博）は住吉山城に遷り、恐らく義仲・義次を経た後、八代義久（久義・尚義）が再度四本松城を居城とした。天文十一年（一五四二）の奥州伊達家の内紛、天文の乱では、尚義は始め父稙宗方についたが、その終盤では子晴宗方に転じ、天文二十二年（一五五三）には晴宗から伊達郡川俣・五十沢を与えられている。しかし、永禄十一年（一五六八）、石橋家中の離反と内紛の中、小浜城主大内備前守義綱は百目木城主石川有信などとともに田村氏に内応して、一四世紀末以来の名家石橋家を滅ぼした。

【本郭建物の姿を復元】 昭和四十六年（一九七一）、桑園造成

時に黒土の落ち込みの中から多数の土器が出土した。さらに発掘調査によって火災建物が発見され、出土した炭化材は長さ二・八メートル、太さ一五センチほどで面取りをし、先端に長方形のほぞ穴のある角材そして板材やスダレ状に並べた竹材である。また土壁材の焼土や角材に並んだ平石も検出された。従ってこの建物は、土台石の上に土台を置き、外壁は土壁と板材とを使用して建築している。炭化材が七・二×五・五メートルの範囲に広がっていることから、建物規模は四間×三間の南面する東西棟である。建具には多くの竹材を使って編んだスダレ状のものを用いている。

【武士の日常生活】 発掘調査で多くの遺物が発見されている。杯(つき)形土器（かわらけ）は、赤褐色で硬質、焼成は堅く緻密である。ロクロ成形、切り離しは回転糸切り技法を用いている。胎土には多くの雲母(うんも)片を含んでおり当地の粘土を使用した地場産品である。この土器には、口径二三〜二五センチの大形杯、一八・五〜二〇センチの中形杯、一五〜一六センチの小形杯、一三センチの極小形杯がある。灯明皿は内面に煤(すす)と灯芯(とうしん)の痕跡があり、火鉢は側面に透かし窓を持つ。擂鉢(すりばち)は内面に六本一組の櫛目(くしめ)が施されているが、底面付近は大変摩滅しており使用頻度の高さがうかがえる。茶臼は器面全体が大変丁寧に研磨され底部には制作時のノミ痕が残っている。酒宴や食事など日常の様々な場面や用途に応じてこれらの食器や道具類が使われていたと考えられ、居住した石橋家による格式の高い武士の生活を偲ばせる。

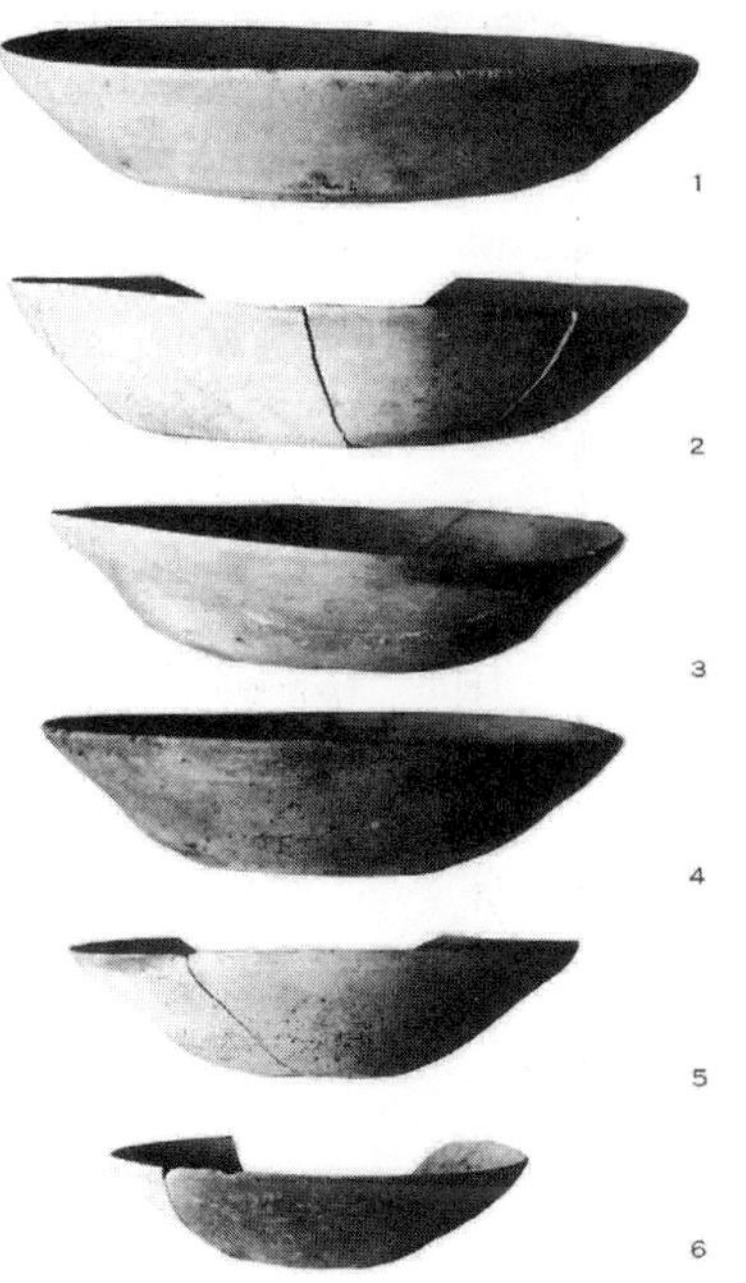

●—出土したかわらけ（『岩代町の城館Ⅱ・Ⅲ』1987から）

【参考文献】 鈴木啓・野崎準『四本松城跡』（岩代町教育委員会、一九七六）、鈴木啓・日下部善己・菅野真一『岩代町の城館Ⅱ・Ⅲ』［岩代町史別巻］（岩代町、一九八七）、福島県教育委員会『福島県の中世城館跡』（一九八八）、小林清治・渡部正俊ほか『岩代町史』一（岩代町、一九八九）

（日下部善己）

●山城と平地外郭からなる織豊系城郭

長沼城

〔須賀川市指定史跡〕

〔所在地〕須賀川市長沼字日高見山ほか
〔比　高〕四〇メートル
〔分　類〕平山城
〔年　代〕一六世紀中頃～一七世紀初頭
〔城　主〕蘆名氏→新国貞通→蒲生氏→上杉氏城代→蒲生氏城代
〔交通アクセス〕福島交通バス「長沼小学校」下車、徒歩約五分。

【位置と概要】　長沼城は、会津と仙道（福島県中通り地方）を結ぶ勢至堂峠越えの街道の要衝に立地する。奥羽山脈から続く丘陵の先端に城郭部分が築かれ、その北東から南東側の平地に外郭が構えられている。長沼城がこのような構造になったのは、奥羽仕置によって会津に封じられた蒲生氏の領国に、長沼周辺が編入されてから以降である。石背国造神社が所蔵する「長沼城古図」は、最終段階の長沼城の姿をよく伝えている。

　そもそも長沼城が築城されたのは、会津を本拠とする蘆名氏が、仙道に侵攻する際の拠点としてであった。その時期は永禄期と考えられ、天正期の城主は蘆名氏家臣の新国貞通である。蘆名氏の滅亡後に彼は自立するが、奥羽仕置により没落する。豊臣秀吉の会津下向時に長沼城が宿泊地の一つとなり、その際の不手際が改易の理由とする逸話が伝わる。

　文禄四年（一五九五）に蒲生領の支城の多くが破却された際、長沼城も対象となった。近年の発掘調査で、その痕跡が確認された。蒲生氏に代わって上杉氏が会津に封じられると、ふたたび支城に取り立てられ城代が置かれた。上杉氏の後にふたたび蒲生氏が会津に入部した際も支城となり、城代が置かれた。元和期に廃城になったと思われるが、蒲生氏に代わって会津に入った加藤氏の時代にも、代官所の一部などとして使われた可能性がある。

【遺構の現況】　最高所のⅠとした郭が主郭である。主郭の北西側に郭Ⅱ～郭Ⅴを、南西・南東・北側には広い腰郭を配

●—虎口gの石垣と石段（『長沼城趾範囲確認調査報告書』〈2004〉より転載）

す。城域は、北西側の丘陵続きに設けられた大規模な堀切(ほりきり)で画される。「長沼城古図」によれば、主郭への城道は、以下の三筋があったようである。①現在は駐車場となっているaから園路を通って主郭南東側の腰郭(こしくるわ)に進み、bから上段の腰郭をへて、その北側先端から主郭東部のcに上る。発掘調査によって、cの場所から石材を土台とした門がみつかっている。これを虎口(こぐち)cとする。②城郭部南西裾のd付近から斜面の小平場をつづら折れに上り、eの内桝形(うちますがた)を左に折れて郭Ⅲに入った後、反転して内桝形の上に架けられた木橋(きばし)を渡って主郭南西の腰郭に入り、郭Ⅱの南側緩斜面の虎口fから郭Ⅱに入る。郭Ⅱから主郭へのルートは現況では不分明だが、主郭の西コーナー付近に鎮座する日高見稲荷(ひたかみいなり)神社の社殿背後に虎口のあったことが発掘調査で確認されており、この虎口gから主郭に入る。また、虎口gの周辺には石垣が積まれており、それが壊されていることも発掘調査で確認された。③城郭部北東裾のhから郭Ⅴ・郭Ⅳ・郭Ⅲの順に上り、以下は②のルートと同じくeの上に架けられた木橋を渡り、虎口f・虎口gをへて主郭に至る。

　以上の①・②・③のうち、主要な郭を順次通過し虎口gから主郭に入る③が、そもそもの大手筋と考えられる。②では、虎口eの特異な形状が注目できる。同様の複雑なルートを設定した虎口として、福島県北塩原村の柏木城などの事例がある。同城が蘆名氏の築城・運用であることを踏まえれば、蘆名氏の時代に設定されたルートが、後の段階まで維持されたと考えられる。つづら折れに小平場を上る在り方も、

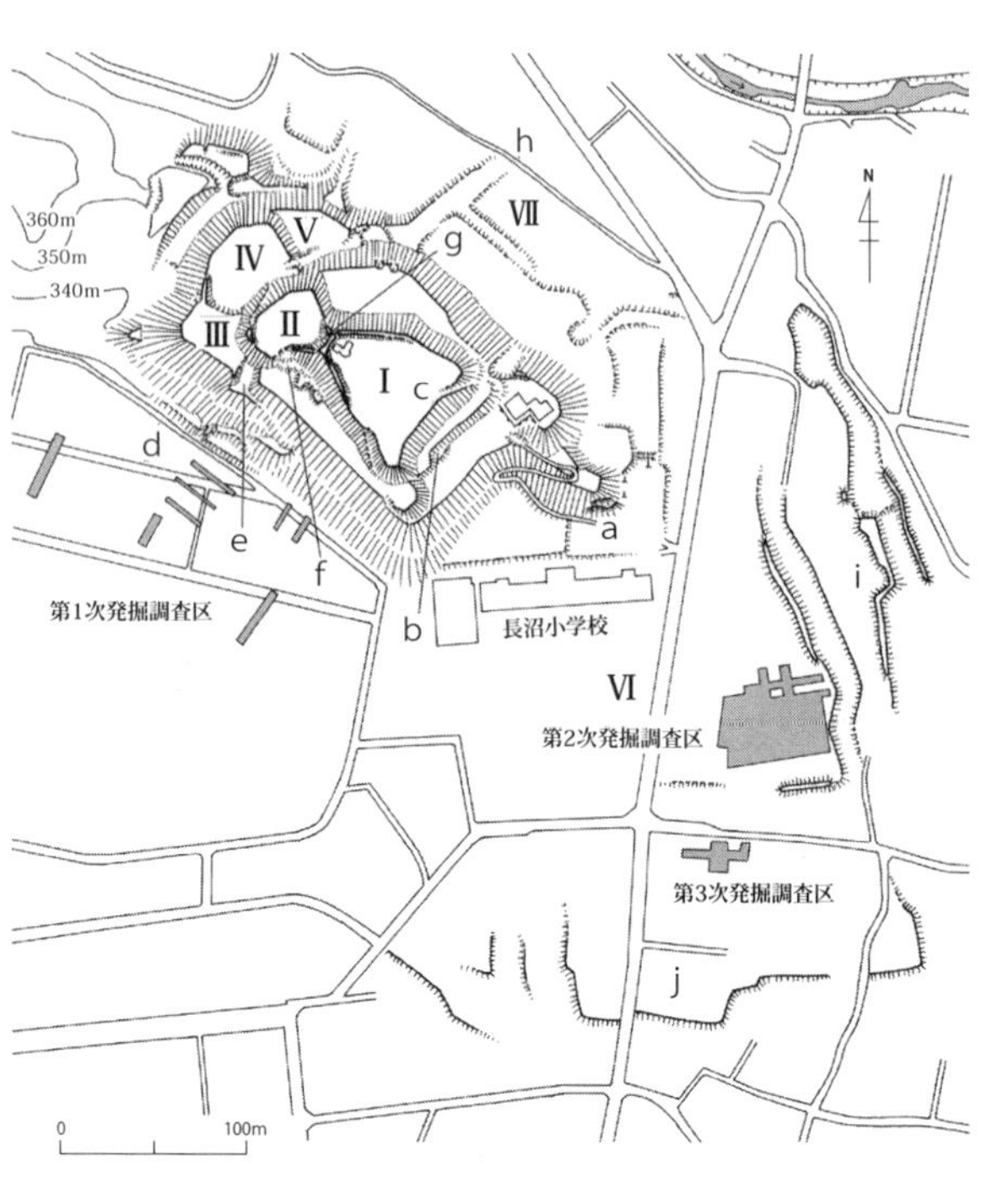

●—長沼城縄張図（作図：垣内和孝）

豊臣期より戦国期が相応しい。主要な郭を経由することなく主郭へと至る①は、搦手筋と評価するのが妥当であろう。

城下にあたる外郭部分は、宅地化が進んでいるため遺構の残り具合は良好とはいえないものの、東辺を中心に横堀と土塁が断続的に残る。多くが長沼小学校の敷地となっているⅥとした区画は方形基調の平面であり、東西・南北ともに二〇〇メートルほどの規模であったと想定できる。その外側にも区画があり、東辺のiと南辺のjの部分が方形基調に張り出す。土塁が残存している部分の多くが張り出し部iの周辺なのは偶然ではなく、防御上のポイントの土塁が特に大きく造作された結果と考えられる。「長沼城古図」によれば、hの周辺のⅦにも平面方形の外郭が想定できる。

【発掘調査の成果】　城郭の部分では範囲確認のための調査が、外郭では開発にともなう調査が行われた。城郭部で調査の対象となったのは、主郭Ⅰ・郭Ⅱおよび主郭南東の腰郭である。主郭からは、礎石建物や石列といった石材を用いた遺構がみつかるとともに、この遺構面の下層に、別の遺構面の存在することが確認された。建物のうちの1棟は主郭の「東門」と評価され、搦手筋と想定したルート①の虎口cにともなう。虎口cと連動した主郭南東面の石垣は、築石の加工度が高く、間詰石の少ないのが特徴である。下層の遺構面の詳細は不明ながら、五〇センチという整地層の厚さは、上層の遺構面形成にともなう改修の規模の大きさをうかがわせる。

郭Ⅱの調査では、主郭の西辺に積まれた石垣と、この石垣と連動する虎口gがみつかった。この部分の石垣は、虎口cの石垣と比べ、築石の加工度が低く、間詰石が多い。また、石垣と虎口が激しく破壊された様子と、その後にふたたび加工度の高い石材で石段を築いて虎口として復旧したことも確認された。注目すべき点は、虎口cと虎口gにともなう石垣は、相対的には後者が古い様相であること、虎口gには二時期が想定でき、その新しい段階の石段の石材が、虎口cの石垣と同程度の加工度であること、である。つまり、虎口cと新しい段階の虎口gは同時期に機能していた可能性がある。両虎口の様相を比較すると、新しい段階の虎口gよりも虎口cの方が立派に構築されているように見受けられ、この段階に大手筋と搦手筋が変更された可能性がある。

●—外郭東辺の横堀

主郭南東の腰郭からは、河原石をほぼ垂直に積み上げた石積などがみつかった。主郭Iや郭IIの石垣とは明らかに様相が異なり、比較的新しい時期の構築と考えられる。外郭のVIからは、石組遺構・柱穴・土坑などがみつかった。外郭のVIは、豊臣期ばかりでなく江戸期にも代官所などとして利用されており、みつかった遺構にはこれらの時期のものが含まれていると考えられる。城郭部・外郭部ともに出土遺物には瓦がなく、礎石建物でも瓦葺ではなかったようである。

以上の発掘調査の成果と現況観察の所見を総合し、長沼城を時期ごとに整理すると以下のようになる。もっとも古いのは主郭Iで確認された下層遺構面の時期で戦国期＝I期、続いて虎口gの古い段階で奥羽仕置後に大改修された蒲生氏の時期＝II期、次いで虎口cおよび虎口gの新しい段階で上杉氏や再蒲生氏の時期＝III期、最後に主郭南東の腰郭の石積の時期で加藤氏以降の代官所支配の時期＝IV期、である。II期はルート③が大手筋であったが、III期に①へと変更される。II期大手筋の変更は、外郭の中心がVIIからVIへ移った結果と考えられる。II期の遺構の破壊は、文禄四年の支城破却を示すものであろう。I期の登城道が②と考えられる。

【参考文献】長沼町史編纂委員会編『長沼町史』第二巻（長沼町、一九九六）、長沼町教育委員会編・発行『長沼城址範囲確認調査報告書』（二〇〇四）

（垣内和孝）

●一五世紀前半の方形居館

長沼南古館（ながぬまみなみふるだて）

〔福島県指定史跡〕

〔所在地〕須賀川市長沼南古舘
〔比高差〕四メートル
〔分　類〕平城
〔年　代〕一二世紀末〜一三世紀前葉、一五世紀前半、一六世紀末〜一七世紀前葉
〔城　主〕長沼氏・新国氏
〔交通アクセス〕福島交通バス「長沼車庫」下車、徒歩一五分。

【保存された館跡】　須賀川市の西部、長沼の中心部から西約一キロに位置し、江花川（えばながわ）で形成された標高約三三五メートルの河岸段丘面に立地している。館跡の北に、奥州攻めに際して豊臣秀吉が通ったとされる、勢至堂峠を越える会津街道が東西に走る。元和三年（一六一七）に写された、石背国造（いわせくにつこ）神社蔵「長沼城絵図」に南古舘は描かれており、一七世紀前葉に機能していたことが推定できる。

現況では、東西一〇〇メートル、南北一一五メートルで、北辺を底辺とする、台形を呈する単郭の方形居館で、館跡の面積は約二万四〇〇〇平方メートルと推定される。北・西側には土塁（どるい）と堀がめぐり・南側に堀がめぐる。北側堀幅約一〇メートル、西側一五〜一六メートル、東側で約一二メートルで、土塁は高さ約二メートルである。昭和六十二年（一九八七）に県営ほ場整備事業にともない、記録保存の発掘調査が行われたが、関係者の努力により館跡の保存が決定し、平成二年（一九九〇）に県史跡に指定された。館跡の約一〇〇メートル東側には、須賀川市歴史民俗資料館があり、長沼地区の歴史を知ることができる。

【発掘調査の成果】　調査はA〜D地区で行われ、D地区が主郭となる。D地区では、掘立柱（はったてばしら）建物跡・橋跡・井戸跡・石積遺構・土坑・柵状ピット列などである。D地区東側堀跡は基本的に箱堀で、部分的に障子堀（しょうじ）となっている。橋は東側堀の北東隅寄りで検出され、土橋（どばし）状の高まりの上に木橋を構築している。

検出された掘立柱建物は六棟で、土塁に沿って南北に主軸

を合わせて並び、庇が付く間取りであることから、中心的な建物と考えられる。柵状ピット列北側は館の中心的な主殿空間と推定され、橋がともなう虎口が大手と考えられる。虎口を入ると広場空間があると推定される。柵状ピット列南側は遺構が希薄であり、土塁が明確にともなわず、館内でも機能が異なる空間と推定される。

館北側に位置するA地区では遺構は検出されず、館跡北東部に位置する、B地区の平場の北側と東側に外堀の痕跡があり、平場は溝で三つ空間に区画され、内部からピット群は検出されているが、建物は確認されていない。館東側のC地区は平場が溝により二つの空間に区分され、多数のピットが検出され、建物の存在が推定される。

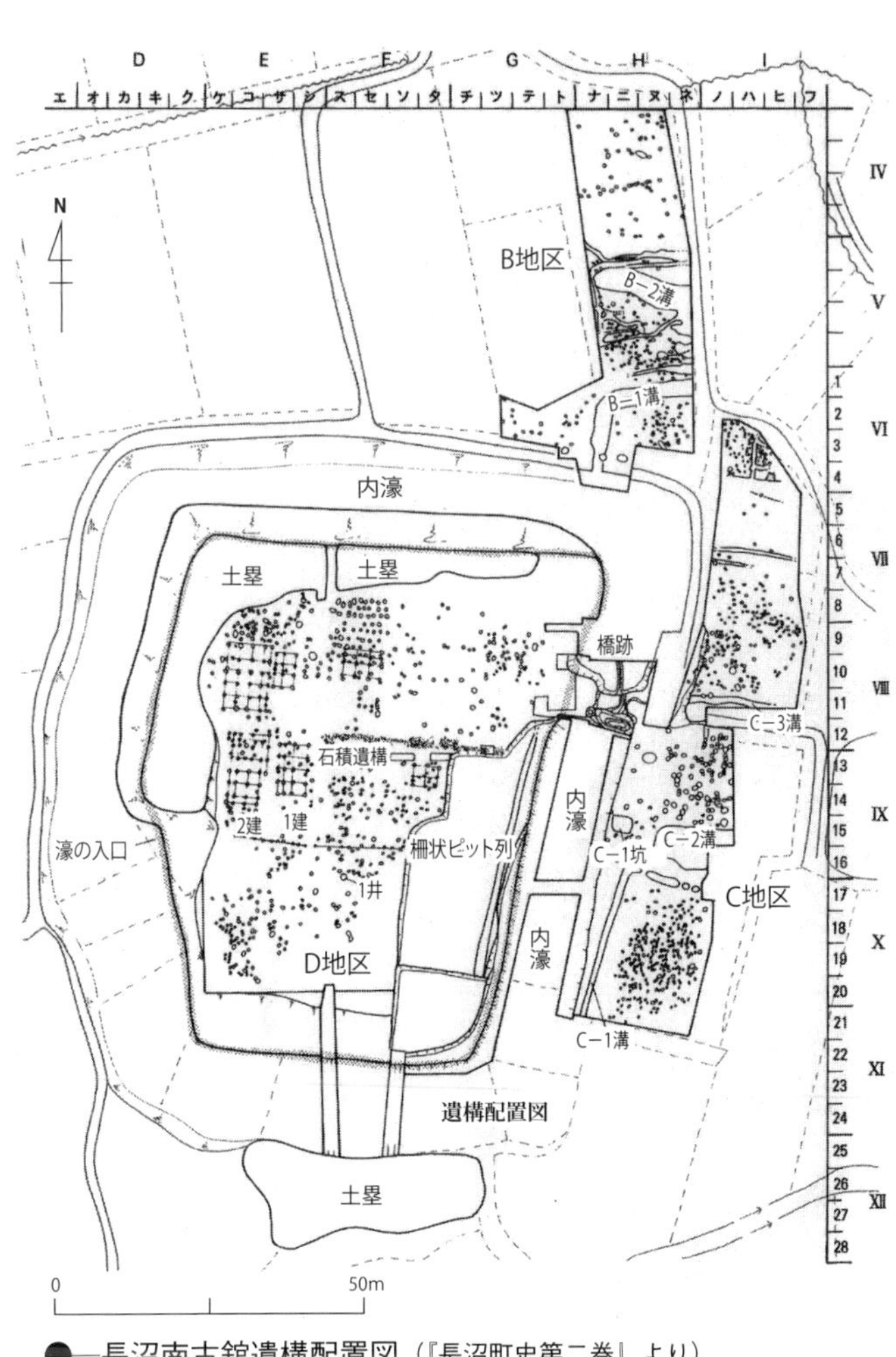

●—長沼南古舘遺構配置図（『長沼町史第二巻』より）

【豊かな出土遺物】 遺物は九割以上が主郭（D地区）および内堀から出土している。遺物には、かわらけ・国産陶器・中国陶磁器・瓦質土器、石鉢・砥石などの石製品、銭貨、呪符・漆器椀・修羅などの木製品がある。

土器・陶磁器はは出土した総破片数が二九〇点で、かわらけが一〇八点で、五割以上を占める。中国陶磁器は青磁が碗二〇点、花瓶・大盤・水注・稜花皿各一点、水注、白磁皿が五点、褐釉陶器壺一一点、天目茶碗四点である。

国産陶器は、古瀬戸が天目茶碗二二点、平碗一点、縁釉小皿、卸皿一〇点、卸目大皿四点、折縁大皿二点、直縁大皿一点、碗形鉢四点、香炉二点、瓶子一三点、常滑が甕四〇点である。瓦質土器では火鉢三点、風炉五点である。

●—長沼南古館・北古館航空写真（『長沼町史第二巻』より）

出土遺物の大半は、一五世紀前半に比定されるが、古瀬戸の天目茶碗・瓶子は一二世紀末から一三世紀前葉に遡りうる。また、青磁には同安窯系櫛描文碗が一点あり、やはり一二世紀末から一三世紀前葉に遡りうることから、館あるいは屋敷としての成立は鎌倉時代初期に遡る可能性がある。

●—長沼南古館調査区図面（『長沼町史第二巻』より）

遺物の組成を見ると、かわらけの比率が高く、中国陶磁器より古瀬戸製品の出土比率が高いことも指摘でき、階層性の高い館であることと、陸奥南部特有の流通状況が理解できる。遺物にはほかに、天目茶碗・葉茶壷・風炉などの茶道具や、花瓶・大盤・水注・瓶子などの床飾りや、香炉などもあり、いわゆる「茶・花・香」の道具であり、やはり館の階層性の高さを示している。

【修羅の発見】 木製品は内堀の橋跡周辺から、集中して出土している。木製品には、漆器椀・曲物(まげもの)・下駄・呪符・箸・羽子板(はごいた)状製品・竪杵(たてぎね)などのほか、修羅の出土が注目される。修羅は橋基底部から出土した、Y字形の「そり」で、大振りの二股に分かれた枝を利用して作られ、頭部と両足に「ほぞ穴」が穿たれ、接地面を斜めに削る加工痕がある。全長一・六メートルと小型であるが、館造営時に使われた運搬具とされている。

【館の変遷】 本館は会津と中通りを結ぶ交通の要衝にあり、河岸段丘上に立地する平地の居館である。館あるいは屋敷としての成立は鎌倉時代初期に遡る可能性はあるが、その規模や構造は不明である。

現況の館は、一五世紀前半に主に機能した館であり、その空間構成や構造を見ると、橋の架かる虎口から入る広場や主殿などがあり、出土遺物から見ても、階層性の高さがうかがえる。一方、規模は方一町に満たないことから、一国規模の領主館とは言えないが、長沼地域を支配する在地領主の居館と考えられる。また、柵状ピット列南側は土塁がなく、建物跡も不明確であることから、主郭が拡張された可能性がある。そう仮定すると、初期の館は主郭の北半分、方半町程度の規模であったことが推定できる。

本館の北東方向二〇〇メートル、会津街道の北側に、複郭の平地居館、長沼北古舘が存在したが、昭和六十年(一九八五)に県営ほ場整備事業にともなう記録保存の発掘調査が行われ、消滅している。出土遺物は一四世紀後葉から一五世紀前葉に比定され、かわらけが少ない。本館に先行する館と推定できる。北古舘・南古舘とも、「長沼城古図」に描かれており、礎石建物跡などの痕跡も認められていることから、一六世紀末から一七世紀前葉にも機能した可能性がある。

【参考文献】 市川一秋ほか『南古舘I』(福島県岩瀬郡長沼町教育委員会、一九八八)、西山真理子「南陸奥の焼物は何を語るか?」『福島考古　第三五号』(福島県考古学会、一九九四)、『長沼町史　第二巻　資料編I』(長沼町、一九九六)

(飯村　均)

●「伊達氏系城郭」の指標

大平城（おおだいらじょう）

〔所在地〕郡山市大平町字下川
〔比　高〕六〇メートル
〔分　類〕山城
〔年　代〕一六世紀末
〔城　主〕伊達氏
〔交通アクセス〕福島交通バス「大平」下車、徒歩約五分。

【位置と概要】　大平城は、阿武隈山地からつづく丘陵が阿武隈川流域の平地に移行し始める田村荘の南西部に位置し、丘陵地を縫うようにして流れる大滝根川の北岸小ピークを中心に立地する。主郭と副郭で構成され、規模は大きくないものの技巧的な縄張を持ち、堀や土塁などが残る。仙道（福島県中通り地方）に侵攻した佐竹義宣の攻撃により、天正十七年（一五八九）に落城したことが史料で確認できる。この時期の田村荘は伊達政宗の統制下にあることから、佐竹氏と厳しく対立していた政宗に連なる勢力によって、大平城は築城・運用されたと考えられる。技巧的な縄張と確かな史料が存在するため、大平城は従来から注目され、「伊達氏系城郭」の指標事例の一つと評価されている。なお、遺跡地図の類いには「大祥院跡」の名称で登録されている。

【遺構の現況】　縄張図に示したように、大平城はⅠの主郭とⅡの副郭からなる。いずれの郭も内部の削平は不十分で自然の地形を多く残し、広い平坦地は確保されていない。郭内には恒久的な大型の建物が数多く存在したとは想定し難く、居住には不向きな様相を示す。戦時における戦略的な目的により、臨時に取り立てられた陣城と評価できる。Ⅰを主郭、Ⅱを副郭と判断したのは、標高がⅡよりもⅠが高く、Ⅱに対してⅠの東辺に土塁が構えられているからである。

主郭の虎口は南西コーナー部のAと、北東コーナー付近のBがある。虎口Aは、土塁によって内枡形を形成するとともに、その前面に土塁囲みの外枡形をつなげた構造である。こ

●―南東上空より見た大平城（郡山市教育委員会提供）

の虎口Aの西方にも同様な構造の虎口Cがあり、虎口Cから虎口Aへのルートが大手筋と考えられる。虎口Bは土塁を屈曲させた内桝形であり、主郭と副郭を画する横堀に木橋を架けることで、副郭に接続していたとみられる。主郭の南側にのびる尾根には小平場があり、その西辺には竪堀と竪土塁が設けられ、西方からの侵入を阻んでいる。

副郭は、北辺から東辺にかけて横堀で区画し、南側の谷部を主郭とともに囲い込むような配置となる。副郭の南辺は、尾根の途中を土塁によって画している。その部分に、L字状の土塁を構えた外桝形の虎口Dが開く。城域南側の谷部から虎口Dに入り、副郭をへて虎口Bから主郭へと進むルートが搦手筋であろう。副郭の北辺には、土塁により形作られた桝形状の小区画Eがある。虎口とも考えられるが、副郭へ入るルートは不分明である。保塁のようにもみえるが、現況からは遺構の性格を判断できない。

以上のように、大平城は遺構が良好な状態で残り、現況からだけでも各遺構の性格をある程度まで想定できる。その特徴として、郭取りに横堀を多用すること、虎口は土塁で桝形を形成することが、があげられる。しかし、虎口そのものの造作に工夫が凝らされる一方で、塁線の屈曲や張り出しなど、周辺の遺構を連動させて虎口に横矢を掛けるような意識は低

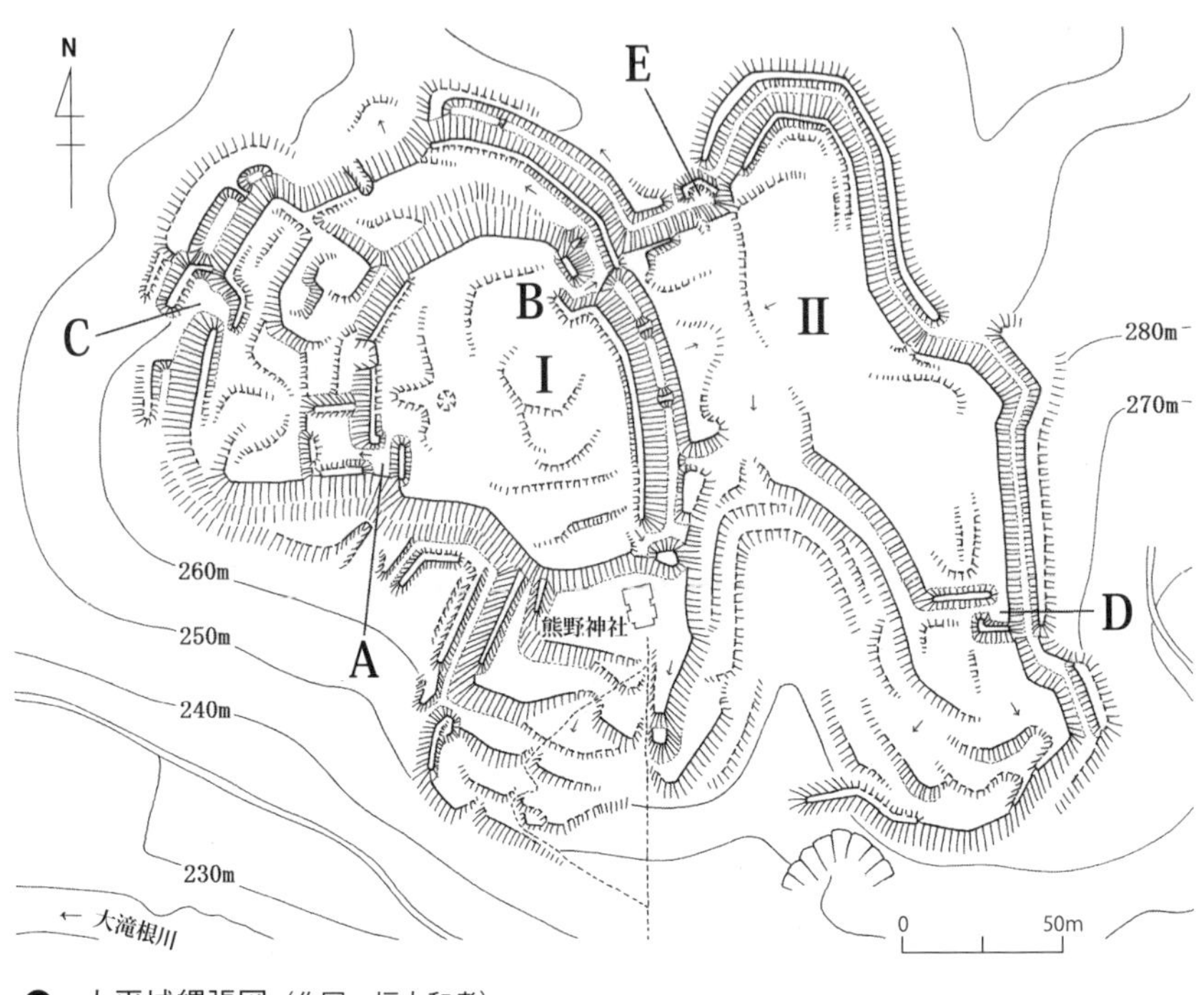

●―大平城縄張図（作図：垣内和孝）

い。塁線を横堀で形成し、虎口を厳重に固める構想のもとに、大平城のプランは設計されていると考えられる。

なお、数年前に、東側の城外から主郭下段の平場に鎮座する熊野神社まで、副郭の中ほどを横断するように作業用の道路が敷設され、その後、副郭において、太陽光パネルを設置するための工事が実施された。この開発によって、発掘調査がなされないまま遺構の一部が破壊されたが、掲載した縄張図はそれ以前の状況のままとした。

【大平合戦】 戦国末期の南陸奥は、伊達氏と佐竹氏の対立を軸に展開する。ところが、佐竹勢力の一翼を担った蘆名（あしな）氏が天正十七年に滅亡したことで、伊達政宗の勢力が一気に拡大する。その直接的な契機となったのが、同年六月五日の摺上原（すりあげはら）合戦である。猪苗代の摺上原で伊達軍と蘆名軍の主力が激突し、兵力に優る伊達軍が蘆名軍に大勝した。

反伊達氏の中心である佐竹氏は、このとき仙道に侵攻し、伊達方の大平城を攻めていた。「上遠野氏軍功並家伝記録」によれば、佐竹軍は五月二十七日より大平城を囲み、六月三日から総攻撃を開始、三日後の六日に落城させたという。同書は後世にまとめられたものだが、翌七日付で佐竹義宣が赤坂下総守に対し、「於于大平之地、被相稼儀太慶之至候」（「秋田藩家蔵文書」）と大平城攻めの軍功を賞した書状があり、このとき大平城をめぐる合戦があったことは間違いない。大平城の南東約一・五キロの場所にある赤沼館（郡山市中田町赤沼）は、このとき佐竹方が取り立てた陣城の可能性が高い。

六月五日の時点で、蘆名軍が会津の猪苗代、佐竹軍が仙道の田村という具合に、反伊達方の主力は二方面に分かれていたのに対し、伊達方の主力は猪苗代に集中していた。その違いが、戦いの帰趨と無関係であったとは考え難い。つまり、大平合戦は単なる局地戦ではなく、南陸奥の政治情勢に大きな影響を与えた戦いだったと評価できる。大平城は、そのような合戦の舞台となった城である。

●—主郭北側の横堀

【戦国大名系城郭論】　特徴的な縄張を持つ城館の分布の偏りなどを根拠に、「武田氏系」「後北条氏系」などという具合に、個々の城館を大名ごとに系列的に把握する理論が戦国大名系城郭論である。東北地方の南部では、築城と運用に伊達氏が深く関わった「伊達氏系」の存在が想定されており、その遺構の特徴として、横堀や虎口の発達があげられている。現況の遺構にみられるように、塁線を横堀で形成し、虎口を厳重に固めた大平城は、「伊達氏系」の典型的な事例と評価できる。

大平城と同様な構想のもとに縄張された城館は、仙道に限っていえば、北部・中部に多く、南部に少ない。一方で南部・中部では、北部では少ない横矢掛かりを意図した塁線の屈曲や張り出しなどを設けた城館が多い。両者は中部で混在するものの、その分布域は、天正十七年に伊達氏の勢力圏が仙道南部にまで一気に拡大する以前の伊達氏と佐竹氏の勢力圏とおおむね重なる。近年は批判されることの少なくない戦国大名系城郭論だが、地域の歴史を考える上では興味深い論点を提供する理論である。

【参考文献】　鮫川村史編さん委員会編『鮫川村史』第二巻（鮫川村、一九九六）、松岡進「伊達氏系城館論序説」『戦国期城館群の景観』（校倉書房、二〇〇二）

（垣内和孝）

●階層的・求心的構造の会津領支城

守山城（もりやまじょう）

〔郡山市指定史跡〕

〔所在地〕郡山市田村町守山字三ノ丸ほか
〔比　高〕一〇メートル
〔分　類〕平山城
〔年　代〕一五世紀～一七世紀初頭
〔城　主〕田村氏→伊達氏→田丸具直→上杉氏城代→蒲生氏城代
〔交通アクセス〕ＪＲ水郡線「磐城守山駅」下車、徒歩約一〇分。

【位置と概要】　守山城の所在する田村荘は、三春城（田村郡三春町）を本拠とした田村氏の基盤である。田村荘は山がちな地形だが、守山城の周辺には例外的に平地が広がる。城域は谷田川東岸の段丘面から小丘陵にかけて展開し、東側は谷田川支流の黒石川で画される。城域の西側には守山の街が隣接し、その一画には近世守山藩の陣屋が置かれた。

南北朝期には、田村神社の神領として守山が確認できる（「松平基則氏所蔵結城文書」）。三春城の田村氏が台頭する以前は、田村神社の宗教的な権威を背景に、守山は田村荘の中心的な位置にあったと考えられる。戦国期の守山城は田村氏当主の直属とみられ、天正十六年（一五八八）に田村氏が伊達政宗に従属してからは、伊達氏の属城になったと考えられる。

奥羽仕置の後、田村荘が会津の蒲生（がもう）領に編入されると、三春城が、本城の会津若松城の支城となる。やがて支城が守山城に代わり、石垣や礎石建物を持つ織豊系城郭に大改修される。支城主は田丸具直である。現在みられる守山城の姿は、おおむねこのとき形作られた。会津の大名が上杉氏に代わり、関ヶ原の戦い後にふたたび蒲生氏となった後も、守山城は支城であり続け、城代が置かれたが、慶長十四年（一六〇九）までには支城の機能が三春城へと移った。

【遺構の現況】　縄張図に示したように、守山城はⅠの本丸、Ⅱの二の丸、Ⅲの三の丸、Ⅳの出丸およびⅤの城下からなる。本丸には城山八幡宮が鎮座し、二の丸や三の丸の北側半分ほどは守山小学校の敷地となり、城下には国道四九号が南北に通る。そのほかの城域も多くが宅地化し、遺構の残り具合は良好ではないが、現地を丹念に歩くことで、おおよその構造は把握できる。ただし近年は、出丸（でまる）を画する堀や櫓（やぐら）台（だい）が商業施設の建設によって、三の丸西辺の塁線が駐車場の造成、二の丸の一部が小学校のプール建設で、発掘調査による記録保存が図られることなく現状の変更が進んでいる。なお、図中の遺構は、これら近年の開発以前の状況のままとした。

本丸と二の丸は、切岸（きりぎし）のみで画され、堀などはない。両者は一体的に使われていたと考えられる。二の丸は大規模な内堀によって画されるが、内堀の北側半分ほどは埋められ、現況では確認できない。この内堀の二の丸側の壁面に、野面積（のづらづみ）の石垣が構築されている。石垣は二の丸西辺にのみ積まれ、神社参道の部分で途切れること、埋められている北側の内堀にも石垣が存在することなどが、発掘調査で確認された。石

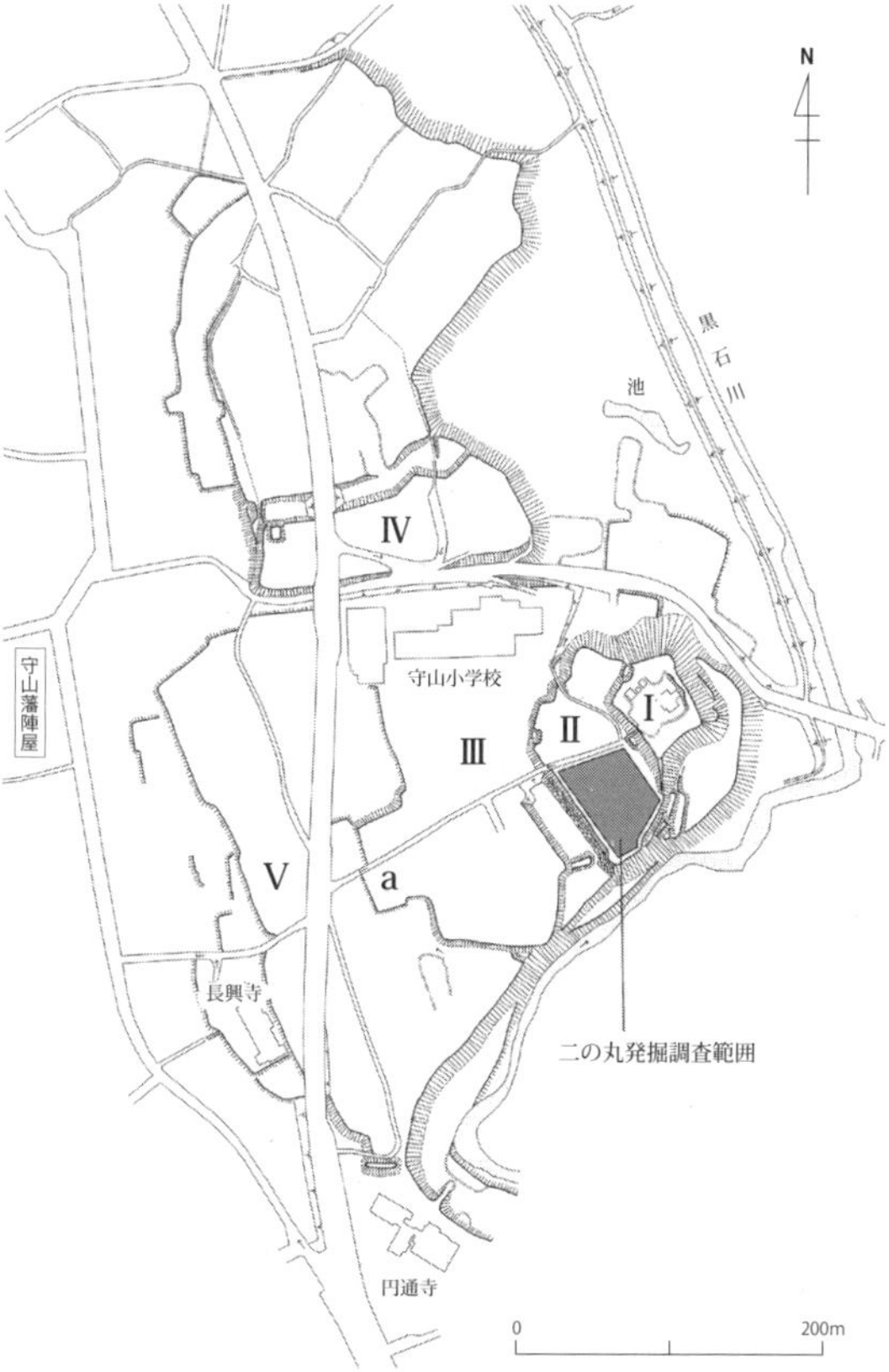

●―守山城縄張図（作図：垣内和孝）

●―内堀の石垣（郡山市教育委員会提供）

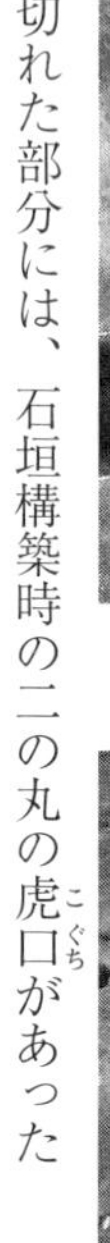

垣の途切れた部分には、石垣構築時の二の丸の虎口があったと考えられる。

地籍図によれば、三の丸も堀によって画されていたらしいが、現況では段差のみが確認できる。aとした部分が城下の側に張り出している。外桝形もしくは角馬出とみられ、守山城の大手門が存在したと考えられる。三の丸北側の丘陵続きには、二本の堀で画された出丸がある。出丸の北西隅には櫓台があり、北側の堀にはこれと連動した土橋が近年まで存在した。しかし、櫓台は削平され、堀と土橋は埋められ、今は見ることができない。三の丸・城下との位置関係から判断すると、出丸は後から増設された区画の可能性がある。城下は、三の丸の西側、出丸の南側の一段低い位置にある。南北方向に道が通り、その両側に展開する短冊形の地割が地籍図で確認できる。道の南端はクランク状に屈曲し、城外に続く。この場所には部分的に土塁が残り、桝形虎口が存在したようである。

守山城は、本丸を中心とした階層的・求心的な構造を持つことが特徴である。本丸・二の丸は城主や城代、三の丸は上層家臣、城下は下層家臣や町人層の空間と考えられる。

●—石敷の礎石建物と井戸（郡山市教育委員会提供）

●—曲水状に屈曲する石組溝（郡山市教育委員会提供）

【発掘調査の成果】　二の丸・三の丸と内堀で発掘調査が、二の丸と出丸で試掘調査が実施された。二の丸からは、礎石建物や石組溝といった石材を用いた遺構がみつかり、中国産・国産の陶磁器やかわらけといった大量の土器類、金属製品や石製品などが出土した。上層から順に第1〜第5の遺構面が確認され、第1遺構面が再蒲生氏、第2・第3遺構面が上杉氏、第4遺構面が蒲生氏（田丸具直）、第5遺構面が伊達氏・田村氏の段階と評価された。

第1遺構面は後世の耕作による撹乱（かくらん）でほとんど失われ、調査区南端付近のみの残存であった。この部分は黄褐色の粘質土でパックされた状態で、撹乱が遺構面にまで及ばなかった結果である。黄褐色粘質土の下層でみつかった倉庫とみられる石敷の礎石建物は、北東隅が激しく破壊され、その石材が隣接する井戸に投棄されていた。建物の破壊、石材による井戸の埋設、黄褐色粘質土によるパックは、廃城にともなう破却行為の痕跡だろう。内堀の石垣にみられる出隅部や築止部の築石の崩落も、このときの破却による可能性がある。

第2・第3遺構面は連続性が強いとされる。第1遺構面と同様に、耕作による撹乱が広範におよび、礎石の大半は動かされ失われていた。ただし、確認された焼土面の範囲が礎石建物の存在を示すと評価され、建物配置の大要が把握された。調査区南西の内堀側は建物のない空間で、建物は北東の本丸側に偏る。このうちの1棟は焼土層で埋められ、その焼土層中から、かわらけや鉄素材がまとまって出土した。明らかに意図的な行為であり、建物を焼失・廃棄する際に行われた祭祀ないし儀礼の痕跡と考えられる。また、建物群背後の北東側の石組溝は曲水状に屈曲し、その北端部分は幅を増しながら調査区外に続く。この先に池の存在する可能性がある。

内容確認を目的とした二の丸の発掘調査では、上層遺構面の破壊をともなう下層遺構面の調査は部分的な範囲にとどまった。そのため第4遺構面は、耕作などの撹乱で露出した石組溝や礎石のみの確認だが、石組溝の向きが二の丸壁面の石垣の主軸と直行・平行することから、石垣の構築期と想定された。第5遺構面は、調査区南端でみつかった石垣構築以前の虎口にともなう遺構面である。厚く造成された整地層が上層にあるため、詳細は不明である。

二の丸の遺構が石材を多用しているのに対し、三の丸や出丸の建物は掘立柱（ほったてばしら）、溝は素掘りであった。石材使用の有無で、二の丸と三の丸・出丸には格差が設けられていた。内堀の二の丸側の壁面にのみ石垣が積まれているのも、二の丸より内側の階層の高さを示す。一方で守山城からは瓦が出土しておらず、建物は瓦葺ではなかった。支城としての守山城には、瓦葺・礎石建物・石垣がそろう本城の会津若松城との間に格差が設けられていたのである。

【参考文献】郡山市文化・学び振興公社編『守山城跡と郡山の城館』（郡山市教育委員会、二〇一一）

（垣内和孝）

福島県

●発掘で姿を現した石造りの城

木村館（きむらだて）

〔所在地〕郡山市西田町木村南
〔比　高〕三〇〜八〇メートル
〔分　類〕山城
〔年　代〕一六世紀中頃〜末
〔城　主〕木村越中守→橋本刑部
〔交通アクセス〕磐越自動車道「郡山東IC」から車で約五分。

郡山東IC
磐越自動車道
木村館
288
0
500m

【位置と概要】　木村館のある田村荘の北西部には、阿武隈（あぶくま）山地から続く丘陵が複雑に開析された地形が広がる。そのような丘陵地は、阿武隈川の東岸沿いまで続く。木村館が立地するのは、阿武隈川東岸近くの独立峰のような山容をみせる丘陵で、周囲に広い平地は存在しない。木村館には新旧の二時期がある。古い時期は、地域の領主である木村氏が城主だった段階で、頂部の主郭を中心に、周囲に派生した尾根上に郭が展開する。その後、天正期の後半になって、伊達氏の強い関与のもとに、城域の北側を中心に大改修されて要塞化し、現在のような姿になった。

また、磐越自動車道や郡山東インターの建設にともない、城域の北東部・北西部で発掘調査が実施され、大きな成果が得られた。特に、一九九一〜九二年に行われた調査では、石積の存在や破却の様相が明らかとなり、南陸奥の城館に対する認識を塗り替えた。

【遺構の現況】　縄張図中の太線で囲われた範囲が磐越自動車道の建設にともない発掘調査され、この部分の遺構は現存しない。また、図には示されていないものの、虎口（こぐち）Eの周辺も郡山東インターとなり現存しない。それ以外はおおむね良好な状態で遺構が残っている。

山頂に主郭1があり、現在は木村神社が鎮座する。ここから南に伸びる尾根に郭2・3などが続き、尾根先に向かって雛壇（ひなだん）状に平場が造成されている。この尾根を南に下ると、無理なく麓の集落に下ることができる。Aの部分に石積がみられるものの、技巧の凝らされた遺構は認められない。主郭から南西に伸びる尾根には郭5があり、その南西端は土塁をともなう浅い堀切で画される。郭5の北端に開く虎口Bは、ルートが屈曲して内桝形となり、わずかだが石積の露出がみられる。古い段階の木村館は、主郭およびこの南と南西に伸びる尾根が城域の中心で、南麓の集落と密着した存在であったと考えられる。

●―木村館縄張図（参考文献に掲載の千田嘉博作成図に加筆）

技巧の凝らされた遺構の多くは、城域の北西から北側に展開する。注目すべきは、αラインと命名された塁線である。αラインは、郭5から西へ派生する尾根の中腹から、一部が横堀となりながら郭10・11などを区画する。その続き部分が発掘調査で確認されており、東西方向に続いた後に郭15のある尾根で南方向に折れ、主郭から東へ伸びる尾根の鞍部まで続く。αラインの北東隅部付近でみつかった虎口は、クランク状に屈曲して桝形となり、側壁は石積の構造である。郭10から北西に派生した尾根には郭12があり、この尾根の先端付近から南方向に、βラインと命名された塁線が一部横堀となりながら城域の西側を画し、αラインに接続する。

●—石材を投棄して虎口を破却した状況
（福島県文化財センター白河館提供）

αライン・βラインという二つの塁線によって、城域の西・北・東を区画する構想のもとに大改修されて要塞化したのが、新しい段階の木村館である。その特徴は、横堀による塁線の形成と技巧的な虎口の採用にあると評価できる。このような遺構の在り方は、新しい段階の木村館が大名間の抗争にともない取り立てられたことを示す。

【発掘調査の成果】　出土遺物には、年代決定の指標となる陶磁器やかわらけなどの土器類のほか、石製品や金属製品などがある。陶磁器類は、大きく二時期に分類できるとされる。そのうち一五三〇年代～八五年の年代観が想定されている古い時期は、ある程度の日常生活用具を備え、その内容は在地領主でも上位階層者を示すとされ、地域の領主である木村氏が城主の段階と評価されている。一方で、一五八五年以降の年代観が想定されている新しい時期は、器種構成が皿類を主体とし、多くの器種が欠落して生活感が貧弱であると指摘され、伊達政宗の強い関与のもとに改修された段階と評価されている。出土遺物の様相が新旧の時期で異なることは、木村館の性格が変化したことを反映する。

遺構でまず注目すべき点は、多くの石積がみつかったことである。石積は、扁平に粗割りされた規格性のない石材を、レンガを積むようにして構築されている。αライン北東隅部では、同様の石積を持つ桝形虎口がみつかった。この虎口には八個の礎石がともない、櫓門の存在が想定されている。その他の建物は掘立柱の構造であり、この虎口の特殊性がうかがえる。これらの石積は、新しい時期の木村館に伴うと評価された。

次に注目すべき点は、破却の様相が明らかになったことである。土塁や石積を崩したり、堀を埋めたりしたことが確認された。特に、αライン北東隅部の石積を持つ虎口は、石材を投棄して埋められており、その景観は非常に象徴的に見える。この破却によって木村館は城としての機能を停止しており、その背景に豊臣政権との関わりが想定された。

【木村越中守と橋本刑部】　地元に伝わった「村明細帳」には、木村越中守が城主としてみえ、天正十一年（一五八三）に田村清顕に滅ぼされたとする。軍記である『奥陽仙道表鑑』は、蘆名氏・二階堂氏・畠山氏と田村氏が争った際、木村氏が田村方から離反して畠山氏に従ったため、田村方の鬼生田氏に攻められて滅亡した経緯を記す。地域の領主である木村越中守が城主であった段階が、古い時期の木村館である。一方で、天正十五年（一五八七）時点の田村領の城館とその城主を列記した「田母神氏旧記」には、木村館の城主として田村氏重臣の橋本刑部がみえる。ところが、橋本刑部を下枝館（郡山市中田町下枝）の城主とする記録も存在する（「田村殿代奥州三春村々舘主書付」「貞山公治家記録」）。

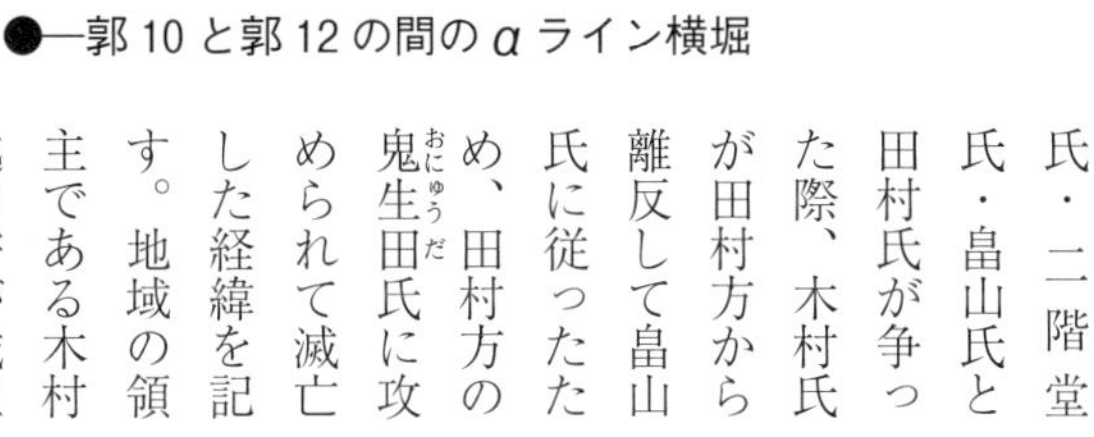
●―郭10と郭12の間のαライン横堀

　木村氏を攻めた鬼生田氏は、木村の北に隣接する鬼生田の領主である。領地が接する木村氏と鬼生田氏に確執が存在した可能性は高い。そのような両氏の対立関係を背景に持つ大名間抗争の際に、木村氏は滅亡したのであろう。その結果、領主のいない土地となった木村は、田村氏の直轄地になったと考えられる。田村氏が伊達政宗に従属した後、伊達氏と佐竹・蘆名氏との緊張が高まるなかで、境目に位置する木村館が改修されて要塞化し、下枝館の城主であった橋本刑部が木村館の城代になったのであろう。この新しい時期の木村館は、大名間抗争に際して取り立てられた城館であったために、奥羽仕置によって存在が否定され、入念に破却されたのである。

【参考文献】福島県文化センター編『東北横断自動車道遺跡調査報告一五』（福島県教育委員会、一九九二）

（垣内和孝）

●田村領南東を治めた拠点城館

小野城（おのじょう）

〔所在地〕小野町小野新町字館廻ほか
〔比　高〕約四〇メートル
〔分　類〕山城（平山城）
〔年　代〕一六世紀
〔城　主〕田村顕基・清通
〔交通アクセス〕ＪＲ磐越東線「小野新町駅」下車、徒歩三〇分。

【田村梅雪斎父子の居城】　田村地方は、田村荘とその南東の小野保から成る。田村庄司一族が治めていた田村荘は、一五世紀後半までに平姓田村氏が統治し、小野保には南から岩城氏が一五世紀後葉頃に侵攻する。その後、岩城家から正室を迎えた田村義顕は、天文期までに小野保を獲得し、三子の顕基（梅雪斎）を送った。そして、梅雪斎とその子・清通（右馬頭）が、小野城を居城として小野保を治めた。

【城の立地と現状】　小野城跡は、右支夏井川を挟んで小野町中心市街地の北西に位置する。町民体育館裏側から南へ延びる尾根に立地し、東は夏井川、南東部は専光寺、南から西側は住宅や耕作地に囲まれている。現在、南西の住宅地と北の体育館裏に城の案内板があるが、体育館からが入りやすいようだ。東側は切岸や竪堀がよく残っているが、南東から西側は開発によりよくわからない。また、北の堀切より北側には明瞭な縄張は見られない。先進的な防御施設は見られないが、市街地と街道を見渡す堂々とした城である。

【城の構成】　城跡は、尾根上に並ぶ曲輪群から成り、南からⅠ郭、Ⅱ郭、Ⅲ郭と呼ぶ。体育館裏から二〇〇メートルほど杉林を進むと、深さ三・五メートル、幅五メートル以上の堀で尾根が分断される。その南のⅢ郭北端には高さ二メートル以上の土塁が残り、そこでは堀の深さ五メートルを超える。東の川岸からⅡ郭との境に掘られた竪堀状の①を登り、その中段からⅢ郭東外縁の帯状の郭を北へ回り込むと堀切に達する。そして、Ⅲ郭北辺中央の②が出入り口と推定され、②を囲むように土塁が残る。

Ⅲ郭とⅡ郭との間は不明瞭で、Ⅱ郭の北東端は①の竪堀上端部で区画され、朽ちかけた木橋が渡されている。Ⅱ郭北辺

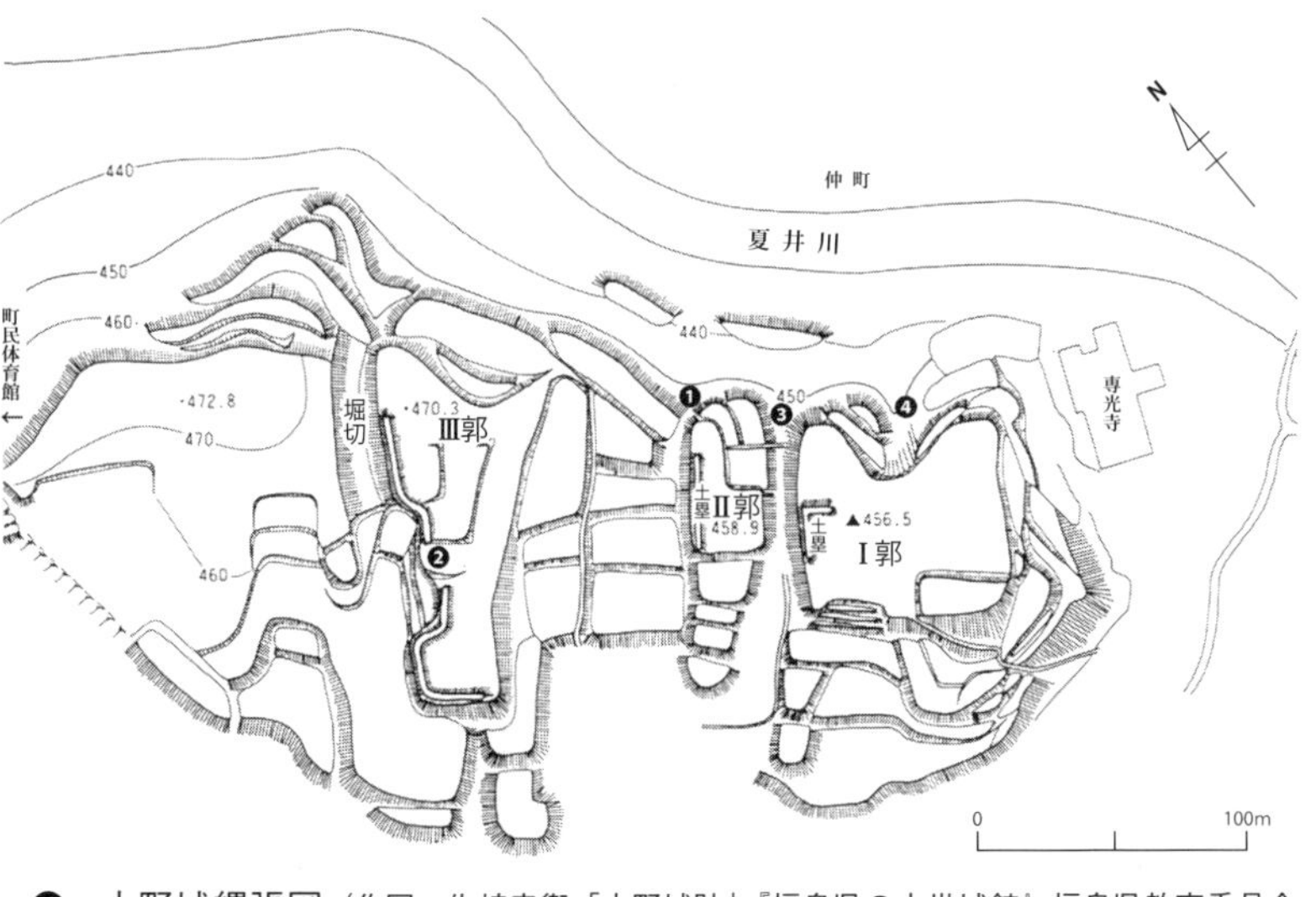

●——小野城縄張図（作図：先崎忠衛「小野城跡」『福島県の中世城館』福島県教育委員会 1988年に加筆.）

にも土塁が残り、郭外からの高さは三㍍程になる。また、Ⅰ郭との境の南東部にも、川岸からの屈曲した竪堀状の掘り込み③があり、Ⅱ郭への出入り口と推測される。そして、Ⅱ郭と小規模な堀切を挟んだ南側に、市街地を見渡す最大の平場Ⅰ郭がある。南東部が墓地で撹乱されているが、さらに何段かの平場が展開したと推測され、墓地北端には大規模な竪堀④がある。

【小野城の終焉】　天正期の田村氏は周囲から孤立し、梅雪斎父子は岩城氏の度重なる攻撃から小野城を死守した。しかし、田村清顕没後の勢力争いで反伊達派に回った梅雪斎らは、天正十六年に田村家が伊達政宗の配下に入ったため、岩城常隆に降り、その進撃に協力する。その後、政宗が南奥を制覇し岩城勢が撤退和睦すると、梅雪斎らは許され帰参するが、翌年の奥羽仕置で田村家が改易、小野城は破却される。現在の小野城は、各郭とも田村方の北向きに土塁や堀が残り、岩城方の南向きに開いている。これは末期に岩城方として利用されたためか、自身の支配地である市街地側には大きな防御施設を築かなかったのか、不明である。

【参考文献】福島県教育委員会「小野城跡」『福島県の中世城館』（一九八八）、高橋宗彦「小野城由来」『新小野町郷土史』（一九九九）

（平田禎文）

●中世石川氏の居城

三蘆城（みよしじょう）

〔所在地〕石川町下泉・当町ほか
〔比　高〕五四メートル
〔分　類〕山城
〔年　代〕〜戦国末期
〔城　主〕〜石川昭光
〔交通アクセス〕ＪＲ水郡線「磐城石川駅」下車、徒歩一〇分。

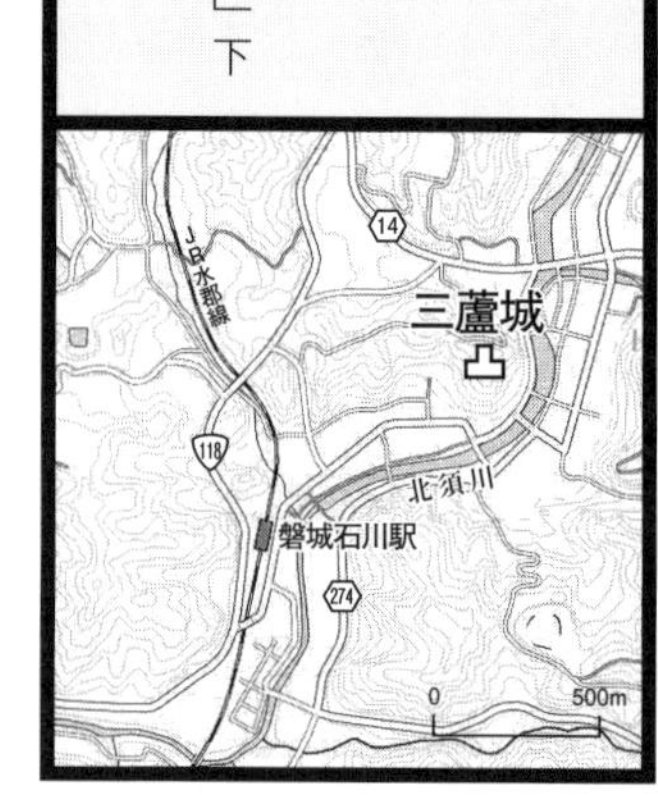

【立　地】　三蘆城（石川城）は、石川町の中央を流れる阿武隈川の支流、北須川北岸に位置し、標高二九〇メートルから三四四メートルの通称「八幡山」と呼ばれる独立丘陵を利用した山城である。地目は主に山林で、主郭部には石都々古和気神社が鎮座し、平場の一部は寺社、住宅、墓地、畑として利用されている。

　交通上の要衝に位置し、北側にはいわき方面へ向かう御斎所街道と、奥州街道須賀川宿へとつづく石川街道が東西に横断し、さらに、水戸方面に向かう茨城街道と、平田・小野方面へと向かう通称「母畑道」が南北に縦断する、街道の結節点となっている。

【形態と規模】　現在残る景観は戦国末期の姿である。主郭部と支城である通称「西舘」、そして「愛宕台」の三カ所によって構成される。城域は東西約七五〇メートル、南北約三九〇メートルにおよぶ。山肌には巨大な花崗岩が露出し、また、城の東側から南側を流れる北須川を自然の外堀とした、防衛上理想的な天然の要塞である。

　特に主郭部については、三方が急崖で、東西八〇メートル、南北三〇〜四〇メートルの平場からなり、西辺には高さ最大約五メートル、長さ約六〇メートルの土塁が、東側には三本の畝状竪堀が残る。また、頂上部から裾部にかけて、平場と切岸からなる大小百カ所におよぶ曲輪群が存在する。

　主郭部西側は大堀切（幅一九メートル、最深七・二メートル、最大長約五〇メートル）が穿たれ、曲輪群からなる西舘を隔てている。北側に

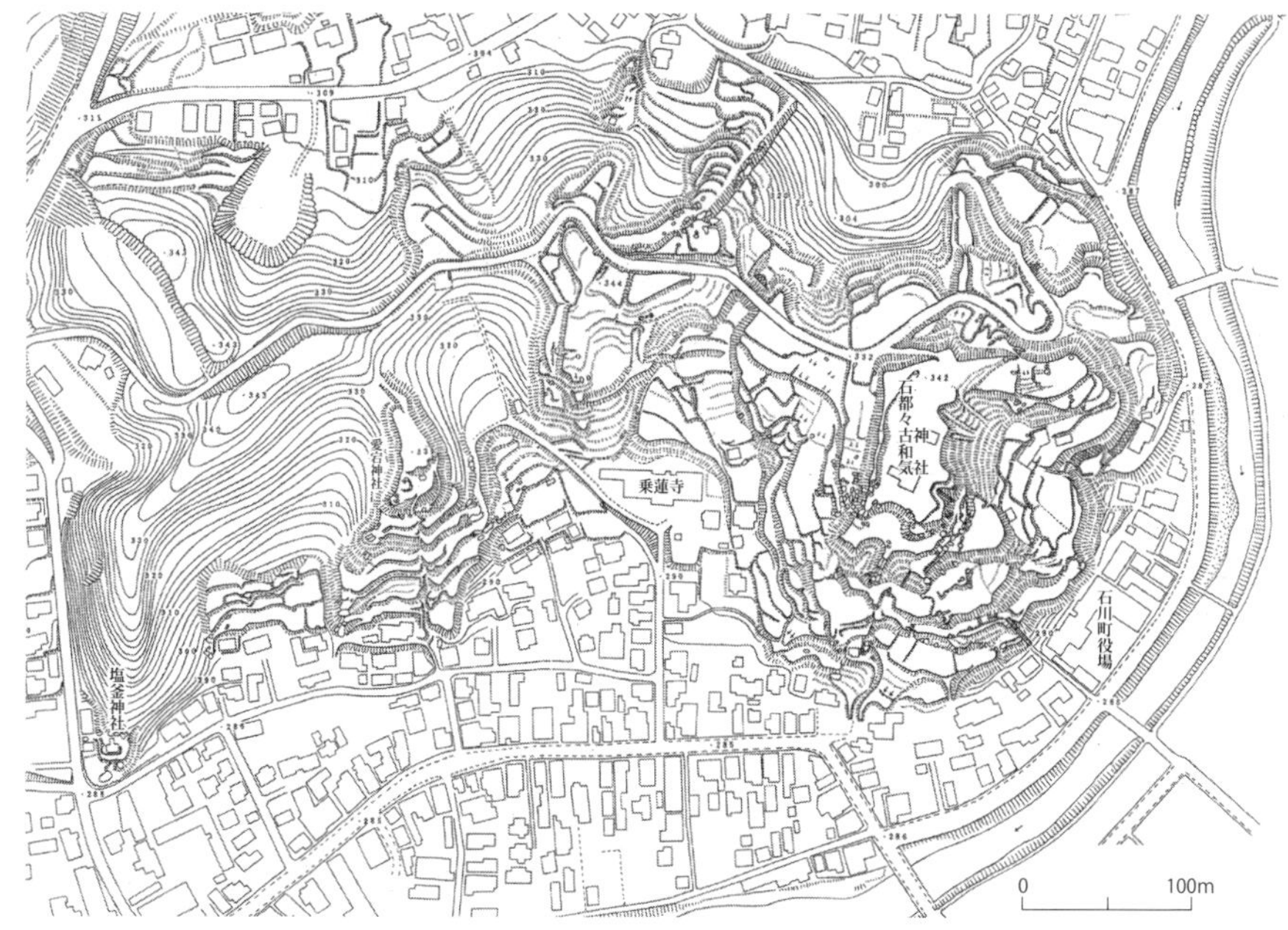

●—三蘆城縄張図（作図：佐伯正廣）

●—三蘆城主郭部遠景（東側から撮影）

は長さ約八〇メートルの竪堀があり、切岸を多用する本城本来の縄張とは異なることが指摘されている。

【発掘調査成果】

　これまで部分的な発掘調査が一一度行われているが、調査面積は全体の一％にも満たない。

　主郭部の調査では、帯郭（おびくるわ）北端から櫓（やぐら）と推定される柱跡が一基と、烽火（のろし）台とされる焼土痕が検出された。急傾斜地対策事業にともなって行われた通称「愛宕台」（出城）の調査では、狭小ながらも平場と切岸が連続する遺構群が検出され、南側裾野からは虎口と土塁状遺構が検出された。また、虎口西側の裾野部分の平場からは、径五・四メートル、深さ二・八メートル規模の水場遺構が検出され、底面からは茶臼が出土している。この水場遺構と茶臼の存在から、平時においても城内に居を構えていたことが想定される。

遺物はわずかながら出土している。主郭部では土師質土器（かわらけ）が出土し、これらは、一五世紀前半と一五世紀末〜一六世紀前葉の二時期分けられる。また、大皿と小皿の二相が見られ、大皿は厚手のもの、小皿は厚手と薄手の二種がある。西舘頂上付近からは古瀬戸産灰釉陶器碗の破片資料が一点出土しており、一五世紀から一六世紀の所産である。なお、愛宕台の調査では平場内から硯、切羽等が出土している。

●—「愛宕台」付近の切岸・平場遺構（石川町教育委員会提供）

【「泉谷」の開発と築城時期】　本城は、石川氏の祖・石川（源）有光が平安時代に築城し、最後の城主昭光が奥羽仕置で領地を没収されるまでの、石川氏の居城と伝えられる。もちろん、平安期の築城ということは伝説に過ぎない。ただし、城の南東側に位置する薬王寺（真言宗）には、藤原様式の名残が見られる薬師堂と、本尊木造薬師如来坐像（一二世紀後半の作）があり、近年、有光は一二世紀前半の人物とされていることからも、平安末期には城周辺の開発が石川一族によって行われていたことが考えられる。

小豆畑毅は、三蘆城の城主の居所を「泉」とし、本城の東側から南側にかけての谷部「泉谷」の開発は、平安末期に行われたものの、頻発する洪水のため中止したとしている。このことは、令和元年十月の台風で旧市街地が被害を受けたことも記憶に新しいが、この一〇〇年で四度の水害に見舞われていることからも頷ける。また小豆畑は、「泉谷」のその後について、薬王寺薬師堂の木造月光菩薩立像の胎内銘に延文二年（一三五七）の修復年代があること、同寺に鎌倉末から南北朝にかけての版木八一枚が伝わること、そして、「泉谷」に所在する石造塔婆（板碑）の年号が鎌倉末期から見られることから、一四世紀前期には再開発が行われたとし、その再開発を行ったのが、石川一族惣領「石川泉氏」であるとしている。

なお、永享八年（一四三六）開山の長泉寺（曹洞宗）境内には、石川氏一七代義光から二三代晴光まで七代の墓があり、また、石都々古和気神社に伝わる応永三十年（一四二三）銘の銅製鰐口は、一九代持光によって寄進されたものである。さらに、主郭部の発掘調査で出土した土師質土器の年代からも、一五世紀前半頃までには築城に至ったものと思われる。

【三蘆城の廃城】　一五世紀中頃の石川氏を取り巻く政治的環境を見ると、国人から戦国大名へと力をつけていった蘆名・岩城・白川・伊達・田村といった諸氏に囲まれる中、やや出遅れながらも石川氏は戦国大名への道を歩み始めた。しかし、一六世紀中葉以降に活発化した蘆名・田村両氏の南下、そして常陸佐竹氏の北上、さらには伊達と佐竹の覇権争いの中で、石川氏は徐々に弱体化していく。最後の城主となった昭光は、二度にわたって本城を手放しており、その間は、蘆名氏が三蘆城を手中にしていた。

天正十八年（一五九〇）八月、奥羽仕置により昭光は甥にあたる伊達政宗を頼って石川を離れるが、その時期は同年十一月末とされている。その後、石川の地は蒲生氏によって支配されることとなる。

【参考文献】　佐伯正廣「石川地方の中世城館（五）」『石川史談』（石陽史学会、二〇〇二）、石川町教育委員会『三蘆城跡—当町・下泉地区発掘調査報告書—』（二〇〇四）、小豆畑毅『陸奥国の中世石川氏』（岩田書院、二〇一七）

（角田　学）

●伊達氏と相馬氏の「境目の城」

駒ヶ嶺城

〈所在地〉新地町駒ヶ嶺字舘・清水
〈比　高〉四〇メートル
〈分　類〉山城
〈年　代〉一五七〇年～一八六八年
〈城　主〉原氏・藤崎氏・黒木氏・桜田氏
〈交通アクセス〉ＪＲ常磐線「駒ヶ嶺駅」下車、徒歩二〇分。

【山城の構造】　新地町駒ヶ嶺上の町・新町（旧駒ヶ嶺宿）北側の丘陵に立地し、南に立田川、北に開析谷が入る地形である。南北約三五〇メートル、東西約三〇〇メートルの規模である。標高約五五メートルの本館を最高所として、本館の北東隅には喰違虎口があり、北側と西側のみに土塁が巡る。南西側には段差があり、緩く下がって西館があり、西館北西側のみに土塁が巡る。この土塁に連続して、南北隅に内枡形の虎口がある。本館北側に土塁を挟んで一段下に三ノ館があり、本館東側の一段下に二ノ曲輪がある。

西側外郭ラインは二重の堀と土塁による長大な防御ラインがある。本館・西館・三ノ館の東側には腰郭が巡り、北東側と南西側には二重の堀と土塁の外郭ラインがある。この外郭ラインの西側にも広い曲輪の存在が推定される。東側にある稲荷社跡に向かって大手道とされる通路があり、南に向かって、西館桝形虎口から土橋・腰郭をへて南に下る搦手がある。さらにその南東外側に、水の手と思われる井戸がある。その水の手の南側には湿地があり、「御池」と呼ばれている。そして南側腰郭を経由して、南に下る「大手道」に至る。

【境目の城】　伊達氏と相馬氏の緊張状態の中で、相馬盛胤が築いた「繋ぎの城」とされ、永禄末年（一五七〇）から天正四年（一五七六）に築城したと考えられている。天正期は伊達輝宗・政宗がしばしばこの近辺に侵攻して、相馬盛胤・義胤と対峙して、戦ったことが知られている。

天正十七年（一五八九）には、伊達政宗の侵攻により攻略され、伊達氏領の「境目の城」となった。『東奥中村紀』『伊達治家記録』などによると、この天正十七年の侵攻では、「水曲輪の虎口」付近での攻防が熾烈で、伊達方は四方から囲み、「二ノ曲輪」まで攻め取ったが、「本丸」までは攻め切れなかったことが、伝えられている。

江戸時代になると、仙台藩領最南端の藩境の「要害」となり、幕末まで維持される。戊辰戦争の慶応四年（一八六八）相馬藩境の要衝、駒ヶ嶺口で、仙台藩が本陣を置くが、西軍の一斉攻撃で、一日で陥落・炎上している。戦国時代末期から幕末で機能した「境目の城」と言える。

【参考文献】石原敬彦「七 駒ヶ嶺城（臥牛城）」『福島県の中世城館跡』（福島県教育委員会、一九八八）、松岡進『戦国期城郭群の景観』（校倉書店、二〇〇二）

（飯村 均）

●—駒ヶ嶺城縄張図（作図：石原敬彦）

●—本館北東隅虎口

●—西館南西隅桝形虎口

●戦国時代末期の境目の城

天神山城（てんじんやまじょう）

〔所在地〕楢葉町北田字上ノ原
〔比　高〕三八メートル
〔分　類〕丘城
〔年　代〕戦国時代末期
〔城　主〕不明
〔交通アクセス〕ＪＲ常磐線「木戸駅」下車、徒歩四〇分。

【岩城と相馬の境目】　天神山城は楢葉（ならは）町の中央を東流する木戸川河口の左岸の段丘上に占地する。標高は三八〜三九メートルである。双葉郡南部の楢葉地域（富岡町・楢葉町・広野町）は、岩城氏と相馬氏との間で激しい戦闘が行われた境目の地域にあたることから、本城館もこうした戦いに備えて築城されたと考えられている。

【技巧的な城館】　天神山城は、北側と東側を幅約四〇メートルの堀により区画された台地の内部にあたり、南北六〇〇メートル・東西三〇〇メートルの広大な範囲が城域となる。現在は埋められているが、堀は人為的に掘られたもので近年まで湿地帯となっていた。ところどころ土橋（どばし）状の区画がみられ、堀の内側には土塁（どるい）が遺存していた。この堀は本来、台地を完全に掘り切っていたものであろう。城館の南側は木戸川の急崖、東側は太平洋に面し急崖となる。

城郭の本体部分は土塁に囲まれた範囲で、南北四五〇メートル・東西二〇〇メートルを測る。中心部の曲輪は、本城地区と称するⅠ郭・Ⅱ郭である。規模は南北一〇〇メートル・東西五五メートルを測る。土塁と空堀（からぼり）の組合せによる防御がなされる。土塁の高さは二メートル、上幅約一・二メートルを測る。堀は上幅約五〜六メートル、下幅二メートルの薬研堀（やげんぼり）である。本城地区の外側は、折れをもつ土塁によって区画され外郭と称する。外郭南側は独立したⅢ郭となる。Ⅲ郭の南西端に土塁の一部が遺存しており、Ⅲ郭の東西幅が八〇メートル程度あったことがわかる。城郭の西側遺構のほとんどは、崖線の後退によって崩落している。外郭の土塁は所々に折れ線をもち、横矢掛りを意識している。また外郭南東側には土塁に沿って空堀もみられる。外郭へ入る虎口は北側と東側にあり、いずれも喰違虎口となる。Ⅰ郭北側の土塁の切れ目は当時の虎口ではなく、北田八幡宮遷宮に伴う入口と思われ、外郭からⅢ郭に回り込みⅡ郭・Ⅰ郭と進むのが本来のルートであろう。なおⅠ郭に所在する北田天満宮は明治十二年（一八七九）に遷宮したものである。昭和五十五年（一九八〇）にⅡ郭の試掘調査と全域の地形測量が行われたが、中世の遺物は出土しなかった。Ⅲ郭の南側には弥生時代の墓域である天神原遺跡が所在する。

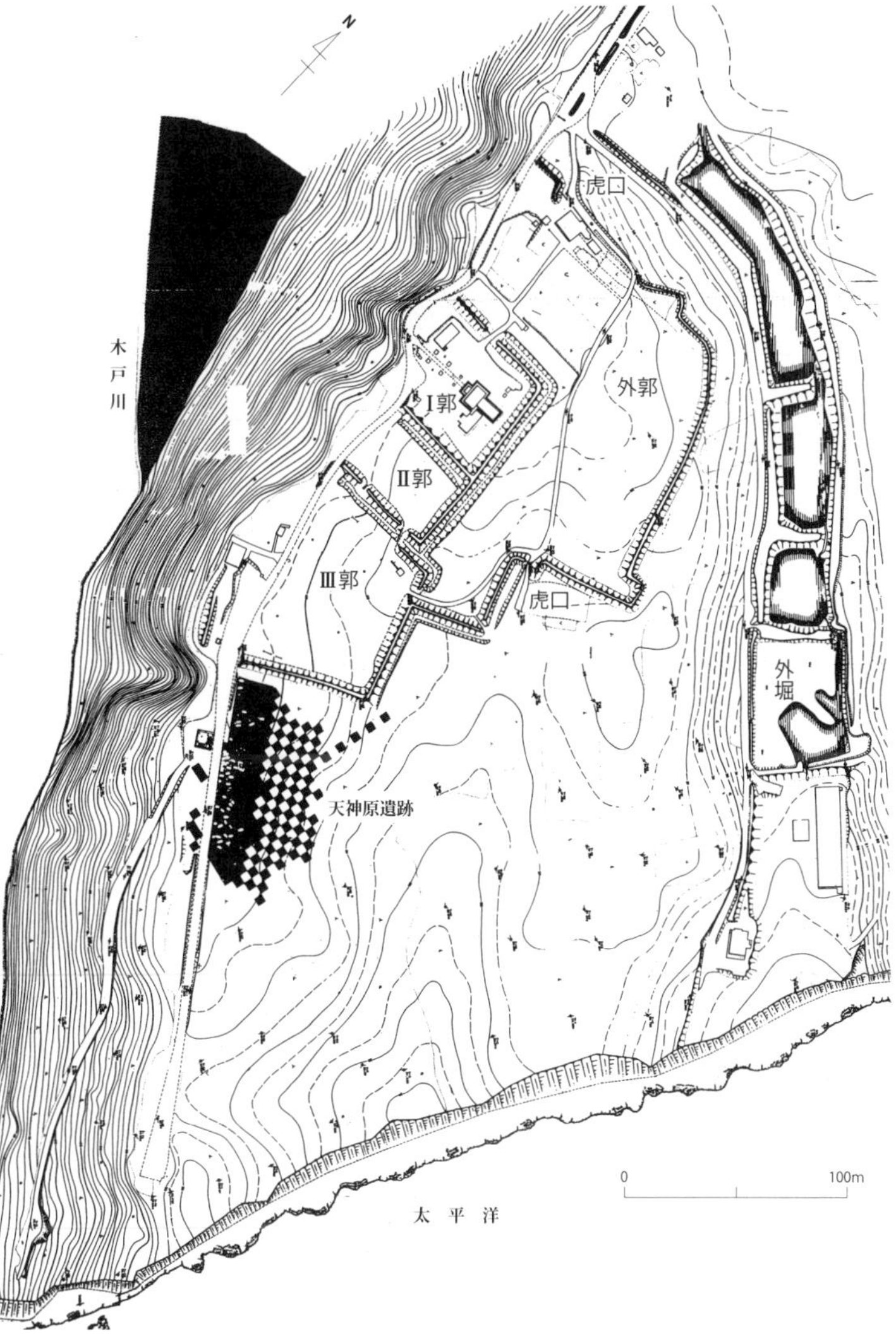

●—天神山城縄張（楢葉町教育委員会提供）

【戦国時代の楢葉】 戦国時代の楢葉は、岩城氏と相馬氏の角逐の舞台であった。文明年間（一四六九～八六）にいわき地方を統一した岩城氏は、もともとの領主楢葉氏を圧倒し楢葉地域に進出した。楢葉氏の居城であった楢葉城（木戸山田館）には家臣の猪狩氏を入れた。天文年間（一五三二～五四）には相馬氏との岩城氏の間で楢葉地域を巡る争いが激化する。天文三年（一五三四）、木戸川合戦に勝利した相馬氏は楢葉以北を領有

●―木戸川から見た天神山城

する。元亀年間になると岩城親隆は、富岡城に拠る相馬氏の家臣室原伊勢を攻め楢葉・富岡を奪取し、これ以降ふたたび楢葉地域は岩城領となる。豊臣秀吉の奥州攻めの後、佐竹から入嗣した能化丸（岩城貞隆）は、相馬義胤の娘を正室に迎えたことにより、岩城氏と相馬氏は佐竹氏の縁戚として友好関係を保ち、関ヶ原合戦ではともに西軍に味方をした。

【城館の評価】 天神山城は、台地先端を巨大な堀切で区画し広大な城域を設定し、土塁・空堀を組み合わせ、複数の曲輪で構成された技巧的な縄張の城館である。外郭土塁の南側の広大な敷地に、大人数の兵を駐屯させることを想定しているのは明らかである。天神山城の築城時期は、縄張の特徴から見て戦国末期と思われる。岩城氏領国北方の境目における城として、楢葉支配の拠点である楢葉城と連動して機能させるために、築城されたのであろう。城主についてわかる史料はないが、文禄年間（一五九二～九五）の岩城氏家臣団総知行替え以前の築城であれば、楢葉城を預かっていた猪狩氏によって作られた可能性が高い。

【参考文献】 楢葉町『楢葉町史』第一巻通史上（一九九一）・第二巻（一九八八）

（中山雅弘）

●戦国大名岩城氏の本城

白土城（しらどじょう）

〈所在地〉いわき市平南白土
〈比　高〉八〇メートル
〈分　類〉山城
〈年　代〉一五～一六世紀
〈城　主〉岩城氏・白土氏
〈交通アクセス〉ＪＲ常磐線「いわき駅」下車、徒歩三〇分。

【地理的環境】　白土城は、阿武隈（あぶくま）高地から東に延びる標高約一〇〇メートルの支丘陵の先端に占地する。夏井川（なついがわ）と新川（しんかわ）の合流点である白土地区の南側に位置し、いわき市平の市街地を北に一望することができる。

　白土城の北西三〇〇メートルの北白土には方形居館の白土堀ノ内館がある。この居館を経由して平地区から大国魂（おおくにたま）神社や古代官衙（かんが）跡が所在した夏井地区へ向かう街道が通っている。この街道が通る白土城の北側の山裾には「古宿」の字が残る。また近世の地誌によれば西側の山裾には「根小屋（ねごや）」の地名がかつて存在した。白土城の中腹には岩城氏の菩提寺の増福（ぞうふく）寺が所在する。岩城隆忠（たかただ）・親隆（ちかたか）・常隆（つねたか）三代の墓所である。また付近には磐城三十三観音札所の竜沢（たつざわ）観音がある。

【歴史的背景】　白土（鎌倉時代の東目村）は、鎌倉時代の好嶋荘（よしまのしょう）の地頭岩城氏の政所（まんどころ）があった場所で、夏井川と新川の合流点でもあり物流の集散地であった。

　一五世紀には、岩城氏の庶流である白土隆忠が周辺の国人（こくじん）領主との争闘を勝ち抜き由緒ある「岩城」を名乗り「岩城郡主」（清滝（きよたき）観音堂棟札（むなふだ））と称した。白土城はこうした歴史の中で「白土要害」として史料（「呑空（どんくう）書状」）に現れる。岩崎氏を打倒した岩城氏（親隆・常隆）は岩城郡・菊田郡・楢葉郡を領有し、文明年間、本拠を大館城に移した。隠居した親隆は堀ノ内殿と称され白土堀ノ内館に居住した。天文年間、成隆の代には弟の重隆が白土城主であった。このように白土城は単なる一支城ではなく、大館城を核とする岩城氏の支城体

●—白土城縄張図（作図：齋藤慎一）

制の重要な一角とされていた。

白土城が危機を迎えるのは天文三年（一五三四）の相馬氏との合戦で、木戸川で岩城勢は敗北し仁井田城（四倉）まで退却した（『奥相茶話記』）。後述する一六世紀代の大規模改修は、このような危機に際してのものだったと考えられる。重隆以降の城主の確実な史料はないが、近世の地誌によれば「白土摂津守」の居城と伝えられる。白土摂津守は一六世紀末の岩城家宿老である。重隆が家督を相続し大館城に移った後、岩城氏一門の白土氏が白土城の城主になった事実を、白土摂津守の名前で伝承したのではないだろうか。

【城郭の構造と発掘調査】 白土城は、東西約一キロ、南北約九〇〇メートルの巨大な山城である。狭隘な谷を挟んで南北二つの丘陵に分かれる。魚鱗のように二〇〜五〇メートル程度の平場が全山に配され、平場を縫うように主郭への通路が巡る。

主郭は北側の丘陵頂部（A地区）で各所に虎口・土塁・堀切が設けられる。虎口は折れを持つ技巧的なものである。A地区の周辺には数段の曲輪（C・D地区）が配されるが、これらは主郭に取りつく従属的な空間であろう。B地区は城を南北に貫く山道の西側で、岩城氏の菩提寺増福寺が所在する。増福寺の北側の平場は城の最高所で西の物見の役割があったのだろう。E地区はA地区からは独立した曲輪群である。堀切を多用する特徴がある。縄張調査によれば、白土城の中でも新しい時期の遺構とされる。

白土城では三次にわたり発掘調査が行われた。A地区とE地区の間の谷に面したA地区側の平場群の一次調査、A地区とB地区の間を通る道路改良工事にための道路に面した平場群の二次調査、D地区の先端部の平場の三次調査である。

●—白土城全景

一次調査では大規模な削平と盛土による二〇ヵ所の平場の造成が確認された。遺構は物見的な掘立柱（ほったてばしら）建物跡が一棟検出された程度であり、居住空間というよりは守備的、防御的な空間と評価された。出土遺物は、一五世紀代の中国陶磁器や古瀬戸製品である。二次調査でも大規模な削平と盛土による、五ヵ所の平場の造成が確認された。居住施設と思われる掘立柱建物跡が三棟検出された。遺物は一五世紀だけでなく一六世紀の遺物（中国製青磁碗・青花（せいか）碗、瀬戸美濃大窯製品）も出土した。一五世紀の陶磁器類は盛土中から出土したことから一六世紀代に平場の造成が行われたことが分かる。三次調査のD地区では平場からわずかな柱穴が検出されたのみであった。

以上の調査成果から、白土城の変遷をみてみよう。まず一五世紀前葉にA地区を中心に要害が築かれた。その後、白土氏が戦国大名化し岩城氏を名乗る過程で、普請（ふしん）を繰り返し城域も拡大する。E地区はA地区より後に付加された曲輪である。また、新しい構造の虎口をもつE地区とA地区主郭の虎口の構造がよく似ており、一六世紀代の改造の際に、A地区主郭の虎口も改造を加えていると考えられている。さらに、A地区南部の平場（二次調査区）も新たに造成された。このように戦国時代を通じて繰り返し改造が行われたのである。

【参考文献】齋藤慎一・西股総生・松岡進「好島荘の中世城郭（2・3）」『中世城郭研究』第5・6号（一九九一・一九九二）、いわき市教育委員会『白土城跡』（二〇〇六・二〇〇八）（中山雅弘）

お城アラカルト

阿武隈高地の小さな城館

中山雅弘

匠番柵館・殿田館・屹館の三つの城館が所在する福島県いわき市三和町差塩は、阿武隈高地の山間の地である。いわき市から中通り方面に向かう二本の主要街道（国道49号沿い・JR磐越東線沿い）の中間地帯にあたり脇街道が通っている。

匠番柵館は標高五一四メートル、比高三〇メートルの丘陵上に、低い土塁に囲まれた六〇メートル四方程度の方形の平場とその周囲に腰曲輪状の平場が配される。土塁は基底幅一・二～一・五メートル、高さ〇・二～〇・五メートルを測り、東側には作られていない。積土は表土に黒褐土を盛ったもので版築はなされない。中世の建物跡などの遺構は検出されなかった。遺物は、瓷器系陶器の甕二点・鉢一点の破片があり一三～一四世紀の在地産とされる。

殿田館は標高五一六メートル、比高三四メートルの丘陵上に占地する。頂部は約二七×二五メートルの台形状を呈する単郭の平場となる。北・西・南の三方を土塁で区画し、西側尾根を堀切で切断する。堀切に上がってくる道が接続する。土塁は基底幅六・六メートル、高さ三メートルを測る。積土は版築が施される。堀切は、上幅八メートル、底幅二メートル、深さ三・五メートルを測る。平場からは掘立柱建物一棟と土坑が検出されている。また、東側には犬走り状の平場が付属しており、南東隅からは三角形の構造物となる柱穴が検出されている。瓷器系陶器の壷の破片二点が出土し一四世紀に比定されている。

屹館は標高五一〇メートル程度、比高約三〇メートルの丘陵上に占地する。この城館は、前二者が道路の交差地点に面した丘陵の先端に位置しているのと異なり、丘陵尾根のやや奥まった鞍部に作られている。尾根の一部を堀と土塁で区画し二つの平場を設定した複郭の城館である。主郭は隅丸長方形で、二重の堀と土塁がめぐる構造で、主郭には土塁と堀を迂回しながら入る構造である。平場は一辺五〇メートル程度。北側尾根を横断する土塁があり、主郭の北に接続する曲輪が設定されている。発掘調査は実施されていない。

三つの城館は、土塁の高さ・規模、単郭から複郭への変化などを勘案すると、同時期に存在していたのではなく、匠番柵館→殿田館→屹館の変遷が推定できる。時期はおおむね匠番柵館が一四世紀代、殿田館が一四～一五世紀代、屹館はそれ以降の時期（一五世紀代）と考えている。

差塩の城館はどのような歴史的背景の中で出現したのだろうか。宝徳三年（一四五一）の小峯氏宛の岩城清隆書状は、この間の事情がよくわかる史料である（「有造館本結城古文書写」『いわき市史第八巻』）。「（前略）——一先日進之候、御領之内ニ、長井さいしょ（永井差塩）の事ハ、いまも百姓等在所ニい申候所ニ候へハ、近々ニ被成御代官、御領之様をも見せられ候ハん事、目出度存候——（後略）」。この年、岩城清隆（岩城氏惣領）が一族好島氏の所領長井（三和町永井）ほかを白川氏の一族小峯氏に去渡したのだが、文書からは百姓たちが今も在所に居たままであること、新領主の小峯氏も今だに現地を確認できていないことなどがわかる。

一五世紀中葉のいわき地方では、岩城氏惣領の岩城清隆、急速に力をつけてきた一族の白土隆忠、常磐・内郷地区に本拠を置く岩崎氏の争いに、上乗院門跡領菊田荘代官を兼帯する白川直朝が介入し、複雑な展開をみせていた。頻発していた国人領主間の所務相論の根本原因に、支配下の農民百姓の逃亡とその返還を巡る領主同士の確執があったが、本史料は領主間での百姓支配における連携の実態を垣間見せるものである。こうしてみると、差塩地区の城館のいくつかは、百姓等の逃亡と抵抗に関わる遺構と評価することができる。

【参考文献】いわき市教育委員会『東北横断自動車道遺跡調査報告三〇』（一九九五）、飯村均「「館跡」「城跡」という遺跡」『中世奥羽のムラとマチ』（東京大学出版会、二〇〇九）

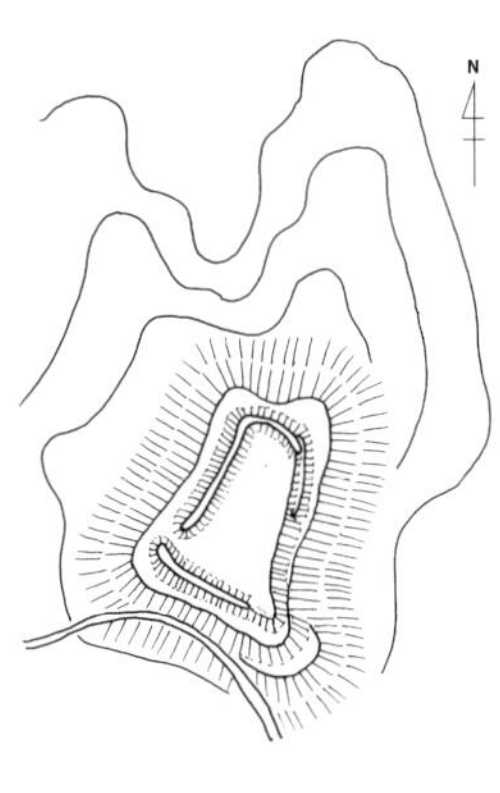

●—匠番柵館縄張（作図：中山雅弘）

●—殿田館縄張（作図：中山雅弘）

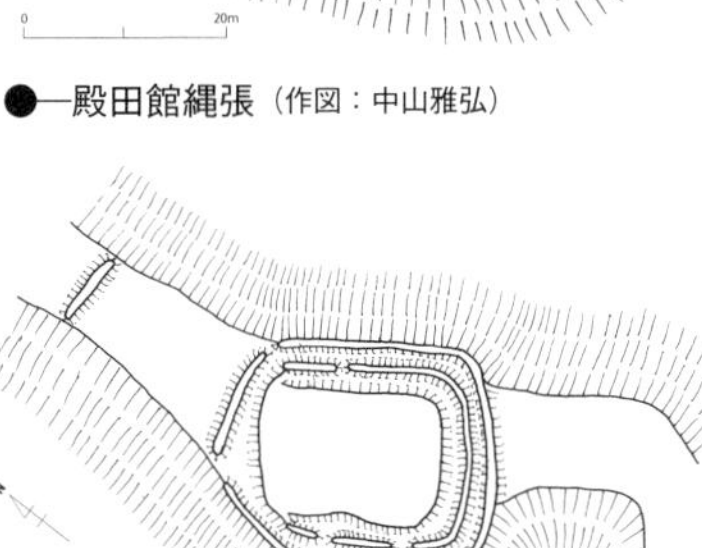

●—屹館縄張（作図：中山雅弘）

お城アラカルト

河岸段丘に並ぶ城館群

井沼千秋

福島県伊達郡桑折町にある桑折西山城とその周辺の町場、街道は、伊達稙宗が一六世紀前半代に城とともに整備した可能性が高い。これら町場や街道は、阿武隈川に臨む河岸段丘上に立地しているが、その段丘崖の部分には、たくさんの城館群が築かれている。その配置は、桑折西山城を扇の要とするように並んでいる。

【播磨館とその周辺の城館群】　桑折宿の南方の段丘崖上に播磨館跡がある。鎌倉時代に伊達氏から分かれた桑折氏の居館とされている。南北朝時代には、南朝方に付いた惣家伊達行朝に対し、伊達政長がいち早く北朝方に下り、独自に行動している。また、伊達氏天文の乱の際、桑折景長は、伊達晴宗方に与し、懸田・亘理氏といった国人に次ぐ席次を与えられ、晴宗が奥州探題に任じられた際には、守護代となっている。なお、桑折氏は享禄年間（一五二八～三二）頃には、長井の小松城（山形県川西町）に入っている。江戸時代、館跡には幕府の蔵や郷蔵が置かれていた。

館跡は、町営住宅などの住宅地となり、遺構は南西の櫓台状になった切岸や道路となっている北辺の空堀が残されるのみであるが、発掘調査の結果、井戸跡から、一四世紀および一五世紀末から一六世紀に比定される二時期のかわらけを中心に、貿易陶磁など、伊達氏本城とされる桑折西山城や梁川城と比較しても勝るとも劣らない遺物が出土している。

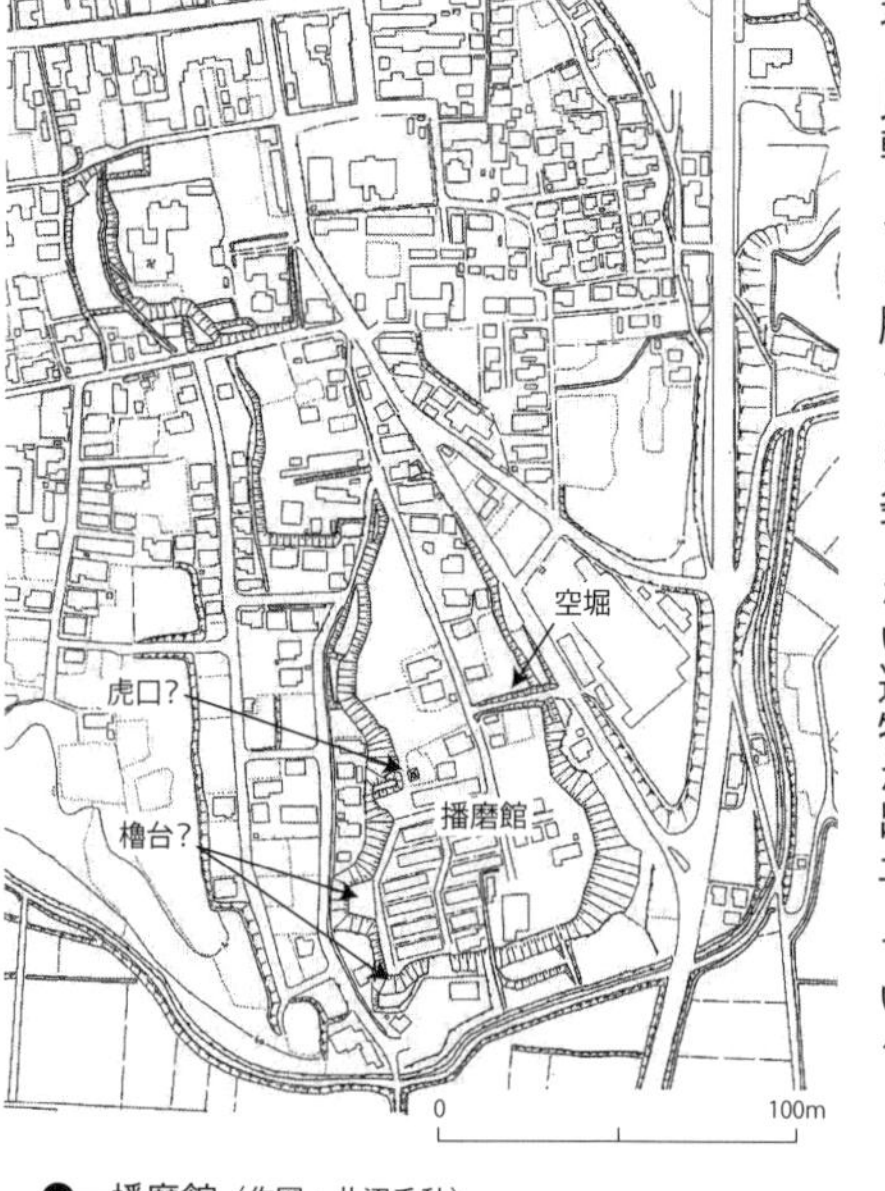

●―播磨館（作図：井沼千秋）

段丘崖上には、播磨館から東へ、神十郎館・左衛門館・文吾館・弁慶館が並ぶ。播磨館と文吾館は、後背地から切断する空堀が営まれているが、他のものには見られない。これらの城館名は、播磨館が、先出の桑折景長（貞長）やその父宗秀および子の宗長（点了斎）が播磨守を称したことに、文吾館が景長の三男豊後に、弁慶館が同じく五男で原田家を継ぐことになる甲斐宗資の幼名弁慶に、左衛門館が景長の娘の子石母田左衛門景頼（近世になって桑折氏を継ぐ）にちなむことが推定される（広島県桑折氏所蔵「桑折家系図」（『桑折町史第五巻』所収）。播磨館から東に続く城館群が、桑折氏一族の城館であると認識されていたことがうかがえる。

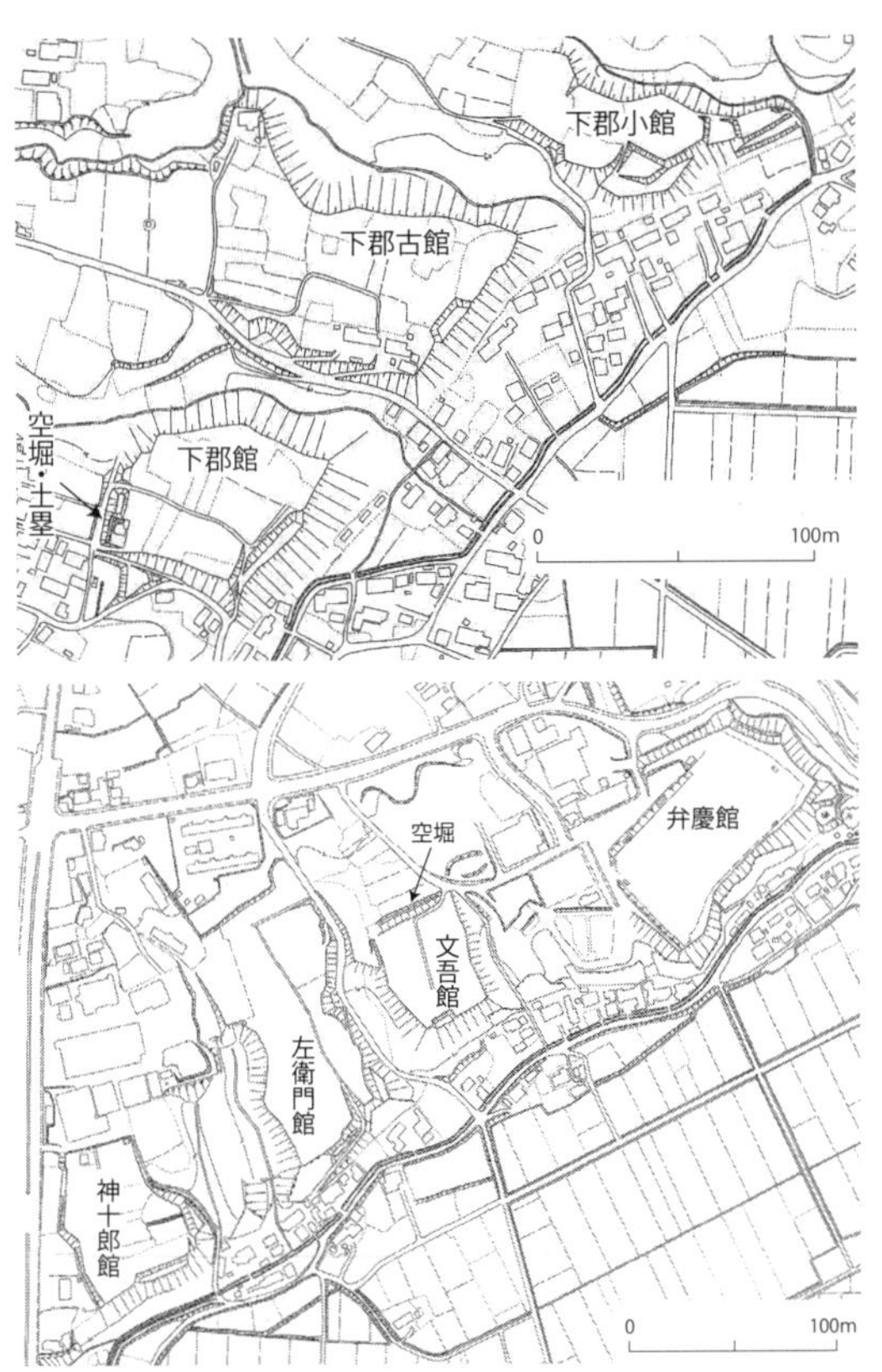

●—上　下郡館・下郡古館・下郡小館
下　神十郎館・左衛門館・文吾館・弁慶館
（作図：井沼千秋）

【伊達崎城とその周辺の城館群】 段丘崖は、桑折町の伊達崎地区で北に折れ曲がる。そこに位置するのが伊達崎城である。段丘崖と北側の式部坂と呼ばれる谷で囲まれた舌状台地上に、西側の方形館「西館」を中心とした城館が営まれている。伊達崎城は、伊達氏初代朝宗六男を祖とする伊達崎氏の居館と伝わる。伊達崎氏は、後に惣家伊達氏の混同を避けるため、田手氏と改め、一六世紀ごろには、伊具の角田城に移っていた。

伊達崎城から大字下郡地区まで、小さな谷を挟んで、下西館・下郡小館・下郡古館・下郡山館が続き、七沢八館等と呼ばれている。下西館と下郡山館には、後背地と切断するための土塁と空堀が営まれているが、他のものには見られない。

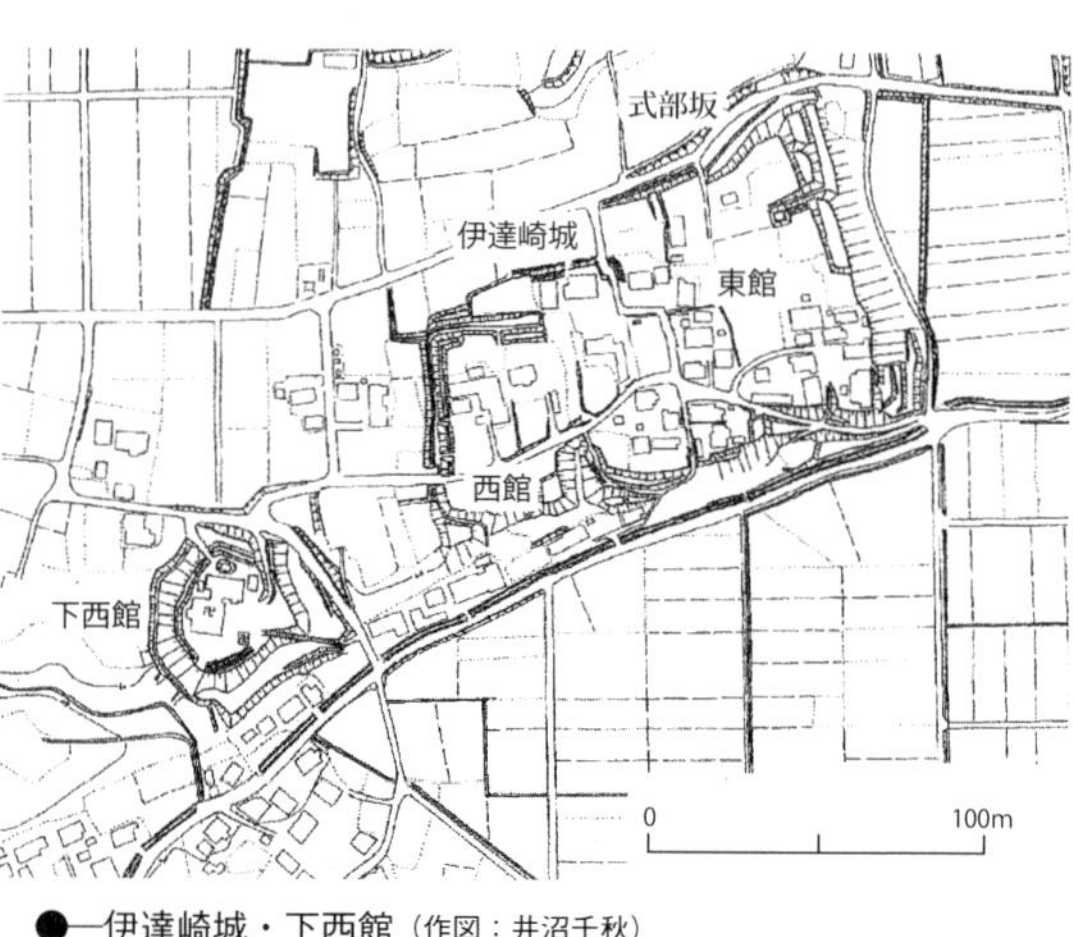

●―伊達崎城・下西館（作図：井沼千秋）

【段丘上に並ぶ城館】 段丘崖上に展開する城館群のうち、播磨館は、かわらけや貿易陶磁の出土から、一四～一六世紀の領主層の居館と推定される。館主は、伝承どおり、伊達氏一族の桑折氏が比定される。室町時代から戦国時代にかけて、梁川城を拠点としていた伊達氏惣家と並立する勢力であったことがうかがえる。

未調査であるが、伊達崎城西館も、段丘崖上に方形館が形成されており、伊達氏一族伊達崎（田手）氏の居館として機能していたことが考えられる。また、天文十一年（一五四二）から七年にわたり、伊達稙宗・晴宗父子が争った天文の乱では、桑折西山城の争奪戦が行われ、段丘付近に当たる下郡山（下郡）や満勝寺川原が戦場になっている。段丘崖は、桑折西山城の天然の防衛ラインとなっており、ここに城館群が築かれたものと考えられる。段丘崖と反対側に空堀・土塁の有無や形状の違いについては、居館的な城館であったか、合戦時の臨時的な城館などの機能の違い、または、時期差によるものと考えられる。

【参考文献】桑折町史編纂委員会『桑折町史第五巻資料編Ⅱ』（桑折町史出版委員会、一九八七）、桑折町史編纂委員会『桑折町史第四巻資料編Ⅰ』（桑折町史出版委員会、一九九八）、桑折町史編纂委員会『桑折町史第一巻通史編Ⅰ』（桑折町史出版委員会、二〇〇二）、桑折町教育委員会「播磨館跡発掘調査報告書」『桑折町埋蔵文化財調査報告書19』（桑折町教育委員会、二〇〇七）、井沼千秋「伊達郡西根の段丘崖上にある城館」『福島史学研究第86号』（福島県史学会、二〇〇八）

お城アラカルト

破城の作法と古城

高橋　充

二〇〇一年に刊行された藤木久志・伊藤正義編『城破りの考古学』は、何らかの意図をもって城郭を破却したとみられる事例が全国的に確認されていることに注目し、考古学・城郭史・文献史を「ブレンド」してまとめられた書物である。「城破り」「破城」「城割」と呼ばれる城郭研究のテーマにおいては、出発点となる文献といってよい。これを契機に、多くの著書や論文が公表されているが、おもに文献史のジャンルでの最近刊として、福田千鶴『城割の作法』（二〇二〇）がある。福田は『城破りの考古学』にも「徳川の平和と城破り」という論考を寄せているが、その後の成果も加えて一書となった。

同書では、「たたむ」（自律的城割）と「わる」（他律的城割）という二つの城割の概念を設定し、そのちがいを誰が城を壊すかという行為主体のちがいに求めている。前者は象徴的・儀礼的に城を部分的にみずから壊すことで降参の作法として戦国期には習俗化していた。城をたたむ作法をせずに敵が没落した城に対しては、攻めた側は城を「わる」必要があり、それは勝者として城を再利用するために、敗者の念が強く残る城の生命を断ち切り、聖域として再生させる作法だったというのである。

このような作法を中世的な城割の作法とした上で、それが慶長期の小田原城や大坂城の破却の際には、二の丸以下、惣構えまですべて徹底的に破却するように変化する。これを近世的な城割の作法と捉える。これと合わせて、山城をたたんで平地の城に移すような民衆の籠城の道を閉ざし、徹底的な非武装化を政権が進めていった結果、およそ二〇〇年にわたる「徳川の平和」が実現したと見通している。

作法としての破城とともに、この著書では豊臣政権から徳川政権にいたる城郭政策の段階的な変化が丁寧に跡づけられている。結論だけを要約すれば、大名居城の管理統制は武家諸法度によって、居城以外の「端城」の破却は「諸国城割令」（元和一国一城令）によって、それぞれ実現させた徳川政権は、さらに「古城」の調査から統制へと踏み込んでいった。

破城と関連して、近年は古城についても注目されている。竹井英文『戦国の城の一生──つくる・壊す・蘇る』（二〇一八）は、城郭の築城、維持管理、廃城までを「城の一生」ととらえるユニークな視点の書物であるが、とくに古城に関する部分が著書の後半を占めており、一度は廃城、古城となった後に再利用される事例をたくさん紹介している。破城の作法が城郭全体におよぶものでなく部分的であったために、古城となり再利用されることもあり得たのである。

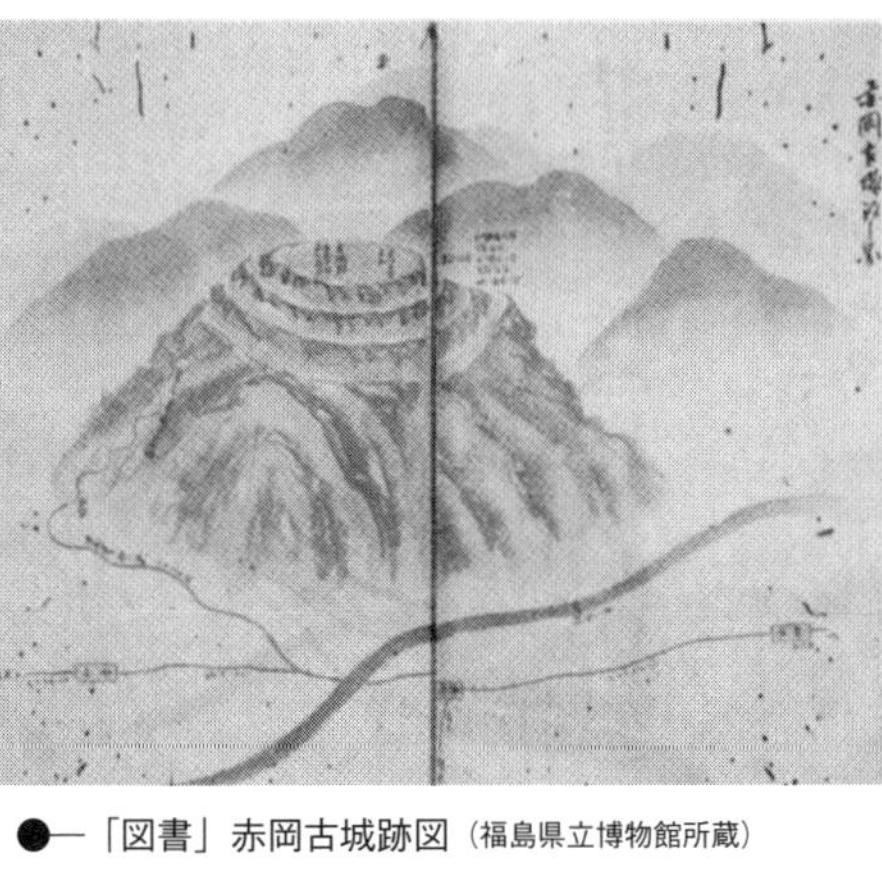

●─「図書」赤岡古城跡図（福島県立博物館所蔵）

これらを読みながら思い出した史料がある。筆者がフィールドとしている奥州会津では、この地域の古城に関して「会津古塁記」や「図書」等の近世史料が知られている。とくに「図書」は、幕末に南山御蔵入領（福島県南会津地域）と安積郡の一部が会津藩の預かり地となった時期に、軍事的要所や新旧軍事施設等を調査した際の記録である。山川や峠・橋・切所など地形的な要所や現用の番所・関所等の施設とともに、城館としては機能していない「古城」「古館」「古塁」等が絵図とともに記録されており、貴重である。たくさんの描かれた「古城」の中に、破城の作法の痕跡は見出せるか。また長く続いた「徳川の平和」が動揺し、幕末の動乱から戊辰戦争にいたる中で、描かれた「古城」が再利用されることはあっただろうか。あらためて考えてみたくなった。

【参考文献】藤木久志・伊藤正義編『城破りの考古学』（吉川弘文館、二〇〇一）、竹井英文『戦国の城の一生─つくる・壊す・蘇る』（吉川弘文館、二〇一八）、福田千鶴『城割の作法 一国一城への道程』（吉川弘文館、二〇二〇）

山形県

宮城県側から望む屋代館（やしろだて）

山形・宮城県境の二井宿（にいじゅく）峠の山上に築かれた山城で，横堀（たてぼり）・竪堀・桝形（ますがた）虎口（こぐち）が確認でき，伊達氏の境目の城

●仙北小野寺氏に備え改修

志茂の手楯

〔所在地〕最上町大字志茂字上野
〔比　高〕約七〇メートル
〔分　類〕山城
〔年　代〕戦国時代
〔城　主〕細川氏
〔交通アクセス〕ＪＲ陸羽東線「大堀駅」下車、徒歩約一五分。

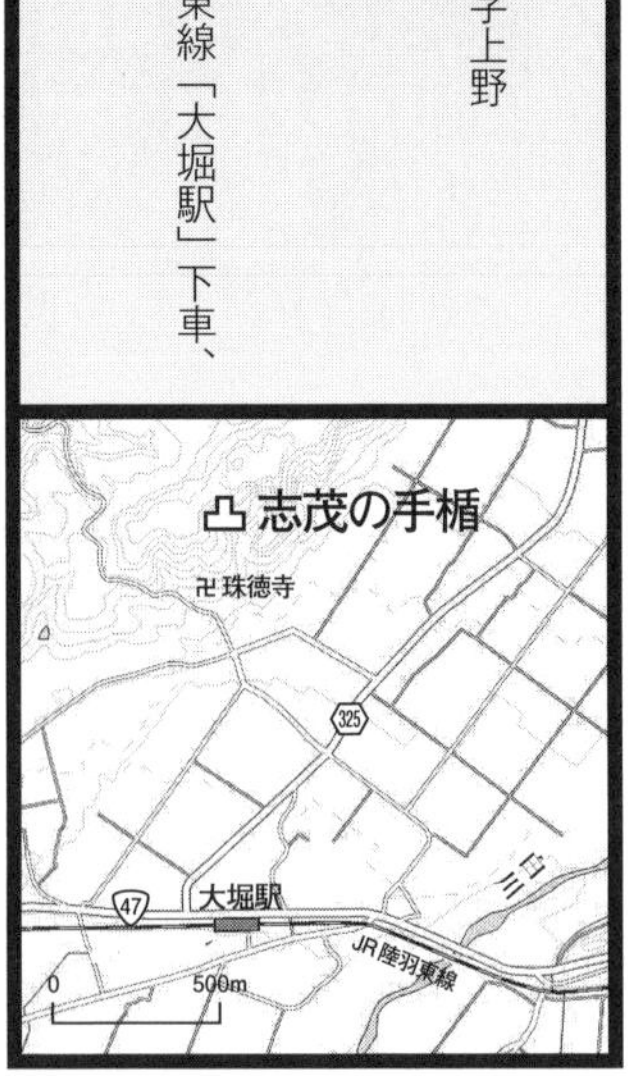

【美しい初春の小国盆地】　小国盆地の城歩きは、初春が最高だ。まんなかを小国川の清流がながれ、盆地を囲む高峻な山々は雪をいだき、木々の緑がまばゆい。この小国盆地はかつては他地域から隔絶され、峠を越えないと入れなかった小世界だった。

中世を通じて細川氏が支配し、内部の抗争はあったものの他からの進攻はなかった。しかし、戦国時代末期、最上義光が天童氏を攻略すると、天童氏と関係の深かったとされる細川氏も滅ぼされた。そして、蔵増小国氏の時代をむかえ、元和八年の最上氏改易まで存続した。

そのような歴史をへた小国盆地には、国人の城、土豪の城、村の城、義光の陣城など多様な城と楯がよく残る。それでは、次に細川氏の国人の城と仙北小野寺氏に備えた道を守る城との二つの異なる遺構をもつ、志茂の手楯をみよう。

【階段状曲輪群と多彩な堀をもつ楯】　楯は、志茂集落背後の南西に張り出す丘陵突端にある。ここは、西は大横川と小横川、東は白川、南は小国川の流れる要害の地にあり、志茂とは「下」の当て字で、小国下郷の中心地だった。

遺構は、北方尾根を三条堀切で遮断し、削り残し土塁をもつ、最高所の主曲輪とその東に山裾まで重なる階段状曲輪群をもつ東側と、深さ・幅ともに一〇メートル越えるＬ字形大空堀で区画し、畝状空堀、横堀と土塁、そして竪堀で守る長大な曲輪をもつ西側とに分けられる。

主曲輪は約二七×約五五メートルの規模で削り残し土塁があり、

●—志茂の手楯の遠景

土塁上に自然石の慶応四年（一八六八）銘をもつ「太平山三吉大権現」の石碑が建つ。見事な階段状曲輪群の下に曹洞宗珠徳寺があり、文禄三年（一五九四）の開基とされ、細川氏滅亡後の開寺とみられる。また、西側遺構群の中心、長大な曲輪は東西約三七メートル、南北約一二一メートルの規模で、東に折れ坂虎口が開き、西辺と北辺に土塁をつくる。その切岸下には一三条の畝状空堀を刻み、西側に土塁を備える横堀を掘り、東斜面を長大な竪堀で遮断する。この楯は、二つの時期があり、廃絶した細川氏の領主の楯を、後に軍事的要請から大規模に改修したと考えられる。

【京都「蜷川氏」と交流する楯主、細川直重】　「小国郷覚書」（『最上町史編纂資料第一号』）は「小国郷には細川摂津守直元本城岩部の館に、同弟細川帯刀直重下村水手の館に、右兄弟にて八千二百石」と細川兄弟が支配していたと書く。下村水の手館とは志茂の手楯のことである。

その志茂の手楯主、細川氏について重要な史料がある。一つは「高野山観音院過去帳」（『市史せんだいｖｏｌ．十二』）で、なかに「天厳禅定門　天文五　出羽小田嶋庄小国下村細川殿女中の御志」があり、小国が小田嶋庄小国と呼ばれ、細川殿が下（志茂）村にいたことが明らかとなる。また、室町幕府の政所執事伊勢氏の政所代蜷川親俊の『讒拾集』（国立公文書館蔵）にも細川氏がみえる。それは伊勢貞孝から奥州の国人にあてた書札礼で、細川三川守と子息小国孫三郎がおり、細川氏とは中央と交流のあった出羽の有力国人だったと判明する。

さらに、源直重から蜷川殿御宿所に宛た書状（蜷川家文書）

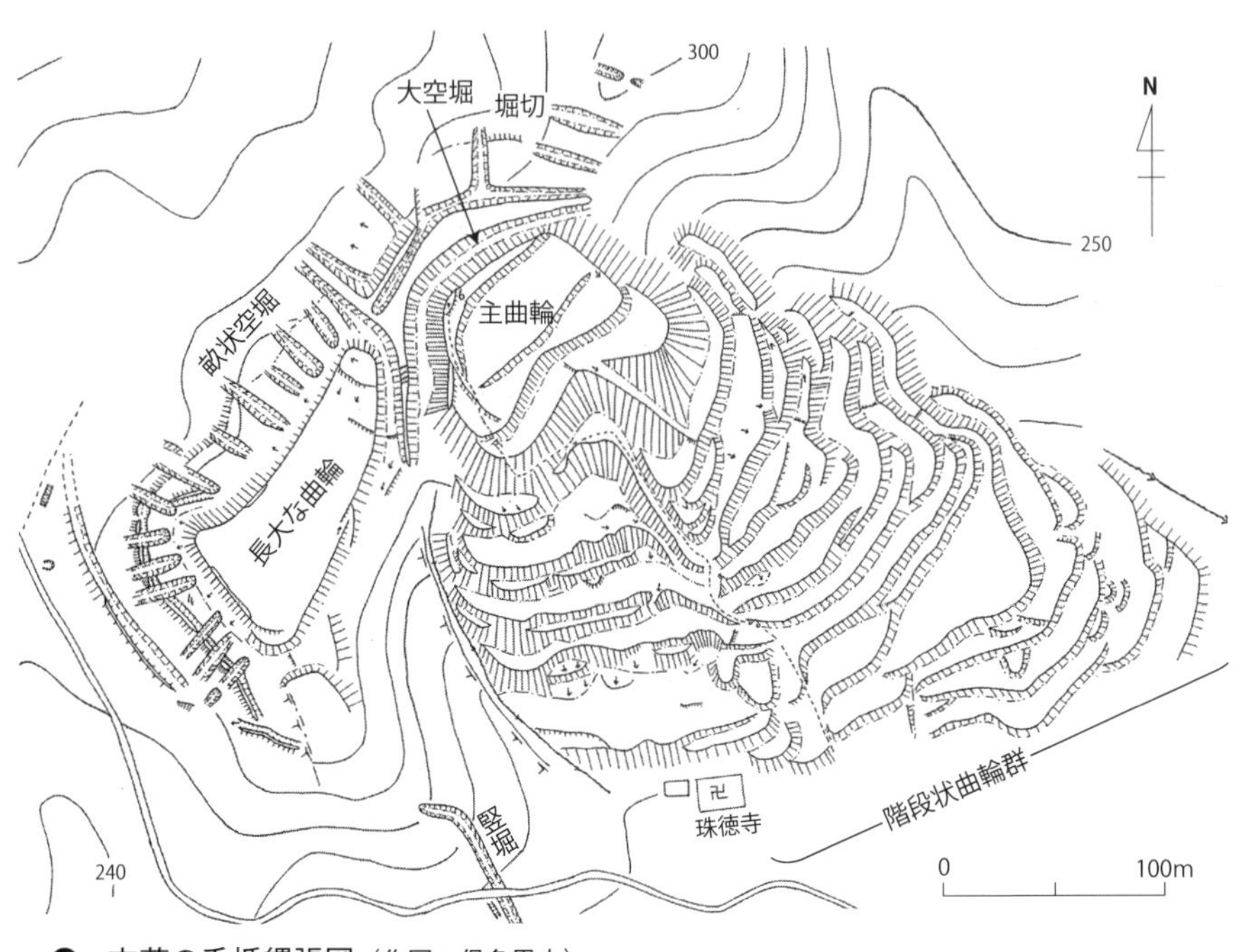

●—志茂の手楯縄張図（作図：保角里志）

山形県

があり、封紙上書に小国細川孫三郎と書かれ、源直重とは『讒拾集』にみえる小国孫三郎であった。内容は昨年の来信への返書で、「小国騒乱のためにとりあえず返信するが、騒乱がしずまってからすぐに文書をおくるので詳細は省略する」とある。直重は『小国郷覚書』にみえる下村水の手館の細川帯刀直重と同一人物とみられる。この史料から、志茂の手楯主、細川直重は源氏で、蜷川家と書状のやり取りをする国人で、小国郷最大の勢力者と考えられる。

【細川小国氏から蔵増小国氏へ】　細川氏の滅亡年については、これまで天正九年（一五八一）とされてきたが、『奥羽永慶軍記』は「天童に味方したもの残らず退治す。小国領主細川三河守も天童頼久舅のため退治す」と記す。そして、天正十三年の成立とある「天童落城並仏向寺縁起」（『天童落城軍物語集』）は、天童氏滅亡の後、天正十二年十月十九日とし、それが史実と考えられる。

細川氏の滅亡には、牛房野氏が重要な役割を果たしたとみられ、牛房野で「小国城主細川三河守、最上義光に滅ぼされる。牛房野三七、一族郎党を率いて先鋒をつとめ大勝利となる」と伝える。この牛房野三七は細川三七郎ともいい、牛房野におった細川一族と考えられ、細川三七郎は宗家細川氏に不満をもち、宗家に代わるために、最上義光の牛房根峠からの攻撃に先鋒を果たしたと考えられる。

これまで、最上義光の細川氏攻略は山刀伐峠を越えて進攻し、万騎原合戦で勝利し、細川氏を滅ぼしたとされてきた。しかし、その根拠史料はなく、山刀伐峠は険しく戦国時代に馬足がかなわなかったとされ、万騎原とは牧が原、すなわち牧場地名とみられ、合戦地名とは考えられない。

●―観音堂の背後が太郎田楯

牛房野氏を先陣とした細川氏攻略に、蔵増氏は重要な役割をはたしたとみられ、その功績で義光により小国郷を与えられ、小国城を本城とし小国氏を名のり、その時、志茂の手楯は廃絶されたと考えられる。

【小野寺氏備えに古楯を大改修】 天正十六年（一五八八）は、最上義光にとって厳しい年であった。伊達政宗とは大崎問題で対立するなか、秋には上杉景勝の支援をうけた本庄繁長の庄内進攻による十五里ヶ原合戦で、大敗北を喫し庄内を失った。その情勢から、仙北小野寺氏の進攻の可能性が高まり、金山の丹氏、新庄萩野の安食氏、そして小国の蔵増氏は、最上義光の指令により、仙北からの有屋峠を越えたルート沿いに道を守る楯を造ったと考えられる。それらは金山の松山楯、安沢楯、愛宕山楯、八幡楯、魚清水楯、高堂楯、萩野の片平楯、小倉楯、落楯、小国では志茂の手楯、太郎田楯だったろう。

特徴は、多彩な堀を駆使し厳重な遮断線をおきながら、内部の削平は甘く主曲輪をもたない楯で、分布から複数の楯が連携して防御する体制とみられる。虎口は単純で桝形虎口に発達する前の段階で、時期的に符合する。

それらのうち、志茂の手楯は細川氏の古楯を改造したもので、新たに整備した太郎田楯とともに防御する体制だったと考えられる。

【参考文献】松岡進『中世城郭の縄張りと空間』（吉川弘文館、二〇一五）

（保角里志）

●最上領最北端の城

金山城

（所在地）金山町金山字楯山、内町
（比　高）約七〇メートル
（分　類）山城、平城
（年　代）戦国時代、近世初頭
（城　主）丹与惣左衛門、薗部彦右衛門、川田三右衛門、鮭延越前守
（交通アクセス）ＪＲ奥羽本線「新庄駅」下車、山交バス金山行き「金山役場前」下車、徒歩約一五分。

【美しい町にある城】 明治十一年（一八七八）、訪れたイザベラ・バードが、紀行文『日本奥地紀行』で、金山を「ロマンチックの雰囲気の場所」と書いた。その金山町は美しい町づくりに取りくみ、金山杉を使った切妻造りの金山型住宅が美しい家並をつくり、いたるところに走る水路のせせらぎの音が心地よい。町中心部には、「蔵史館」と「交流サロンぽすと」、「蔵ギャラリー」などの交流施設があり、春から秋には大堰にたくさんの鯉が泳ぎ、訪ねる人でにぎわう。近世の城のあったとされる内町はその一角にあり、脇にたつ楯山とよぶ山城は、大堰沿いの電光型の急な道から登る。次に城を紹介しよう。

【城は近世の城、山城施設は付属施設か】 金山城のうち、山城は金山集落背後の丘陵突端に立地し、最高所に主曲輪があり、東西約二五メートル、南北約三七メートルの規模で、南に坂虎口が開く。北東側は土塁状の高まりとなり、東が虎口状に開くが後世の林道である。ここは、かつて櫓台様の壇があり、先には堀切があった。主曲輪の鋭い切岸下には、東西約六五メートル、南北約七四メートルのよく削平された広い二の曲輪があり、城特有の植物シャガが繁茂し、縁辺に矢竹が群生する。二の曲輪南西側に虎口状の開口部があるが、これも後世の林道である。虎口は北側で、そこから城道をくだると南西下の帯曲輪にはいり、南側は五段腰曲輪の最上段につながる。また、主曲輪東下にも曲輪があり、その東北端を竪堀で遮断している。城道は、西斜面と南斜面にあり、大手は平城のあった内町にで

●—大堰背後の山城

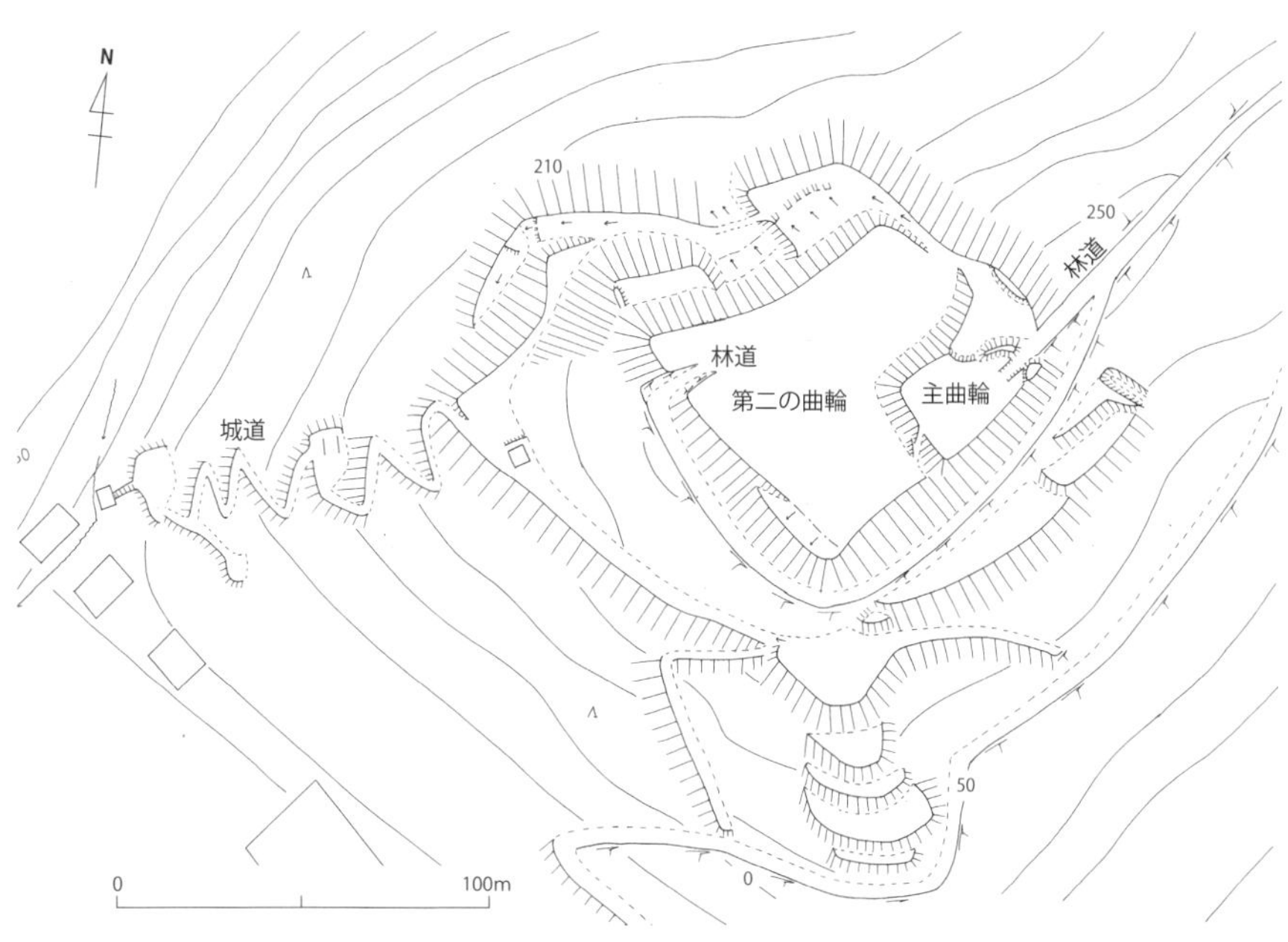

●—金山城縄張図（作図：保角里志）

る西斜面の電光型の道と考えられる。

「金山柴田氏旧書留」（『増訂最上郡史』）には、最高所に一三間四方の上城下があり、高さ三間ほどさがって東西五〇間程と南北四〇間余の中段となり、中段南下には馬乗場があったと記録される。これを遺構とくらべると、主曲輪が上城下、二の曲輪が中段、帯曲輪が馬乗場に比定されよう。

この山城遺構にはきわだった戦争を意識した特徴は確認できず、山麓の金山小学校のところに堀があり、内町から宝円寺への道のあたりに二の堀があったとされ、それは水堀で内側には土塁があったろう。そして、内町とは家臣屋敷のあったところと推測される。したがって、金山城は、山麓に近世の城と城下町があって山城は附属施設と考えられる。

ここで、城主について整理しておこう。

城は、天正年中に丹与惣左衛門が築城したとされ、丹氏の後、鮭延氏家臣、薗部彦右衛門が一〇〇〇石で城主となった（「鮭延越前守侍分限帳」）。その後、慶長十九年（一六一四）の「梅津政景日記」（『山形市史最上氏関係史料』）に金山城代、川田三右衛門がみえる。元和八年（一六二二）の最上家改易時の城主は鮭延越前守で、「最上家収封諸覚書」（伊達家文書）に「金山城　先（鮭）部越前居所　知行壱万七千石」とみえ、現遺構は城破却の元和八年段階のものである。したがって、金山城は、鮭延氏時代に整備されたのだったろう。

【丹氏の造った小野寺氏備えの楯群】　金山城主とされる丹氏の史料に、「（天正十六年）二月十六日、庭月和泉守あて義光(よしあき)書状写」（楓軒文書纂）がある。書状は「伊達より大崎へ出張、近日の様に申しきたり候。その儀必定においては、さだめて当方へも武道あらわさるべきと存じ候。その儀いたらばさだめて庄内へも申し合わせ、同時に其の表へもてだてあるべく候の間、いかがとも候て、真室の地を根城に持ちつめ、庄内・仙北(せんぼく)の防ぎをも致したく候間、典膳・安食七兵衛尉・丹与三などへ、かねてよくよく相談候て少しも油断あるまじく候」とあり、「伊達氏の大崎出陣が近いとの情報があり、その時には鮭延方面へも影響あるだろう。なんとしても、真室を根城に庄内と仙北への防ぎをもしたいので、鮭延典膳、安食(あじき)七兵衛尉、丹与三とよく相談し対応するように」との指示であった。

その後情勢はさらに悪化し、伊達氏との対立に加え、上杉景勝の支援のもと本庄繁長(しげなが)が庄内に進攻し、秋には十五里ヶ原合戦で大敗を喫し、最上義光は庄内を失った。それをみて、仙北小野寺氏の最上進攻の動きがあり、丹氏は松山楯、安沢楯(やすざわたて)、愛宕山楯、八幡楯(はちまんたて)、魚清水楯(うおしみずたて)、高堂楯の仙北からの進攻ルート沿いに道をおさえる城を造ったと考えられる。それらの楯群は、いずれも多彩な堀や小曲輪で遮断線をしき、内部に中心の曲輪がなく、単独ではなく近くの楯と連携し道を守る城だったと考えられる。そのうち、愛宕山楯は金山城との説もあるので最後に検討しよう。

●―愛宕山楯の遠景

【愛宕山楯は金山城か】　故沼舘愛三の『出羽諸城の研究』は、金山城は位置などから愛宕山とする。愛宕山は比高約一三〇メートルの高峻な山で、楯は山頂にある。楯の位置は、『出羽諸城の研究』が書くように、仙北からの三方の道が交差する交通の要衝である。

楯跡は、愛宕神社のある山頂を囲み、急峻な東側を除き厳重な遮断線をつくり、特に緩やかな西斜面には鋭い三重横堀を掘り、南西端は大規模な四条のV字状竪堀で遮断する。また、多重横堀間の土塁上に小さな畝状空堀を刻み、その北先の斜面にも一四条の小さな畝状空堀がある。さらに、その上方の南側と北側に連続帯曲輪群を置き、遮断性を高める。このように多様な堀を駆使し、厳重に守る山頂曲輪は、丁寧に整地された形跡はない。その北側帯曲輪下には、尾根を二条堀切で切断した中に整地の甘い細長い曲輪があり、帯曲輪や横堀で遮断し守る。

この楯は、楯主伝承や楯関係地名がなく、比較的高峻な山頂に、多彩な堀と帯曲輪で厳重に遮断しながら、守られる山頂曲輪と北下尾根曲輪は丁寧に整地された痕跡はない。したがって、軍事的に特化した臨時的な道を押さえる楯だったことを示し、領主の城とは考えられない。かくして、故沼舘愛三氏が述べた金山城説はあたらず、楯山と山麓の城が金山城だったことは疑いない。

【参考文献】沼舘愛三『出羽諸城の研究』（伊吉書院、一九八〇）、松岡進「金山城」『図説中世城郭事典一』（一九八七）　（保角里志）

●籠城兵全員が殺害された
鳥越楯（とりごえたて）

〔所在地〕新庄市鳥越字楯山
〔比　高〕約七〇メートル
〔分　類〕山城
〔年　代〕戦国時代
〔城　主〕鳥越氏
〔交通アクセス〕ＪＲ奥羽本線「新庄駅」下車、山交バス「鳥越八幡前」下車、徒歩約一〇分。

【国指定重要文化財「八幡神社本殿・拝殿」】　かつての羽州街道沿いの鳥越の東北山麓に、鳥越八幡神社がある。神社は、寛永十五年（一六三八）に初代藩主、戸沢正盛（とざわまさもり）が、太田から荒小屋八幡を移し社殿を建立したという。本殿は一間社流造、銅板葺（ぶき）で寛永時代の装飾的特徴をもち、近辺でもっとも古い建造物とされる。また拝殿は、二代藩主正誠（まさのぶ）が元禄四年（一六九一）建立し、桁行三間、梁間二間、入母屋（いりもや）造り銅板葺で、江戸中期の堅実な手法を示すとされ、本殿・拝殿ともに国の文化財に指定されている。

鳥越楯は、その背後の山にあり鳥越八幡神社奥から登る。次に述べよう。

【沢の階段状曲輪群が特徴】　鳥越楯は、最高所に南側が一段高くなる主曲輪があり、東西の最大幅約五四メートル、南北約一〇七メートルの規模で、中央に愛宕（あたご）神社が建ち、西に虎口が開く。愛宕神社背後には、「楯岡満茂書状」（曽根家文書）にみえる激しい戦闘を物語るものか、人頭を一回り大きくした川原石の塚が二ヵ所あり礫石（れきせき）とみられる。その下は南北に細長い平坦地となり、外側の切岸（きりぎし）は高さ一〇メートル以上と高く鋭い。また、北東隅に櫓台（やぐらだい）遺構があり、慶応三年（一八六七）の太平山碑が建つ。太平山碑は太平山三吉信仰を語り、小国城、志茂の手楯などの中枢部にも確認でき、当地方の領主の信仰の高かったことが推測される。

主曲輪東側の丘陵続きは二つの堀切（ほりきり）で遮断し、主曲輪に接する堀切は四条となり、脇に二条の竪堀（たてぼり）がある。さらに、西

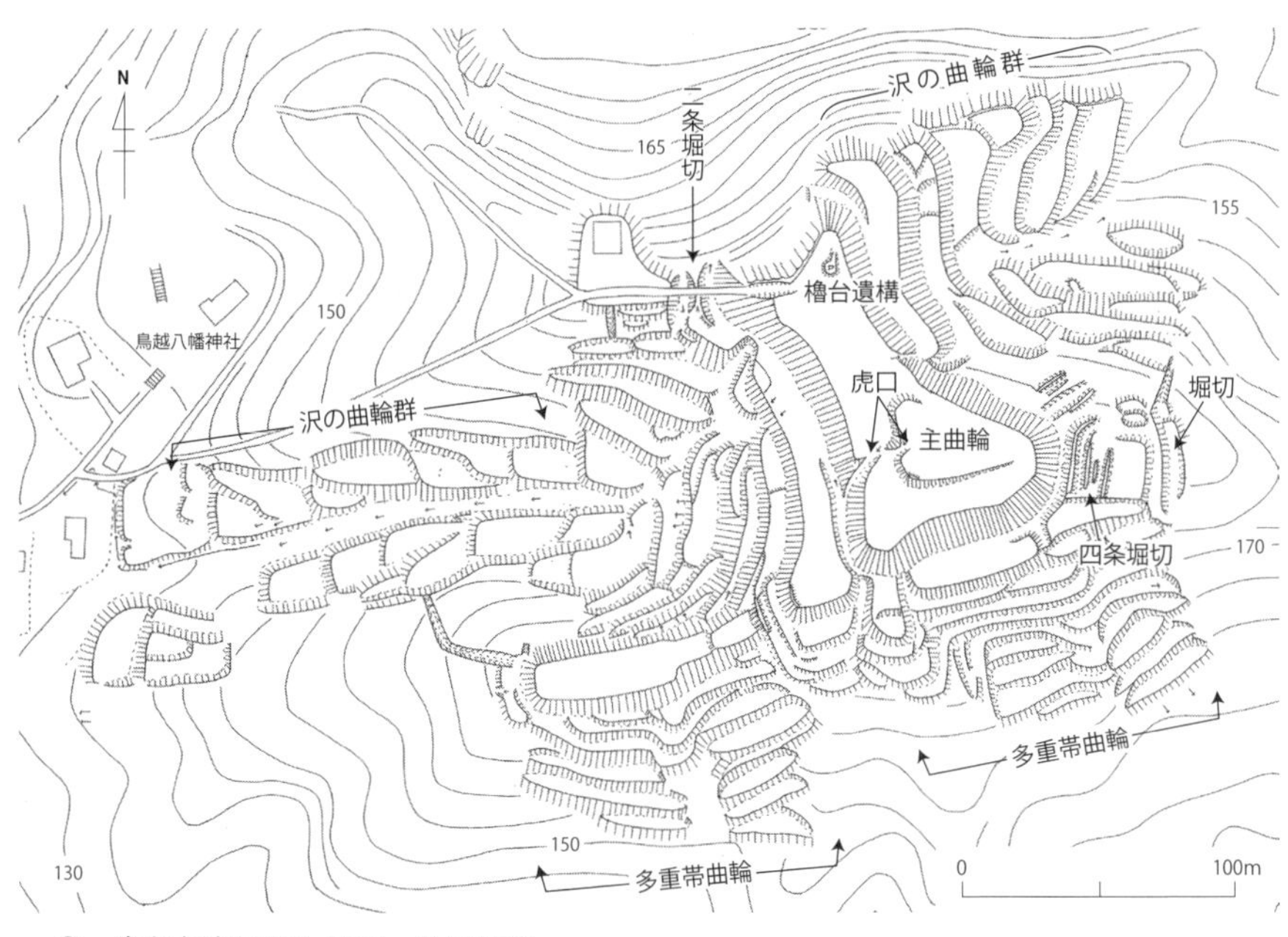

●—鳥越楯縄張図（作図：保角里志）

北尾根も二条堀切で遮断する。主曲輪下の東側と西側の沢には、道の両側に整地された階段状曲輪群が重なり、低い切岸をもち、家臣団屋敷とみられ、東側の広い下部曲輪は村人の避難曲輪と想定される。そして、南側は多重帯（おび）曲輪を重ね厳重な遮断線とする。

【楯主は鳥越氏】　楯の最大の特徴は、多数の階段状曲輪群を重ね比較的大規模なことで、国人（こくじん）、鳥越氏の勢力を物語る。特に、南側の幅狭な多重帯曲輪は斜面を登る敵の遮断施設で、戦争を経験した天童城や戦争に直面した楯岡城にあり、この多重帯曲輪は戦争関連施設と思われる。

楯主鳥越氏は、本姓は小田嶋（おだしま）氏で、東根を本拠とした小田嶋荘地頭小田嶋氏が北朝方の圧迫をうけて北方に去ったとされ末裔とみられ、戦国時代には新城の有力国人に成長したと

●—櫓台上の太平山碑

●―鳥越楯の遠景

考えられる。そして、延沢氏も小田嶋氏末裔とされ、大宝寺義氏の鳥越攻撃への楯岡氏援軍要請は、同族からだったと推測される。天正十三年（一五八五）の、最上義光の新城覇権後は清水氏に従い、「清水大蔵大輔分限帳」（小屋家文書）には家臣筆頭としてあらわれている。

【籠城兵全員が殺害】 一九八四年、山形曽根家から一九通の中世文書の写しが発見され、一つに楯岡満茂から天童氏に宛てた史料がある。それは、鮭延・清水・新城地域の戦闘の状況を生々しく伝えるもので、鮭延が滅亡の危機に瀕し楯岡氏が援軍にかけつけたが、鳥越の籠城兵が全員殺害されたことや新城が中楯まで破られ、猿羽根（さばね）氏が降参し清水両城だけになってしまったことが記されている。

この史料は天正十年（一五八二）、山形氏と天童氏が激しく対立し動けない状況をみて大宝寺義氏が大規模な軍事行動を行ったことを示し、史料中の鳥越、新城、猿羽根、清水に今も大規模な城館跡がある。そのうち新城（庄）城・清水城は近世まで存続し中世の城の姿は失っているが、鳥越楯と猿羽根楯は戦国時代末期には廃絶されたとみられ、現在の鳥越楯遺構の大宗は、落城した天正十年段階の姿を残すと考えられる。

【山城曲輪の施設】 鳥越楯では、最高所に大規模な主曲輪があり、東と西の沢には多数の曲輪群を重ね、特に西側には整然と道の両側に並ぶように配置される。その曲輪にどんな施設があったのだろうか、考えてみよう。

曲輪群の施設のあり方を考える事例に、最上町小国城と富沢楯がある。そのうち小国城には、「小国日向家臣刈高書上」（『小国郷覚書』）に城にあった施設の名前がのっている。すな

●—鳥越八幡神社の拝殿・本殿

わち、本丸、二丸の後に、家老屋敷として荒井但馬と工藤淡路の名があり、中段屋敷には一二名の名が記される。また、富沢楯は、「小国郷御代官様御交代覚牒」(新田吉田家文書)に、古楯、二ノ丸の規模のあと、「中段侍屋敷跡四拾七、外にした段御蔵屋敷あり、下御台所屋敷あり」と書かれ、中段の曲輪に四七もの家臣団の屋敷があり、下の曲輪には蔵屋敷や台所屋敷があった。かくして、小国城と富沢楯の曲輪群には、領主、家臣の建物があったことが判明し、その事例からみると、鳥越楯の主曲輪には領主の建物、多数の曲輪群には家臣屋敷があり居住していたと考えられる。

鳥越楯で、もうひとつ注目されるのは、沢に置かれた曲輪である。山城では、猿羽根楯のように尾根上や山の斜面につくられた曲輪が多く、鳥越楯のように整然と沢に配置された曲輪をもつ城館は少ないように思われる。そのなかで、延沢城では二の丸下の同心沢(どうしんさわ)に多数の曲輪群があり足軽屋敷があったとされ、城の沢にも注意が必要と思われる。最後に、鳥越楯の構築時期を考えてみると、鳥越氏は戦国時代に地域の有力国人として成長しており、天文年間頃には楯の基本的な姿は造られていたであろう。

【参考文献】保角里志「最上郡域の二つの大規模城館の調査—鳥越楯跡と猿羽根楯跡について—」『さあべい第一九号』(二〇〇二)

(保角里志)

●階段状曲輪群を重ねる地域中枢の城

楯岡城（たておかじょう）

〔所在地〕村山市楯岡字楯山
〔比　高〕約一一五メートル
〔分　類〕山城
〔年　代〕戦国時代
〔交通アクセス〕JR奥羽本線「村山駅」下車、徒歩約二〇分。

【羽州大道を押さえる城】　城は、楯岡集落背後、楯岡の街からひときわ目につく大きな楯山にある。独立丘陵である楯山は、西楯山、中楯山、東楯山にわかれ、城遺構は地表面観察では西楯山、中楯山に確認できるが、東楯山も城の一部だったろう。

城の東山麓は、中世の羽州（うしゅう）大道が南から北にぬける交通の要衝であった。戦国時代の羽州大道は、東根から山麓をはしり、六月坂を越え、山城「楯岡城」東の沢から湯沢に抜ける道だった。まだ切通しは開かれず、楯岡城西側に道路はなかった。江戸時代、笠原堯政（たかまさ）が古老の話で描いた「楯岡沿革図」写しの「最上時代楯岡城之図」（楯岡小学校郷土研究部昭和十四年作成）に東沢に町屋と家中、諸士屋敷がみえ、戦国時代の楯岡城下町は今は湖底となる東沢にもあった。そして、羽州大道沿いの川近くの水田を基盤とした村が、楯岡城下町の始まりの可能性が高い。かくして、楯岡城は羽州大道と東沢の町を守る非常時の詰め城から始まったとみられ、その詰城は箱堀をもつ中楯山の可能性が高い。

それでは、次に楯岡城をみよう。

【多重帯曲輪で守る城】　主曲輪は西楯山の最高所にあり、南北約四六メートル、東西約六五メートルと比較的大規模な不整方形で、縁辺は直線的となり全体に削平はよい。虎口（こぐち）は、南側に折れ虎口、西側に桝形（ますがた）虎口が開き、南側の虎口からは電光型の整備された馬足可能な城道が山麓まで下る。また、桝形虎口の開く西側尾根上には、階段状に曲輪群が山裾まで連担する。そ

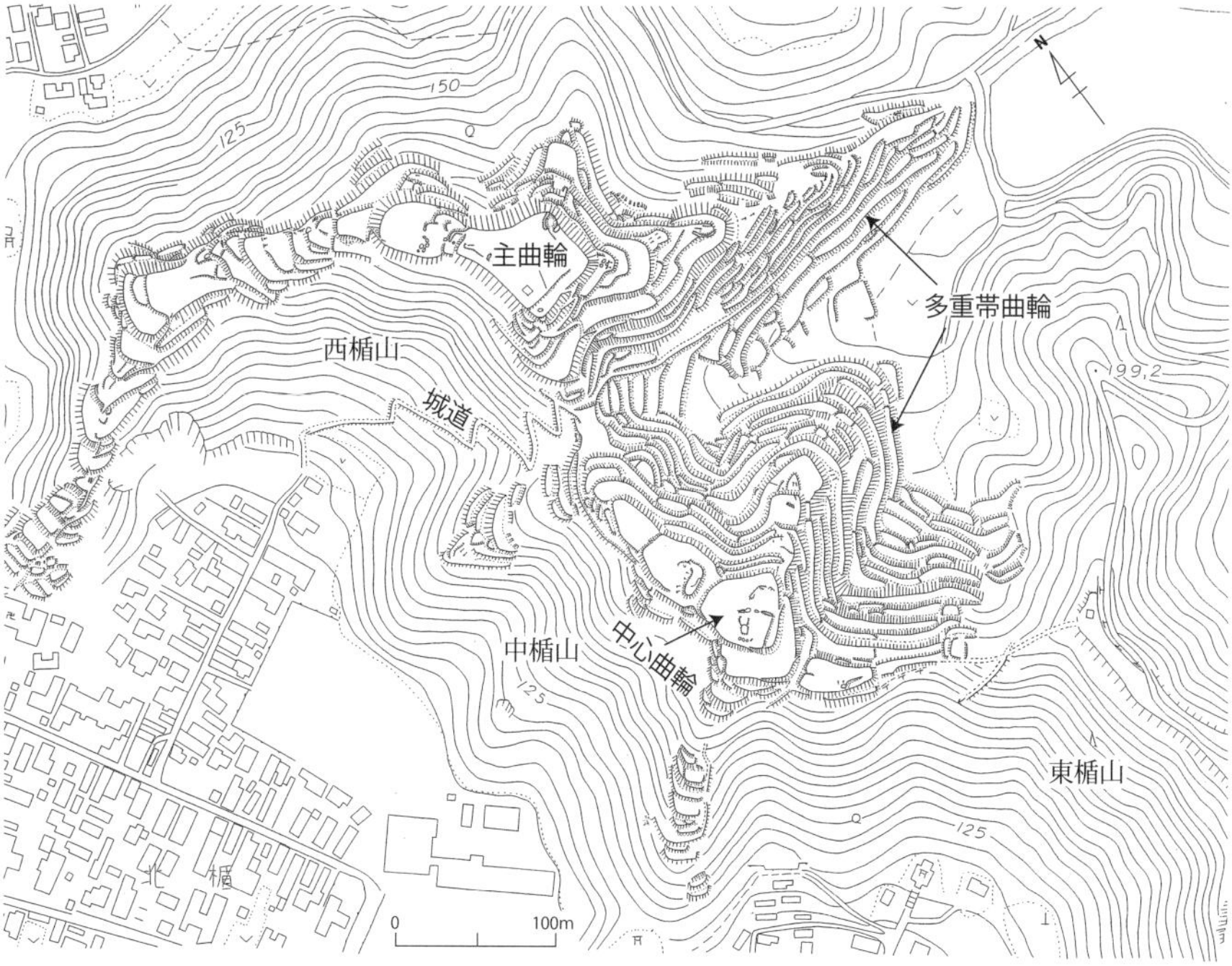

●—楯岡城縄張図（作図：保角里志）

●—揃山楯（山城）の遠景

して、東側と南側に大きな曲輪があり、その下の緩やかな東斜面は、山裾まで細長い多重帯曲輪が重なり遮断する。

そして、西楯山とは箱堀の二条堀切でわける中楯山にも多数の遺構が確認できる。最高所に、縁辺が直線的で削平され中央に大岩が残る中心曲輪があり、北東に坂虎口が開く。その北西側には堀切外に岩を削り残した土塁がおかれ、西楯山にむかって大きい曲輪が二つ連続する。また、中心曲輪の南と東側に曲輪が付属し、外は堀切で遮断する。そして、緩い斜面となる東側は、大きい曲輪下に、西楯山と同じ多重帯曲輪が山裾まで重なる。また、西楯山と中楯山間の沢にも曲輪群があり、家臣屋敷だったであろう。

【居館と詰城をもつ楡山楯】　この北に隣りあう楡山楯(たもやまたて)跡があるので、紹介しよう。

楯は、奥羽山脈から西にのびる丘陵突端の楯山と山裾の小丘陵にあり、地元では楯山は大倉楯、山裾の楯は見附(みつけ)楯や三月楯、月楯と呼ぶ。

そのうち楯山は南と北に沢がはいりこむ比高一五〇㍍の急峻な丘陵に立地し、山頂と西下と南西下に曲輪群がある。曲輪群は多数の曲輪が山裾まで階段状に重なり、山頂近くの曲輪は小さく西曲輪群下部は規模が比較的大きい。他方、山裾の楯は比高二〇㍍の丘陵にあり、最高所に東西約二五㍍、南北約二八㍍の中心の曲輪があり、南端中央に櫓台(やぐらだい)跡があり坂虎口が開く。その北西には広い曲輪が二つあり、西側下に五つの小曲輪が重なり、北東と南西は帯曲輪が囲む。

この楡山楯のうち、山裾は居館、山城は非常時の詰めの城と考えられる。

【戦国を生き延びた楯岡氏】　楯岡城主は、楯岡氏であった。応永年間に斯波一族の満国が入部し、地名をとって楯岡氏と称したとされ、満茂が文禄四年（一五九五）仙北の湯沢城に移るまで、七代続いたとされる。初代満国は湯沢祥雲(しょううん)寺を開基したとされ、寺には文安二年（一四四五）の銘文をもつ六角膳と、室町時代の宝篋印塔(ほうきょういんとう)がある。また、「伊達正統世次考」（仙台市立博物館蔵）によると、永正十一年（一五一四）伊達稙宗(たねむね)が最上に進攻し長谷堂(はせどうかっせん)合戦で大勝利を得たが、討死した最上武将に楯岡氏がみえる。そして、「楯岡満茂書状」（曽根家文書）があり、「（楯岡満茂は）延沢氏との縁好から鮭延方面に支援にいき、大宝寺義氏の攻撃で鳥越城兵は全滅し、新城は中楯まで破られ、猿羽根氏は降参した」と天童氏に報告している。この頃、楯岡氏は天童氏を旗頭に下郷一揆を結んでいたが、義光方となった延沢氏の説得をうけいれ、義光方に転じ、後には最上氏筆頭重臣の本荘城主となった。

このような歴史をみると、山城、楯岡城の現遺構の構築者は、楯岡満茂(みつしげ)と考えられ、方形を意識し削平された主曲輪、桝形虎口、馬足可能な電光型の城道は、満茂が義光に帰順してからの整備とみられる。そして、楯岡城の特徴的な多重帯曲輪はそれより古く、天正十二年に落城した天童城の特徴でもあることから、下郷一揆を結び最上義光に対抗した頃の築造と推測される。

また、箱堀をもち北側の東沢背後となる中楯は、楯岡城初期の詰め城が起源と推測され、そして、北側に隣りあう楡山楯は一時期楯岡氏の拠った楯と考えられる。かくして、山城、楯岡城には重層的な歴史が想定される。

【近世楯岡城の建設と接収】　楯岡満茂のあと、楯岡城には番将として中山玄蕃(げんば)、山野辺義忠、鮭延秀綱がはいり、元和四年（一六一八）には、最上義光の弟、甲斐守光直(あきなお)が一万六〇〇〇石で入部したとされ、元和八年の改易で豊前細川家に預けられた。この光直は楯岡氏を名のり、八幡神社と天満神社の勧請、城郭の建設と二日町創設、西方切通しの開削、さらには湯沢沼の築堤を行ったとされる。

●―楯岡集落背後にたつ楯岡城

　最後の楯岡城の姿を描いたものとして「最上時代楯岡城之図」があり、山麓の水堀で囲まれた規模の大きい居館と二の丸、三の丸がみえ、もっとも外側の門は連続桝形虎口であった。山城は櫓のほか、小さな建物がみえるだけで、すでに機能を失っていたことがうかがえる。かくして、楯岡光直は入部の後、山城を使用せず、山麓に本丸、二の丸、三の丸と城下町を整備したと考えられる。

　山形での事例をみると、戦国時代から領主の交替のなかった延沢城と小国城では、元和八年の最上改易時まで領主は山城の主曲輪、家臣団は曲輪に居住していた。他方、慶長五年の出羽合戦後、志村氏から坂氏にかわった長谷堂城では山城は廃絶され、山麓に近世城下町が建設された。楯岡城も、領主の交替により山城が廃絶され、山麓に近世城下町が建設されたのであったろう。

　しかし、楯岡光直が入部してわずか二年後に最上氏改易があり、「一、楯岡　楯岡甲斐居所　知行壱万六千石」（最上氏収封諸覚書）とあり接収され、鳥居領となり一国一城令のもと城は破却されたのであった。

【参考文献】保角里志「隣り合う山城　「楯岡城跡と楡山楯跡」（山形県村山市）について」『中世城郭研究第一八号』（二〇〇四）

（保角里志）

●白鳥本拠地の入り口を押さえる山城

白鳥城

〔所在地〕村山市白鳥字土海在家
〔比　高〕約六五メートル
〔分　類〕山城
〔城　主〕白鳥氏
〔交通アクセス〕ＪＲ奥羽本線「村山駅」から車で二〇分程度。または市営コミュニティバス「戸沢小学校」下車、徒歩約五分。

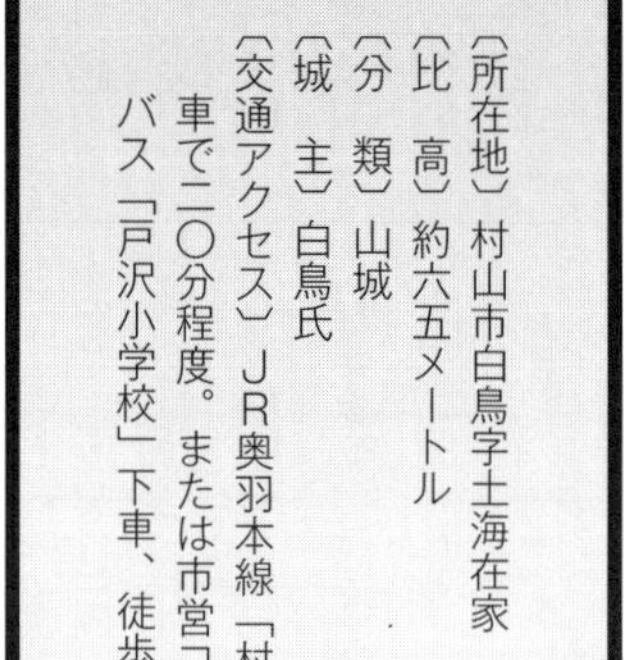

347
白鳥城
村山市コミュニティバス「戸沢小学校」
戸沢小学校
300
樽石川
0
500m

【白鳥の豊かな遺跡・遺物】　白鳥氏の本拠、白鳥には重要な遺跡と遺物がある。紹介しよう。

白鳥氏の館と伝える白鳥館跡は二〇〇〇年発掘調査が実施され、多くの掘立柱建物跡と豊かな陶磁器と古銭が出土した（『白鳥館跡発掘調査報告書』二〇〇二）。特筆されるのは一三～一四世紀の慈谿窯緑釉三彩盤と龍泉窯青磁で、ほかに一二～一三世紀の珠洲焼、一四世紀の瀬戸焼、一六世紀の唐津焼など海上交通の運送品がある。

また、宮ノ下集落に建つ六面幢と宝篋印塔は重厚で南北朝時代以前とみられ、山形では数少ない古式石造物で、白鳥氏が供養塔として造立したと考えられる。そして、垂石羽黒堂に納められた北朝年号の延文五年（一三六〇）と貞治三年（一三六四）の大般若経写経は、施主は白鳥氏と推測される。

白鳥氏は、『戸沢家譜』（『新庄市史史料編上』）に貞和四年（一三四八）の斯波兼頼方に白鳥義久がみえ、応永九年（一四〇二）、鎌倉府の伊達氏攻撃陣に白鳥氏がのる。そして、『羽陽仙北伝記』（『郷土資料叢書第六輯』）に「最上義定、数年谷地白鳥寒河江と挑戦し谷地を従えたあと新城などを攻撃した」とある。これらは後世の史料であるが、史実の一班を語ると考えられる。

かくして、白鳥を本拠とした白鳥氏は、富裕さを確認できるが、それは白鳥が最上川舟運から陸送にかわる南北交通の要地にあり、交易や関銭などの収入があったためと推測される。次に白鳥城を紹介しよう。

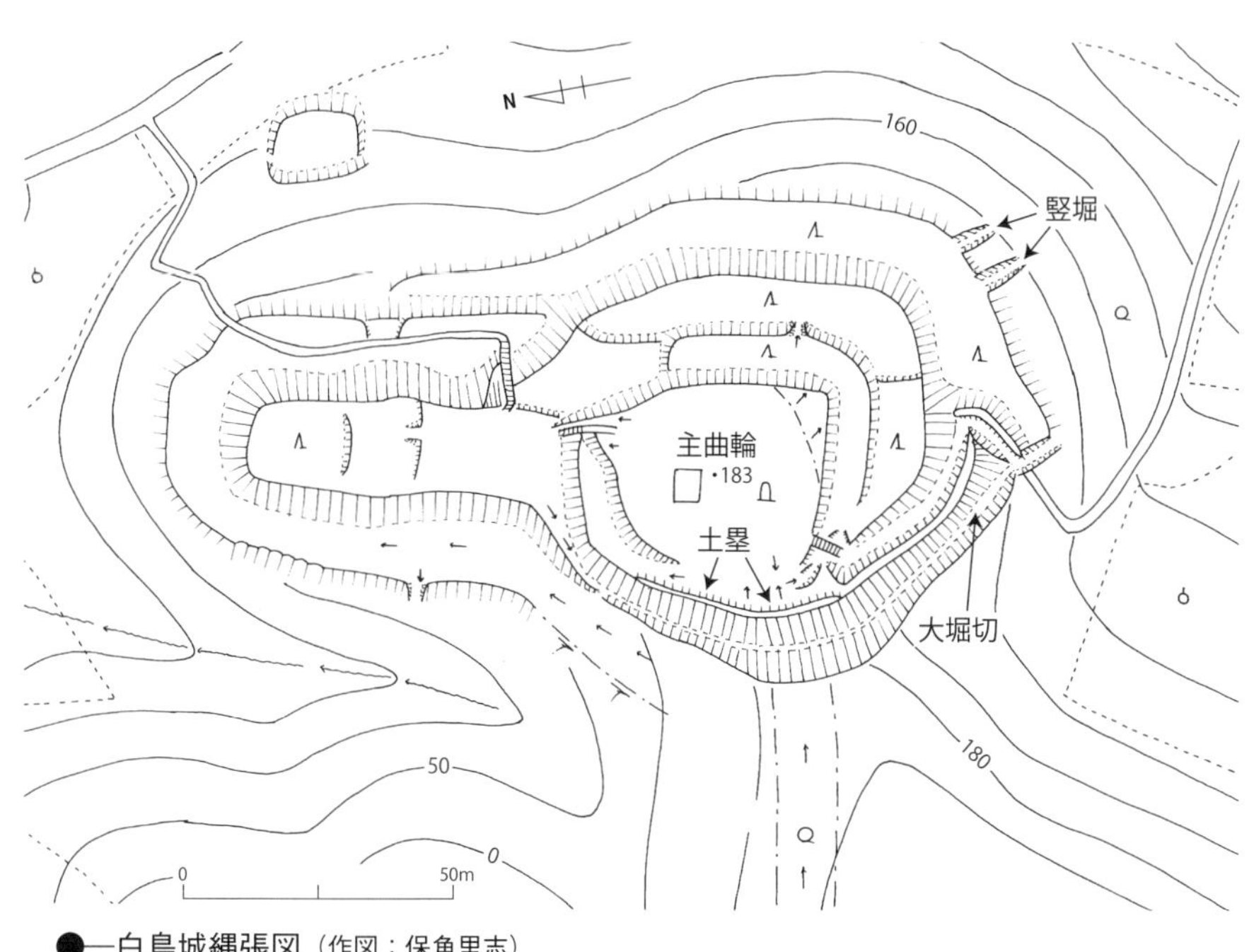

●—白鳥城縄張図（作図：保角里志）

【並々ならぬ大規模な堀切】　城は、戸沢中学校北側の丘陵突端にあり、西方の尾根続きを大きな堀切で遮断し、その上部に主曲輪、まわりに腰曲輪と帯曲輪を配置する比較的単純な構造となる。尾根を切断する堀切は、上幅約一六メートル、最大深さ約九メートルと大規模で、長さは約九三メートルも続き、きわだった大きさをもち、白鳥氏の勢力の大きさが思われる。

中心の主曲輪は、ほぼ方形で東西約四〇メートル、南北約三二メートルの規模で、南西端には折れ坂虎口が開く。大堀切に接して高さ一メートルの土塁をおき、さらに遮断性を高めている。その南側と東側には三段の帯曲輪が取りまき、二段目の曲輪は鋭い切岸を備え、もっとも外側の曲輪は南斜面に二条竪堀を掘る。また、北側に細長い曲輪を造り二つの段差で平坦にし、切岸下には帯曲輪がめぐり西側に坂虎口が開く。この東側と南側台地には、曲輪群があって家臣屋敷跡とする報告があるが、私の観察では自然地形で遺構は確認できない。かくして、この城は大規模な堀切からみて、白鳥氏の構築した、軍事面に特化した城と考えられる。

【上洛し蹴鞠をする白鳥氏】　粟野俊之の近著『最上義光』に、これまで知られていなかった白鳥氏の注目すべき史料が紹介されている。それは『言継卿記』の永禄元年（一五五八）三月十八日の条に「白鳥がみえ、京都の公家飛鳥井家の蹴鞠

●—白鳥城の遠景

に参加している。白鳥氏の上洛が確認される」というものである。原史料の確認のために国立国会図書館に問い合わせたところ、白鳥氏の蹴鞠参加は『言継卿記』補遺一の永禄元年三月二十二日の条にあった。「(飛鳥井で)鞠これあり、人数、亭主・予・安居院僧正・右衛門督・清水式部丞・正観坊・白鳥等也」とあり、白鳥には「羽州住」と注記がある。

粟野はまた、『蜷川家文書』四(附録一)の「奥州衆尋申武家故実覚書」の最初に「奥州白鳥尋申」があり、室町幕府の政所代蜷川氏に白鳥氏が故実を尋ねた史実とする。これは、永禄元年に上洛した白鳥氏が、京都での行動のため故実例を求めたと推測される。

白鳥氏上洛は、最上義守(よしもり)・義光(よしあき)父子が将軍足利義輝(よしてる)に拝謁した永禄六年の五年前のことで、上洛者は、白鳥十郎長久の父、義久と考えられる。二つの史料は、白鳥氏は永禄元年には上洛するほど、谷地にすでに強固な基盤を築いていたことを示し、従来の白鳥氏像に改変をせまると考えられる。次に、谷地入部の時期と白鳥氏の滅亡について考えてみよう。

【白鳥氏の谷地進出】　これまでの白鳥氏の谷地入部の通説は、中条氏がいることから永禄年間(一五五八〜七〇)から天正初年(一五七三)とされてきた(『河北町の歴史上巻』)。しかし、永禄元年(一五五八)に上洛した史料の確認で、谷地入部時期の再検討が必要と考えられる。そこで、史料から遅くとも天文四年（一五三五）までは谷地におったとされる中条氏について考えてみよう。

中条氏の史料の一つは、慈眼寺蔵の五点の中条氏文書である。しかし、これについて、『山形県史古代中世史料一』は「研究の余地がある」とし、吉井功兒は「偽文書のようであり採用できない」（『ヒストリア一一八』）と評価し、鈴木勲は五点とも疑問点があるとする（『西村山の歴史と文化Ⅲ』）。

もう一つの基本史料は、両所宮梵鐘の「永享四年（一四三二）、中条長国」銘である。しかし、「両所宮社中相続記」には「永享四年、北寒河江八幡宮」とあり中条長国は確認できず、現在所有する山辺町少林寺梵鐘の銘文は削られてない。このように中条氏を示すとされる基本史料に疑問があり、周辺の大江氏系図などの史料にみえないのは不自然で、中条氏の存在が疑われる。

●—主曲輪に建つ城碑

ここで、白鳥氏の谷地入部について伊達稙宗との関係から検討しよう。「（天文十一年〈一五四二〉）白鳥殿あて稙宗書状」（田村家文書）は、戦国大名、伊達稙宗が長男晴宗と合戦した天文の乱で、白鳥氏に謹上と書き義守への意見を頼んでいる。これは、白鳥氏が伊達稙宗との並々ならぬ関係をもち、義守に意見できる立場だったことを示す。その伊達稙宗は、永正・大永年間（一五〇四〜二八）、山形盆地に進攻し、ほぼ制圧し、各地に伊達城を置いたが、それは強固な反対者、天童氏と寒河江氏に対する駐屯地と考えられる。そのうち、吉田と大久保ダテノジョウは寒河江氏をにらむ駐屯地と思われ、北方の白鳥氏の協力なしには設営できなかったろう。大永年間（一五二一〜二八）、伊達稙宗が寒河江氏を押さえるために、白鳥氏の谷地入部を支援したことはなかったろうか。かくして、白鳥氏の谷地入部は伊達稙宗の関係など隠れた歴史があり、大永年間頃と推測される。

【白鳥十郎長久殺害と白鳥氏滅亡】　最上義光と父義守が争った最上の乱では、白鳥十郎長久の活発な動きがあった。長久は伊達輝宗、天童氏などとともに義守方ではあったが、天童氏とは違った独自の動きがみられる。その後、天正九年（一五八一）には、伊達輝宗宿老、遠藤基信に京都愛宕社立願のため大崎氏の長井口通行を依頼し、名族大崎氏との関係があったことが知られる（遠藤家文書）。

このように、戦国大名伊達氏、名族大崎氏、そして山形義守などと関係をもつ白鳥長久に対し、最上義光のとった作戦は謀殺だった。二〇〇五年に確認された「山形殿あて政宗書状」（兵庫県立歴史博物館蔵）はそれを語る。「このたびそこ元において、白鳥并に氏家方生客（害）のよし、内々御心もとなく存じ候て、使いに鉄砲なるとも指しそえ、進ずべく存じ候処に、菟角なくとり静られ候よし承候条、その儀なく候」とあり、白鳥長久殺害時、激しい合戦があり氏家氏関係者に死者のでたことが判明する。したがって、軍記物「最上記」が書く、山形城で義光が枕元で長久を一刀両断にした話は史実性がなく、その時飛び散った血で染まったという「血染めの桜」は後世の創話と判明している。

かくして、次年子円重寺奥の墳墓出土人骨は、白鳥長久の可能性があることとなった。墳墓は、一九九四年五月、川崎利夫らが発掘し、1号墳から完全な人骨が出土し、左足に二本の刀傷があったとされる。人骨は、石田肇（現琉球大学）の鑑定で、当時としては大男の一六四センチ位の、筋骨たくましい四十歳台の成人男性と判明している。なお、白鳥長久家臣、青柳隼人が長久の首を、次年子に運び埋葬したとの伝承があり、白鳥長久の次年子埋葬の根拠となると思われる。

【参考文献】　川崎利夫「戦国武将の墓」『出羽の遺跡を歩く―山形考古学事始―』（高志書院、二〇〇一）、平林淑子『白鳥十郎長久公〜墳墓』（二〇一六）

（保角里志）

●最上氏改易で接収された拠点的な平城

高擶城

〔所在地〕天童市高擶
〔比　高〕〇メートル
〔分　類〕平城
〔年　代〕戦国時代、江戸時代初期
〔城　主〕高楯氏、宮崎内蔵亟、斎藤伊予守
〔交通アクセス〕奥羽本線「高擶駅」下車、徒歩約二〇分。

【最上氏改易で接収された平城】　元和八年（一六二二）、東日本最大級の政治事件が起こった。五七万石の大名、最上氏の改易である。そして、最上氏の城は伊達氏、上杉氏、佐竹氏などの軍勢によって接収された。「最上氏収封諸覚書」（伊達文書）によると、最上（現在の村山地方）で接収された城は山形城、上山城、長谷堂城、山野辺城、八沢城、高玉城（高擶城）、東根城、野辺沢城、楯岡城、若木城、飯田城の十一城であった。各地に群がりあった城は地域の拠点城だけとなり、平城は最上氏本城だった山形城のほかは、高擶城だけであった。その高擶城は「斎藤伊予居城　知行五千石」と記され、最後の城主は最上氏重臣、斎藤伊予守だった。

そして、最上の各地にあった平城は、現在、山形城二の丸の土塁と水堀、そして長瀞城二の堀などが遺構を残すにすぎない。最上氏の最後まで残った高擶城も、地域社会の急激な変貌によって遺構は失われたが、故萩野和夫の研究（「高擶城の興亡」）をもとに往時の姿を復原し、歴史をみてみよう。

【三重に囲む複郭の城】　城は山形盆地のほぼ中央、立谷川扇状地末端、高擶にあり、字切図と絵図、水路と道などにより、かつての姿を復元できる。

城の中心、本丸は元和九年（一六二三）の検地帳に記載され、「楯ノ内」中央に三筆、広さは六反五畝四歩だった。かつて、土塁と水堀で囲まれた方形の本丸が想定される。二の丸は、水堀が昭和三十年（一九五五）はじめまで比較的残っていたが、昭和三十四年（一九五九）に土地が民間に譲渡さ

れ、その後すべて埋められ消失した。その範囲は、「楯ノ内」全域を占め、六〜一四間という広い水堀がほぼ方形状に囲んでいた。水堀内側には土塁があり、一部は痕跡が確認できたという。その外側の東、西、南に水堀と土塁が囲む郭があり、西楯の地名がある。かくして、高擶城は三重に囲む複郭の城と復原できる。

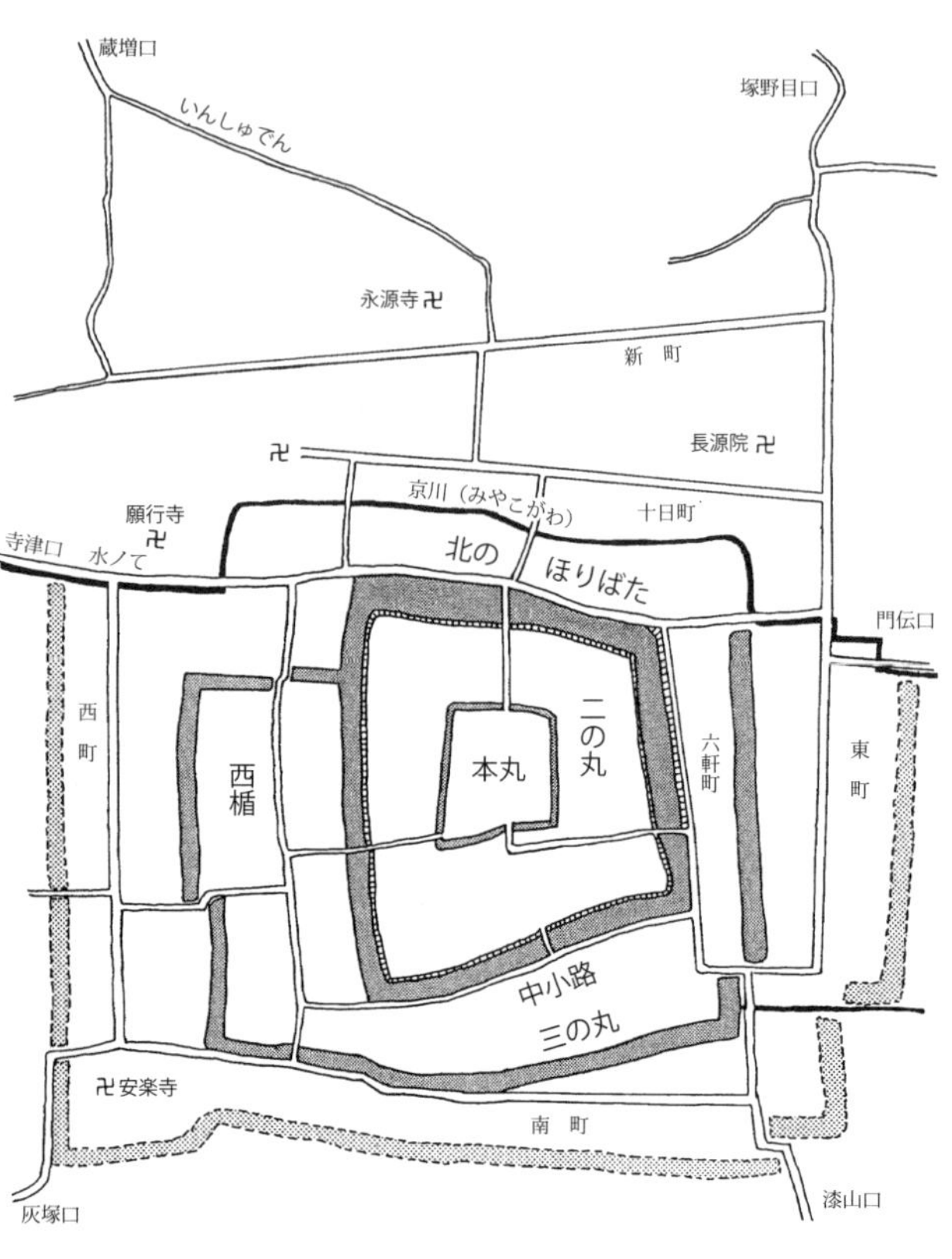

●―高擶城復元図（『高擶城の興亡』から転載）

そして、城下の道は、見通しのきかない鍵型路、丁字路、喰違路、屈曲路で、安楽寺・願行寺・石佛寺・永願寺・長源院の寺院が城下の要所に配置され、城と城下が一体となり計画的に建設されたと考えられる。

次に、築城時期を考えるために、城主の変遷を史料から追ってみよう。

【高楄氏から最上氏重臣の城へ】 「最上家系図」（『山形市史　最上氏関係史料』）をみると、山形入部の斯波兼頼の孫に義直がおり、高楄殿と注記され、当時拠点的な集落だった高擶に入部したとみられる。戦国時代には、「伊達正統世次考」（仙台市立博物館蔵）に永正十一年（一五一四）に、「（伊達稙宗）公みずから兵を率いて最上高楄城を攻めこれを破る」とあり、城は落城し高屋修理はじめ寒河江氏関係の七人が捕虜となり、伊達氏進攻にたいし寒河江一族の支援があったことが知られる。また、「願正御坊縁起」（願行寺蔵）に「文明七年（一四七五）、天童楯山の附け城として（高擶城）をおいた」とあり、天童氏旗下の中山市郎が城主とも書く。

その後、天文三年（一五三四）の「立石寺日枝神社棟札」

に、戦乱で焼失した山寺山王権現の再建者として山形殿、中野殿、東根殿とともに高楯殿がみえ、高楯殿以外は山形氏一族であることから、高楯城主は山形氏一族だった可能性がある。そして、「天正二年伊達輝宗日記」（仙台市立博物館蔵）には、天正二年（一五七四）に最上義光と父義守が戦った最上の乱において、高楯氏は天童氏とともに、反義光方の首謀者としてみえる。その後、天正十二年（一五八四）と推測される、「高森殿あて義光書状」（砂金文書）に、「天童氏が高楯とよぶ地、懸けとらうべき内評あり」とあり、高楯は義光方となっていた。その高楯氏は「最上義光分限帳」にみえず、義光により滅亡したと考えられる。

天正十二年（一五八四）、天童氏は最上義光に攻略され奥州に自落し、高楯城には義光の家臣が配置された。「最上義光分限帳」（東大史料編纂所架蔵本）に四〇〇〇石で宮崎内蔵亟がおり、元和八年の最上氏改易時は斎藤伊予守だった。

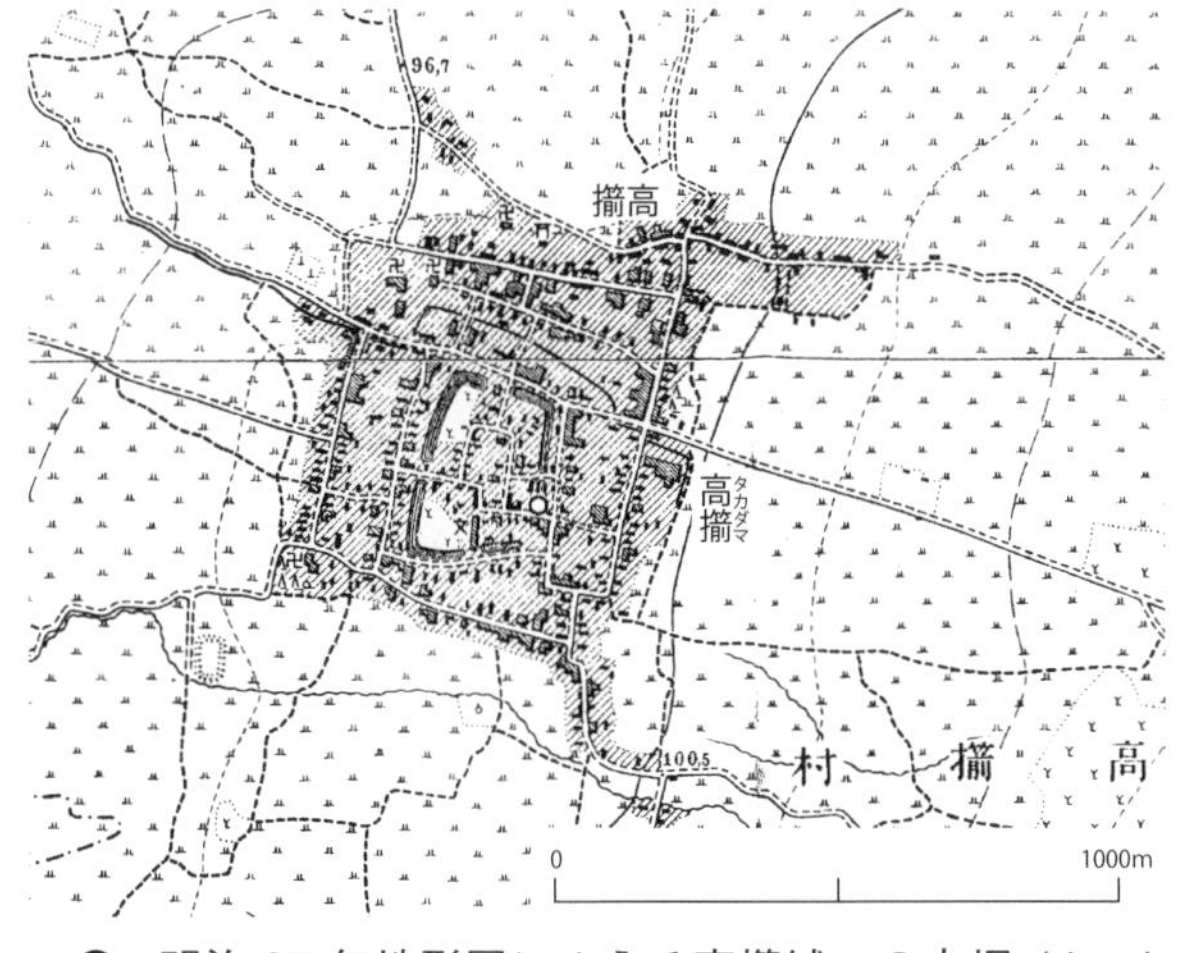

●—明治 37 年地形図にみえる高擶城二の丸堀（大日本帝国陸地測量部 明治 37 年発行）

●—二の丸大手口にたつ城説明板

【高楯小僧丸とはだれか】 立石寺所蔵の天正十四年寄進状に、高楯小僧丸の署名脇に義光花押があり、『高擶郷土史』（一九五五）が「最上義光は高擶に屏居していた」とするのをはじめ、義光が「高楯小僧丸」と名のっていたとするのが通説であった。

●—二の丸内の板碑　左右の二基

これに対して、胡偉権は「天正十四年の時、すでに四〇歳の義光はなぜ、『高楯小僧丸』と名のったのだろうか」と疑問を呈し、書状は「高楯小僧丸の文字は義光の署名と花押とはやや離れ、大きさは義光と同じようにみえる」と分析する。そして、高楯小僧丸は元服前の幼名で、高楯小僧丸の下に花押がないのは元服前の子供が署名できないからとし、当時一二歳の義光の子、義康の可能性が高く、義光は庄内進出に専念するため、義康を天童氏との戦後対策の名代として高楯においたと結論づける（『山形史学研究四三・四四』）。おそらく、最上義康は高楯氏のよった城にはいったのだろう。

【高擶城の変遷を考える】　高擶には斯波兼頼の孫義直にはじまり、戦国時代に高楯氏がおり、天正十四年に最上義康がはいり、慶長末年とされる「最上義光分限帳」に四〇〇〇石で宮崎内蔵亟がいた。そして、最上氏改易時の城接収時は五〇〇〇石の斎藤伊予守だった。

最初の義直の時は、方形に空堀と土塁で囲む単郭の居館とみられ、戦国時代に複郭に発展したと考えられる。堀は障子堀、虎口は喰違虎口、土塁は外側を切岸状にするなど、山城同様に防御性を高めたと考えられる。

そして、慶長年間の宮崎内蔵亟の時には、統治拠点をかねる城造りが行われたと推測される。高楯城は、防御だけでなく灌漑や生活用水とするため水堀が掘られ、南町、西町、東町などの城下町が形成され、道は鍵型路、丁字路などに整備され、現在の高擶集落の原型となった。城を造ったとみられる宮崎内蔵亟は大崎氏所属の国人と推測され、大崎領が解体すると義光に仕えたのだろう。その後、斎藤伊予守の時に最上氏改易により城は接収され、破却された。

【参考文献】　荻野和夫「高擶城の興亡—戦国争乱期を中心として—」『山形県立博物館研究報告第八号』（一九八七）、胡偉権「最上義康について」『山形史学研究第四三・四四合併号』（二〇一四）

（保角里志）

●寺院を囲む城郭群

慈恩寺城郭群（じおんじじょうかくぐん）

〔国指定史跡〕

〔所在地〕寒河江市慈恩寺字鬼越
〔比　高〕七〇～一一〇メートル
〔分　類〕山城
〔年　代〕一六世紀初
〔城　主〕慈恩寺等
〔交通アクセス〕JR左沢線「羽前高松駅」下車、徒歩三〇分。

【慈恩寺城郭群の位置】　慈恩寺は南北約四〇キロ・東西約一五キロほどの山形盆地の西縁中央に位置し、その南側直下に寒河江（さがえ）川、東側遠方に最上川を望み、山形盆地全体を俯瞰（ふかん）する位置にある。

城郭群は、この山岳寺院である慈恩寺をぐるっと取り囲むように配置されている。

【城郭群の歴史】　（一）**慈恩寺城郭群が築造される契機**　永正年間（一五〇四～二一）最上義定（もがみよしさだ）が寒河江領に侵攻。これは寒河江一族間の内紛抗争に最上氏が介入してきたもので、「郡中（ぐんちゅう）兵乱」（『伽藍記』）と記される争乱である。

この永正の兵乱による焼亡は、慈恩寺にとって大きな打撃であり、中世的な慈恩寺伽藍の終焉となった。慈恩寺は手痛い経験から、自衛する道を模索した、それが慈恩寺城郭群である。慶長五年（一六〇〇）の〝北の関ヶ原〟合戦（長谷堂（はせどう）合戦（かっせん））の際にも、慈恩寺の武力が表面化し、「慈恩寺の僧兵」の姿が見える（『寒河江市史』上巻）。

（二）**城郭群の性格**　これらの城館群が、山麓の慈恩寺と院坊居住者などの避難場所であることはいうまでもない。城郭群は日和田楯（ひわだたて）以外はいずれも小規模で、いわゆる「村の楯」「百姓の楯」クラスの城郭である。城館群が、外部の俗権力（寒河江大江氏・最上氏など）と密接な関係の中で造築されたことは当然であるが、いっぽうで慈恩寺の自力救済（じりききゅうさい）の一貫として築造され、自分の生命や財産（仏像・仏画・宗教用具なども含めて）を護る場となったのである。

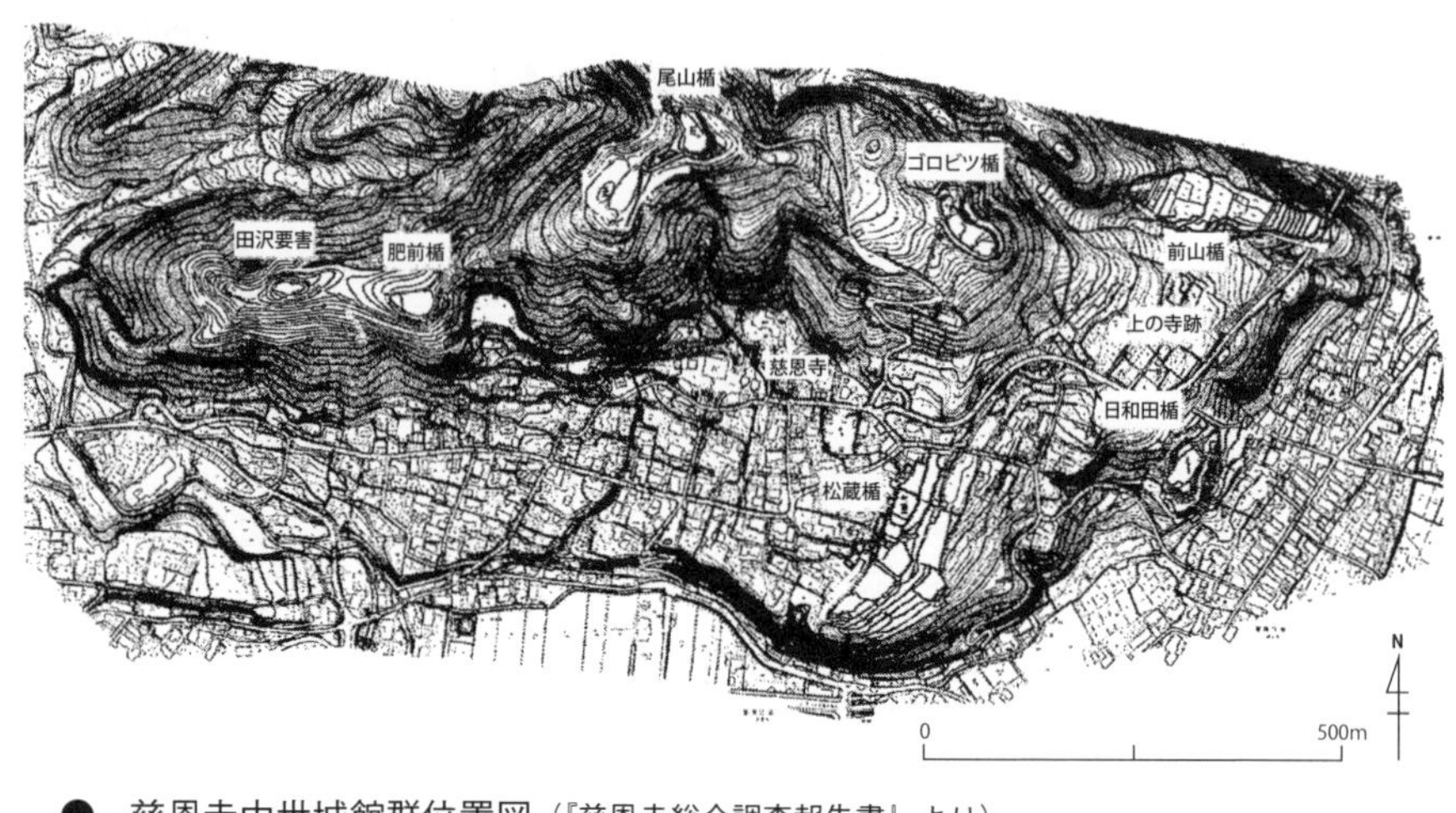

●—慈恩寺中世城館群位置図（『慈恩寺総合調査報告書』より）

【城郭群の概観】 慈恩寺城郭群は慈恩寺と一体のものである。城郭群の概要は、慈恩寺に向かって西（左）側から北側（正面）にかけて田沢要害・肥前楯そして尾山楯（山王台公園）、東（右）側にかけてゴロビツ楯（八千代公園）・松蔵楯と続いている。さらにこのゴロビツ楯・松蔵楯のラインより東側にあたる上の寺地区に前山楯、そして日和田楯が連続して存在する。前山楯と日和田楯に東側の第一次防衛ラインを設定し、東の谷地城に拠る白鳥氏に備えるものであろう。ゴロビツ楯・松蔵楯は第二次防衛ラインと見ることができよう。

【城郭群の構造】 （一）尾山楯　標高二七一メートルで、主郭部分は、わずかな段差で、郭Ⅰと郭Ⅱに区画される。郭Ⅰからの眺望はきわめてよく、寒河江川を隔てて寒河江城跡・長岡山・高瀬山・山崎楯、遠く上山方面・山形城跡・天童城跡（舞鶴山）・大森山（東根）などが展望でき、物見の機能は抜群である。郭Ⅳについては、大部分が削平されてしまっている。郭Ⅴは、現在拡幅されて坂道になっているが、本来は腰郭（曲輪）であったと考える。郭Ⅴの下には、空堀と土塁が回っている。

（二）ゴロビツ（五郎櫃）楯　尾山楯より約四〇メートル下に位置し、標高二三四メートルが頂点。公園整備のために行われた重機による削平などのためにかなり原状が破壊されている。主郭である郭Ⅰは岩盤が見えるまで削平されている。郭Ⅰから一段ずつ下がって、郭Ⅱ・郭Ⅲ・郭Ⅳと続いていく。郭ⅡⅢⅣの北東は急斜面となっている。

（三）松蔵楯　ⓐⓑⓒと三重の堀切があり、ⓑが東側とつながる堀切道で、ⓒが鬼越道の切通である。ⓐは桝形虎口となっていて、イには石積が見られる。郭Ⅴの東側は削平されて原状がよくわからない。郭Ⅶは平坦ではなく一部高まりが見える、ここも削平され、原状はよくわからない。郭Ⅶの西側は段々の墓地となっていて、石積で補強されている。

(四) 肥前楯　肥前楯は、Ⅰ・Ⅱ・Ⅲからなり、楕円形をしている。Ⅰ・Ⅱ・Ⅲと下っていく。公園化する中で削平が行われ、原型はかなり失われている。尾山楯よりも標高は下がるが、眺望はすばらしい。櫓を建てて見張りするには最適の場である。

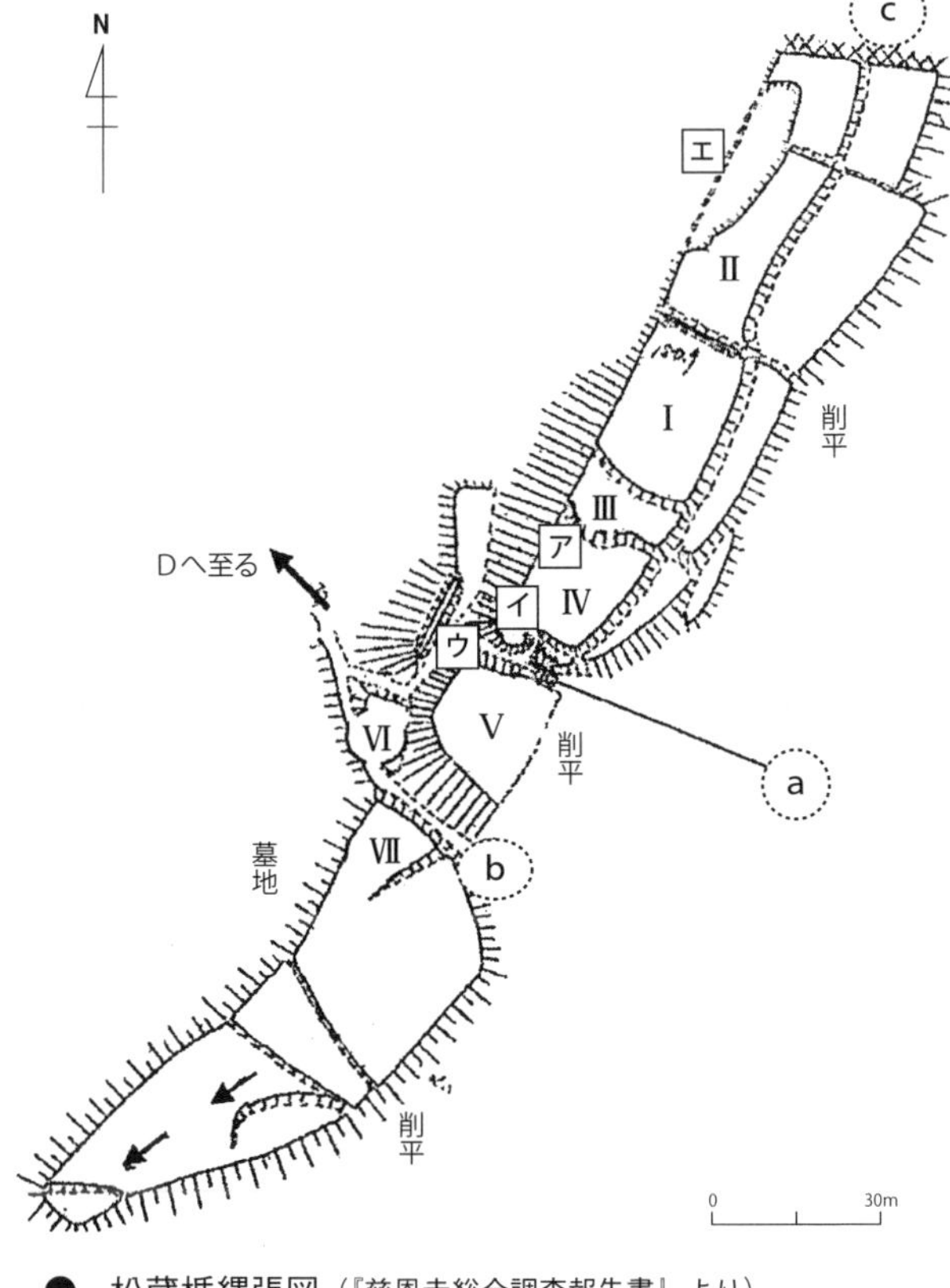

●—松蔵楯縄張図（『慈恩寺総合調査報告書』より）

(五) 田沢要害　尾根に築かれた城郭で、細長い主郭Ⅰの下に帯郭Ⅱ、さらに一周する帯郭Ⅲがめぐる。肥前楯から続く尾根ⓒを断ち切るためにⓑに深さ約四メートルの堀切が切られ、一方は斜面になるがもういっぽうはⓓで閉じている。主郭Ⅰからⓔの方向へ緩やかに下る。

(六) 前山楯　「東院」地域は、まず松蔵楯の北側の堀切状になっている鬼越の所から、慈恩寺より箕輪集落へ続く「箕輪道」が東西に走る。その中、土塁で囲まれた聞持院跡とされる平場を中心にした段々が連続する空間があり、その東側に大型の溝が走り、上の寺地域では大きな区切りとなっている。さらにその東の端は、滝ノ沢が境界となっていて、その境界地点に築造された城郭遺構が前山楯である。

前山楯の構造は、①虎口②空堀・土塁③竪堀④堀切・竪堀などの遺構が見える。④の延長線

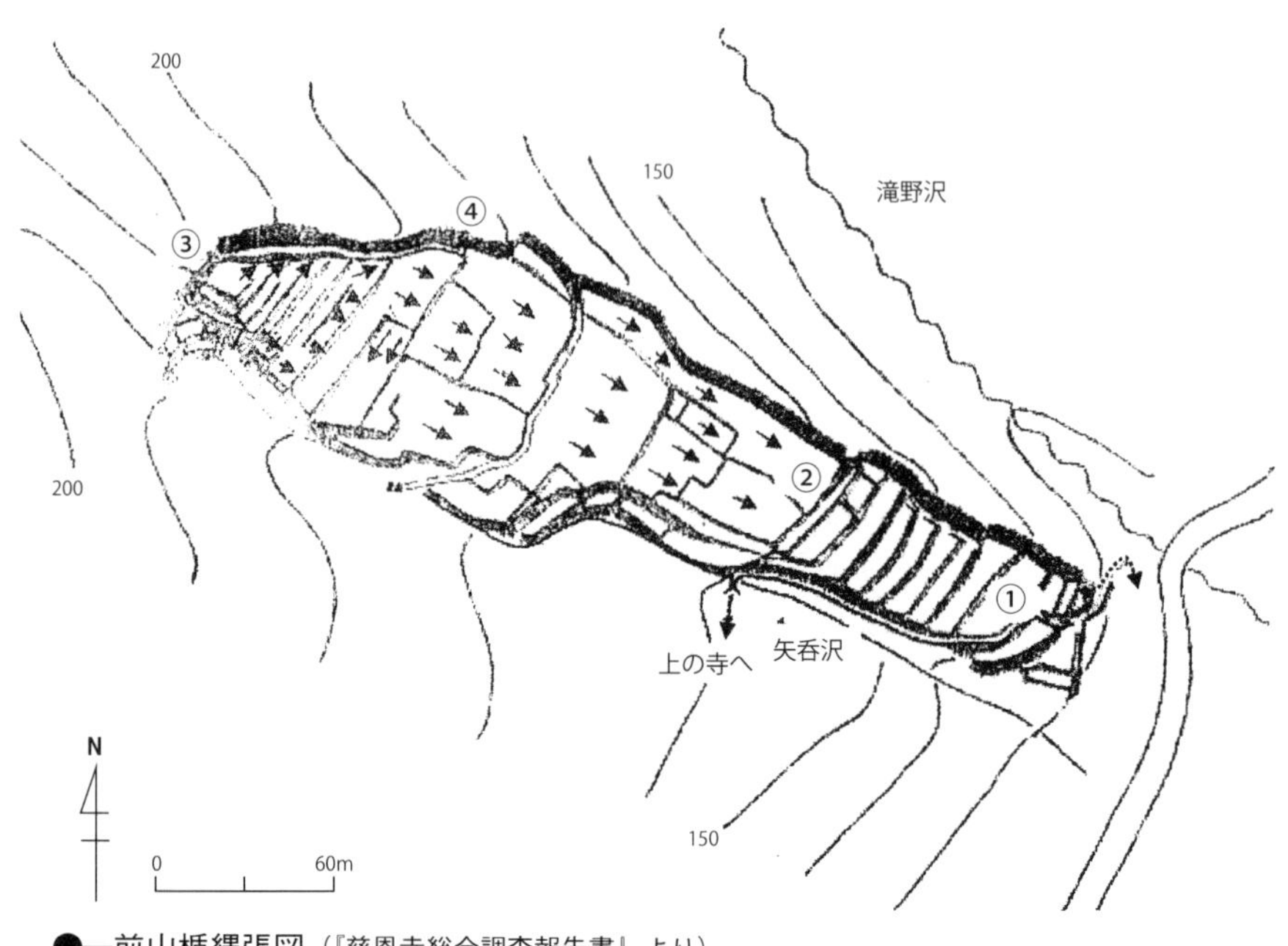

●―前山楯縄張図（『慈恩寺総合調査報告書』より）

にはゴロビツ楯が存在し、ゴロビツ楯・前山楯・日和田楯が縦に並ぶ。

（七）日和田楯

（1）山城部分の構造　慈恩寺山の東の台地（上の寺遺跡がある地点）の突出部を、大堀切で切り離した山城。築城時期は、戦国であろう。主郭Ⅰは約八〇平方メートル。主郭Ⅰの北には、削り残しによる長方形状の郭Ⅱがある。主郭の南西隅に帯郭Ⅴから小腰郭a、そして点線矢印で郭Ⅳ・Ⅲへと登る虎口が設定されている。主郭の北・北西にかけて、大堀切アが造成されていて、慈恩寺の東院部分（上の寺遺跡部分）と隔絶している。築城は二段階にわたり、第一段階は大堀切で上の寺地区と切り離されていた段階。第二段階は、堀2ないしは堀3が作られて楯が拡張され、上の寺地区と一体化した段階が想定される。

（2）居舘・集落部分の構造

総構（そうがまえ）　居舘の背後には、小腰郭n・m、長大な帯郭Ⅷ・腰郭Ⅶ・jがあり、k・lをへて大腰郭Ⅸに通じる。楯越（たてこし）稲荷（いなり）神社の下の長者屋敷の伝承をもつ郭が（一段の段差がある）居舘跡と考えられる。この居舘郭を中心に、コの字形に、内堀（堀1）、中堀（堀2）、泥田堀（堀3）の三重の堀が、家臣屋敷、町場、集落を囲み、総構の構造となっている。泥田堀（堀3）の日和田八幡神社の参詣道の入り口には喰違（くいちがい）がみられ、中堀（堀2）の上宿に入ってくるところにも喰違が

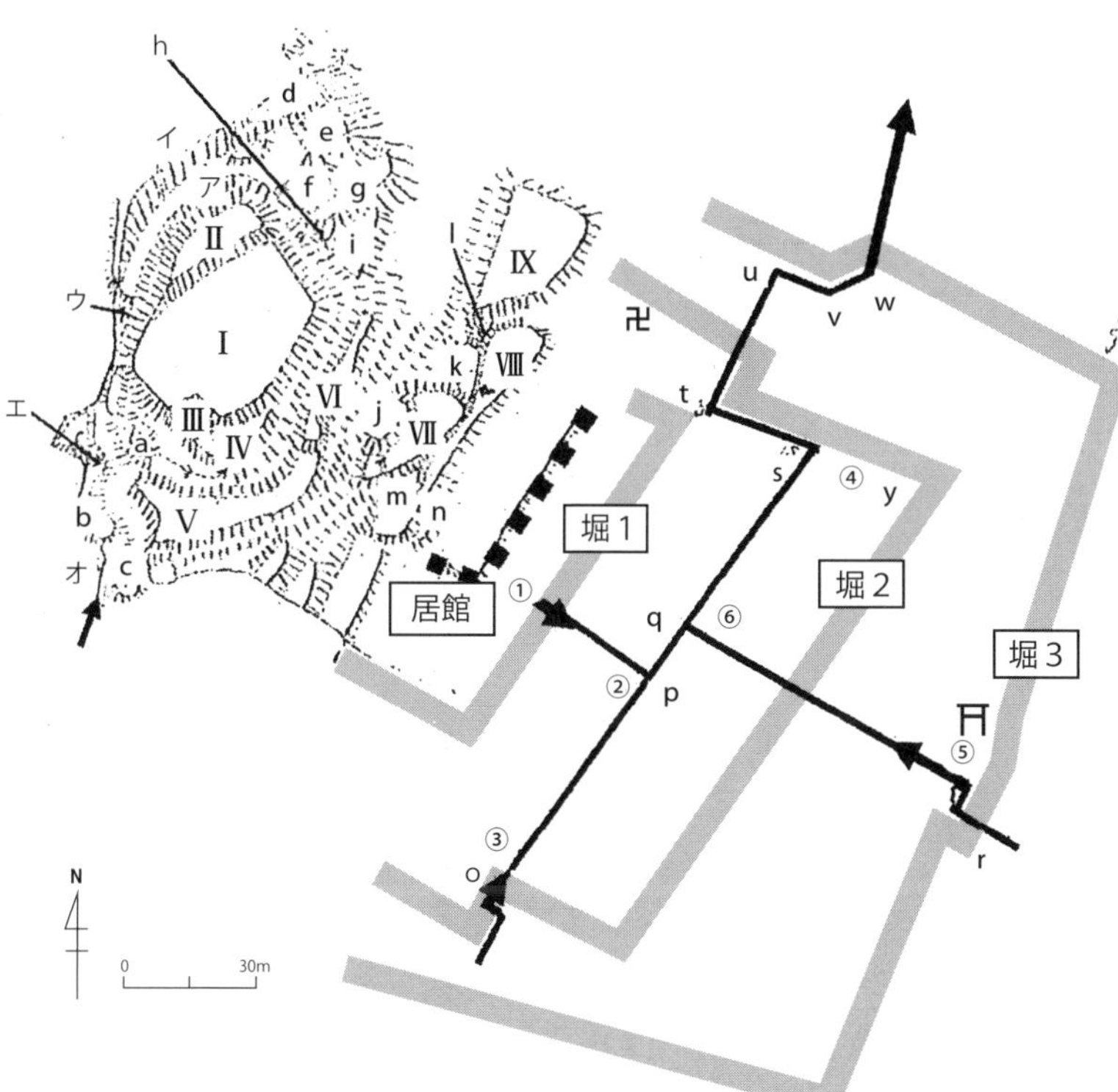

●—日和田楯縄張図（『慈恩寺総合調査報告書』より）

あり防御性が高い。上宿・中宿・下宿の地名からも町場の機能があり、上宿・中宿には、短冊（たんざく）状の屋敷区分がみられ、町場特有の地割り構造がみられる。この町場は、山岳寺院である慈恩寺への消費物資を供給する場となっていて、慈恩寺一山にとって経済を支える重要な役割を果たしていた。

城内の道　城内の道は、大手道（①―②）、東西の道（③―④）、南北の道（⑤―⑥）が基本となっている。大手道はpで東西の道と交差する。東西の道は、oの喰違で入り、sで折れてtでまた折れて、v・wで折れて堀3を渡って城外へと出て行く。東側からの進入路に対する警戒が高い。喰違rから入る南北道は堀2を渡ってqで東西道と交差し、防御性を高めている。このように城内の道が整然としており、計画的に造られていることがわかる。

【参考文献】寒河江市教育委員会『慈恩寺総合調査報告書』（二〇一四）、『寒河江市史別編　考古編』（二〇一九）

（伊藤清郎）

●山形城防衛の重要な支城

成沢城

〔所在地〕山形市蔵王成沢
〔比　高〕五七メートル
〔分　類〕山城
〔年　代〕室町期～近世初期
〔城　主〕成沢（鳴沢）・坂・安食・寺内・氏家各氏等
〔交通アクセス〕ＪＲ奥羽本線「蔵王駅」下車、徒歩三五分。

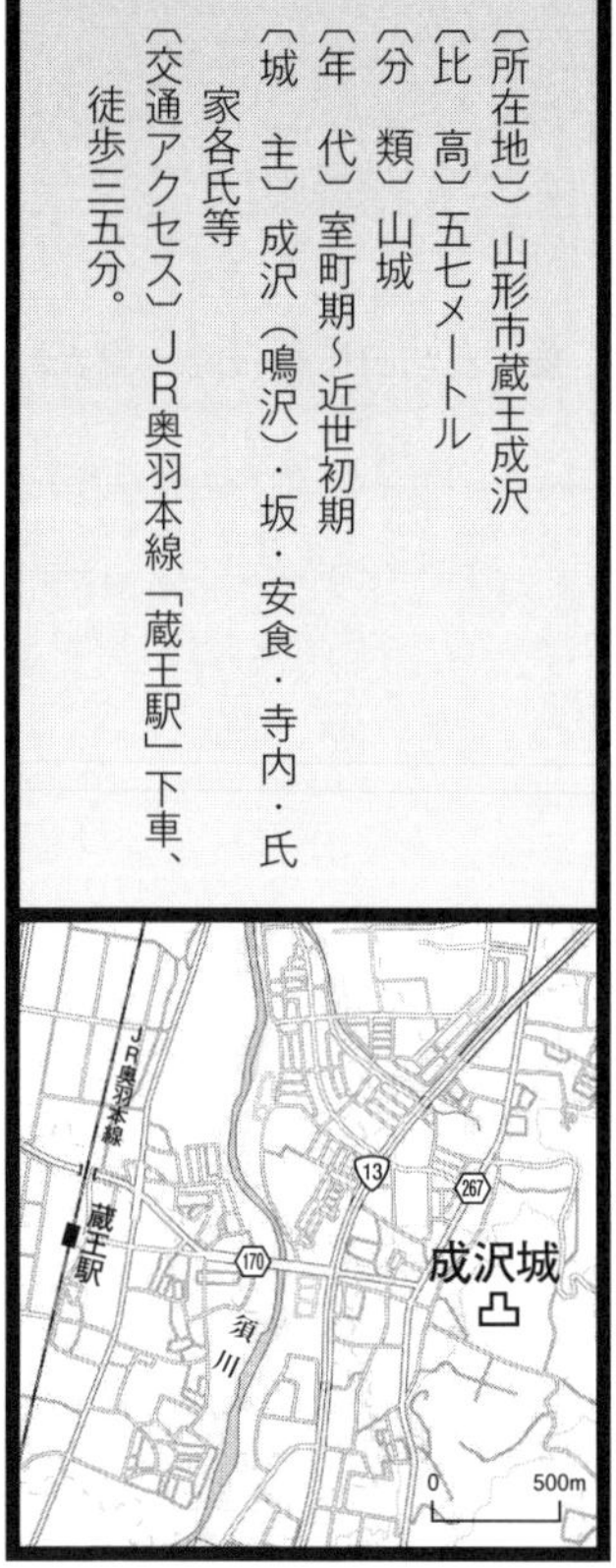

【成沢城の位置】　成沢城は、山形市東南部の蔵王成沢にあり、蔵王山塊が山形盆地に没する縁辺部にあり、館山と称される丘陵に位置する。南北に引き伸ばした馬蹄形をしている。

【歴　史】（一）**成沢城の築城**　羽州管領として山形に入部した斯波兼頼の孫の兼義（兼義は、泉出殿・鳴沢殿・大黒殿とも称される）は、最初に須川べりの泉出（伊豆出とも）に城郭を築いた。その後、現在の館山の地に、山上に鎮座していた八幡宮を現在の西南麓に遷宮して、築城した。成沢城の歴史がここに始まる。その際、兼義は城地となる四方結界に一切経と八幡大神を埋納して武運長久を祈願したという。築城の時期は、一四世紀末ということになる。

成沢城の軍事的重要性は、羽州大道の楯下口に対する攻防陣営、さらに置賜・上山方面からの敵侵攻に対する山形城防衛の第一線にあたる位置にあることである。殊に八代宗遠・九代政宗の二代にわたって伊達氏が長井地方を奪取し、高畠城に拠点を築くという政治的変動に対する最上側の対応として、泉出・成沢両城を築城した点。さらに最上二代直家が息子頼直を天童に、氏直を黒川に、兼直を高擶に、義直を成沢に、それぞれ分封している。庶子分封によって勢力を拡大を図った最上氏の政

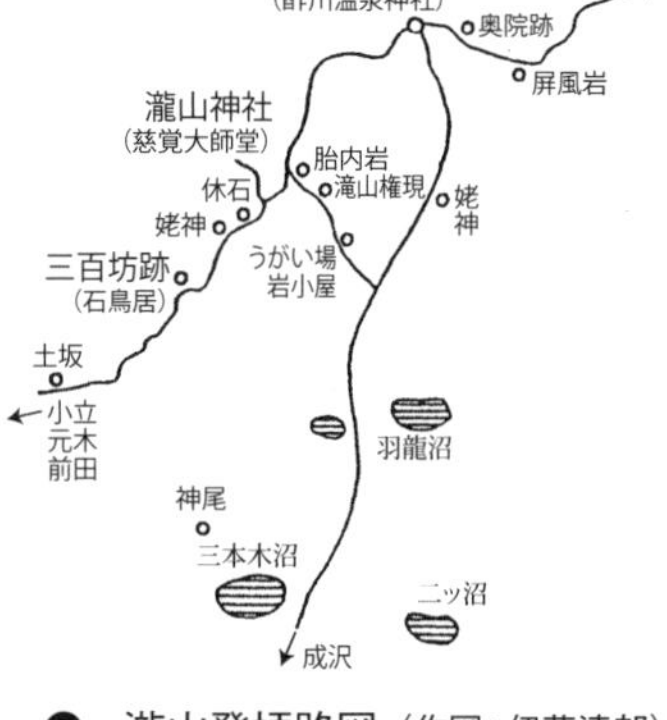

●―瀧山登拝路図（作図：伊藤清郎）

略の一環でもあった。

（二）その後の展開　成沢城は兼義の後、播磨（義総）、その子兵庫（義佑）が城主を継いだという（『成沢郷土史』など）。さらに享禄三年（一五三〇）二月十五日付で成沢義清が檀那として東白山西光寺（山形市小白川）に太鼓を寄進している。銘には「小白川道場常住光阿聖」「筆者是阿」「本願忍阿俊阿」が見え、阿弥号を持つ聖たちの活躍がうかがえる（西光寺太鼓銘）。「宝樹山称名院佛向寺血脈譜」には「羽州小白川東白山西光寺　永徳元年（一三八一）辛酉歳開基　開山　蓮阿上人　明徳元年（一三九〇）庚午七月一四日示寂」とあり、西光寺は南北朝期の建立である。ところで『最上記』『奥羽永慶軍記』等の軍記物には、天正六年（一五七八）最上義光と、伊達輝宗の応援を受けた上山満兼とが柏木山において合戦をしたとき、山形防衛の前線基地となった成沢城の城将は成沢道忠（光村）で、義光は成沢城を固めるために老将伊良子宗牛を派遣し、さらに敵の来襲に備えて新たに「長崎式部太夫ニ与力百騎・鉄砲・足軽百人ヲ指添、鳴沢ノ城ニ籠置」している。このように成沢城は、山形城主最上氏にとって攻撃・防衛の最重要拠点であった。

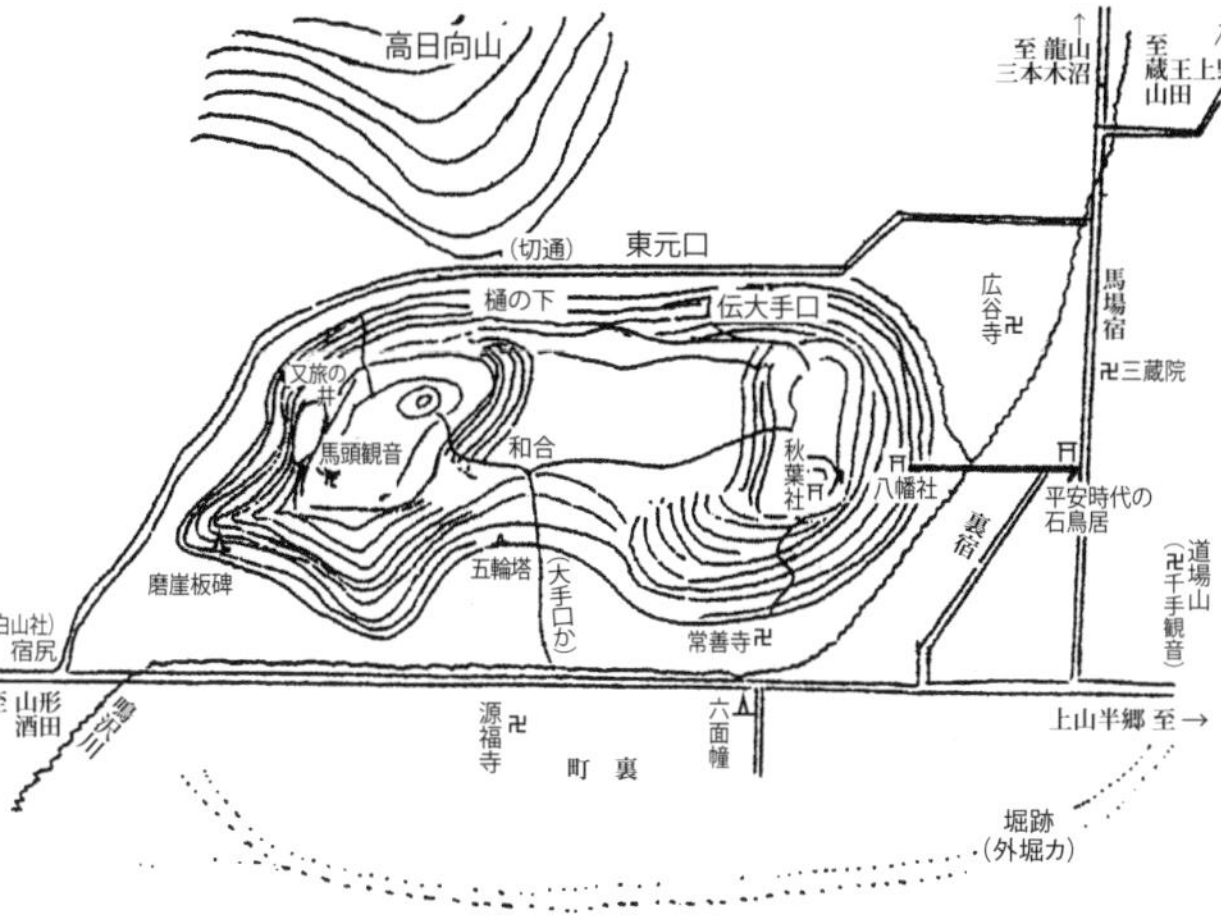

●—成沢城周辺図（作図：伊藤清郎）

　その後、慶長五年（一六〇〇）長谷堂合戦（出羽合戦）の際には、成沢城将は坂紀伊守光秀（～元和二年〈一六一六〉没）であった。長谷堂城をめぐる最上軍と上杉軍の攻防を描いた「長谷堂合戦図屏風」には、成沢道忠（光村）が奮戦している様子が描かれている。道忠の部隊は右隻右上隅の建物群の前に描かれ、『奥羽軍談』に義光が畑谷城落城の知らせを聞いて三の丸飯塚口に道忠らを警固に出したとある挿話に一致するという（宮島新一「長谷堂合戦図屏風について—軍記と屏風—」『歴史館だより』一六、二〇〇九）。

翌慶長六年に長谷堂城将志村伊豆守光安が酒田東禅寺城三

万石を領知すると、坂紀伊守が長谷堂城将として移り、そのあとに成沢城将として安食大和守が五〇〇〇石を領知している。このとき氏家尾張守守棟が天童城に一万七〇〇〇石を、成沢道忠が五〇〇〇石（城は不詳）を領知している（「最上家中分限帳」）。いっぽう、「最上源五郎様御時代御家中並寺社方在町分限帳」には「一、壱万八千石　成沢　氏家左近」とあって、氏家左近が成沢城を領知したことになる。この関係については、「氏家氏略系」に（小野末三『新稿羽州最上家旧臣達の系譜』最上義光歴史館、一九九八）、左近親定（光氏）が氏家尾張守某（出家して覚翁入道）の「嗣子」つまり養子に入ったとある。この氏家尾張守某こそが氏家守棟と考えられ、守棟の従弟成沢道忠（光村）の子が親定である。親定（光氏）の妻は、最上義光娘の竹姫である。重臣氏家家は最上本宗家とともに、成沢家とも姻戚関係で強く結ばれていたのである。この宿老の氏家氏は最上家の外交を担っている。

「最上家中分限帳」や「最上義光分限帳」から、成沢城は、安食大和守や寺内薩摩守が城将となっていた時期もあったが、一三代最上家信（義俊）のとき、元和八年（一六二二）最上家が改易されると、この成沢城も廃城となった。

【遺構の概観】成沢城は二つの頂部を削平して中核的郭としている。郭Ⅰが主郭で標高一二八・四メートル、副郭Ⅱの標高が一一八・二メートル。郭Ⅰ・Ⅱは尾根道で連絡され、⑱付近に堀切の残存と思われる土塁がある。郭Ⅰの⑯にはかつて遠見石と呼ばれた大石があり、⑮付近から太刀（長さ五三・六センチ、反りがある）が出土している。

虎口については、Ⓒ・Ⓓの合流地点を和合と呼んでおり、Ⓐ道は郭Ⅰ・Ⅱへ通じる共通道（大手道）となる。郭Ⅰへの道はⒶから分岐してBあるいはⒸの二道が考えられる。他にはE口（常善寺口）があり⑬に坂虎口らしきものが残る。もう一つF口（東元口）があり、こちらは虎口・桝形も比較的よく保存されている。この口は「伝大手口」ともいわれており、蔵王・上野方面さらに龍山登拝口に通じる道の重要性を物語っている。

郭Ⅱへの道については、Ⓐ（大手口）から分岐するⒹが中心となり、上部に至ると⑦⑧をへて⑩に至る道と、（⑩には塚・壇状の構造物がある）、⑦⑨をへて⑩へ至る道と二つ併存している。これもいずれが往事のものなのか決めがたい。他にG口があり、現在は郭Ⅱへ直登できるように改変されている。郭Ⅱへは、⑤⑥方面からの襲撃が予想され、その防衛のために小規模な腰郭が尾根伝いに築かれている。大規模な郭Ⅲは、「村人の避難場所」の可能性が大である。また切通①は、裏山である高日向方面②からの攻撃から守るための堀切

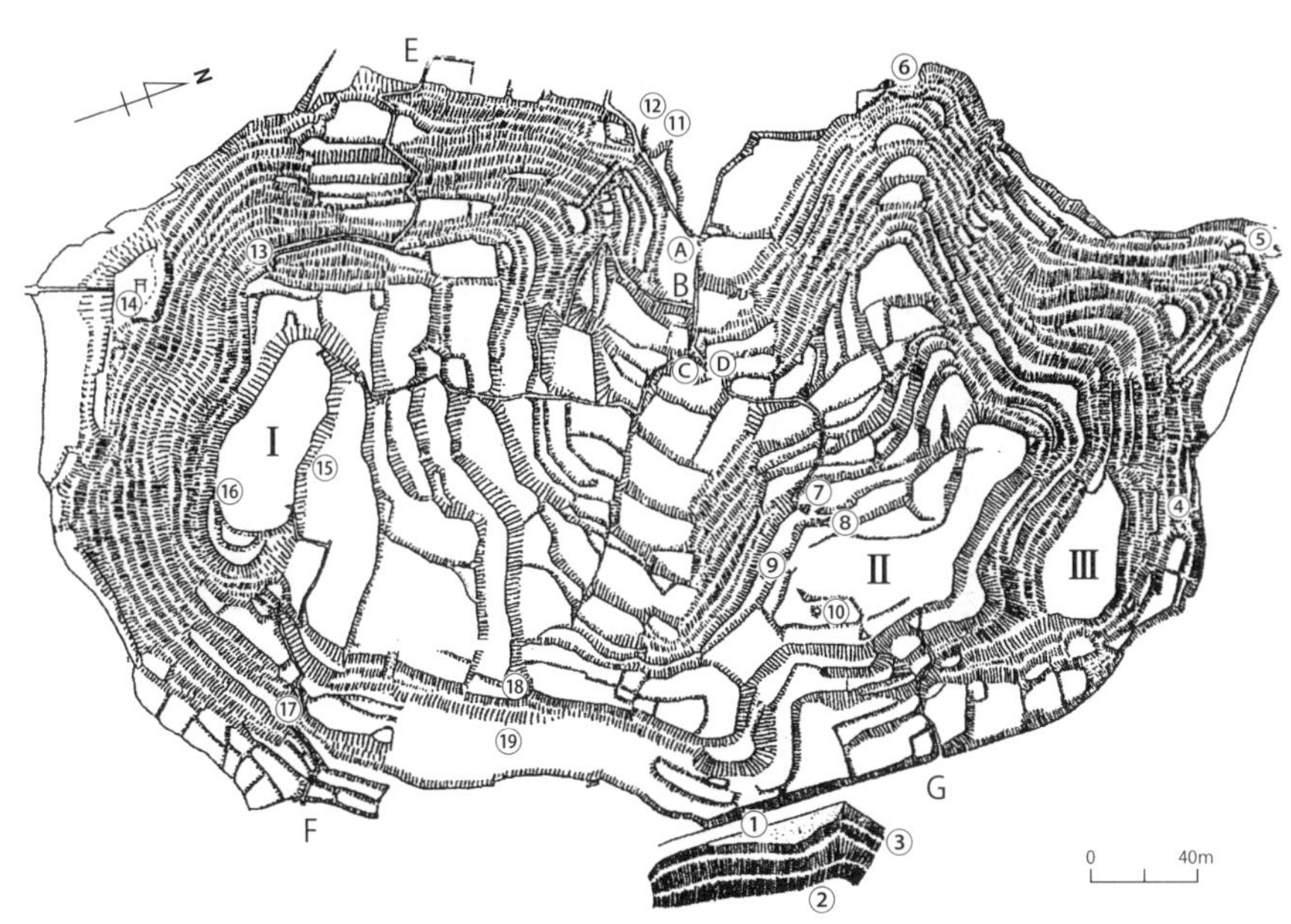

●—成沢城縄張図（作図：伊藤清郎）

とも考えられる。なお、高日向方面から樋を用いて城内に飲料水を引き込んだという伝えもあって、①付近を樋下（とよした）と呼んでいる。

成沢城にとって鳴沢川が天然の内堀となっている。この内側が狭義の城内であり、城主の居館や家臣の屋敷・武器庫等が存在し、その鳴沢川に沿って街道が走り、町屋が立ち並んでいたのであろう。その裏側を町裏と呼ぶ。常善寺門前にある六面幢の立つところは辻であり（本来の道は六面幢のすぐ脇に切られていた）、さらに裏宿・馬場宿と続く。馬場宿では八幡宮放生会の際に流鏑馬（やぶさめ）が行われていたであろう。この宿町は宿尻（白山神社が勧請）と道場山付近（千手観音が祭祀）が結界となり、一本街村状の町場からなっていたと考えられる。さらにこの宿町を大きく囲んでいるのが外堀で、この堀跡が現在も確認できる。したがって成沢城は宿町を包み込んだ総構えの構造であり、本城山形城を防衛する重要な支城の一つで、長谷堂城と双璧をなしていたことが理解される。

【参考文献】『成澤郷土誌』（堀田青年団成澤支部、一九二八）、『山形県中世城館跡調査報告書』第二集〈村山地域〉（山形県教育委員会、一九九六）、伊藤清郎『霊山と信仰の世界』（吉川弘文館、一九九七）、保角里志「山形市成沢城跡の縄張り調査報告」（『さあべい』三一、二〇一六）

（伊藤清郎）

若木館（わかぎたて）

●最上・伊達・上杉氏の狭間の城

〔所在地〕山形市若木
〔比　高〕三〇メートル
〔分　類〕山城
〔年　代〕一四三八年？
〔城　主〕新関吉綱？
〔交通アクセス〕JR奥羽本線「山形駅」下車、山交バス下原行き「古館」下車、徒歩一二分。

【山形盆地の西の抑え】 若木館は山形盆地の南西部で、出羽丘陵の山麓に位置している。山形市大字若木に所在し、北を大字古館、東を大字村木沢、西を大字常明（じょうみょう）寺と接している。中世段階のこの地域は大曽根（おおそね）荘が立荘されていた。若木館の東約一キロに、上宿（かみじゅく）、中宿（なかじゅく）、下宿（しもじゅく）、替所といった小字名が南北に連なるように残されており、市が立ち、人が集まる流通の拠点であったことがうかがえる。これらの宿をさらに南に進むと、狐越（きつねごえ）街道、小滝（こたき）街道へ続いている。特に小滝街道は、伊達領国（〜天正十八年・一五九〇）、蒲生領国（〜慶長三年・一五九八）、上杉領国（慶長三年・一五九八〜）へと直接つながっていた。若木館は山形盆地の西端を抑える重要な地位を占めていたのである。

南側山麓に曹洞宗の寺院である広福（こうふく）寺が立地し、応永二年（一三九五）に新関吉綱（にいぜきよしつな）により創建されたとする。また、若木館の北約八〇〇メートルには、堀が二重にめぐる古館（ふるだて）が所在し、新関氏の居城とされている。これらの伝承は、若木から古館にかけての地域に、現在も新関姓の方々が多く居住していることによる後世の付託の可能性もあるが、近距離に複合的な方形館の古館と山城の若木館が所在していることから、両地域が一体的に防衛にあたる関係にあった可能性がある。

【伊達・上杉との抗争の狭間で】 若木館は、永享十年（一四三八）に新関吉綱によって築城されたとされるが、詳細は不明である。明確に史料に現れるのは、天正二年（一五八四）に起こった最上義光と父の義守との抗争である「天正最上の

●—若木館遠景（北東から）

乱」が最初である。この乱は義光と父の義守の家督争いに端を発して、義守に置賜の戦国大名伊達輝宗（てるむね）や天童氏（天童古城が居城）を中心とする周辺の領主が加担し、義光はその包囲網に対し劣勢ながら対抗し、最終的には勝利を得る戦いである。乱の前半である五月三日に「若木てきれ候」（「伊達輝宗日記」）と若木館が登場する。同五日には、「昨日四日若木へ自山形てきれ、助右衛門山形へひき候うへ、外城やふれ候との事」と、若木館主が山形（最上義光）を裏切り、義守（および伊達輝宗を含む周辺領主連合軍）に味方したが、義光に攻撃されその「外城（そとじろ）」が攻め落とされたという内容である。詳細は不明であるが、「外城」が存在しており複合的な城郭が形成されていたことが伺える。

つぎに、史料に見えるのは、慶長五年（一六〇〇）の出羽の関ヶ原とも呼ばれる慶長出羽合戦においてである。会津の大名であり西軍・石田三成方の上杉景勝は、東軍・徳川家康方の最上義光を攻めるために、家臣の直江兼続（なおえかねつぐ）を山形に派兵した。直江兼続の本隊は山形の西方から白鷹丘陵を越えて進軍し、支城の畑谷城を落とした。それを契機に義光は戦力を山形に集中するため、周辺の城郭を戦わずに放棄する明け逃げを実施するが、そのうちの一つが若木館である。

江戸時代に入ってからも、最上領国の支城として機能して

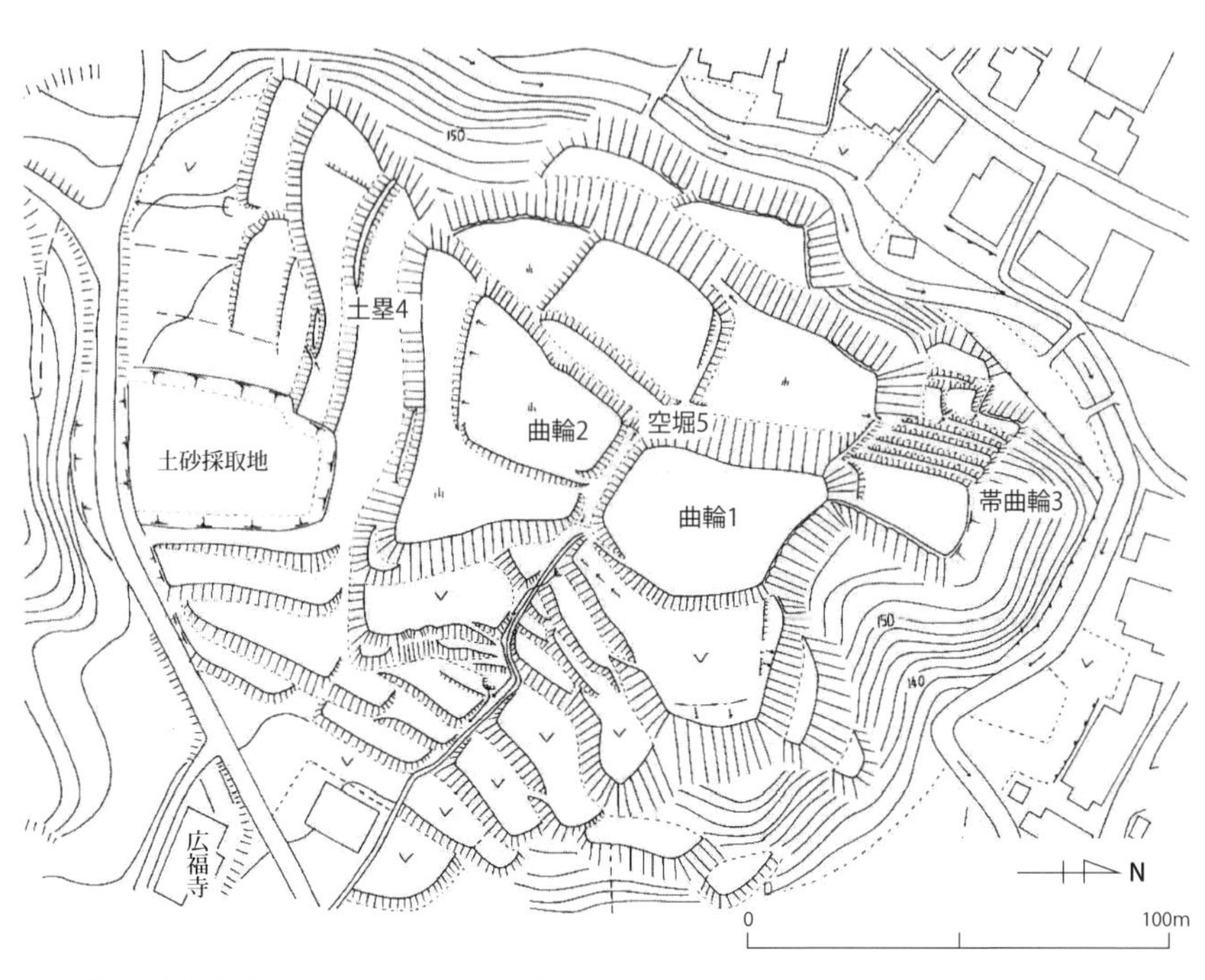

●—若木館縄張図（保角里志『南出羽の城』より一部改変）

いたようである。元和八年（一六二二）の最上氏改易にともない、領内の支城は引き取りに来た大名に接収されるが、そのなかに「若木　ちんほう隠岐居所　知行弐千石」（伊達家文書）と記載があり、若木館は神保隠岐守の居城となっており、所領が二〇〇〇石付随していた。その後、最上氏の遺領に入部した鳥居氏の時代には破却されたようで、史料には現れなくなる。

【城郭の構造】　若木館は、標高約一六六メートルを頂点とする丘陵一帯に造成されている。この丘陵は南に尾根が続いており、最終的には出羽丘陵に連なっている。若木館の範囲は南北約二四〇メートル、東西約二二〇メートルで、麓からの比高約三〇メートルである。西から北にかけて藤沢川が西流し、天然の堀の役割を果たしている。

館の南に伸びる丘陵を大堀切で遮断しており、これは舗装され車道として利用されている。現在、丘陵の斜面は畑として利用されている部分が多く、山城へ登るルートは南東部山麓の広福寺付近から登る通路があるが、城郭として機能していた時代からの登坂ルートなのか後世に作られた作業用の通路なのかは不明である。ただ、城郭の南東側に所在する広福寺や広福寺門前の町並みを、一体的に藤沢川で囲む構造となっており、根小屋はこの付近にあったと推定されるので、本

●—曲輪1，2を隔てる空堀5

来の虎口も南東部であったと推定される。このルート沿いは曲輪が連続し、切岸が発達している場所も存在する。南側の山麓は土砂の採集が行われた痕跡があり、大きく改変されている。

館の山頂部は大きく二つに分けられ、もっとも標高の高い曲輪1は南北約三八メートル・東西約三二メートル、曲輪2は南北約四〇メートル・東西二四メートルの広がりをもち、この間は長さ約二五メートル・幅約七メートル・深さ約二・五メートルの空堀5で分断される。曲輪1・2から、東の山形城のほか、北東方向に所在する天童氏の居城であった天童古城も一望することができる。最終的には、この二つの曲輪が連携して防御にあたることを想定しているのであろう。山頂の周囲の斜面には、段々状に曲輪が造成されている。ただし、曲輪1の北東側は藤沢川に落ち込む急斜面となっており、曲輪は確認することはできない。南側には曲輪の突端部に高さ約一メートルの土塁4が残存している。また、北東部の急崖には帯曲輪3が作られている、斜面を分断している。これらの遺構は、若木館が史料にあらわれる、天正から慶長年間に形成されたと考えられる。

【参考文献】樋口武『古館城考』（一九八三）、山形県教育委員会『山形県中世城館遺跡調査報告書　第二集（村山地域）』（一九九六）、保角里志『南出羽の城』（二〇〇六）

（齋藤　仁）

●最上領国の東の境目

二本堂館（にほんどうたて）

〔所在地〕山形市下東山
〔比　高〕一七〇～一八〇メートル
〔分　類〕山城
〔年　代〕不明
〔城　主〕不明
〔交通アクセス〕ＪＲ仙山線「高瀬駅」下車、徒歩一五分。

山形県

【出羽と陸奥の境目の城】　二本堂館は山形盆地の南東部の山麓に位置し、中里館とも呼称されている。山形市大字下東山に所在し、北を大字中里、東を大字こも石と接している。明治期はそれらの近世村落が合併して高瀬村となり、現在も高瀬と呼ばれている地区で、二本堂館の山麓部から東側約二〇〇メートルに山形市立高瀬小学校が、南東側約五〇〇メートルに高瀬紅花ふれあいセンターがある。

館跡は地元で猪鼻山と呼ぶ標高三四三・四メートルを頂点とする南北約七五〇メートル、東西約四七〇メートルの急峻な丘陵上に築造されている。この丘陵はさらに南に伸びており、最終的には奥羽山脈に連なっていく。現在は雑木林に覆われ見通しは悪いが、山頂に立てば北から西側に山形盆地を一望でき、かつ東側を通る二口街道に対して睨みを効かせることができる。東側山麓部には村山高瀬川が流れ、天然の堀の役割を果たしている。川面からの比高は一七〇～一八〇メートルである。

【境目の城としての機能】　二本堂館は最上氏領国の東端に位置する城郭であり、境目の城として機能していたと推測される。伊達家の正史である「伊達治家記録」の天正十六年（一五八八）五月二日条には、四月二十八日のこととして「秋保ニ於テ去ル廿八日、山形ノ兵百一人討捕ル由、首二十一級贈リ献ズ、（中略）秋保ハ名取郡ニシテ、秋保弾正直盛住セラル、最上ノ山形ヨリ中奥筋ノ通路ニシテ、境目近シ」とある。天正十六年当時は、陸奥大崎家の跡目争いに最上義光と伊達政宗が介入し、代理戦争のような状況を呈しており、大

●—二口街道からみた二本堂館遠景（南東から）

崎のみならず最上・伊達両大名の境目でも小競り合いが起こっていた。この記事は、当時の緊迫した情勢の中で起きた合戦の一つである。二本堂館付近と秋保を繋ぐ街道は、「伊達治家記録」に「最上ノ山形ヨリ中奥筋ノ通路」とあるように古くから山形盆地と仙台平野を結ぶ重要な交通路で、山寺および高瀬から発する二つのルートが二口峠で合流し秋保・愛子を通り仙台に通じており、近世においても利用されていた。秋保は二本堂館から直線距離にして約二五キロで、伊達氏領国側の最上氏に対する境目の地であり、ここにも城館が数多く築城されている。奥羽山脈を挟んで秋保街道には、最上・伊達双方の境目の城館が林立しているのである。

また、史料に現れないが、天正十二年（一五八四）までつづく天童氏を中心とする反最上氏との抗争でも重要な役割を果たしたと考えられる。天童氏は最上氏の庶子から出た一族であるが、奥州探題大崎氏を中心とする室町的な秩序の中では、最上氏と比肩する地位を与えられ、戦国時代も独立的な動きを再三示している。天童氏の居城は天童古城で、その南の立谷川が最上氏との領域の境界であったと考えられる。それに対する最上氏領国の境目の城は風間館（後世の撹乱により現存遺構はほとんどない）となるが、二本堂館からみて風間館は西に約一・九キロ、天童古城は北北西に約六キロに位置し

●—二本堂館縄張図（国土地理院地形図を原図に『山形県中世城館遺跡調査報告書　第２集』の縄張図を合成（ともに一部改変））

ており、双方の動向を一望することができる。風間館とともに境目の城としてか、あるいは風間館の後詰（ごづめ）の城としての機能を考えられる。

さらに、天童氏は陸奥の国分氏と縁戚関係を結んでおり義光はその動向を注視し、国分氏や伊達氏および川崎の領主であった砂金（いさご）氏に対して軍事介入しないよう要請している。つまり、仮に彼ら陸奥の領主が天童氏に援軍を出すなら、二口街道を通過してくる可能性が高く、それらの監視として二本堂館は重要な役割を果たしていたと考えられる。

【急峻な山城】　城郭の構造は大きく二ヵ所に分かれる。一つは虎口（こぐち）ロから尾根へと続く登坂路である。もう一つは尾根部で、尾根部は、最高地点に曲輪Ⅰが広がっている。東西三〇メートル・南北五〇メートルほどの平坦部で、やや南寄りの場所に小さな祠（ほこら）が建てられている。北側には虎口ハがあり、北西側からの入り口となっている。曲輪Ⅰの周囲は小さな曲輪が数段にわたり、帯状に連なっている。ただし、北側は山麓を流れる村山高瀬川につながる急峻な崖となっており、曲輪の幅が狭く、地形に規制されている。

曲輪Ⅰの尾根続き南側の約二五〇メートル離れたピークに曲輪Ⅱが所在するが、東西一八メートル・南北一〇メートル程度と小規模である。曲輪Ⅱのほぼ中央には水準点が設置されている。曲輪Ⅰ

から曲輪Ⅱにかけては、丘陵の二つのピーク部とそれを繋ぐ馬の背を抱えこみ、連携して守備することを想定していると考えられる。この周辺には小規模な曲輪が幾重にも造成されており、それらに城兵を配置することで、城郭防衛の最終ラインを形成していた。曲輪Ⅱから南にかけては、標高が下がっていく尾根になり、堀切A・Bの二つが設置される。

●—曲輪１の平坦部

さらに南側は傾斜がやや緩やかになる尾根となり、規模の大きな曲輪が形成されている。曲輪Ⅲは東西四〇メートル・南北三〇メートル、その東側の下に曲輪Ⅳは東西三〇メートル・南北七五メートルで、本城郭ではもっとも規模が大きい。曲輪Ⅳの南端には桝形虎口である虎口イが取り付けられ、麓からの登坂口と接続している。尾根部の最南端に曲輪Ⅴがあるが、ここは曲輪Ⅲ・Ⅳと比べるとやや標高が高く、物見台的な役割が想定される。

麓からの登坂路は、現在の高瀬小学校から西に歩き村山高瀬川を渡り、そこからさらに約一〇〇メートル西の地点の虎口ロが入口となる。虎口ロは右に大きく屈曲し、横矢掛かりの効果が考えられている。虎口ロから約二〇〇メートルにわたり、曲輪が階段状に連続し、ここも侵入する敵に対して、重層的な横矢掛かりを仕掛けられる構造となっている。

二本堂館は発掘調査が行われておらず、史料にもあらわれないため、城主や正確な存続年代は不明である。しかし、複合的な曲輪の構造や、伊達氏・天童氏との境目の城に相当することから、それら周辺大名との抗争が激化していた天正年間後半の城郭であると推定される。

【参考文献】山形県教育委員会『山形県中世城館遺跡調査報告書第二集（村山地域）』（一九九六）、『仙台市史特別編七　城館』（二〇〇六）

（齋藤　仁）

●上山領の境目の楯

陣山楯

〔所在地〕上山市阿弥陀地字塩崎前
〔比　高〕七三メートル
〔分　類〕山城
〔年　代〕永正～天文年間
〔城　主〕上山（武衛義忠）
〔交通アクセス〕ＪＲ奥羽本線「かみのやま温泉駅」下車、徒歩四〇分。

266
熊野神社
思川
小穴沢堤
陣山楯
0
500m

【楯の景観】　陣山楯跡は、ＪＲかみのやま温泉駅から南部に約三・五キロ、阿弥陀地の枝郷である塩崎地区にあり、奥羽山系の半天子山からの尾根続きで、標高二八九・五メートルの小丘陵に「陣山楯」は立地する。

陣山楯のかつては最上領と伊達領との境界で、羽州街道と米沢街道の中間に位置し、楯の山頂からは市内の三方が眺望できて、本城であった高楯城までの眺めは一直線で、全体の姿が見える。このような地にある陣山楯の北西には令和元年に開通した東北中央自動道かみのやま温泉ＩＣがあり、その車窓からも楯の景観は四季ごとの彩りを見渡すことができる。

【歴史的背景】　陣山楯の「陣山」は、往昔、「源義家が阿部貞任との戦いで陣を張った処」であるとか、慶長五年（一六〇〇）の上杉勢と最上勢の合戦の時、上杉の重臣直江山城守が最上に押し寄せて来る時、一手の勢が小穴越の間道より寄せ来る敵に、上山城主の里見民部が此の山に陣を備えた所から「陣山」と云う『上山見聞随筆』の伝承が通説となっていた。天正十六年（一五八八）四月四日、陣山の北側の裾に造立されている塩釜神社の石祠、その傍らに、野田川の水源である湧水の堰と、思川に架せられている陣山橋との間で、伊達勢と最上勢との戦が行われた場所がある。いわゆる「野田川の戦」である。その戦い振りは「伊達天正日記」に生々しく述べられており、陣山に関わった史料としては初見である。

●―陣山楯遠景

その日記には「伊達の家臣である日々沢兼清の家中共が、上ノ山近辺の阿弥陀地にある寄居に夜討ちを致し、六人の首を取って、一人を生け捕りにして手柄をたてたと云う」真実に近い記述である。ここでいう「寄居」とは「陣山」を意味し、下級家臣や農兵たちが城・楯・館を主体とする駐屯的基地に集合して、戦闘に備える所であった。

楯の主郭から見る北東には、根古屋の集落と見られる民家が山際に数軒は存在し、その前には湿地の谷地田が広がり、南西には思川が蛇行して流れ、自然の要害で、その左岸には軍道が並列する。さらに南側には半天子山からの尾根続きの大石田山が、衝立のように立ち塞いでいる。構築の背景には、一六世紀初頭から戦乱期に入ると、伊達氏と最上氏の睨み合いは幾度なく繰り返されていた。上山口を防御するための必要な楯として、最上氏一族の上山（武衛義忠）が、高楯城の支楯に最適な立地条件であった陣山に構築したのである。一時は伊達氏の家臣小梁川貞範（親朝）の侵略によって陣山楯も占領されていたが、後に上山義忠は、小梁川氏を攻略し高楯城を奪還した天文四年（一五三九）に廃城した。そして新たに月岡城に構築したが、陣山楯はその後も伊達領の二井宿（小穴越）と中山（薬師越）からの陣山軍道を、一時的に遮断する楯としての役割を貫徹していた。

天正八年（一五八〇）には、最上家の家督をめぐる騒動によって、上山領は最上義光領に移り、上杉領との「境目の城」として、家臣の里見越後を上山城主に命じ守らせた。しかし、上杉景勝との睨合いは争端となるばかり、このまま抗争と

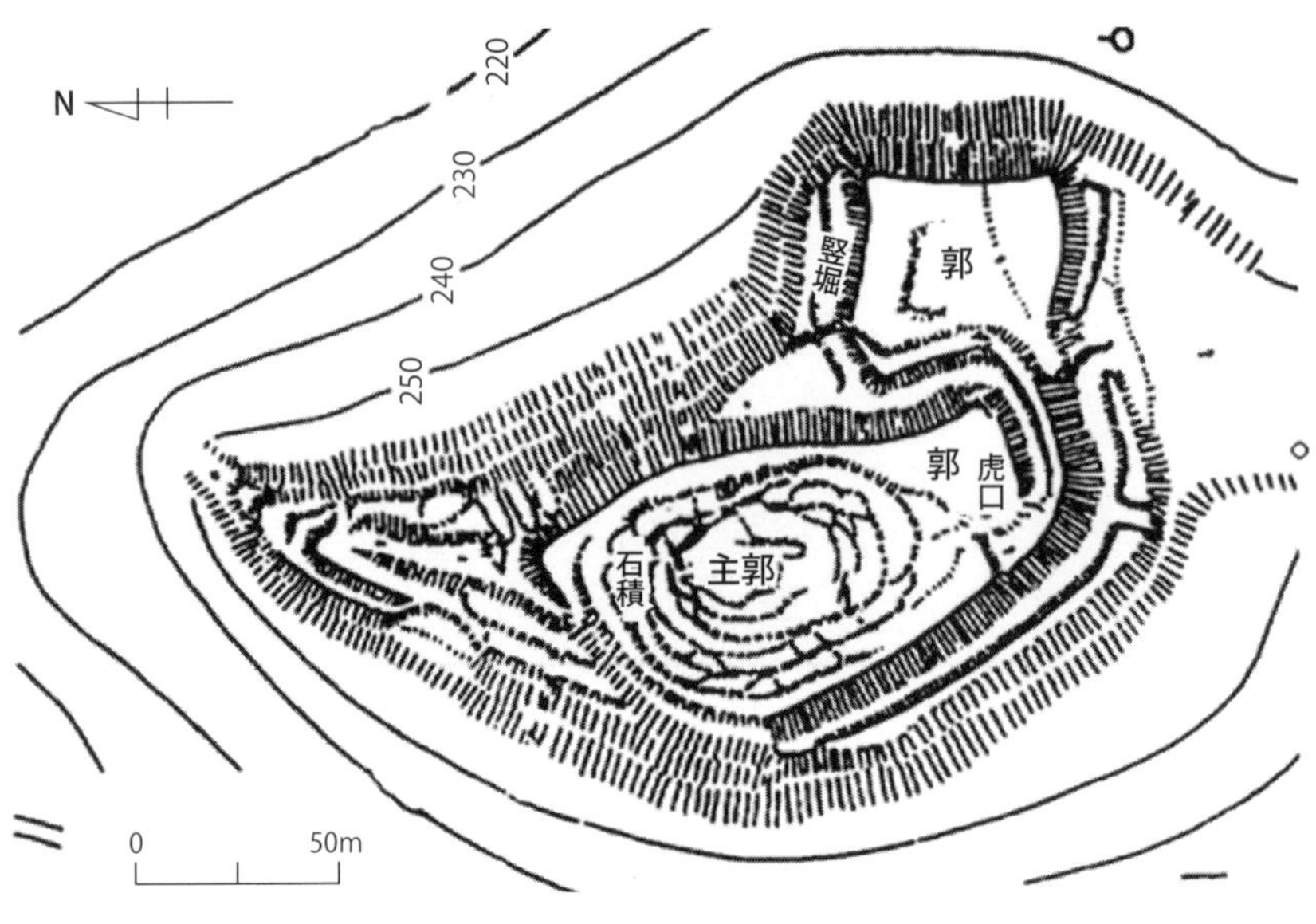

●—陣山楯の縄張図（作図：松岡進，『中世城郭研究』より抜粋一部加筆）

もなれば、月岡城の規模では勝機は薄いと判断した結果、豊臣秀吉が死亡した慶長三年（一五九八）頃、廃城していた高楯城をふたたび「境目の城」として復活させている。慶長五年（一六〇〇）の出羽合戦では、上杉勢との攻防でも明らかに高楯城と陣山楯は前戦の舞台となっている。

【楯の構造】　陣山楯は、南に峰続きの大石田山と東に谷地田の細谷義知屋敷（館）が構えられ、南西に三井寺屋敷添・東南に源郷寺屋敷に、自然の要害である思川を挟んで、防備に構築された楯であり、楯内が合戦の舞台になることは一度もなかった。遺構は丘陵の頂に位置する平坦部が主郭で、南北一〇メートル、東西一三・五メートルの規模をなし、その周りには狭小で複雑に階段状の曲輪を、多様に構築しているのが特徴である。

さらに、狭小の曲輪を南側に一二・三メートルほど降りた位置には、二の郭と帯曲輪が設けられている。その郭は南北に一〇・五メートル、東西に一九・六メートルでわずかに傾斜を施し、主郭を取り巻くように東側と西側に三メートルから四メートル程の幅で配されている。その長さは最大で四二メートルの帯曲輪を設けており、さらに主郭に上る位置には浅い桝形虎口が造作されているようにも見える。また、北側の塩釜神社から主郭に上る坂は重なるように屈折しており、中腹からは急勾配で狭小の曲輪が幾段にも廻り、正面に突如と剥き出しの岩肌が現われる。その側面にはわずかな石積された痕跡も見られる。防御を形成した枡形虎口でもあったと推察できる。

西側の中腹、標高二六〇メートルの位置には、陣山軍道を意識した防御の堀が湾曲に設置され、楯内では最大規模の備えである。その堀幅三〜四メートル、堀の長さは八二メートルほどである。さらに東側には、緩やかな斜面の地形には南北二八メートル、東南二一メートルの郭に三段の狭い曲輪が構築されていた痕跡が見られる。近年の果樹畑の造成によって破壊されたが、上杉勢からの侵攻に備えての補強であったと推測できる。その南側に一ヵ所、北側に二ヵ所の竪堀（たてぼり）を設けて、慶長五年（一六〇〇）の出羽合戦までは阿弥陀寺の寄居（駐屯地）として活用されていた。このように小規模の陣山楯とは言え、多重横堀（よこぼり）や竪堀・帯曲輪・畝状空堀（うねじょうからぼり）の遺構が明瞭に残るのは稀である。

●―石積された痕跡

●―郭と郭との堀跡

【参考文献】『山形市史・史料編1・最上氏関係史料』（山形市、一九七三）、『山形県中世城館遺跡調査報告書』（山形県教育委員会、一九九六）、松岡進『中世城郭研究』（中世城郭研究会）

（加藤和徳）

●戦国期の方形館

白山館

（所在地）長井市館町北
（比　高）〇メートル
（分　類）平城
（年　代）戦国期以降
（城　主）不明
（交通アクセス）山形鉄道フラワー長井線「南長井駅」下車、徒歩約一〇分。

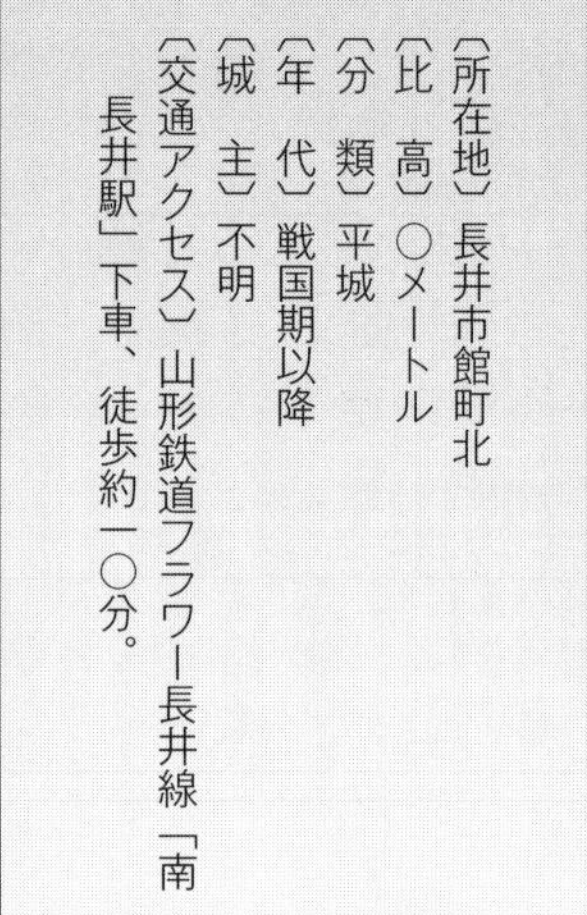

【白山館にまつわる伝承】 地元に残る伝承によれば、暦仁二年（一二三九）、長井時広が出羽国長井荘（現在の米沢市・長井市・南陽市・川西町・白鷹町・飯豊町・小国町を含む一帯に比定される）の地頭となった時、大須賀長光に下長井荘を支配させた。その際、小出村（現在の長井市）に荒館なる館を築いた、という（昭和三年〈一九二八〉十月成立、伊佐早謙撰『白山神社略縁記』）。これが現在の長井市館町北にある、白山館（荒館とも）と想定されている。

ただし、暦仁二年（＝延応元年）の長井（大江）時広に関する史料は見当たらず、息子の長井泰秀が鎌倉において活躍していることは、鎌倉時代の終わりに編纂された『吾妻鏡』に見える（同年四月十四日条・五月五日条）ものの、出羽国での活動はうかがえない。しかも大須賀長光なる人物は同時代史料からは見つけることができない。

大須賀氏といえば、下総国千葉氏の庶流で、同国香取郡大須賀保（現在の千葉県成田市）を支配して、大須賀を称した。果たして、大須賀氏が長井氏のような御家人の家臣となって出羽国まで下向するのだろうか。その可否はおいておくが、大須賀氏を含む千葉氏一族は妙見信仰を受容していることはよく知られているものの、白山信仰との関係は知られていない。

大須賀氏と東北地方との関係でいえば、以下のことが知られている。千葉常胤四男大須賀胤信は、奥州合戦の恩賞として、正治二年（一二〇〇）陸奥国好島荘（現在の福島県いわき

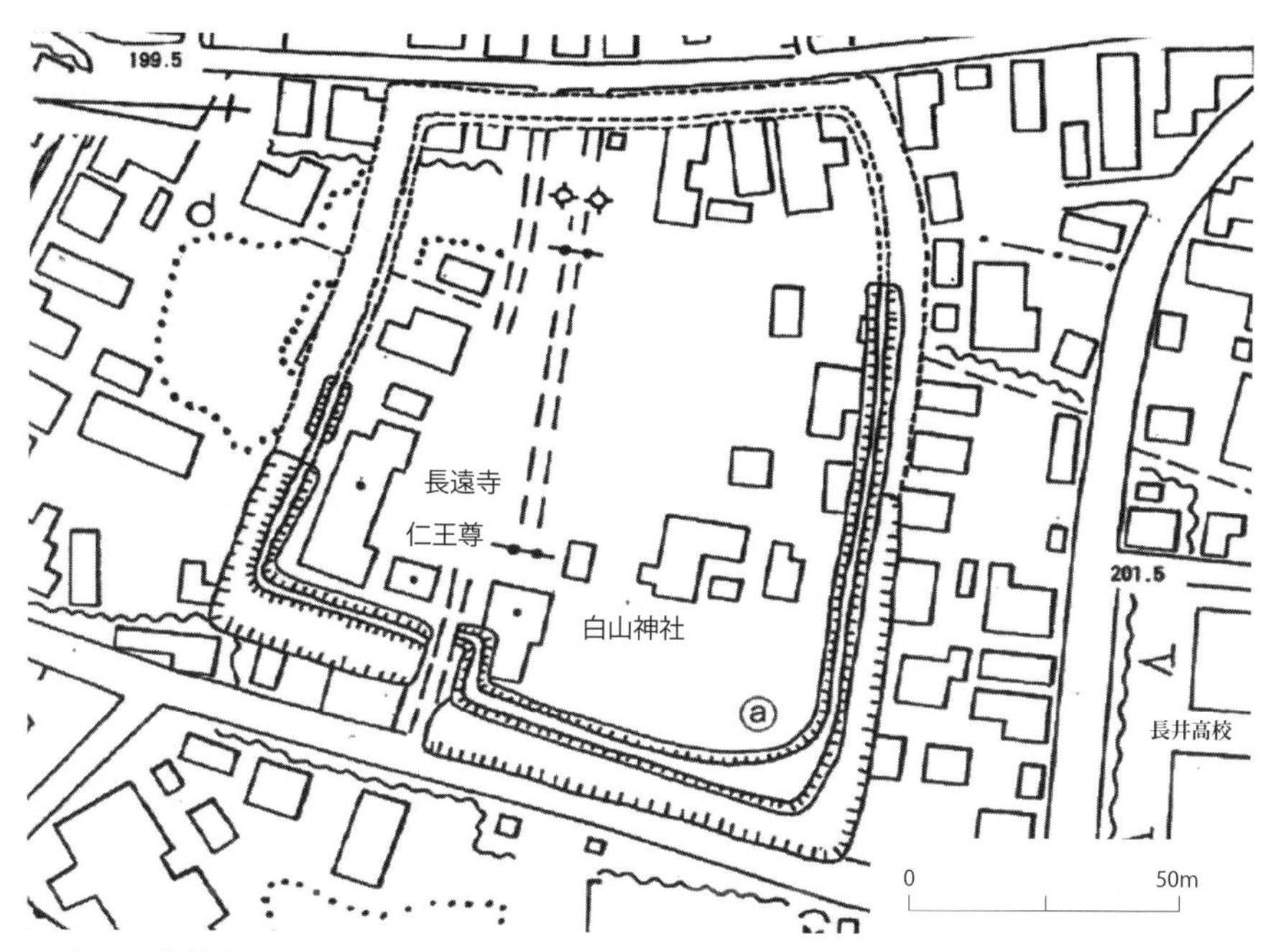

●—白山館図（『山形県中世城館遺跡調査報告書』第1集1995年，山形県教育委員会299頁「白山館略図」より）

市）を賜っている。そして、承元二年（一二〇八）には「好島庄三ヶ郷」のうち、東二郷を胤信の子通信、西一郷を同じく胤村が預けられ（『福島県の古代・中世文書』一六五〜一六六頁）、特に東郷は鎌倉時代を通じて、大須賀氏が相伝していくことになる。しかし、出羽国と大須賀氏との関係は不明というしかない。

また、大須賀長光の位牌と称する、長井市長遠寺に残る、文永三年（一二六六）の「大覚院殿観自大居士長光　行年四十六」という位牌について付言しておこう。中世の位牌は、一三世紀に中国から禅宗が日本へもたらしたというのが通説的な見解で、なおかつ現在までのところ、元亨三年（一三二三）岐阜県多治見市の永保寺の位牌が中世の古位牌として知られる。先行研究によると、中世の位牌には、死者の人名の上に「物故」と書き付け、よく禅宗で用いられることがわかっている。これを信じれば、長遠寺の位牌が果たして一三世紀までさかのぼるものなのか、再検討が必要であろう。

【白山館の位置と景観】　ただし、白山館の周辺は、平坦な地形で、周囲の山地に起源をもつ地下水によって安定した農業生産が早い時期から展開できた土地柄と想像される。館とされる周囲の現状は、東西一一七メートル、南北八〇メートルあり、堀の痕跡として、南側に用水路が確認できるが、それ以外の堀は明土塁跡?

堀跡?

●―白山館 土塁・堀

確ではない。館の内部には、白山神社と長遠寺が現存していて、西側から白山神社と長遠寺に入る部分が食い違いになっているので、虎口の一つと考えられる。一九七〇年までは西側と南側西半分には土塁・堀が残っていたらしく、南西角の土塁の高さは、二・五メートル（白山館図のⓐの部分）で、物見台として機能していたと想定されている。以上のような様相から勘案すると、白山館は、周囲を堀と土塁で囲繞した方形の居館であったと推測される。

残念ながら現在は、土塁も堀もほとんど消滅してしまっていて、なおかつ発掘調査もされておらず、年代を確定するこ

●―白山館周辺図（明治８年迅速図に加筆）（長井市提供）

山形県

とは難しい。長井市教育委員会から提供された明治八年（一八七五）の地籍図を見ても、白山神社・長遠寺近辺に、はっきりとした方形の区画が認められず、細い溝がわずかに確認できるだけであって、果たしてどのような居館であったのか、一九世紀にはすでに想像すらできなくなっている。

ただし、同地籍図を見ると、白山館から北にいったあたりに、方形（コの字）に囲まれた空間と、西に丸馬出のような空間が確認できる。仮に馬出だとすれば、戦国期以降の遺構と見るのが自然であろう。また、白山館と同じ時期のものとすれば、短い距離の間に方形館が立ち並んでいたか、前後して立地していたと思われる。

ちなみに、近年の考古学的知見では、東国において堀や土塁をともなう方形居館の出現は、一五世紀以降とすることが定説化しており、よって、仮に白山館が土塁・堀に囲まれた居館だとしても、鎌倉時代までさかのぼることはないだろう。

【伊達氏と白山館周辺】　とすれば、戦国期、長井市域（下長井荘）に伊達氏が進出したことは注目される。とりわけ、遅くとも一六世紀の下長井荘宮には、家臣の片倉氏が存在していたようであるし、天正十二年（一五八四）に作成された「下長井段銭帳」（『山形県史古代中世史料1』六九八頁）の下長井荘小出には、「こいておとな中」の存在が確かめられる。「おとな」とは村落の代表者、指導者のことなので、彼らは伊達氏に段銭（臨時に賦課した税の一種）を上納する立場にあったと考えられる。また、一八世紀に成立した、『牛の涎』には、天正十二年（一五八四）五月二十八日付の白山神社の棟札に、「本願　桑島将監　取持　小松蔵人」と記されていた、とある（『長井市史第一巻』八六七頁）。これを信じれば、桑島氏や小松氏という人物が白山神社に関わりをもっていたことがわかる。とりわけ、桑島氏は伊達氏家臣として知られる。

このような村の主導的立場にあった人々たちが、白山館の周辺、下長井荘の宮や小出において成長していたと思われ、彼らの存在は看過できない。よって、白山館は、鎌倉期のものではなく（仮に鎌倉期に成立していたにしても）、最終的には戦国期の伊達氏の家臣や在地土豪が館を使用していた可能性が高い、と想定したい。

（落合義明）

【参考文献】『長井市史　第一巻（原始・古代・中世編）』（長井市、一九八四）、『山形県中世城館遺跡調査報告書　第一集』（山形県教育委員会、一九九五）、『長井市史　通史編第一巻原始・古代・中世』（長井市、二〇一八）

●二井宿峠の最高点に築かれた城

屋代館（やしろだて）

〔所在地〕高畠町大字二井宿
〔比　高〕約九〇メートル
〔分　類〕山城
〔年　代〕南北朝～近世
〔城　主〕遠藤吉兵衛尉盛利？
〔交通アクセス〕東北中央道南陽高畠ＩＣから車で二〇分。

二井宿第二トンネル
屋代館
二井宿峠
113
大滝川
0
1000m

【位置と地形】　屋代館（新宿柵）は、国道一一三号線二井宿第二トンネル直上の山上にあって、山形県と宮城県の県境付近に位置している。城が築かれた二井宿（新宿）峠は、山形県高畠町と宮城県七ヶ宿町の境にある。この峠道は、出羽国南部と陸奥国南部を結ぶ重要な交通路で、古くから用いられていたと考えられる。東の湯原（刈田郡）側への道は、東西に細長い盆地を通るため比較的平坦である。反対に西の高畠（置賜郡）側への道は、急峻な地形が続く。しかし、笹谷峠や関山峠などの山形県と宮城県を結ぶ主要な峠道と比べて標高が低く、冬期間の積雪は多いが、往来しやすい道であったと考えられる。

城は峠道を取り込むように築城されている。城内の最高点は標高約六〇七メートルで、二井宿峠の中ではもっとも高い位置にあって、周囲を見渡すことができる。城館にともなう遺構は、標高五二五～六〇〇メートル付近で多く確認され、郭が置かれた場所以外の斜面は急峻で守りやすく、攻めにくい地形である。この地に拠点を構えることは、街道筋を押さえるだけでなく、地域支配を行う上でも大きな役割を果たしたと考えられる。

【屋代館の歴史】　屋代館の築城時期を記した史資料は見つかっていない。天授六年（一三八〇）、伊達氏八代当主の伊達宗遠が置賜地方に侵攻した際、屋代峯で長井氏との合戦があったという記録があり、南北朝期には築城されていた可能性がある。一四世紀末以降、置賜地方は伊達氏による支配が長

●—屋代館跡を宮城県側から望む

く続くことになる。江戸時代に米沢で編纂された地誌『米沢地名選』には、新宿柵に「伊達氏の遠藤吉兵衛尉盛利住す」とあるが、それを裏付ける史資料はない。伊達氏が天正十九年（一五九一）の豊臣秀吉による奥羽再仕置で岩出山に移封となるまで、この地域の政情は比較的安定していたが、蒲生氏・上杉氏と領主が変わるごとに激変する。

この付近は慶長五年（一六〇〇）に起きた関ヶ原合戦の際に、上杉・伊達氏の合戦の場となっている。上杉氏はここより東の白石城や湯原城も治めていたが、伊達氏に奪還されている。その後、現在の県境とほぼ同位置が米沢藩と仙台藩の境となった。山間部では尾根筋を境とすることが多いが、ここではより西側の沢を境界としている。この経緯として、初代仙台藩主伊達政宗が、かつての所領に少しでも近づきたいとの思いから定めた「伊達の無理境」との逸話が残る。二井宿第二トンネルの宮城県側出入口付近に、その境を示すといわれる「一本杉」がある。代替わりこそしているが、その歴史を今に伝えるものである。

江戸時代には米沢・仙台藩の屯所がそれぞれ置かれていた。冬期は積雪が多く通行が難しくなるため、春〜秋には足軽一〜二人が配置されていたという。境目の城は、江戸時代でも一定程度管理や縄張が改変されていた可能性がある。

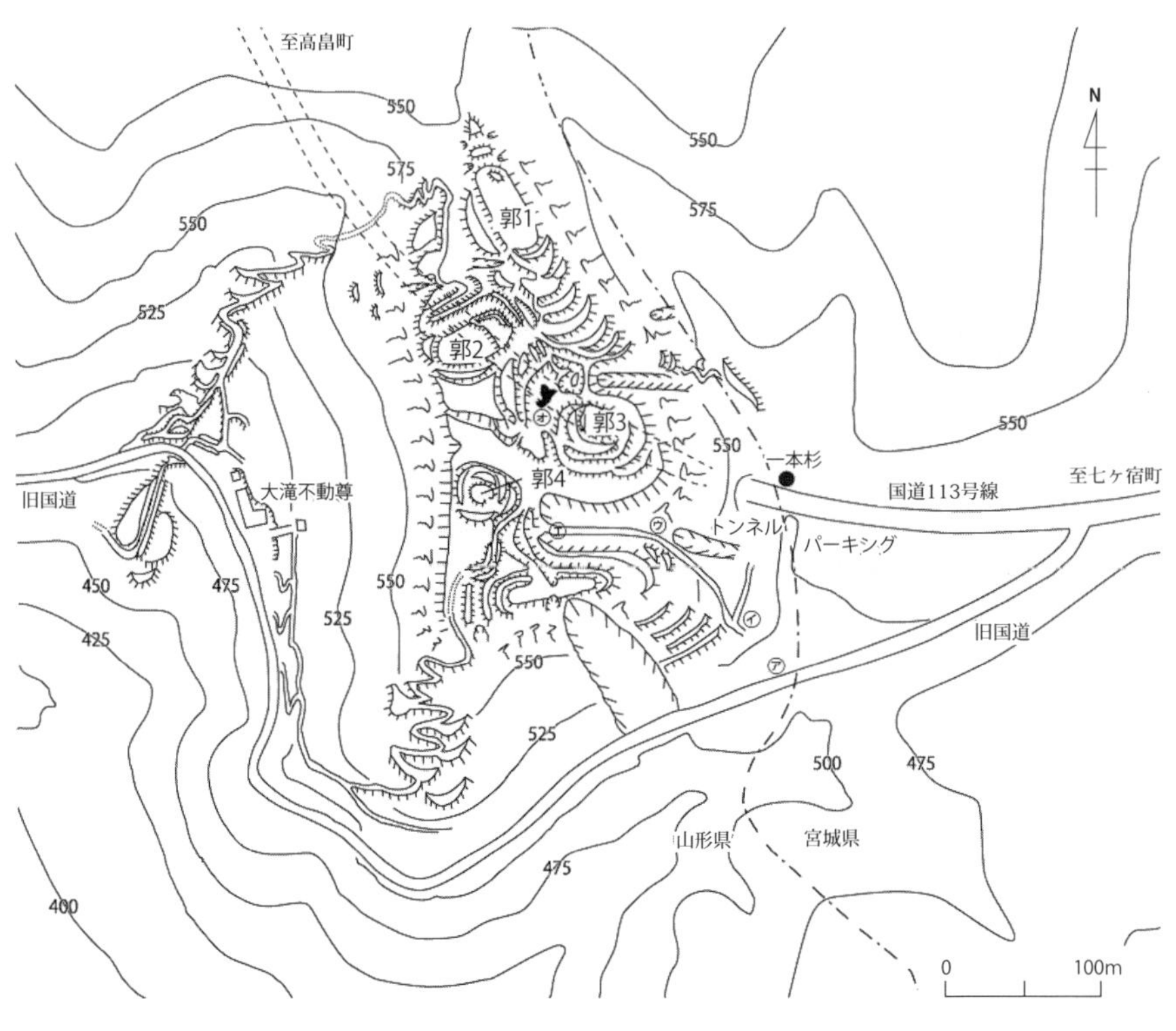

●—屋代館略測図（青木敏雄作成の図面に加筆）

【屋代館に登る】 昭和六十三年（一九八八）から山形県教育委員会が主体となって県内の中世城館悉皆調査が行われており、その際に略測図が作成されているが、これまで発掘調査は行われていない。近年、高畠町郷土資料館が中心となって、屋代館跡の再測量や町内の城館跡の調査が行われている。

屋代館に登るルートは、東・西・南の三つのルートがある。西・南側は、大滝不動尊を通って登るルートであるが、大滝不動尊に向かう旧国道は、土砂崩れの影響で通行止めとなっており車で直接行くことができない（令和三年四月現在）。

現状では東側のルートがもっとも登りやすく、車は二井宿第二トンネルの宮城県側出入口付近のパーキングに停めることができる。そこから南に下って旧国道に出るか、東へ二〇〇メートルほど歩けば旧国道との分岐点があるのでそこから西に向かってもよい。

旧国道沿いの県境を示す標識付近に、単管パイプで組まれた階段がある㋐。ここは本来の登城路ではないが、これを利用すると容易に登り始めることができる。なお、この階段は、崖崩れ等の復旧工事の際に設置されたもののようで、登城用に高畠町が設置したものではない点には注意していただきたい。

階段を上って道なりに進むと、道が二股に分かれる㋑。右側は麓に下る道である。本来の登城路は、「一本杉」のあたりから山裾を通ってここに至ると考えられるが、途中で道が不明瞭になってしまう。㋑から左に進むのが城内への道である。こちらをしばらく進んでいくと、左（西）に折れ曲がりはじめ、虎口となっている㋒。ここの東側斜面には竪堀が確認される。虎口は初め幅が狭く、門のような遮蔽施設があった可能性がある。緩やかな上り坂を進むと開けた空間が広がりはじめ、やがて道は突き当たりになる㋓。

●—㋓を西側から見下ろす

周囲を見渡すとV字状の谷底のような地形を進んでおり、西・南・北の斜面には侵入した敵を上から迎撃するための平場が設けられている。ここに敵軍を誘導して三方から迎撃すれば、押し寄せた敵軍がひるんで後退しようとしても虎口は狭く、虎口を閉じればまさに袋の鼠といった状況が作り出せる。ここは東側からの敵の侵入に備えた施設と考えられ、東側に伊達氏という敵対勢力があった上杉氏時代、さらに遡って南北朝期の長井氏時代にも存在した施設ではないだろうか。

なんとかここを突破できたとしても、腰郭や横堀で守りを固めた郭3・4が待ち構えている。郭3北西の

●—水場状遺構（写真中央）

●—展望デッキから高畠町方面を望む

平場には、谷地のような不整形な窪みがあり、水場状遺構（池）の可能性がある㋔。かつての古道は城内を通っていたといわれており、通常の往来では休憩の場として、有事の際は貴重な水源として使われていたのではないかと考えられる。

さらに奥へ進むと多くの腰郭を配置した郭2・郭1へと続いていく。主郭はもっとも高所にある郭1と考えられる。郭1は南北約五八メートルの長楕円形を呈するもっとも広い郭で、北側には塚状の楕円形の高まりがある。また、郭を越えた北側には二条の堀切が確認され、北側はここまでが城域と考えられる。

【屋代館と周辺の城館】 郭2の西側に山の木々が途切れた場所があって、展望デッキが整備されている。ここから高畠町内が見渡せ、二井宿街道沿いの志田館跡、物見（ものみ）などの連絡施設と考えられている貝吹山（貝吹山A遺跡）を見ることができる。

近年、東北福祉大学が中心となって、七ヶ宿町湯原城の発掘調査が進められており、七ヶ宿・二井宿街道沿いの城館が注目されている。湯原城・屋代館・志田館は、同一直線状に並ぶとの指摘があり、距離も湯原・屋代間が三・五キロ、屋代・志田間が二・五キロと緊密に連携が取れる距離である。三つの城館で中間に位置する屋代館の重要性は、非常に高いと考えられる。屋代館は境目の城であり、地域支配の要の城でもあろう。

【参考文献】 山崎正・青木敏雄「屋代館（新宿柵）」『山形県中世城館遺跡調査報告書』第一集（置賜地域）（一九九五）、吉井宏「奥羽国境の城・湯原館とその周辺」『城郭史研究』三六号（二〇一七）

（佐藤公保）

●最上氏勢力北進の拠点となった城郭

長瀞城（ながとろじょう）

〔所在地〕東根市長瀞字楯の内
〔比　高〕〇メートル
〔分　類〕平城
〔年　代〕室町～近世初期
〔城　主〕最上（長瀞）氏
〔交通アクセス〕ＪＲ奥羽本線「東根駅」下車、徒歩三〇分。

【長瀞城の位置】　乱川扇状地末端の微高地、標高九〇メートルの平地に築かれた輪郭式の平城。長瀞集落の中央に堀跡が残る。

【歴　史】（一）最上満家の入部　応永二十二年（一四一五）最上四代満家（満直の長男）が長瀞に入部。『最上家系図』（宝幢寺本）に「満家　長瀞殿、修理大夫、嘉吉三年三月二三日逝去、羽州村山郡最上長瀞禅会寺へ葬」とある。満家は、護国山禅会寺（曹洞宗）に葬られ、「最上満家墓碑」（禅会寺境内）がある（板碑を墓にしたもの、墓碑銘は近世のもの）。最上一族は、蟹沢に兼直、東根に頼高、鷹巣に頼種、大窪に満頼、楯岡に満国らが入部。最上氏はこのラインまで北方への支配を伸ばしてきている。満家は長瀞氏と呼ばれ、長瀞氏は東根氏には属さずに独自に支配を続けたと考えられる。

（二）天童合戦と長瀞氏　天正十二年（一五八四）五・六月の合戦で谷地の白鳥氏、寒河江の大江氏を滅ぼした義光は、さらに同年九・十月にかけて、天童氏を盟主とする最上八楯（成生・東根・長瀞・六田・飯田・尾花沢・延沢各氏）連合を破った（天童合戦）。これにより最上義光は、西郡・北村山・最上各地域を支配下に治め、領国を確立する。ここで長瀞氏は滅びた。『延沢軍記』によると、天童合戦の後に、長瀞城に郡代遠山外記を派遣したが、遠山外記は尾花沢郡代新館十郎と争い、延沢氏に滅ぼされたという。

（三）〝北の関ヶ原〟合戦　東根城主については、天童頼直の庶子頼高が東根に分封され頼景まで七代続いた。その後東根城将となった里見薩摩守景佐は、〝北の関ヶ原〟合戦で活

山形県

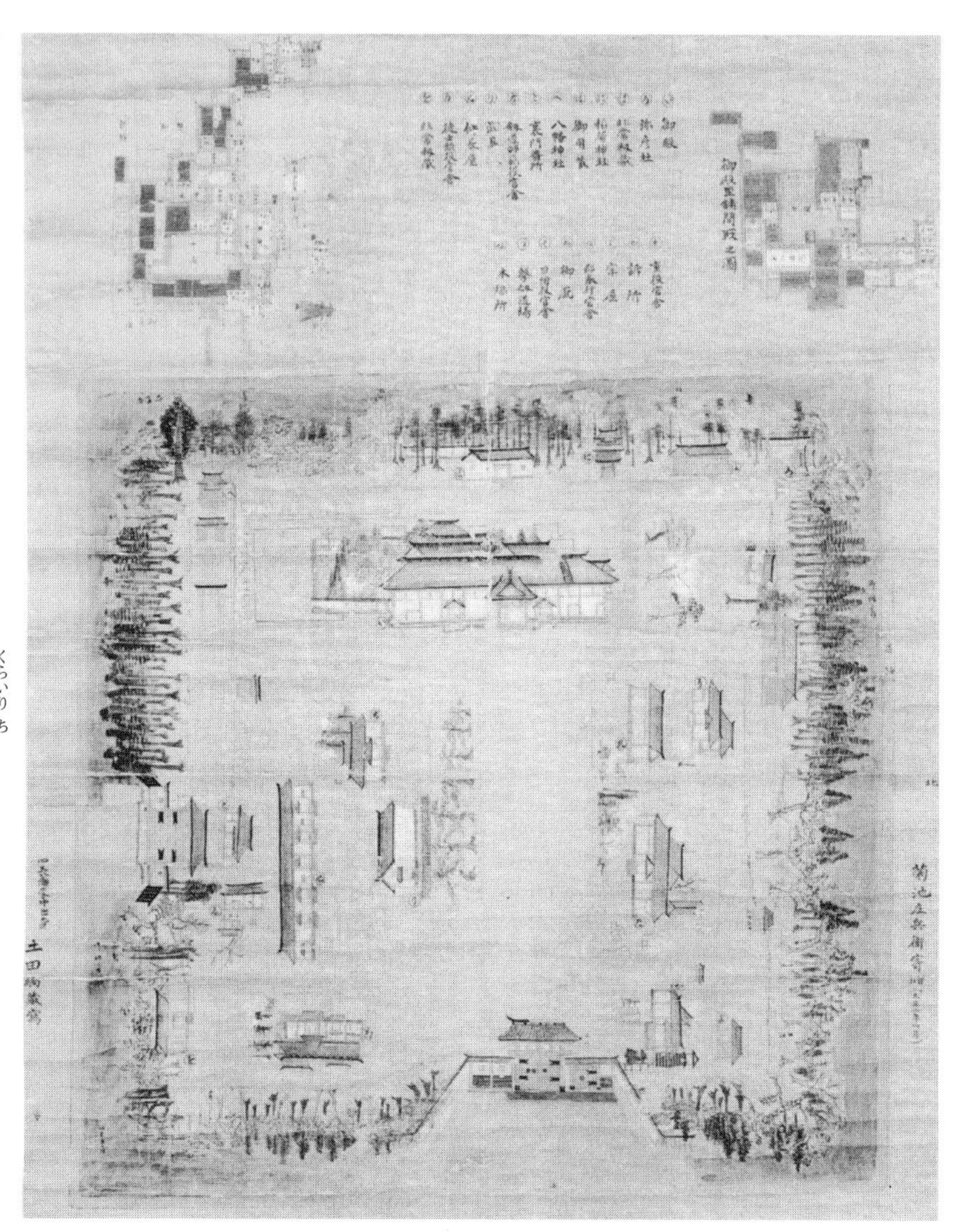

●—米津氏長瀞陣屋絵図（東根市立長瀞小学校所蔵）

躍し、六〇〇〇石の加増、東根領内の最上氏蔵入地も知行地となり（長瀞の地も支配）、知行地は一万二〇〇〇石となっている。慶長七〜十一年（一六〇二〜〇六）頃に里見景佐は姓を東根と改姓する。最上氏改易後には、東根氏は、四国の蜂須賀家に預けられ、家臣となって代々徳島に居住した。近世に入り幕府領期には代官陣屋が置かれ、寛政十年（一七九八）以後は長瀞藩米津氏の陣屋が置かれた。「長瀞藩米津氏　長瀞陣屋絵図」（『東根市史編集資料』一四所収）が残されている。

（四）廃藩置県後　長瀞陣屋は（敷地は一町八畝八歩）、官地払い下げによって宮崎の高橋伊左衛門の所有となり、堀は埋められ土手は崩された。さらに楯岡の喜早伊右衛門そして松沢の斎藤正蔵・東根銀行の手に渡る。東根銀行は一般分譲し、植村忠夫・梅津茂右衛門・植松久七・堀江浩司の四名が各四分の一宛購入。そこに新しい家々が建っていった（田中新治『長瀞郷土夜話』）。

【遺構の概観】　東西八五メートル、南北一三〇メートルの主郭Ⅰ（本丸）

を囲んで曲輪Ⅱ（二の丸）の水堀が原形をとどめ遺存し、大規模な輪郭式の平城である。曲輪Ⅲ（三の丸）・曲輪Ⅳまで存在したともいうが確認できない。この地域においては東根城とならぶ拠点的城郭。西側の最上川の自然堤防上に位置する長瀞本楯（もとだて）（単郭方形館）や、八反遺跡（中世前期は宗教的な性格の強い集落、後期は葬送場）との関連が注目される。

なお、禅会寺（ぜんえいじ）について、結城久左衛門（長瀞で農と商を営む）が禅会寺を享保二年（一七一七）に再開基する。禅会寺一九世白龍和尚が東根新田町地蔵堂の本尊を開眼。「寛永十一年（一六三四）正月二十日　捐館（えんかん）　即安交心大居士　神（しん）儀（ぎ）」の銘がある位牌が伝蔵されている。長瀞藩米津家は禅会寺を別格扱い、国元家老根本氏の墓碑も置かれている。

●—長瀞城の航空写真と現存遺構（『東根市史別巻上』より）

●—長瀞城付近図（『東根市史別巻上』より）

【参考文献】『東根市史　別巻上』（一九八九）、『図録　山形県城郭古絵図展』（一九九〇）、『東根市史　通史編上巻』（一九九五）、『山形県中世城館遺跡調査報告書　第二集』（一九九六）、伊藤清郎『最上義光』（吉川弘文館、二〇一六）、高桑登「東根市八反遺跡の発掘調査」（『山形県地域史研究』四一、二〇一六）、山形県埋蔵文化センター『八反遺跡』（二〇一九）

（伊藤清郎）

山形県

●伊達氏・上杉氏が本拠とした城

米沢城（よねざわじょう）

〔所在地〕山形県米沢市丸の内
〔比　高〕〇メートル
〔分　類〕平城
〔年　代〕一三世紀前半?〜明治初期
〔城　主〕長井氏?、伊達氏、蒲生氏、直江氏、上杉氏
〔交通アクセス〕ＪＲ奥羽本線「米沢駅」下車、徒歩三〇分。

米沢城
ＪＲ奥羽本線
米沢駅
最上川
3
232
0
1000m

【位置と歴史】　米沢城は、東を奥羽山系、南を吾妻の山塊によって画された米沢盆地の南部、松川（最上川）とその支流の羽黒川や鬼面（おもの）川によって形成された扇状地に立地する平城で、標高は二四七〜二四九メートルである。ここは北は山形・上山、東は伊達・信夫（しのぶ）（福島）、南は会津、西は越後（新潟）につながる街道が交わる要衝である。周辺地域から山を越えて米沢盆地に至る街道筋の山々に城館を築いて守りを固めておけば、防御の面でも申し分はない。実際に多数の城館跡が確認されており、有力大名家が本拠とするには絶好の立地といえる。

　江戸時代に米沢で編纂された地誌によると、置賜郡（長井庄）の地頭長井時広（ながいときひろ）によって暦仁元年（一二三八）に築城されたとあるが、実証する史料などはない。長井氏は鎌倉幕府の有力御家人として鎌倉に在住しており、在地支配のための施設（館）を構えていたとみられ、それが前身となって成立した可能性がある。城や城下が本格的に整備されたのは、天文十七年（一五四八）に伊達氏一五代当主伊達晴宗（はるむね）が桑折（こおり）西山城から米沢に本拠地を移した時と考えられる。以後、一七代政宗（まさむね）が会津黒川城を本拠としていた時期を除き、天正十九年（一五九一）の奥羽再仕置により岩手沢（岩出山）へ移封（いほう）されるまで、約四三年間伊達氏の居城であった。

　伊達氏が去った後に米沢を治めた大名は、蒲生氏郷（がもううじさと）である。米沢城は蒲生氏の支城の一つとなり、氏郷は居城とした会津黒川城を若松城と改名したのにならい、米沢城も松崎（まつがさき）

（松岬）城と改めて重臣の蒲生郷安を城主とした。

慶長三年（一五九八）に氏郷の子秀行が宇都宮へ移封となり、越後春日山より上杉景勝が一二〇万石で会津に入部すると、景勝の重臣直江兼続が米沢城主となる。慶長五年（一六〇〇）の関ヶ原合戦で西軍側に属した景勝は、翌年の戦後処理で置賜・伊達・信夫郡の三〇万石に減封され、米沢城を居城とすることになる。これ以降、米沢城は明治四年（一八七一）の廃藩置県によって廃城となるまでの約二七〇年間、米沢藩の中枢として機能した。

米沢城跡は史跡指定されていないものの、本丸跡には上杉謙信を祭る上杉神社、二の丸跡には上杉家の歴史を伝える米沢市上杉博物館（伝国の杜）などがあり、米沢観光の中心地として広く親しまれている。

●—米沢城縄張図（米沢市教育委員会 2016 を一部改変して作成）

【縄張と遺構】　伊達氏時代（戦国期）の米沢城については、この時期に遡る絵図はなく、発掘調査で確認されている遺構も少なく不明な部分が多い。『伊達天正日記』や『伊達輝宗日記』などの史料には、この時期の米沢城の様子を知りうる記事がある。

これらによると、米沢城

は主郭（史料では御館・館・本城と記載）と西館から構成されており、少し離れて東館があったと推定されている（米沢市史編さん委員会一九九七）。本丸（御館）には、鷹屋・亭・懸作・御二階・対屋などの建物があり、御泉水と呼ばれる池や庭園なども確認される。門は東西南北にあって、東門が大手となる。なお、伊達氏時代の米沢城は、城下町の検討などから上杉氏時代の米沢城とほぼ同位置にあったと小林清治により論証されている。続く蒲生氏時代の米沢城は、様相がわかる史資料がないため不明である。

現在の市街地の基礎となった米沢城の縄張や城下町は、上杉景勝の命のもと直江兼続によって慶長年間に整備されたものである。慶長六年（一六〇一）に米沢に入った景勝は、二の丸を普請して居住したとされる。慶長九年（一六〇四）に城内の門・塀・櫓の改築に取り掛かり、慶長十三年（一六〇八）に三の丸の堀と土塁の造営が開始される。慶長十四年（一六〇九）には家臣団の屋敷割や上杉謙信を祀った御堂の建設が始まり、この頃に本丸・二の丸・三の丸からなる輪郭式の縄張が成立する。規模は東西約一二〇〇メートル、南北約二一二〇メートル、面積約一七万平方メートルにもおよぶ広大な城域が形成されている。

本丸には藩主が住み、公的な場でもあった御殿が建つ。天守閣は造られず、瓦葺の建物はなかった。東・南・北に門があり、東門が大手となる。現在は西側の堀にも道があるが、江戸時代には存在しなかった。土塁の上に白塀が巡らされ、北東と北西隅には三層の櫓（御三階櫓）、南東隅には御堂が建てられる。絵図では御堂や門の基礎部分に石垣を描くものがあり、高石垣ではないが一部で石垣が採用されていたことがわかる。

二の丸には藩主一族や重臣が住んでおり、南側には法音寺・大乗寺など御堂に仕える二一の真言宗寺院が立ち並んでいた。本丸・二の丸堀は、鬼門の方角である北東隅が内側に欠ける形であることから、福島県会津若松市の神指城の縄張と類似性が指摘されている。

三の丸は、上・中級家臣団の屋敷地となっている。三の丸内に入りきらなかった下級家臣は、三の丸西側の館山地区や郊外（原方）に屋敷を構え、城下の防衛と荒地の開拓にあたっている。また、三の丸堀の南西側は、堀立川を利用していることから、このような広大な城下の姿が、舞い踊る鶴のように見えたことから、米沢城は舞鶴城とも呼ばれている。

米沢城の終焉は、明治四年（一八七一）七月の廃藩置県にともない廃城となり、明治六年（一八七三）には御三階櫓などが破却される。廃城前後の時期に土塁の大部分を崩して堀

●—西條天満公園内に残る三の丸土塁

を埋めたため、現存している遺構は本丸堀と土塁の一部、三の丸土塁のごく一部である。門東町三丁目の西條天満公園内には、高さ約三メートルの三の丸土塁が現存しており、往時の姿を偲ぶことができる。江戸時代に遡るような建物は、大正六年（一九一七）と八年（一九一九）に発生した米沢大火によって多くが焼失している。中央三丁目の長命寺本堂は、焼失を免れた御堂の建物（嘉永三年〈一八五〇〉に再建されたもの）を移築しており、江戸時代の米沢城の面影を今に伝える建物である。

【発掘調査から見える米沢城】 米沢城の本丸跡には上杉神社が鎮座し、二の丸・三の丸跡も古くから公園化や宅地等の開発が進んでおり、住宅建設等にともなう小規模な確認調査は多数実施されているが、広い面積を発掘調査した事例は少ない。その中でも、平成十年に実施した文化施設（伝国の杜）建設にともなう米沢城二の丸跡の発掘調査では、約一万平方メートルの範囲を発掘調査している。位置は二の丸の南東部、絵図から二の丸寺院や堀があったと考えられる場所である。確認された堀は、堀底を土手状に掘り残した障壁（しょうへき）が確認され、防御性の高い障子堀（しょうじぼり）であったことが判明している。出土遺物の検討から、二の丸普請にともなって掘削されたと考えられている。

●—米沢城 二の丸の発掘調査．写真手前が障子堀，右上が本丸跡（米沢市教育委員会2000より転載）

山形県

今後、発掘調査によって上杉氏入部以前、特に伊達氏時代の米沢城の解明につながるような遺構・遺物の発見が期待されよう。前述の二の丸跡の調査でも、この時期の遺物は一定量出土しているが、遺構についてはほとんどわかっていない。上杉氏時代の大規模な整備・拡張による影響が大きいことが一因と考えられる。近年の発掘調査で、三の丸にあたる場所からも戦国期の遺構・遺物が発見されており、少しづつではあるが戦国期の城下の広がりが見え始めている。

多くの謎が残る戦国期の姿を明らかにしていくことで、全国的にも著名な戦国大名伊達氏・上杉氏が居城とした米沢城の魅力がさらに高まるだろう。

【参考文献】小林清治「伊達時代の米沢城下」『地方史研究』五一（一九六一）、『米沢市史　原始・古代・中世編』（米沢市史編さん委員会、一九九七）、『米沢城東二の丸跡発掘調査報告書』（米沢市教育委員会、二〇〇〇）、『城下町の光景―絵図に読む米沢―』（米沢市上杉博物館、二〇〇四）、青木昭博「米沢城と城下町」『直江兼続』（二〇〇九）、『神指城跡試掘調査報告書』（会津若松市教育委員会、二〇一〇）、『遺跡詳細分布調査報告書第二九集』（米沢市教育委員会、二〇一六）

（佐藤公保）

●鶴岡藩の本城

鶴ケ岡城（大宝寺城）

〔所在地〕鶴岡市馬場町
〔比　高〕三メートル
〔分　類〕平城
〔城　主〕酒井忠勝ほか
〔年　代〕地表遺構は江戸時代
〔交通アクセス〕庄内交通バス「致道博物館前」下車、徒歩三分。

【築城の経緯】 鶴ケ岡城は近世に山形県庄内地方一帯を領有した酒井氏の居城として知られている。鶴岡はその城下町でありこの地域の中心地であった。庄内地方は、最上川と赤川さらにそれに注ぎ込む複数の河川によって作り上げられた海岸平野が大部分を占め、肥沃な土壌が堆積した穀倉地帯である。現在はコメどころ、さらには豊富な食材を活用した食の都（「ユネスコ食文化創造都市」）としても知られている。さらにこの地は北海道南部と京都のほぼ中間に位置し、日本海舟運の要衝である。港町酒田はこの地域性を十分に利用し日本有数の港湾都市として繁栄した。寛文十二年（一六七二）川村瑞賢が確立した西廻り航路の起点ともなっている。

城跡は市街地の中心部にある。現在、本丸と二の丸の一部が鶴岡公園として整備され、桜の名所となっている。数回の発掘調査が行われ、歴史的変遷を知ることができる。公園内部には酒井家歴代を祀る「荘内神社」、東に鶴岡市役所、南に旧庄内藩の藩校である「致道館」、慶應義塾大学先端生命科学研究所、西に庄内の歴史や文化を知るうえで欠かせない致道博物館が位置している。近世鶴ケ岡城にかかわる建物・庭園や文化財が残されているのは、「致道館」と「致道博物館」である。

鶴ケ岡城は平野部に位置する平城であるが、その立地は微高地を選択している。発掘調査の成果によれば、九世紀、平安時代の住居跡も見つかっていることから、古代から利用されている安定した選地であることが判明している。

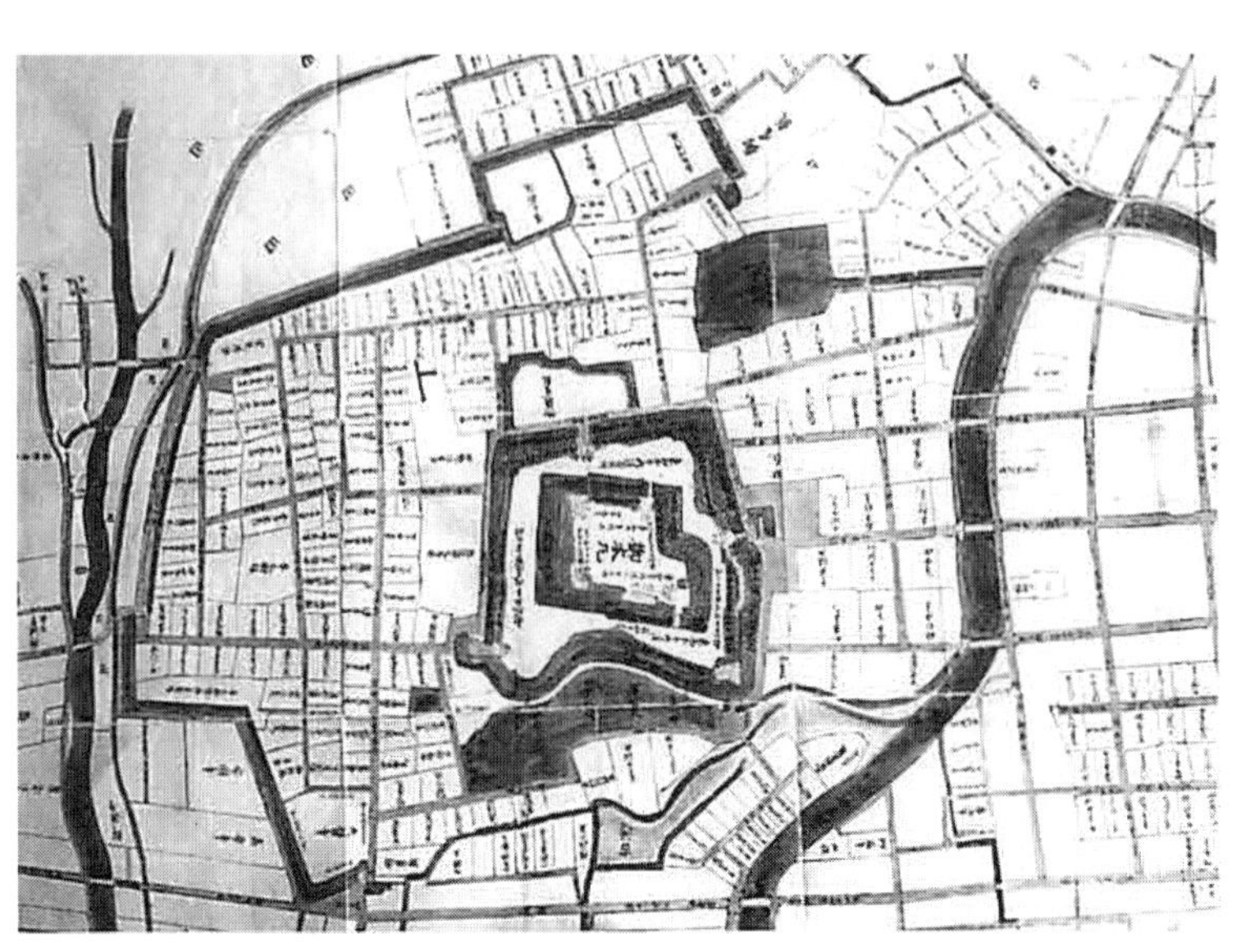

●—延宝６年「鶴ケ岡城下絵図」の内，三の丸の部分（鶴岡市史編纂会『図録庄内の歴史と文化』1996 より転載）

【城の沿革】 そもそも鶴ヶ岡城は中世には大宝寺城といい、庄内地方の中心的城郭であったために、時代の趨勢により争奪の場所ともなった。まず平安時代から鎌倉時代の初めにこの地に勢力を有したのは、平泉藤原氏四代、藤原泰衡（やすひら）の郎従であった田川太郎行文である。田川館を居館とした田川氏は源頼朝との奥州合戦に敗北し、その勢力は一掃された。鶴ケ岡城の発掘調査では一二世紀の中国産白磁が出土し、関わりが推測される。

現在の鶴ケ岡城の場所が、本格的に経営されるのは、田川氏に代わりこの地に勢力を得た鎌倉御家人武藤氏の時代である。武藤氏は奥州合戦の恩賞として大泉荘の地頭に任命されたと伝え、一族はこの地に土着し武藤（大宝寺）氏として戦国時代に勢力を張る。発掘調査では一三世紀から一四世紀の中国青磁や越前焼・珠洲（すず）焼が出土した。一五世紀になると出土量が増加し、武藤氏勢力の成長を示している。

戦国期になると、地域内の領主間でたびたび抗争を繰り広げ、武藤（大宝寺）氏は天文元年（一五三二）居城を大浦城（尾浦城ともいうが同時代文書では「大浦」、西側加茂港に近接）に移している。発掘調査でも一六世紀末から一七世紀にかけての遺物は出土量が少なく、武藤氏が拠点を大浦城に移し、越後戦国大名上杉氏や山形戦国大名最上氏がこの地を巡って争った時期に重なっている。

大宝寺城は、鎌倉時代末から室町時代に築かれたとされるが、その遺構の詳細については明らかではない。現在の鶴ケ岡城の本丸部分がそれに該当するとされる。慶應義塾大学先端生命科学研究所の建設にともなう発掘調査で検出された中世遺構・遺物は、その質量からしても武藤氏の居城の可能性が高いことを示す。

戦国時代の末には上杉氏の勢力下となり、関ヶ原合戦の後に最上義光（よしあき）が所領する。最上義光はこの地域の経営と日本海流通の掌握に力を注ぎ、吉祥である鶴亀にちなんで酒田の東禅寺城を「亀ヶ崎城」、大宝寺城を「鶴ヶ岡城」と改名したという。

●—鶴ケ岡城縄張図（作図：秋保良「鶴ケ岡城」『山形県中世城館遺跡調査報告書第３集』1997より転載）

元和八年（一六二二）最上氏の改易に伴って、この地には信州松代から酒井忠勝が入部し、鶴ヶ岡城を本城とした。現在見ることができる鶴ヶ岡城ができたのは、この酒井氏の時代となる。同時に酒井氏は城と城下の整備も進めた。

山形県中世城館跡調査の担当であった秋保良氏によれば「城は三重に水堀と土塁（どるい）を巡らした方形の輪郭式平城であった。城門としては、角馬出（かくうまだし）の大手門（イ）、外桝形（そとますがた）の西門（ロ）、馬出（うまだし）曲輪の内北門（ハ）と外北門（ニ）、桝形の中の門（ホ）があり、また三の丸には虎口（こぐち）が一一ヵ所あって「十一口木戸」と呼ばれた。建造物としては、本丸Ⅰの殿舎を中心として、二層の隅櫓（すみやぐら）（ヘ）（ト）、多（た）門櫓（もん）（チ）、御城稲荷社（リ）の外、多

●—発掘状況（菅原哲文ほか「鶴ケ岡城跡発掘調査報告書」『山形県埋蔵文化財調査報告書第99集』2001より転載）

●—国指定名勝 酒井氏庭園（致道博物館提供）

くの武具土蔵や馬場があった」という（秋保 一九九七）。現在は鶴岡公園となっている城の周りを散策すれば、この名残を知ることができる。

慶應義塾大学先端生命科学研究所の建設にともなう発掘調査では、二の丸堀跡・百間堀跡・土塁が調査されている。二の丸堀跡は幅約二二メートル、深さ一・三メートルの箱堀であることが判明した。堀底には特に防御施設はないが、堀の外岸には杭列が検出された。二ノ丸土塁は残存部分で、高さ二・二メートル、幅七・七メートル、堀の水面からの比高差は六・七メートルを計る。堀から土塁の基礎にかけて石積と杭列が見つかり、本来二の丸土塁の外周全体を廻る施設と考えられている。

【見どころ】 江戸時代の鶴ケ岡城の姿をしのぶには「鶴岡公園」「致道博物館」「致道館」を訪れるのがよい。「致道博物館」の敷地はもともと庄内藩主酒井家の御用屋敷にあたる。館内には御隠殿と呼ばれる藩主の隠居所があり、北側に隣接する書院庭園（酒井氏庭園）は国指定名勝であり、往時の庄内藩主の生活に触れることができる。ついで鶴ケ岡城三の丸に位置する庄内藩の藩校「致道館」がある。ここは東北地方に残されている唯一の藩校建造物であり、孔子を祀る祭祀は今も行われ、祭器は山形県指定文化財として保存されている。鶴岡市役所のすぐ南側にあたる広大な敷地には、聖廟・講堂・御入間・表御門が現存し敷地と併せて国の史跡に指定されている。また「鶴岡公園」内の「鶴岡市立藤沢周平記念館」は、この地に生まれた作家藤沢周平の記念館である。庄内藩を彷彿とさせる海坂藩に生きる武士を描いた作品群に触れることができる。

【参考文献】 大瀬欽哉『鶴岡市史』上巻（一九六二）、鶴岡市史編纂会『図録庄内の歴史と文化』（一九九六）、秋保良「鶴ケ岡城」『山形県中世城館遺跡調査報告書第三集』（一九九七、鶴岡市教育委員会）、『鶴ヶ岡城跡発掘調査報告書』鶴岡市埋蔵文化財調査報告書第一四集（二〇〇一）、菅原哲文ほか「鶴ヶ岡城跡発掘調査報告書」『山形県埋蔵文化財調査報告書』第九九集（二〇〇一）

（山口博之）

●戦国時代の争乱の場

藤沢館

〔所在地〕鶴岡市藤沢字荒沢
〔比　高〕一〇五メートル
〔分　類〕山城
〔城　主〕武藤家家老中村小太郎居館と伝える
〔年　代〕戦国時代
〔交通アクセス〕庄内交通バス「一本松」下車、徒歩二〇分。

【周辺の環境】 藤沢館は庄内平野の南部にあり、霊山金峯山から延びる尾根筋、藤沢集落背後の標高一二八メートルの山頂を主郭とする急峻な山城である。北側には出羽国と越後国を結ぶ街道、「小国街道」が通っていることからすれば、街道を西北に臨む交通掌握上重要な立地ということができる。

そもそもこの地域は、一見すると庄内平野の南の突き当たりであり、奥まった場所に見えるが、実は越後から出羽への街道筋に位置し、庄内地方の南の玄関口ともいえる交通の要衝である。越後からの街道の要所には中世城館が配置され、国境から小名部城、小国城、木野俣館、温海川館、菅野代館、田川城館群などを数えることができ、境目の城と街道を守る城館群が発達している。藤沢館もこのような地理的状況下に造営された、境目の街道を守る城の一つとして捉えるべきであろう。

さて、藤沢といえば、神奈川県の藤沢市を連想する方も多いだろう。藤沢は時宗の本山遊行寺の所在地でもある。実は当地の地名は時宗と深く関係するという。永禄五年（一五六三）各地を巡っていた、時宗二八世遊行上人体光が、この地で亡くなったことから、この地は藤沢となったというのである。

ついで、藤沢は「藤沢カブ」という、焼き畑で作られる在来作物の産地としても知られている。赤みを帯びた大根のような形をしている。国民的歴史小説家である藤沢周平は、藤沢集落のすぐ隣、湯田川地区の湯田川中学校で教鞭をとって

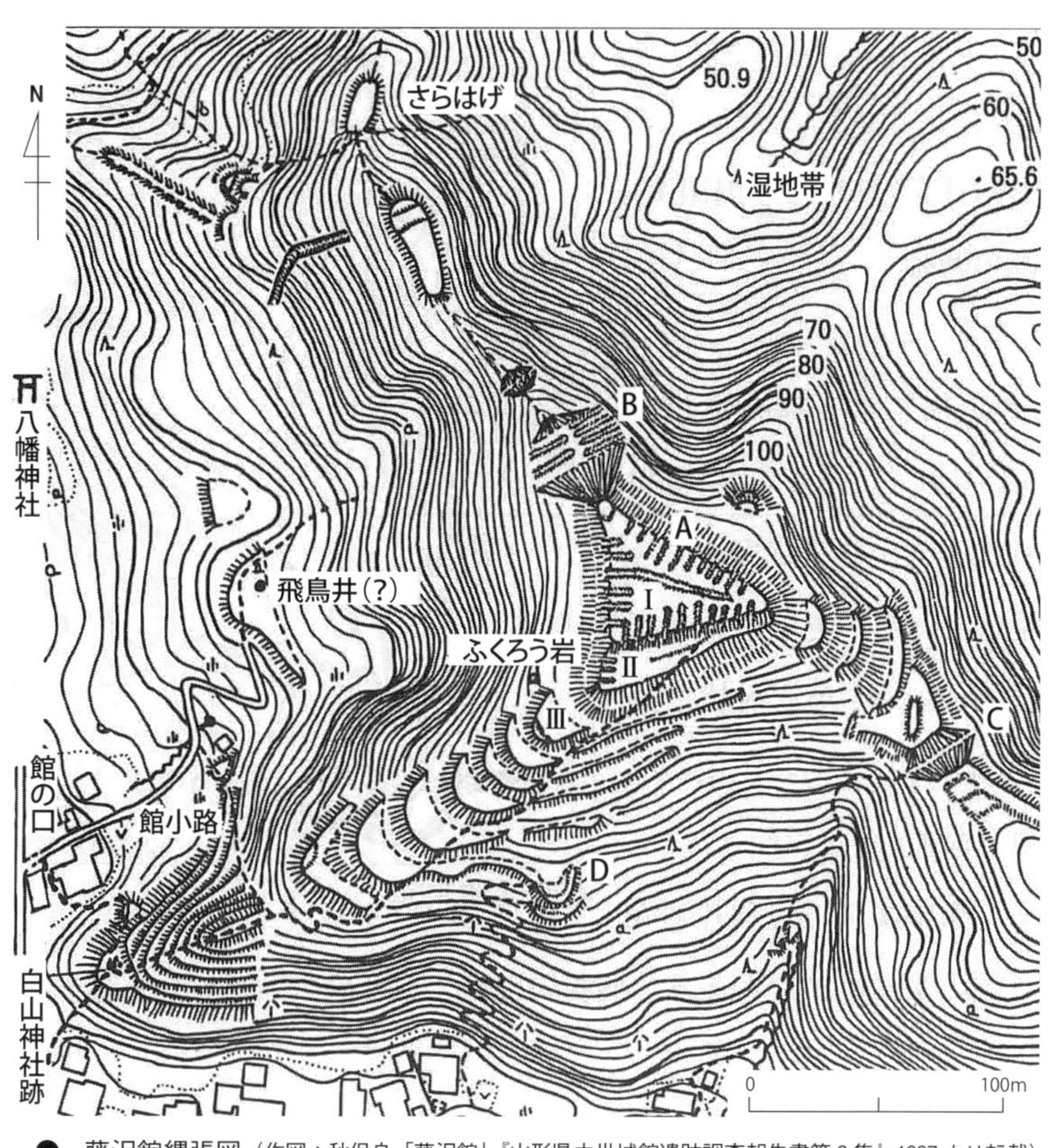

●―藤沢館縄張図（作図：秋保良「藤沢館」『山形県中世城館遺跡調査報告書第３集』1997より転載）

いたことがあった。西側に位置する湯田川温泉は、漂泊の俳人種田山頭火にゆかりがあり、鶴岡市の奥座敷としても知られている。

【城郭の構造】　藤沢館は南北に延びる丘陵を活かし、突端近くの高まりに築城されている。主要な交通路である小国街道（越後街道）を足元に見る立地となっていて関係性は深い。小国街道は鶴ケ岡城に南西方面から結んでいる主要街道であり、藤沢館の位置は小国街道が庄内地方の平野部に出てすぐの場所に当たることからすれば、街道を抑えるという重要な意味があったとみることができる。戦国時代の末には越後方面の上杉景勝や本庄繁長の侵攻に備えるということが重要であった。

さて城郭の構造であるが、秋保良によれば、山頂に構築された「三角形をした主郭Ⅰを埋め尽くすように二七条の浅い畝状空堀が規則正しく設けら

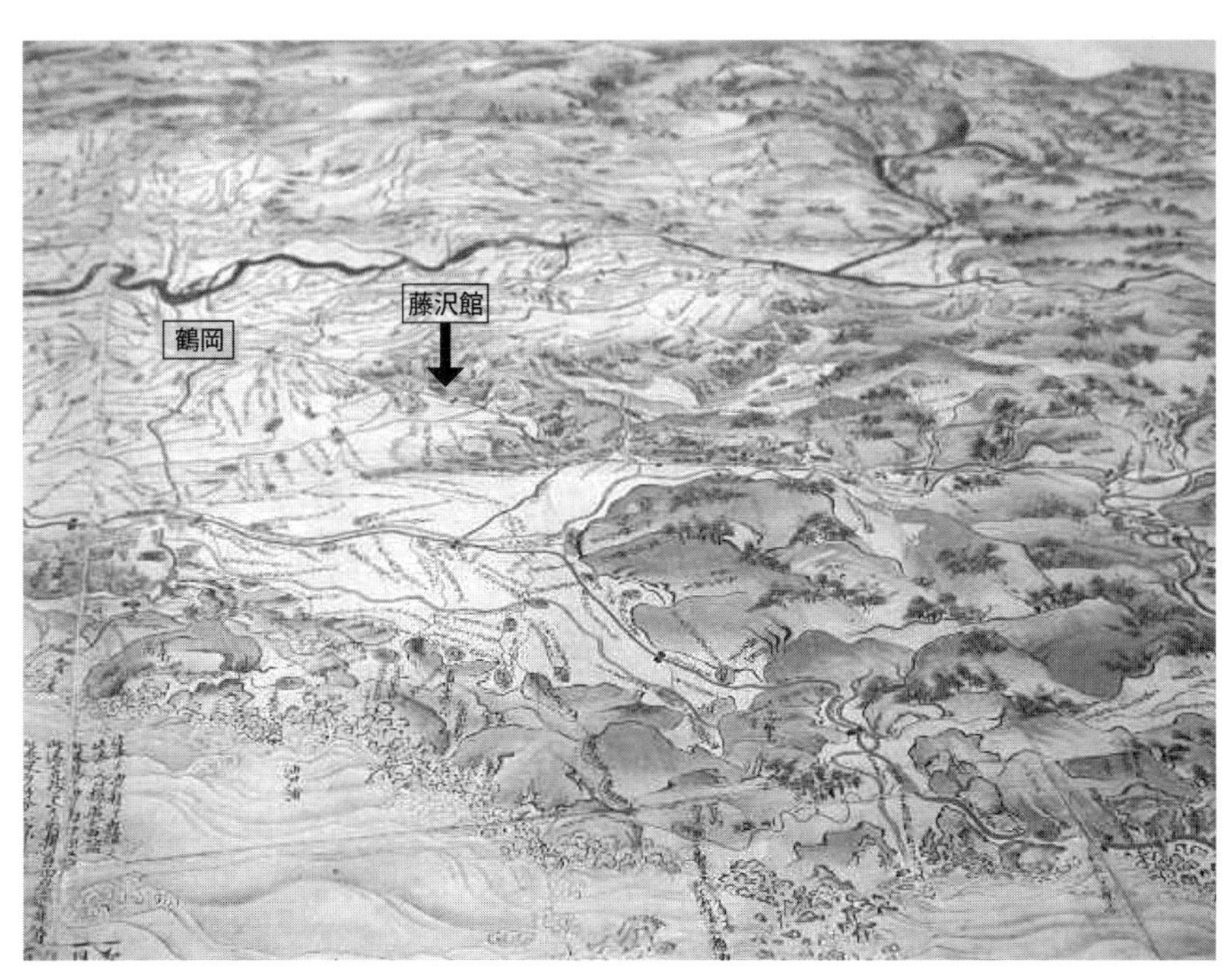

●—正保庄内絵図（正保年間）（致道博物館所蔵）

れているのが特徴」である。わざわざ主郭に畝状の堀をいれることは、防御施設としての城の役割からすればそぐわないことである。さらに防御は凝らされ「北西に続く尾根は、堀底に更に六本の畝状縦堀（たてぼり）を入れた巨大な箱堀Bで遮断している」といい、「南東の尾根続きは、鞍部（あんぶ）に堀切（ほりきり）Cを入れ」、「白山神社跡から階段状の郭群Ⅲを経て副郭Ⅱから主郭Ⅰへ達するようになっている。南斜面には五段の腰曲輪（こし）があり、最下段のものは南へ張出し、縁部に石塁Dを設ける」という。尾根筋からの攻撃に対して防御を凝らしていることがわかる。ついで「北東の山続きには鍋倉館があり、西方には、山頂に同じ畝状空堀のある石堂山が望まれる」ということであるから、築城に防御の工夫を凝らした山城であることがわかる。

主郭に何本も畝状空堀が刻まれているのは理解に苦しむが、あるいは破却の痕跡であるのかもしれない。これは藤沢館を特徴づけている遺構である。城の大手は湯田川街道沿いにあったと伝えられている。また「この館は武藤家の家老中村小太郎の居館であったが、（中略）上杉勢と戦って落城した。集落を隔てて南には、この時上杉勢が陣をとったと伝わる『陣場』という丘陵がある」という。庄内地方に戦国期に勢力を有した武藤氏の築城にかかるものであり、かつ越後の上杉氏との戦闘により落城したとのことである。

庄内地方は、武藤（大宝寺）氏が勢力を有したが次第に弱体化し、山形県内陸地方の戦国大名最上氏、さらには越後の戦国大名上杉氏が覇権を争う場所となった。最上氏にとっては、重要な最上川河口の湊町酒田があるこの地域を手に入れることは、日本海舟運の利権を握ることであった。さらに、本拠地山形県内陸部へ結ぶ最上川を利用した物流を、円滑にすることでもあった。上杉氏にとっても自らの領国である越後から、北方に勢力を拡大するために、是非とも手に入れたい地域でもあった。武藤家の家老中村小太郎がこの城に拠って上杉氏と戦ったというのは、このあたりの事情を雄弁に物語っている。

残念ながら発掘調査の手が入っておらず、所属時期や館主にかかわる資料は不明と言わざるを得ない。

【地域の歴史】 この地域には一二世紀代あるいはそれ以前にかかわる遺跡が集中している。出羽と越後の境であるためであろう。まず神社は延喜式神名帳にのる式内小社である「由豆佐売神社」がある。この神は『三代実録』仁和元年（八八五）十一月二十一日条に、「大物忌神」「月山神」とともに列記される重要な神格であった。

東側の金峯山には金峯神社が祀られており、承暦年中（一〇七七～八一）吉野からの勧請と伝える。金峯山は、本来奈良県吉野山奥千本から南は大峰に至る連峰のことであり、金の御岳とも呼ばれる霊山である。吉野金峯山は古来修験の根拠地であり、霊山として名高く、全国各地に勧請された。南の金峯山には鹿児島県金峰町（現南さつま市）があり、著名な中世遺跡である「持躰松遺跡」の背後に聳える。北の金峯山は出羽のこの地に勧請されているのである。周辺には一二世紀代～一三世紀代の経塚も集中し、湯田川経塚・水沢経塚、やや離れて西目経塚・大山経塚がある。いずれも日本海側に特徴的に分布する須恵器系の中世陶器を使用し、日本海側の経塚の特徴を備えている。

藤沢館の存在は、この地が越後方面から庄内平野へと結ぶ、重要な連絡通路が通じる交通の要衝であり、そのために戦国時代には争乱の場所となったことを示している。

【参考文献】 秋保良「藤沢館」『山形県中世城館遺跡調査報告書第三集』（一九九七）

（山口博之）

●戦国期からの交通の要衝の城

観音寺城（かんのんじじょう）

〔酒田市指定史跡〕

〔所在地〕酒田市麓字楯山
〔比　高〕約二〇メートル
〔年　代〕永禄～元亀年間
〔分　類〕丘城
〔城　主〕来次時秀ほか
〔交通アクセス〕庄内交通バス「八幡総合支所前」下車、徒歩五分。

【歴　史】　山城の観音寺城が築かれる以前に、来次氏房（きすぎうじふさ）が古楯に平城を築城したと伝えられており、その痕跡は現在の酒田市八幡小学校敷地に「古楯」の地名が残り、推定地とされる。氏房の子の来次時秀は、平城から山城を築き、元亀元年（一五七〇）以前の時期に当城を築き、移転したと伝わる。

それ以降、天正十八（一五九〇）年までの約二〇年が城の存続期間と推定される。城主であった来次氏が、最上氏と上杉氏の間で連絡を行った記録が複数残されている。特に、天正十年（一五八二）、来次氏に対し、上杉方から最上方への寝返りを促す最上氏方の鮭延秀綱（さけのべひでつな）からの書状がある。時秀の子氏秀については、「殊ニ天正・慶長中ノ出雲守氏秀ハ、武辺雄略云ヘバ更也、茶道・俳諧・風流ノ道、斯ル辺鄙ニ在テ、頗ル京家ノ人々ニモ恥ズ」（「筆濃餘理」）と伝えられ、武芸のみならず芸事にも秀でた才能を有した人物であったと想定される。

天正十八年（一五九〇）に、上杉氏に服属し当地を追われることとなった来次氏に代わり、上杉氏配下の武将、寺尾伝右衛門が入城したが、同年九月に発生した検地反対一揆により討ち死にすることとなり、同年当城は破城となったと伝わる。

【城の立地及び現況】　観音寺城跡は、酒田市麓字楯山に所在する山城である。本城は庄内平野北東部の出羽山地の西端にあり、庄内平野、日本海が一望できる場所にある。現在も国道三四四号線が城跡のすぐ西側を南北に走り、近世の庄内藩

●—観音寺城跡を西から臨む

政においても県内陸部の最上郡や、北の秋田県矢島地方に通じる交通の要として重要な位置にあった。

【城の構造】　『筆濃餘理』、『出羽国風土略記』に記述があり、特に『筆濃餘理』の記載を引用すると「（巻九　川北廃城考）山城ニシテ、村ノ後ニ在。昔新庄領青沢越通路ノ頃ハ、当村ハ駅場ニシテ、肝要ノ固場也。（以下略）」とある。

当城跡について、これまで発掘調査は未実施だが、文献記録や縄張図のこれまでの先行研究は『日本城郭大系』や、『山形県中世城館遺跡調査報告書』（観音寺城跡は佐々木有恒執筆・縄張図作図は小松良博）に掲載されている。また、庄司誠「観音寺城に関する一考察」により検討が加えられている。特に本書では、城の構造に関して庄司の先行研究を基としている。

確認される城郭の規模は東西一五〇メートル、南北三五〇メートルである。主郭は標高七五メートルを測り、南に約一キロの位置を、荒瀬川は西に流れ日光川に合流し日本海に流れ込む。西側平野部の県道升田観音寺線の標高は約二五メートルで、約五〇メートルの標高差の丘陵を利用して城が築かれている。南の郭（Ⅰ）の北側には一部土塁（どるい）が残存し、城は梯郭（ていかく）型城郭の様相を呈している。

主郭部と推定される平場（Ⅰ）のうち、南の曲輪の東側と北側に土塁（a・b）が築かれている。北の郭（Ⅱ）と南の

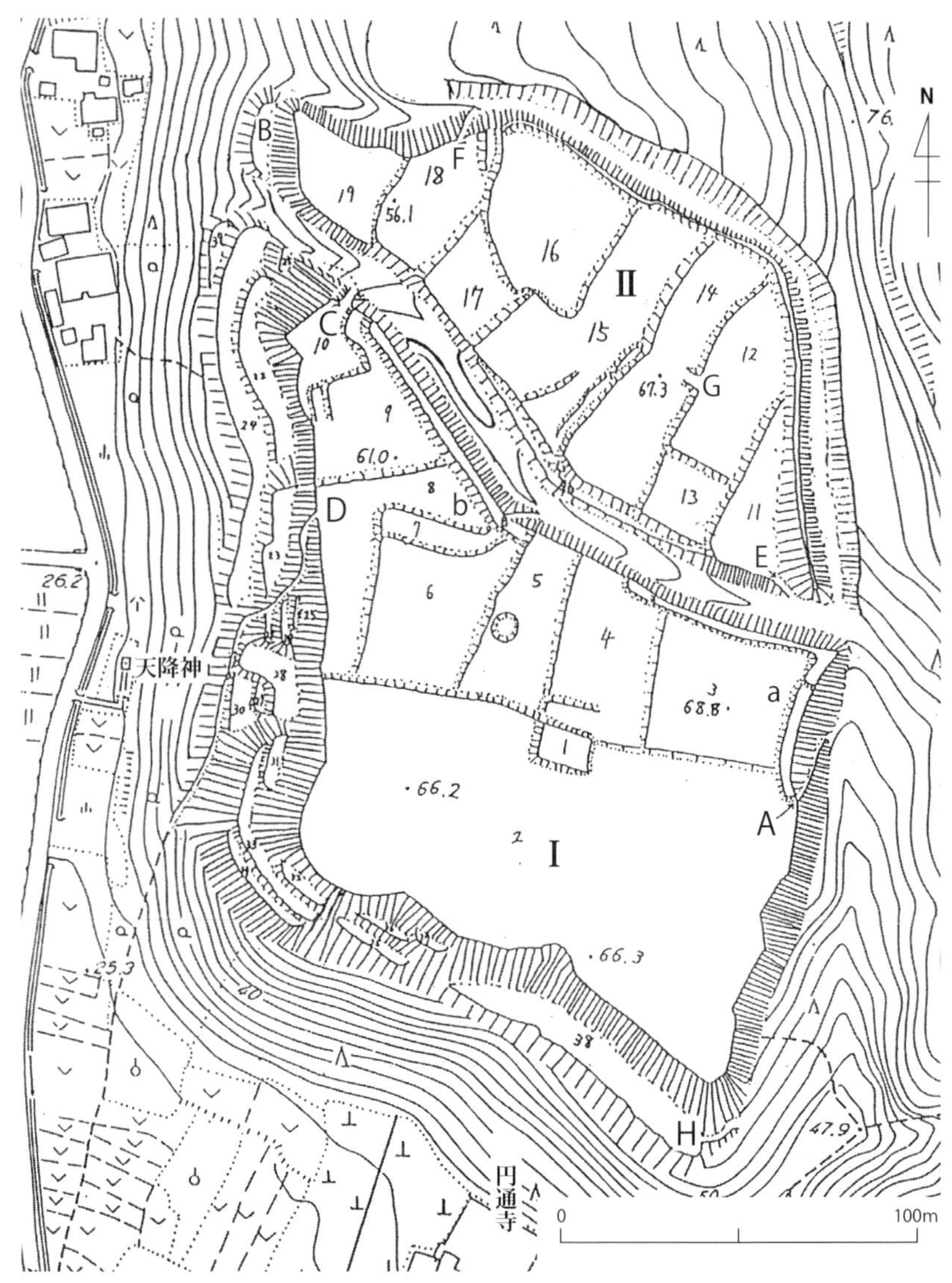

●—観音寺城縄張図（作図：庄司誠，1996 に一部加筆）

郭の間には深さ四メートルの空堀が築かれ、伝承では橋が掛けられていたという。

城の全体の様相として、城の遺構は丘陵の西向きの斜面に築かれている。東側と北側は深い沢の林道で、西側と南側は登坂困難な急斜面で自然の要害を形成している。

現状、城の周囲には住宅が隣接しており、里山のような位置関係に立地しているが、筆者が二〇一九年三月に城を訪れた際は、前述の主郭を断絶する堀切の内部に雑木林の木が倒れたままとなっており、郭（Ⅰ）西側の斜面に位置する帯郭（おび）も笹藪が密集して繁茂し、山林の荒廃が進んでいるように筆者には思われた。

なお、観音寺城跡の立地する丘陵下の西側、西へ約四〇〇メートルの平野部に、現在の酒田市立八幡小学校が位置しており、東西約二〇〇メートル×南北約一五〇メートルの方形の学校敷地には「古楯」の小字名が残り、昭和二十四年（一九四九）撮影の米軍

●—観音寺城周辺の米軍空撮写真（1947年）（国土地理院ホームページより転載）

航空写真に方形区画の土地利用状況と、観音寺城の主郭跡が山林内部において管理がなされていたことをうかがわせる状況が観察できる。古楯の旧地名から、観音寺城との間において、単に時代差のみならず根小屋（ねごや）と山城のような関連性が推測されるが、発掘調査は未実施である。

なお、観音寺城から荒瀬川を挟み南の丘陵上には、九世紀末の一時期に古代出羽国府跡であったと推定される八森遺跡が所在し、発掘調査からは中世の時期の土塁など遺構や遺物が確認されており、観音寺寺跡の対岸に位置する形で城館が築かれていたと考えられる。西側平野部には、古代～中世にかけての遺跡が多数確認されている。

【参考文献】進藤重記『出羽国風土略記』（一九七四）、鶴岡市史編纂会『筆濃餘理』上巻　荘内資料集三（一九七八）、「観音寺」『角川日本地名大辞典　六　山形県』（一九八一）、八幡町『八幡町史』上巻（一九八八）、庄司誠「観音寺城に関する一考察」『山形史学研究』第二七・二八・二九合併号（一九九六）、山形県教育委員会「観音寺城」『山形県中世城館遺跡調査報告書』第三集（庄内・最上地域）（一九九七）、鶴岡市史編纂会『古代・中世史料』上巻　荘内資料集一‐一（二〇〇二）、保角里志『南出羽の城』（六一書房、二〇〇六）

（須藤英之）

●戦国期を生き抜いた小領主の城

朝日山城（あさひやまじょう）

〔所在地〕酒田市北沢字楯山
〔比　高〕約四〇メートル
〔分　類〕丘城
〔年　代〕天正五年（一五七七）頃
〔城　主〕池田讃岐守
〔交通アクセス〕ＪＲ陸羽西線「砂越駅」下車、車で約二〇分。

【歴　史】　朝日山城の位置する酒田市生石地区は、出羽丘陵の西側裾野に立地する。周辺には平安時代の出羽国府である、城輪柵跡に関連する周辺の古代の遺跡群が密集して存在し、かつ朝日山城跡周辺の山間部丘陵地帯には、平安時代の須恵器窯跡群が複数点在する。

南北朝時代に至り、自然石を加工し梵字の種子と碑文を刻んだ、当地方特有の板碑が多数造立され、当遺跡の南約一キロに点在する、生石延命寺の板碑群は県指定文化財「生石板碑群」となっている。加えて、朝日山城の麓の北側に隣接し、酒田市内最古の年号である、正和三年（一三一四）閏三月造立の板碑「正和三年大日板碑」（県指定文化財）が存在する。しかしながら、朝日山城そのものについての記録は少ない。城主は戦国期の土豪、池田讃岐守盛周と伝えられている。

戦国期の記録として、当城に関わるものは、庄内地方の戦国大名・武藤氏より城主の池田氏、および配下の朝日山五〇人衆という池田氏配下の集団に対して、所領を安堵された記録が残っている。

また、近世後半の記録、『筆濃餘理』には、「（巻九　川北廃城考）矢流川村に在。小地ナレド、要害ノ山城也。一二三ノ丸、堀切跡、又庭石作リ、松ノ面影等モ、今ニ残レリ。（以下略）」とあり、往時の姿が近世後半に至っても残されていた様子がうかがえる。

【城跡の概要】　朝日山城は、酒田市北沢字楯山、酒田市市街地の当方約九キロ、酒田市生石地区の東平田公民館の北東約五

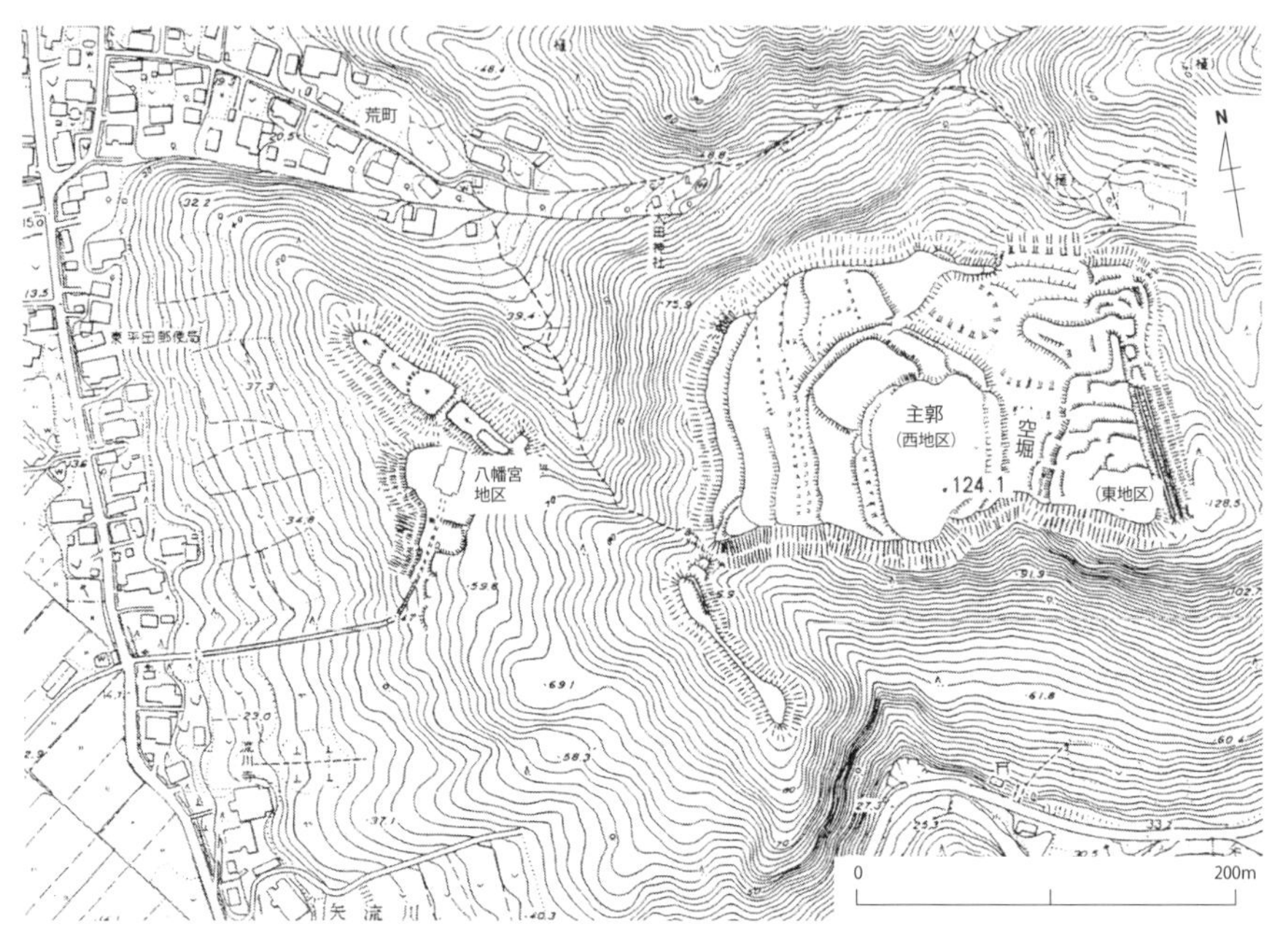

●—朝日山城縄張図(作図:小松良博「朝日山城」『山形県中世城館遺跡調査報告書』第3集より転載)

●—正和3年大日板碑(山形県指定文化財)

〇〇㍍に所在する。主郭の標高は約一二〇㍍を、城の西側平野部の標高は約六〇㍍を測る。城跡は主郭を中心とする西側郭地区と、東西二〇〜三〇㍍、南北約一〇〇㍍の堀切(ほりきり)で隔てられた標高約一三〇㍍をピークとする東地区および西地区と、空堀(からぼり)(堀底道)を隔てた八幡宮地区に区画される。

【城の構造】 城の構造は、東西の郭で城の様相が大きく異なり、西地区は梯郭式(ていかくしき)の単純な配置となり、虎口(こぐち)の様相も判然としない。主体と想定される東地区は、東端に二条の空堀をともなう複雑な桝形(ますがた)虎口をともない、等高線に沿って腰郭(こしくるわ)をテラス状に配置する。

西地区南西の、標高約九六㍍をピークとする尾根上には、西地区と八幡宮地区を区画している空堀や南西の緩斜面からの攻撃を意識しての郭が配置されている。さらにその尾根筋の低地部には、尾根を切断し土塁(どるい)を築いて八幡宮地区から西地区に至る道を確保するとともに、現八幡宮社殿背後の尾根筋にも八幡宮地区や、かつての根小屋(ねごや)にあたる集落であったかと想定される。

当城跡について、発掘調査は未実施だが、文献記録や縄張図のこれまでの先行研究は『日本城郭大系』や、『山形県城館遺跡報告書』(朝日山城は小松良博執筆)に掲載され、特に城の構造について本稿は小松報告の先行研究を基としている。

【参考文献】進藤重記『出羽国風土略記』(一九七四)、鶴岡市史編纂会『筆濃餘理』上巻　荘内資料集三(一九七八)、山形県教育委員会「朝日山城」『山形県中世城館遺跡調査報告書』第三集(庄内・最上地域)(一九九七)、小松良博「山形県酒田市及び飽海郡平田町山間部における城館跡」『さあべい』第一七号(二〇〇〇)、鶴岡市史編纂会『古代・中世史料』上巻　荘内資料集一-一(二〇〇二)、平田町『立川町史』上巻(二〇〇四)

(須藤英之)

●—八幡宮地区土塁(東から)

●—東地区東端の空堀(北から)

山形県

●鳥海山南麓の城跡

蕨岡館

〔所在地〕遊佐町上蕨岡字丸森
〔比　高〕約四〇メートル
〔分　類〕丘城
〔年　代〕天正五年（一五七七）頃
〔城　主〕黒沢五郎正任
〔交通アクセス〕ＪＲ羽越本線「遊佐駅」下車、車で約一〇分。

【歴　史】本館跡は山形県と秋田県の県境となる、鳥海山の南端の裾野に所在する。「上寺館」とも称される。時代は遡るが、鎌倉時代の御家人の居館跡と推定される大楯遺跡（遊佐町指定史跡）は、本館跡から北西に約二キロの平野に所在する。

蕨岡館の歴史については、黒沢五郎正任という土豪領主の名前が伝わり（『竜沢山伝記』）、永承二年（一〇四七）に当楯の北西七キロに位置する龍沢山館（野沢楯とも称される）を築いたが、結果的に未完成のうちに当楯に移ったとの伝承が伝わるが、その他に記録はなく、中世に遡る同時代の詳細は定かでない。

当館跡の南東に所在する「大物忌神社蕨岡口」は、「史跡鳥海山」の構成要素の一部をなし、蕨岡集落内の龍頭寺には、各指定文化財の仏像や文書類が保存されており、古くからの歴史を裏付ける修験と仏教の融合した古刹となっている。「大物忌神社蕨岡口」の標高は約一二五メートルで、社殿は現在の位置に大正四年（一九一五）に移築され、以後鳥海山の登拝口の一つとなっている。

【城の立地および現況】蕨岡館は、遊佐町の中心部から東に約四キロの場所に所在する山城である。山形県境の鳥海山を北に仰ぎ、その裾野の南端に位置する遊佐町上蕨岡地区の集落北西側に、館の遺構と推定される曲輪群が広がる。なお、当館の南約五キロを、日向川が西流し日本海に注ぐ位置にあり、舟運と平野部の陸上交通の要衝に位置していたと推定される。

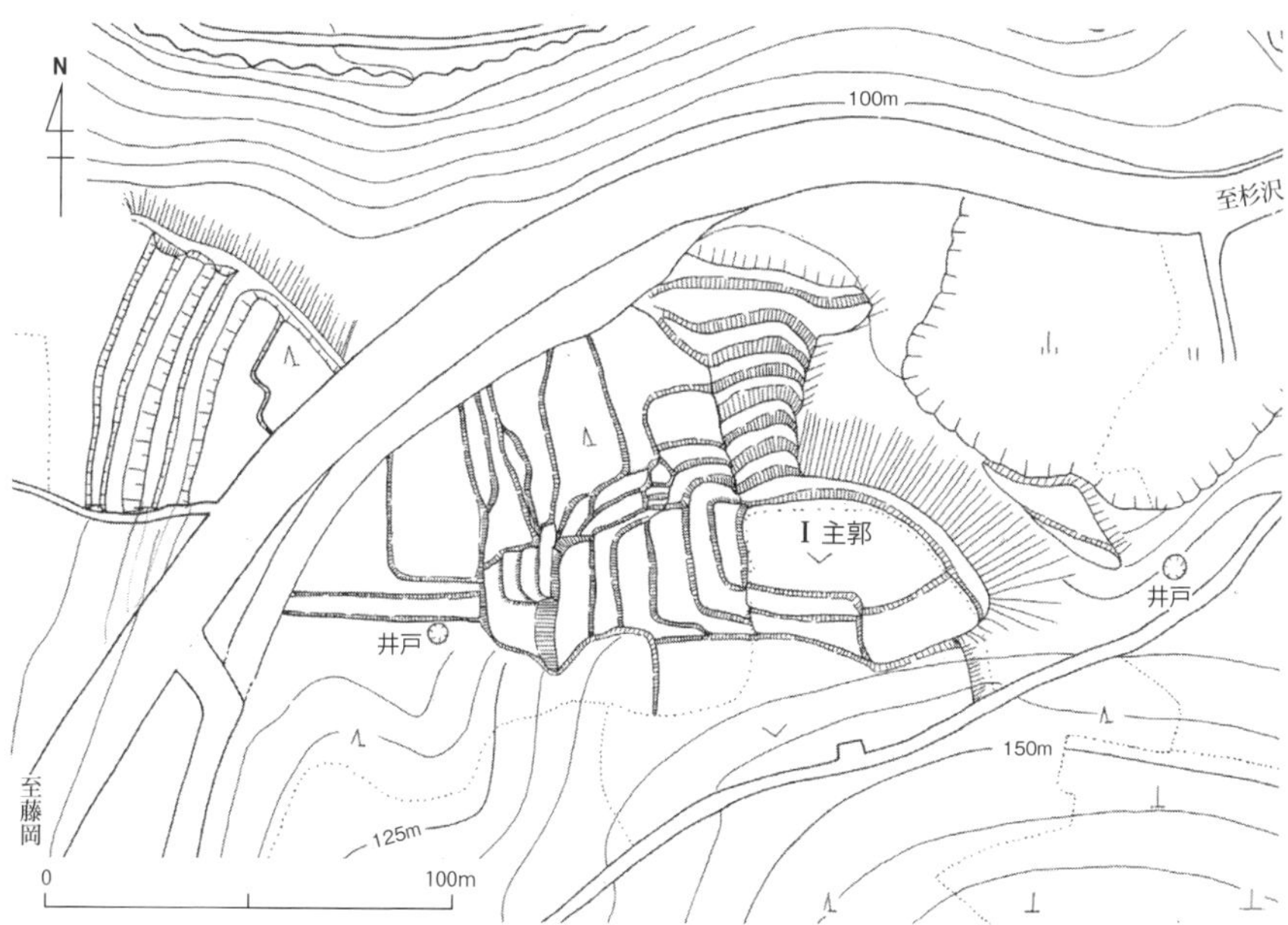

●―蕨岡館跡縄張図（山形県教育庁文化財課「蕨岡館」『山形県中世城館遺跡調査報告書』第3集より転載）

●―蕨岡館の土塁を北から

【城の構造】『筆濃餘理』、『出羽国風土略記』に記述があり、『筆濃餘理』の記載を引用すると「(巻九　川北廃城考)上寺は、蕨岡村ノ坊中也。松岡二郎氏光住スト(中略)又云、昔奥州安倍貞任兄弟等、此城ニ滅亡ス。(以下略)」とある。奥州安倍氏との関連は直ちには頷けないが、その伝承が構築されたメカニズムについては今後の課題であろう。

現状、主郭と推定される平場は標高一二五メートルを測り、東西四五メートルの、南北二二メートルの面積を測る。蕨岡集落西側に、館の遺構と推定される曲輪群が東西二八〇メートルの、南北約一二〇メートルの範囲におよび広がる。その北と西に腰曲輪が連なり配置され連郭式の様相を呈するが、畑地の開削が著しい。また、主郭周辺に二ヵ所の井戸跡が確認されるという(「山形県中世城館遺跡調査報告書」第三集)。

なお、当楯跡の遺構で特徴的なのは、主郭から北西約一八〇メートルの、城館推定範囲の西端の竹林中に位置し、南北約七〇メートルにおよび二重の土塁が現存し、残存部分で最高位の高さは基礎から土塁頂部までの高さは約二メートルの高さを測る。そのため、平野部からの侵入に強固な防御の意識を如実に示す。また、当該土塁の位置から眼下に庄内平野北半部を見渡すことができる。

本館跡について、発掘調査は未実施だが、文献記録や縄張図のこれまでの先行研究は『日本城郭大系』や、『山形県中世城館遺跡調査報告書』(執筆は土岐田正勝・高橋信夫)に掲載されている。

現在は、国史跡指定範囲である大物忌神社蕨岡口の他に、近代以降の、かつての宿坊群の集落の住宅の佇まいや、先述の永泉寺他を活用した街づくりが残され、館を訪れるのみならず、集落内の散策も楽しい。大物忌神社では国指定重要無形民俗文化財「蕨岡延年」が毎年五月に開催されるなど、古とのつながりを窺わせる要素は多数ある。また、修験や寺院との関わりについての説も提起されているが、当楯跡とそれらの他の文化財を紡ぎながら蕨岡地区一帯の歴史の研究など、詳細の探求については今後の課題である。

【参考文献】鶴岡市史編纂会『筆濃餘理』上巻　荘内資料集三(一九七八)、「蕨岡」『角川日本地名大辞典　六　山形県』(一九八一)、『日本城郭大系3　山形・宮城・福島』(新人物往来社、一九八一)、山形県教育委員会「蕨岡館」『山形県中世城館遺跡調査報告書』第三集(庄内・最上地域)(一九九七)、伊藤清郎『中世の城と祈り』(一九九八)、遊佐町『遊佐町史』上巻(二〇〇〇)、鶴岡市史編纂会『古代・中世史料』上巻　荘内資料集一-一(二〇〇二)、堀宗夫「出羽庄内・蕨岡の城郭寺院考」『北陸の中世城郭』第九号(一九九九)、遊佐町教育委員会『史跡　鳥海山保存管理計画書』(二〇一一)

(須藤英之)

●北館大堰と庄内平野を一望する城

狩川城（かりかわじょう）

〔所在地〕庄内町狩川字楯山・笠山
〔比　高〕約四〇メートル
〔分　類〕丘城
〔年　代〕天正五年（一五七七）頃
〔城　主〕齋藤新九郎・北館大学
〔交通アクセス〕ＪＲ陸羽西線「狩川駅」下車、徒歩約一五分。

【城跡の歴史】　狩川城跡の周辺の歴史環境は、当城跡の南丘陵部に平安時代と推定される笠山Ｄ遺跡（窯跡）が、城跡周囲の北および西側平野部には縄文時代～古代の遺跡が点在する。

なお、「狩川」の地名については、中尊寺文書において「狩河」の地名が確認されるなど、中世初頭には成立していたと考えられる。さらに「狩川駅」の地名が一六世紀代後半の史料に確認されるが、「駅」の施設など詳細な内容は定かでない。

昭和四十九年（一九七四）、狩川城から南西に約五〇〇メートルの、狩川八幡神社西側に所在する古楯遺跡で、部分的ながら発掘調査が実施された。結果、縄文時代の遺物の他に、中世の瀬戸美濃や近世の唐津と推定される陶磁器などの遺物と、柱穴などの遺構が検出された。この遺跡の出土遺物年代と周辺の地名から、狩川城との間において、根小屋と山城のような関連が推測されるが、中世の遺跡としての詳細な検討は加えられていない。

城の歴史については、庄内地方の近世後半の記録『筆濃餘理』によれば、齋藤新九郎なる土豪が南北朝時代に狩川城を築いたと伝承で伝わるが、詳細は定かでない。『立川町史』を執筆した井川一良によれば、齋藤新九郎の伝承記録は近世史料にも確認されるが、同時代の文書で齋藤の名を確認できるものはない。狩川の地が上杉方支配下となる天正十九年（一五九一）以前の戦いにおいて、最上方に服属し戦闘に加わったものとして狩川の地を追われたと推測し、後には直江兼続配下の家臣が狩川の地に配されたと伝わるが、狩川城主について、これ以上の資料は確認されない。

後に、上杉氏支配から最上義光支配下となる慶長六年（一六〇一）、北館大学利長が狩川城主として三〇〇〇石を与えられ着任する。以降、北館大堰が慶長十七年（一六一二）に完成するまでの間、最上義光と北館大学との間で狩川周辺の治政についてのやりとりの史料が複数確認され、これらの内容から北館大学による地域支配が狩川城を拠点として行われたものと想定される。

●—狩川城 三の丸からの眺望（北を望む）

この後、最上家の改易による酒井家の庄内入部により北館大学は城主を追われ、一国一城令により庄内藩は鶴ヶ岡城と亀ヶ崎城以外の城郭が廃城となった。

【城の立地および現況】 狩川城は、東田川郡庄内町狩川字楯山・笠山に所在する城跡である。後述するが、立谷沢川と最上川の合流する地点から西に二キロの位置の中位段丘を利用して城が築かれ、山形県の最上地方と庄内地方の合流点を眼下に望む立地にある。城跡の内容については『筆濃餘理』、『出羽国風土略記』に記述があり、特に『筆濃餘理』の記載を引用すると「（巻十一　川南廃城考）村中往来ノ南ニ在テ山城也。本丸ハ、奥山ヨリ峯続ノ尾崎ニシテ、奥ニ長ク左右狭シ。北南七十間、東西五十間ト云。ニ、三ノ丸モ狭ク、後ニ深山取続キ、大手東ニ向、清川海道ヲ眼下ニシテ、川南過半一ト目ニ見晴シ、勝タル要地也。本丸切岸嶮咀ニシテ、タヤスク登ベカラズ（以下略）」とある。

現状、主郭は標高五八メートルを測り、城の眼下を流れるユネスコ世界灌漑遺産「北館大堰」の標高は約二〇メートルで、約四〇メートルの標高差の丘陵を利用して城が築かれている。北館大堰はここから西流し、庄内平野北半の水田地帯に注がれる。

本遺跡について発掘調査は未実施だが、先行研究は『日本城郭大系』や、『山形県城館遺跡報告書』（狩川城跡は秋葉端午・柳川泰善執筆（以下「柳川報告」））に掲載され、本書は柳川報告の先行研究を基としている。大正四年（一九一五）から大正天皇即位記念公園として整備工事の手が加わったとされる。大正七年（一九一八）に北館大学を祀る北館神社が城郭内部の現在の場所に移され、現在は「楯山公園」として、毎年五月に桜まつりが開催される城跡として町民に親しまれている。

●―狩川城　主郭東側の土塁b（北から）

【城の構造】　城跡としての郭の配置等の詳細は、現状では『筆濃餘理』の記録に頼る他はなく、絵図も残されていない。それに拠れば、丘陵突端北端の、三の郭の先に当たる丘陵北端を大手口とし、丘陵南側の尾根に連なる平坦面側が本丸と認識されていたようである。なお、本丸背面の南を、幅三〇メートルの堀切（ほりきり）で断ち割っており、背後からの防御設備として南北に伸びる低位段丘を遮断する、連郭式（れんかくしき）山城の形状を呈している。

城内の各郭を観察すると、本

●―狩川城　主郭背面の堀切（西から）

丸の南西角にＬ字状（東西約六〇メートル、南北約三〇メートル）の土塁痕が確認される。また、本丸の郭外東側、主郭から一〇メートルほどの位置の低位段丘の杉林に隠れるように、二条（幅約五メートル、南北約七〇メートル）の土塁痕が確認される。

虎口の位置および形状は判然としないが、郭の形状から、現状の公園園路と重なって配置されていたと推測され、本丸南側のＡ地点、および三の丸北東のＢ地点が推定される。

新たに確認した城館東側の土塁ｂの目的については、城跡南面の巨大な堀切の防御に加え、東側からの防御を意識したものと考えられる。狩川城の現状の形態は、城館として最終利用された形状であった近世初頭の最上氏の支配下において、北館大学の統治から、最上氏改易にともない廃城となった時点の形態を現在に留め、庄内平野を一望する近代の公園としての改変を経た後の形状と想定される。

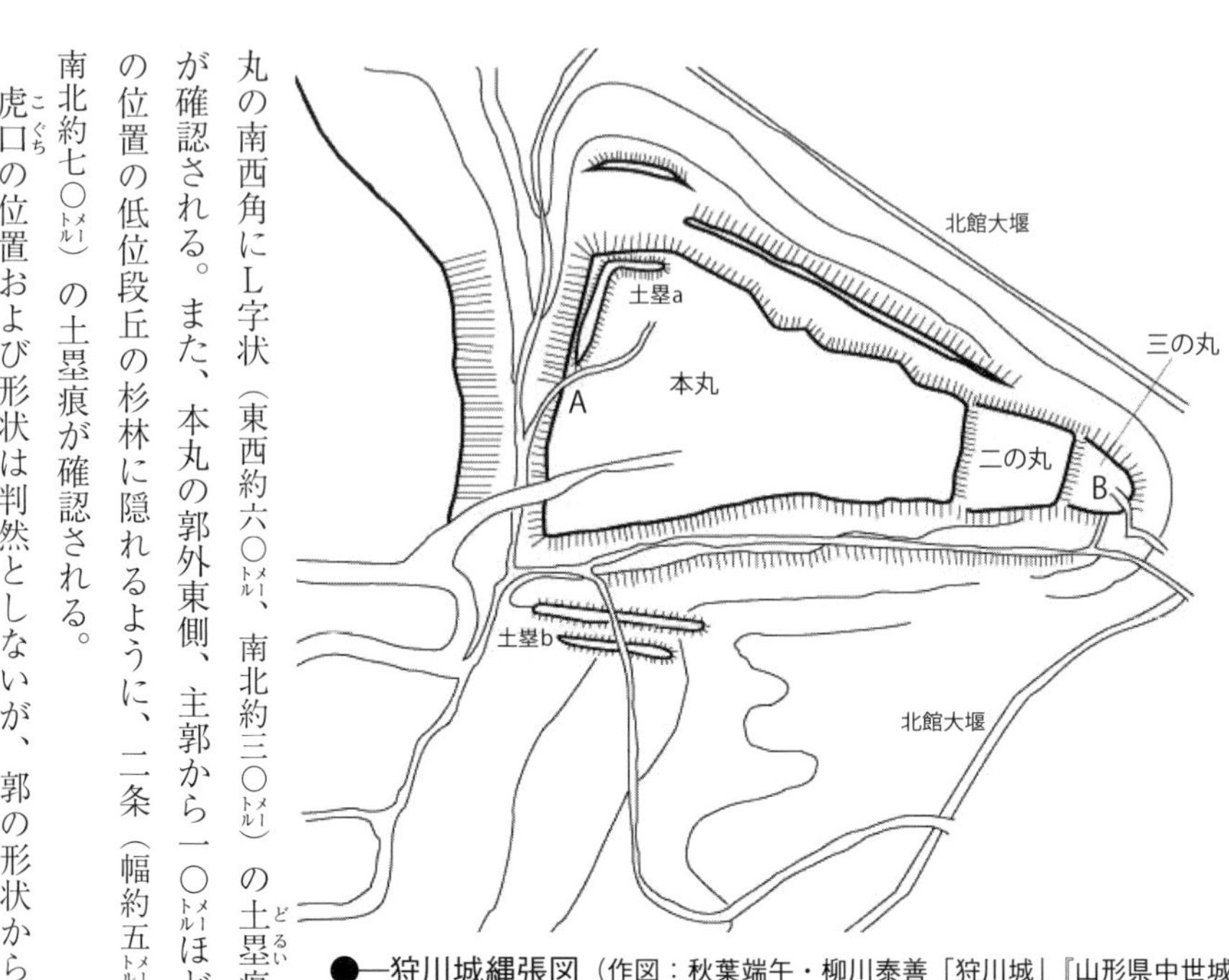

●—狩川城縄張図（作図：秋葉端午・柳川泰善「狩川城」『山形県中世城館遺跡調査報告書』第３巻の図を基に，須藤英之が修正・加筆）

【参考文献】進藤重記『出羽国風土略記』（一九七四）、「古楯遺跡」山形県教育委員会『山形県文化財発掘調査報告書』「山形県埋蔵文化財調査報告書第六集」（一九七六）、鶴岡市史編纂会『筆濃餘理』上巻　荘内資料集三（一九七八）、「狩川」『角川日本地名大辞典　六　山形県』（一九八一）、山形県教育委員会「狩川城」『山形県中世城館遺跡調査報告書』第三集（庄内・最上地域）（一九九七）、伊藤清郎『中世の城と祈り』（一九九八）、立川町二〇〇〇年『立川町史』上巻・鶴岡市史編纂会『古代・中世史料』上巻　荘内資料集一―一（二〇〇二）、致道博物館『戦国時代の庄内』（二〇一九）（須藤英之）

お城アラカルト

河川と武士の本拠

落合義明

中世前期の武士居館は、沖積低地(ちゅうせき)や自然堤防上に立地し、周囲に道や河川など水陸交通網が発達している場所に構えられることが多い。当該期の武士の多くは、兵士の側面とともに、地頭に任命されて、田地の開発や経営にあたり、在地領主としての側面ももっていた。よって、武士の本拠は交通の要衝に立地するが、当然、館を物流の拠点として機能させるためには、短期間に大量の物資を運ぶ必要がある。それには水運がもっとも適している。しかしその一方、洪水という災害に見舞われる危険性がある。

例えば、山形県長井市の場合、在地領主長井氏(あるいは代官)の本拠は、白山館を伝承地とするが発掘調査もされず、不明確なままである。そこで候補地として、標高の低い場所、そして最上川や野川(のがわ)に近い場所が当該期の武士居館の場所として想起される。字名(あざめい)、「まま上」(標高二〇〇メートル)の「まま」とは、傾斜地、崖線、地形の崩れを指し、その下には覆水による湧水が多く存在するという。となると、「ままの上」という地名よりも、標高の低い場所(標高一九五メートル)、それに最上川や野川に近い場所が想起される。ここから湧泉を容易に利用でき、河川の近くとあらば、物流の拠点と農業経営の中心地となる。

ただ長井を現地調査すると、台地上にも用水路(川)が通っていて、現在でも水の町というような景観を呈していることに気がつく。市内には、野川、そして最上川が市域を流れ、そこが扇状地となり、扇状地上に河岸段丘面が作られ、その面に町場が形成されていったと思われる。遅くとも近世には最上川舟運で繁栄したところであったようだが、いったん雨が降ると暴れ川となり、町の中心部に流れ込むほどの洪水に苦しめられていたようだ。例えば、宝暦七年(一七五七)の大洪水では、町場や船着き場まで被害が及び、幕府普請方をまきこんだ米沢藩の藩政改革の一環として、締切堤防普請が行われている。

では中世において、果たして武士はどのようにして洪水に対応し、それを克服したのだろうか。一三世紀初めに成立した鴨長明(かものちょうめい)による仏教説話集『神宮文庫本　発心集(ほっしんしゅう)』巻第四「武蔵国入間河洪水ニ会事」には、「秩父ノ冠者ト言男」が、

●—長井市ままの上付近

「大キナル堤ヲ築テ」長年暮らしていたが、五月のある日、大雨が降って堤防が決壊し、家屋が流され、家族が皆死んでしまい、自分だけは何とか生き残ったというもので、入間川沿いに人工的に築いた堤防、湊・在家の存在から、有力領主の屋敷周辺の景観と想定できる。私は、この「秩父ノ冠者」とは、秩父平氏出身、武蔵の在庁の筆頭河越氏であろうと考える。

次に、鎌倉時代の終わり、下河辺荘について見てみると、同荘は下総国にあった荘園（地頭は金沢北条氏）で、利根川・荒川・渡良瀬川・太日川・隅田川が入り組んだ地形に所在する。とりわけ、下河辺荘赤岩郷（現在の埼玉県吉川市・松伏町）は、水はけの悪い水田が多かったため、排水用の「樋」を整備したり、百姓らを動員したりして築堤がなされた。また、同郷では、遅くとも南北朝期には茶が栽培され、相模国の称名寺に運ばれていた（『金沢文庫文書』二九九五・一五五八号）が、茶の木は洪水に強いとされ、洪水に見舞われても茶の木は倒れることがない、という。よって、洪水対策に茶の栽培・生産は有効的な方法だったと考えられる。と同時に、『庭訓往来』には、館の前栽に茶園が整えられていたことが見え、洪水対策とは別に、館の生活で茶は欠かせないものでもあったと思われる。加えて、元亀三年（一五七二）六月六日付、北条家朱印状によると、後北条氏は百姓に命じて、駿河国泉郷に芝を植え込ませて築堤した様子が看取され、築堤に芝を植えるという具体的工法が記されていて興味深い。

ちなみに、中世の堤防の多くは断続的で、長距離にわたって造られるものではなかった。いわば、水害の危険性が高いところにだけ限定されていたことにより、水害を押さえ込むことは難しかったという。堤防の構造としては、高さ六メートルほどで、川側が常に高くなるように斜めに積み上げられ、中世後期になると、裏込め石を入れて野面積みをした護岸も見られるようになるという。

【参考文献】小橋勇介「中世における堤防と河川敷の景観」（荘園・村落史研究会編『中世村落と地域社会』高志書院、二〇一六）、田中祐樹「古利根川（旧利根川）左岸の中世堤防について」（『埼玉考古』五一、二〇一六）、橋本素子『中世の喫茶文化』（吉川弘文館、二〇一八）、畑大介『治水技術の歴史』（高志書院、二〇一八）、落合義明代表『利水・治水に見る中世武士の本拠・報告集—平成三〇年度高梨学術奨励金基金研究成果報告』（大東文化大学、二〇一九）参照

お城アラカルト

城館と霊場——天童古城を例として

山口博之

天童古城は山形県天童市市街地中央の舞鶴山（愛宕山）に構えられた、山形県最大級の山城である。さて、天童とは童子の形をして人界に来る天人のことだが、地名になるとは不思議であり、日本民俗学の父柳田國男も関心を寄せたほどである。

城郭の全体を眺めてみよう。規模は東西一〇〇〇メートル、南北一二〇〇メートルと広大である。主郭の標高は二三一・八メートル、この斜面には階段状に曲輪が重ねられ、北に中央郭・北郭、東に東郭、西に二つの西郭、南に南郭と広がり、大手口は南東部の山麓（諸説あり）に位置する。築城は南北朝のころ北畠天童丸が拠点を構えたのを最初とし、ついで天授元年（一三七五）に斯波兼頼を祖とする天童頼直が城を構えたという。天童氏は徐々に勢力を強め、山形盆地北部の盟主的存在に成長した。結果、最上義光と激突を繰り返すことになる。しかし天正十二年（一五八四）の合戦に敗北し勢力は一掃された。最上義光は主郭に愛宕神社（このため愛宕山ともいう）を建立し、城館を改め神地とした。

まず天童と名乗る人物、次に天童を姓とする一族がこの山城を拠点としたことを確かめたが、この山には天童が天下る霊場という特別な地域性があったようである。天童地名は明応五年（一四九六）の紀年をもつ『松蔵寺幹縁疏』に初出する。天童古城の西麓、時宗一向派の名刹仏向寺に関連してのことである。さらに天童が天下るということを記すのは、元禄時代に遡る。

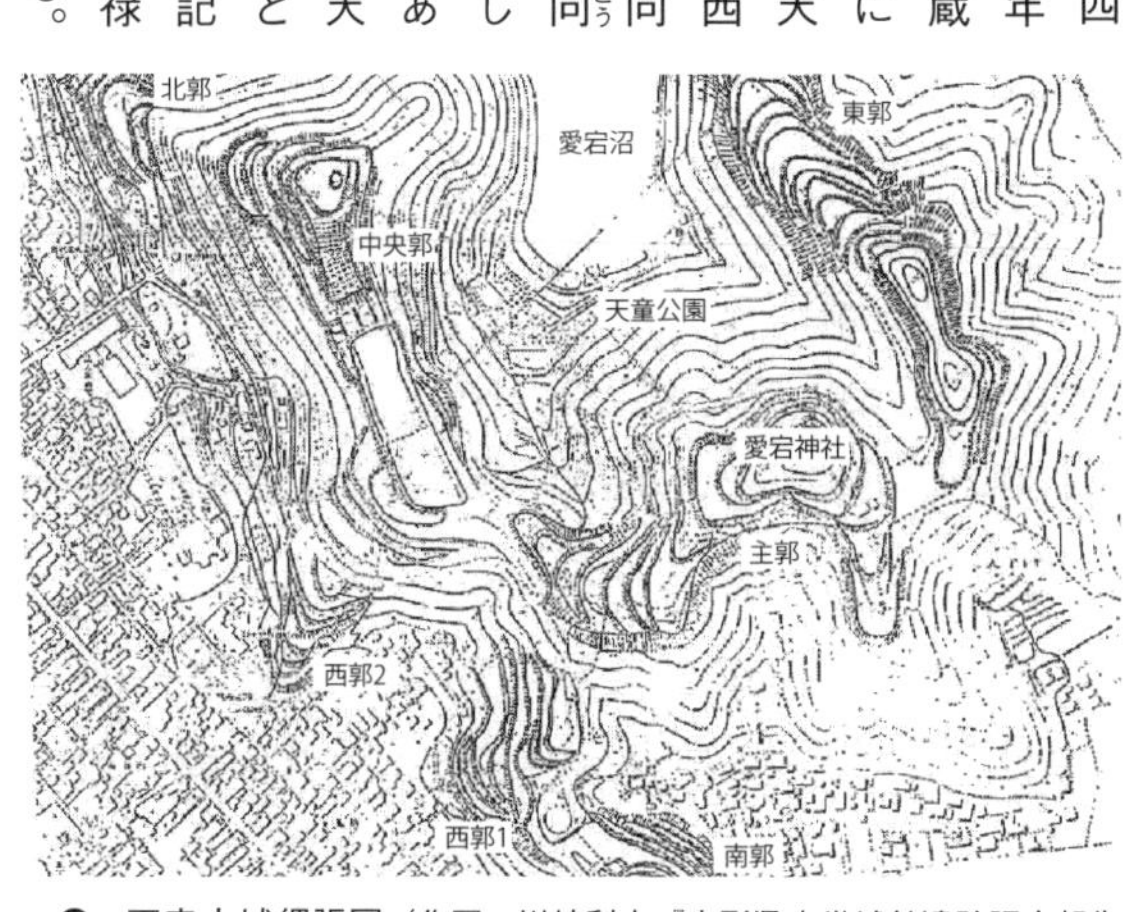

●—天童古城縄張図（作図：川崎利夫『山形県中世城館遺跡調査報告書2』村山地域より）

●—愛宕神社社殿（舞鶴山山頂）

松尾芭蕉『奥の細道』の旅をたどり、舞鶴山で連句を巻いた各務支考）が記したという『愛宕山眺望之記』に次の一節を見る。「（前略）此山はむかし天童子あまくだり侍とて、麓の里を天童といいつるなりき、その後源将軍の裔伊予守頼直卿此顛に城をきつきしかと（後略）」天童が降りてきたので地名が天童であるという。つまり天童古城のあった時代には、ここは天童が天下った特別な霊場であり、周りは天童と呼ばれたとみてよかろう。

　天下る天童とは何者であろうか。柳田國男は『毛坊主考』で「山形県の天童という町は、自分がしきりにその由来を知りたいと思っている処である」と記し、中世の寺院境内に天童という神を使って託宣を行うものがいたことと地名天童の由来を重ねている。想像をたくましくすれば、護法天童など祭祀や巫術を業としていたものたちが、天童が降りてくるという舞鶴山周辺にいた可能性があるのかもしれない。

●—舞鶴山遠景（東南より。昭和50年代）

　このようなことからすれば、天童古城が構えられる舞鶴山は、中世には天上界から天童が天下るという縁起をもつ霊場であったとみることができよう。ゆえに周りには中世以来の古寺が存在（託宣も行われたか）、板碑などの石造物も営まれ、一帯には天童に関わる濃厚な宗教的雰囲気が醸成されたのであろう。

　ではなぜ霊場に城館を構えるのであろうか。そもそも霊場に軍事施設である城館を構えることはふさわしくないように思える。実は山城は軍事上の地理的優位性が強調されるが、築城以前にはもともと中世霊場である場合（尾花沢市「延澤城」など）が散見される。なぜ霊場に城を構えるのか明確にはこたえられないが、おそらく自らの地域支配の安寧と永続に霊場の助力を期待したためではなかろうか。霊場の力が城を守ってくれると。このように考えれば案外と中世城館と霊場とは深い関係をもつのである。

さて、天童氏は戦いに敗れたあと伊達氏を頼りとして宮城県に逃れてゆく。家臣となり現多賀城市に居を構える。このとき、もともと舞鶴山にあった自らの守り神（喜太郎稲荷）をも動座させた。この神は宮城県多賀城市にある陸前山王駅の南西に今も鎮座している。かつて自らが拠った地域の霊性を継承することが重要であったのであろう。最上義光にも同じ動きがある。天童合戦の後、天童古城の山頂（本丸）に愛宕神社を勧請し、ここには自らが天童合戦の勝利を祈った将軍地蔵を祀ったのであった。最上氏は城を構えることはなかったが、地域霊場の霊性をこのような形で継承したのであろう。

【参考文献】川崎利夫「天童古城」『山形県中世城館遺跡調査報告書』二（村山地域）（一九九六）

執筆者略歴

氏名	読み	生年	所属
飯村　　均	（いいむら　ひとし）	別掲	
泉田　邦彦	（いずみた　くにひこ）	1989 年生まれ	石巻市教育委員会
伊藤　清郎	（いとう　きよお）	1948 年生まれ	山形大学名誉教授
井沼　千秋	（いぬま　ちあき）	1969 年生まれ	桑折町教育委員会
大栗　行貴	（おおぐり　こうき）	1986 年生まれ	福島県教育庁文化財課
落合　義明	（おちあい　よしあき）	1967 年生まれ	大東文化大学文学部教授
垣内　和孝	（かきうち　かずたか）	1967 年生まれ	郡山市文化・学び振興公社文化財調査研究センター所長
加藤　和徳	（かとう　かずのり）	1947 年生まれ	山形県文化財保護協会理事
兼田　芳宏	（かねた　よしひろ）	1959 年生まれ	猪苗代町図書歴史情報館学芸員
菅野　崇之	（かんの　たかゆき）	1970 年生まれ	福島市振興公社
菅野　正道	（かんの　まさみち）	1965 年生まれ	元仙台市博物館主幹
日下部善己	（くさかべ　ぜんき）	1949 年生まれ	石川禅正顕彰会事務局長
熊谷　　満	（くまがい　みつる）	1973 年生まれ	気仙沼市教育委員会
齋藤　　仁	（さいとう　ひとし）	1973 年生まれ	山形市文化振興課
佐藤　信行	（さとう　のぶゆき）	1942 年生まれ	日本考古学協会会員
佐藤　公保	（さとう　まさやす）	1978 年生まれ	米沢市教育委員会
須藤　英之	（すとう　ひでゆき）	1975 年生まれ	日本考古学協会会員
高橋　　充	（たかはし　みつる）	1965 年生まれ	福島県立博物館
竹井　英文	（たけい　ひでふみ）	1982 年生まれ	東北学院大学文学部准教授
田中　則和	（たなか　のりかず）	1949 年生まれ	東北学院大学東北文化研究所客員
角田　　学	（つのだ　まなぶ）	1972 年生まれ	福島県石川町教育委員会
中山　雅弘	（なかやま　まさひろ）	1957 年生まれ	いわき市勿来関文学歴史館館長
平田　禎文	（ひらた　さだふみ）	1967 年生まれ	三春町歴史民俗資料館
保角　里志	（ほずみ　さとし）	1950 年生まれ	中世城郭研究会同人
室野　秀文	（むろの　ひでふみ）	別掲	
山口　博之	（やまぐち　ひろゆき）	1956 年生まれ	山形県城郭研究会会長
吉井　　宏	（よしい　ひろし）	1947 年生まれ	東北福祉大学名誉教授
渡部　賢史	（わたなべ　さとし）	1980 年生まれ	只見町教育委員会

編者略歴

飯村　均

一九六〇年、栃木県に生まれる
一九八三年、学習院大学法学部卒
現在、（公財）福島県文化振興財団・遺跡調査部
〔主要著書〕
『律令国家の対蝦夷政策　相馬の製鉄遺跡群』シリーズ「遺跡を学ぶ」（新泉社、二〇〇五）、『中世奥羽のムラとマチ　考古学が描く列島史』（東京大学出版会、二〇〇九）、『中世奥羽の考古学』東北中世史叢書（高志書院、二〇一五）、『東北の名城を歩く　南東北編』（吉川弘文館、二〇一七）

室野秀文

一九六〇年、長野県に生まれる
一九七九年、長野県立下伊那農業高等学校卒
現在、盛岡市遺跡の学び館（非常勤）
〔主要論文〕
「陸奥北部の館」『鎌倉・室町時代の奥州』（高志書院、二〇〇二）、「城館の発生とその機能」『鎌倉時代の考古学』（高志書院、二〇〇六）、「中世道南の領主と城館」『北方社会史の視座第一巻』（清文堂、二〇〇七）、『東北の名城を歩く　南東北編』（吉川弘文館、二〇一七）

続・東北の名城を歩く　南東北編
宮城・福島・山形

二〇二一年（令和三）九月一日　第一刷発行
二〇二一年（令和三）十一月十日　第二刷発行

編　者　飯村（いいむら）均（ひとし）
　　　　室野（むろの）秀文（ひでふみ）
発行者　吉川道郎
発行所　株式会社　吉川弘文館
郵便番号一一三—〇〇三三
東京都文京区本郷七丁目二番八号
電話〇三—三八一三—九一五一〈代〉
振替口座〇〇一〇〇—五—二四四番
http://www.yoshikawa-k.co.jp/

組版・製作＝有限会社　秋耕社
印刷＝株式会社　平文社
製本＝ナショナル製本協同組合
装幀＝河村　誠

ISBN978-4-642-08403-1

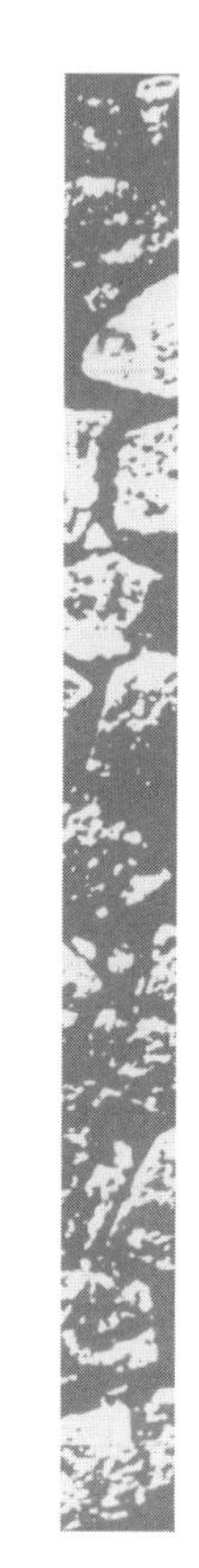

飯村　均・室野秀文編

続・東北の名城を歩く　北東北編

青森・岩手・秋田　　A5判・二七二頁・原色口絵四頁／二五〇〇円

津軽・南部・安東・佐竹氏ら、群雄が割拠した往時を偲ばせる空堀や土塁、曲輪が訪れる者たちを魅了する。青森・岩手・秋田の三県から、名城六〇を選び、豊富な図版を交えながらわかりやすく紹介。詳細かつ正確な解説とデータは城探訪に最適。最新の発掘調査成果に文献による裏付けを加えた、〈名城を歩く〉シリーズ北東北編の続編刊行。

◎既　刊

飯村　均・室野秀文編

六県の名城一二五を紹介。A5判・平均二九四頁

東北の名城を歩く　北東北編　青森・岩手・秋田　二五〇〇円

東北の名城を歩く　南東北編　宮城・福島・山形　二五〇〇円

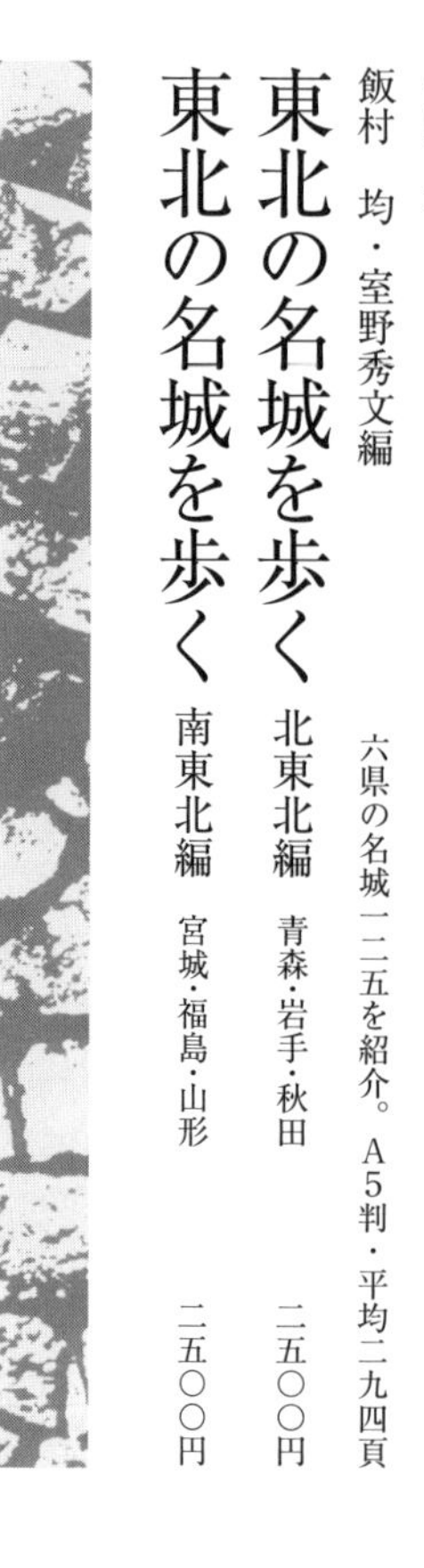

吉川弘文館

（価格は税別）

峰岸純夫・齋藤慎一編

関東の名城を歩く 北関東編

茨城・栃木・群馬

二二〇〇円

関東の名城を歩く 南関東編

埼玉・千葉・東京・神奈川

二三〇〇円

一都六県の名城一二八を紹介。A5判・平均三一四頁

福原圭一・水澤幸一編

甲信越の名城を歩く 新潟編

名城五九を上・中・下越と佐渡に分け紹介。A5判・二六〇頁

二五〇〇円

山下孝司・平山　優編

甲信越の名城を歩く 山梨編

名城六一を国中五地域と郡内に分け紹介。A5判・二九二頁

二五〇〇円

中澤克昭・河西克造編

甲信越の名城を歩く 長野編

名城五九を北信・東信・中信・南信に分け紹介。A5判・三一二頁

二五〇〇円

吉川弘文館

（価格は税別）

中井 均・加藤理文編

東海の名城を歩く 静岡編

名城六〇を西部・中部・東部に分け紹介。A5判・二九六頁

二五〇〇円

中井 均・内堀信雄編

東海の名城を歩く 岐阜編

名城六〇を西濃・本巣郡、中濃・岐阜、東濃・加茂、飛騨に分け紹介。

A5判・二八〇頁／二五〇〇円

中井 均・鈴木正貴・竹田憲治編

東海の名城を歩く 愛知・三重編

名城七一を尾張・三河・三重に分け紹介。

A5判・三二〇頁／二五〇〇円

仁木 宏・福島克彦編

近畿の名城を歩く 大阪・兵庫・和歌山編

二四〇〇円

近畿の名城を歩く 滋賀・京都・奈良編

二四〇〇円

二府四県の名城一五九を紹介。A5判・平均三三二頁

上里隆史・山本正昭編

沖縄の名城を歩く

沖縄本島と島嶼部のグスク四六を紹介。A5判・一九六頁

一九〇〇円

吉川弘文館

（価格は税別）